Handbuch für Pilzfreunde

Band I

Michael · Hennig · Kreisel

Handbuch für Pilzfreunde

in sechs Bänden
mit Abbildungen von etwa 1300 Pilzarten

Begründet von Edmund Michael,
neu bearbeitet von Bruno Hennig,
weitergeführt und herausgegeben von Hanns Kreisel

Gustav Fischer Verlag · Stuttgart

Michael · Hennig · Kreisel

Handbuch für Pilzfreunde

Erster Band
Die wichtigsten und häufigsten Pilze
mit besonderer Berücksichtigung der Giftpilze

Fünfte, überarbeitete Auflage

Herausgegeben und bearbeitet von Hanns Kreisel
Mit Beiträgen von Gerhard Gramß, Mila Herrmann und Walter Herrmann

Mit farbigen Abbildungen von rund 200 Pilzarten
auf 128 Tafeln sowie 14 Abbildungen im Allgemeinen Teil

Gustav Fischer Verlag Stuttgart · 1983

1.–3. Auflage erschienen bis 1978
4. Auflage 1979

Verfasserangaben
Prof. Dr. rer. nat. habil. Hanns Kreisel
Sektion Biologie der Ernst-Moritz-Arndt-Universität Greifswald
Gerhard Gramß, Jena
Mila Herrmann, Halle
Dr. techn. Walter Herrmann, Halle

CIP Kurztitelaufnahme der Deutschen Bibliothek

Michael, Edmund:
Handbuch für Pilzfreunde: in 6 Bd.
begr. von Edmund Michael. Neu bearb. von Bruno Hennig
Weitergeführt u. hrsg. von Hanns Kreisel
Stuttgart; New York: Fischer
NE: Kreisel, Hanns [Bearb.]
Bd. 1. → Michael, Edmund: Die wichtigsten und
häufigsten Pilze mit besonderer Berücksichtigung der Giftpilze

Michael, Edmund:
Die wichtigsten und häufigsten Pilze mit besonderer Berücksichtigung der Giftpilze
Michael. Hennig. Kreisel. Hrsg. u. bearb. von Hanns Kreisel.
Mit Beitr. von Gerhard Gramss...
– 5., überarb. Aufl. – Stuttgart; New York: Fischer, 1983.
(Handbuch für Pilzfreunde / begr. von Edmund Michael; Bd. 1)
ISBN 3-437-30436-4
NE: Kreisel, Hanns [Bearb.]

Lizenzausgabe für Gustav Fischer Verlag · Stuttgart

ISBN 3-437-30436-4

Vorwort zur dritten Auflage

Schon seit mehreren Jahren wird eine Neuauflage dieses Bandes erwartet. Jedoch machte die rasche, dynamische Entwicklung der Mykologie eine weitgehende Neubearbeitung erforderlich, welche die vielen neuen Ergebnisse der Systematik, Floristik, Ökologie und Toxikologie der Großpilze berücksichtigt. Der Allgemeine Teil wurde völling neu gestaltet. Mit dem Ehepaar Dr. HERRMANN (Halle) und Herrn Gerhard GRAMSS (Jena) wurden Mykologen mit umfangreichen, langjährigen Erfahrungen auf dem Gebiet der Pilzaufklärung bzw. des Anbaues von Pilzen als Autoren gewonnen. Fotos haben auch die Herren Dr. S. T. CHANG (Hong Kong), Dr. Kanichi MORI (Kiryu, Gumma, Japan) und P. J. C. VEDDER (Horst, Niederlande) zur Verfügung gestellt.

Im Speziellen Teil konnte eine Anzahl von Abbildungen durch neue Bilder von Frau Gisela FUNK (Potsdam) und den Herren Kurt HERSCHEL (Holzhausen bei Leipzig), E. W. RICEK (St. Georgen, Österreich) und Gerhard SCHMIDT (Berlin) ersetzt werden. Zahlreiche ältere Vorlagen wurden nach vorsichtiger Überarbeitung durch Kurt HERSCHEL neu klischiert.

Besonderer Wert wurde auf eine genauere Formulierung der Angaben über „Vorkommen" gelegt; dabei konnten Ergebnisse der Kartierung von Großpilzen in Europa – einer Gemeinschaftsarbeit der europäischen Mykologen – verwertet werden. Zusätzliche volkstümliche deutschsprachige Pilznamen wurden berücksichtigt, und die Betonungszeichen der wissenschaftlichen Namen wurden durch Herrn Dr. Stephan RAUSCHERT (Halle) neu gesetzt.

Der Herausgeber dankt allen genannten Bild- und Textautoren für ihre bereitwillige und dem Charakter dieses Handbuches verpflichtete Mitarbeit; ebenso dankt er zahlreichen Pilzfreunden für nützliche Hinweise und Auskünfte, insbesondere Herrn Dr. Cornelius BAS (Leiden), Herrn Dr. Reinhard BICKERICH (Berlin-Wannsee), Herrn Dr. Heinrich DÖRFELT (Halle), Frau Mila HERRMANN (Halle), Herrn Ing. Karel KŘÍŽ (Brno), Frau Dr. Maria ŁAWRYNOWICZ (Łódź), Fräulein Christa LINDSTÄDT (Dieskau-Zwintschöna), Fräulein Doz. Dr. habil. Maria LISIEWSKA (Poznań), Herrn Dr. Stephan RAUSCHERT (Halle) und Frau Dr. Ida SAMSONOWA (Greifswald).

Dem VEB Gustav Fischer Verlag, Jena, gebührt Dank für sein stetes Interesse an der Fortführung und Bereicherung des Handbuches für Pilzfreunde, welches, wie alle daran Beteiligten hoffen, den Ansprüchen und Erwartungen der Pilzsammler wie auch der Pilzsachverständigen in zunehmendem Maße gerecht werden den möge.

Greifswald, im Herbst 1977 Hanns Kreisel

Vorwort zur fünften Auflage

Die Vorbereitung der Neuauflage gab willkommene Gelegenheit, den Band abermals in allen Teilen gründlich durchzusehen und zu aktualisieren, wobei auch mancher Verbesserungswunsch der Leser berücksichtigt wurde. Besondere Aufmerksamkeit wurde wiederum den Fragen der Giftpilze und Pilzvergiftungen gewidmet; die letzten Jahre haben hier sowohl von taxonomischer als auch von toxikologischer Seite her einen raschen Zuwachs unserer Erkenntnisse gebracht, der sich auch in dem Verzeichnis der europäischen Giftpilze widerspiegelt. Zahlreiche neue Literaturhinweise wurden eingearbeitet; das Verzeichnis mykologischer Zeitschriften wurde wesentlich erweitert und dürfte jetzt nahezu vollständig sein.

Im Speziellen Teil konnten einige ältere Farbbilder durch 6 neue Darstellungen von Herrn Professor Erich W. Ricek, St. Georgen, ersetzt werden.

Der wissenschaftlich interessierte Leser wird bemerken, daß bei nicht wenigen Arten die wissenschaftlichen Namen und in noch mehr Fällen die Autorzitate verändert wurden, selbst bei ganz „gewöhnlichen" und eindeutig festgelegten Pilzarten. Diese Veränderungen sind überwiegend durch tiefgreifende Änderungen der Nomenklaturregeln bedingt, welche anläßlich des Internationalen Botanikerkongresses in Sydney (1981) beschlossen wurden. Der Herausgeber hat sich bemüht, die neu formulierten Nomenklaturregeln auf alle in Band I erwähnten Arten anzuwenden, obwohl der neue Code noch nicht im Zusammenhang vorliegt. Einige Nomenklaturfragen, namentlich in den Gattungen *Amanita, Leccinum* und *Morchella,* sind jedoch offen geblieben und bedürfen näheren Studiums durch einen Monographen.

Herausgeber und Mitautoren danken für zahlreiche nützliche Hinweise und Auskünfte Frau Prof. Dr. Denise Lamoure (Lyon) sowie den Herren Dr. Dieter Benkert (Potsdam), Dr. Heinrich Dörfelt (Halle), Frieder Gröger (Warza), Dr. Jiří Kubička (Protivin) und Prof. Dr. Meinhard Moser (Innsbruck), für die Beratung in Nomenklaturfragen Herrn Dr. Stephan Rauschert (Halle). Das uneigennützige Interesse der Kollegen und das breite Echo aus dem Leserkreis haben auf unsere Arbeit ebenso stimulierend gewirkt wie die verständnisvolle Betreuung durch das Lektorat des VEB Gustav Fischer Verlag.

Greifswald, im Juni 1983   Hanns Kreisel

Inhaltsübersicht

Allgemeiner Teil

I. Ratschläge für den Pilzsammler

II. Verwertung der Speisepilze

III. Giftpilze und Pilzvergiftungen

(von Mila HERRMANN, Halle, Walter HERRMANN, Halle, und Hanns KREISEL, Greifswald)

IV. Der Anbau von Speisepilzen

(von Gerhard GRAMSS, Jena)

V. Literatur

Einleitung

Wo soll ich Pilze suchen? Wann werden sie wachsen? Jeden Pilzfreund beschäftigen derartige Fragen, und er denkt dabei natürlich an die eßbaren Arten, notwendigerweise auch an ihre giftigen oder ungenießbaren Doppelgänger, also an die sog. Großpilze – einen kleinen, aber auffälligen Ausschnitt aus der Gesamtzahl der Pilze, jenem vielgestaltigen und in mancher Hinsicht noch recht geheimnisvollen Naturstamm, der bald den Pflanzen, bald den Mikroorganismen zugeordnet wird, der aber im Grunde genommen durchaus eigenständig ist.

Pilze umgeben uns allerorten. Nur die Großpilze verraten ihre Anwesenheit durch auffällige Fruchtkörper, und dies meist nur zu bestimmter Jahreszeit. Die meisten Pilze leben indessen im Verborgenen, unscheinbar, und nur der Kundige ist sich ihres Wirkens bewußt. Jedes Gramm Boden enthält eine Anzahl (bis 1 000 000) Hyphen und Keime von Bodenpilzen verschiedener Art. Jeder alte Baumstumpf, jedes welke Grasbüschel, jede Anhäufung von Fallaub ist von Pilzen besiedelt. Pilze leben in den Wurzeln der Bäume, im Nektar der Blüten, im Darm von Insekten, in Exkrementen und Kompost. Sie schmarotzen auf Pflanzen und Tieren, werden von manchen Splintkäfern, Ameisen und Termiten gezüchtet, sie fehlen auch nicht im Süß- und Meerwasser. Fische, Krebstiere und Algen werden von ihnen befallen, und noch in 4610 m Meerestiefe wurden Hefepilze, in 5315 m Tiefe Schimmelpilze (*Periconia abyssa* KOHLM.) an faulendem Holz gefunden. Andererseits wurden Flechten – also Pilze, die in Lebensgemeinschaft mit Algen existieren – noch in 7400 m Höhe des Himalaya gesammelt (J. POELT briefl.). Sogar jeder Kubikmeter Luft enthält eine Menge Pilzsporen, die je nach Jahreszeit, Herkunft der Luftmasse und Höhe über dem Boden unterschiedlich groß sein kann, aber selbst über den Ozeanen nicht gleich Null ist.

Bedeutend ist der Beitrag der Pilze zum Haushalt der Natur. Die meisten Bodenpilze sind Zersetzer komplizierter organischer Abfallstoffe wie Zellulose, Lignin, Keratin; selbst Kohlenwasserstoffe und bestimmte Plaste werden von einigen Arten abgebaut. Die Streuschicht der Wald- und Wiesenböden, Holz und Kompost werden von Pilzen in Humus überführt; dabei wird u. a. Stickstoff in Form von NH_3 freigesetzt, welches von Bakterien weiter zu Nitrit- und Nitrationen umgewandelt und damit den Pflanzen zu erneuten Synthesen zur Verfügung gestellt wird.

Andere Pilze leben in den Wurzeln der Pflanzen, mit denen sie eine Lebensgemeinschaft (Mykorrhiza) bilden. Die meisten Blütenpflanzen, viele Moose und Farne haben Mykorrhiza in der einen oder anderen Form. Der Pilz übernimmt die Versorgung der Pflanze mit Wasser und Nährsalzen; die Mykorrhiza schützt auch die Pflanze vor Wurzelparasiten, z. B. Nematoden, sie erhöht die Konkurrenzkraft der Pflanze auf extremen Standorten (Näheres hierzu in Band IV).

Groß ist die Mannigfaltigkeit der Pilze, doch ihre wahre Artenzahl kann heute

9

noch niemand abschätzen. Die von Ainsworth 1963 angenommene Zahl von 50 000 anerkannten Arten ist sicherlich viel zu tief gegriffen. Die Erforschung der Pilzflora der Tropen steht erst am Anfang, ebenso die der Meere, und selbst aus den gemäßigten Breiten werden jährlich noch Hunderte neuer Arten beschrieben. Man bedenke, daß die Erde etwa 15 000 Gattungen von Blütenpflanzen trägt, von denen jede eine Anzahl Pilzarten beherbergt, die auf diese eine Gattung spezialisiert sind!

Da die Verbreitungsgebiete der Pilze durchschnittlich größer als die der Blütenpflanzen sind, übersteigt in einem begrenzten Gebiet die Artenzahl der Pilze die der Blütenpflanzen beträchtlich – und zwar um so mehr, je kleiner das betrachtete Territorium gewählt wird.

Auf mannigfache Weise greifen Pilze in das menschliche Leben ein. Zumeist bemerken wir sie jedoch erst dann, wenn sie uns belästigen. Schimmelpilze zerstören Lebensmittel, Kleidung, Kunstwerke, optische und andere Präzisionsgeräte. Holzzerstörende Pilze vernichten Eisenbahnschwellen, Masten, Balken, Brücken, ja ganze Gebäude. Phytopathogene Pilze befallen unsere Forstbäume, Kultur- und Zierpflanzen und können die Erträge empfindlich schmälern (im Weltdurchschnitt arbeitet der Pflanzenbauer heute noch etwa jede vierte Stunde vergeblich, da ihm Pflanzenkrankheiten und Schädlinge einen Teil des Ertrages rauben). In den Industrieländern trägt jeder zweite Mensch Hautpilze oder andere Pilzkrankheiten (Mykosen) mit sich herum, die ihn mehr oder weniger quälen. Und noch kaum ist die Größe des schleichenden Schadens abzuschätzen, welchen die von Schimmelpilzen in Nahrungs- und Futtermittel abgegebenen giftigen und krebserregenden Stoffe (sog. Mykotoxine, z. B. Aflatoxin) bei Mensch und Tier anrichten. Mutterkornepidemien haben Tausende und Zehntausende von Menschen hinweggerafft, und Hunderttausende starben während der Hungerkatastrophe, welche 1845–1849 durch das plötzliche Auftreten des Pilzes *Phytophthora infestans* (Kraut- und Knollenfäule der Kartoffel) in Irland und den Niederlanden ausgelöst wurde.

Der großen Anzahl schädlicher Pilze stehen verhältnismäßig wenige Arten gegenüber, die dem Menschen direkten Nutzen bringen. Hier liegen noch gewaltige Reserven. Zwar sind im Weltmaßstab etwa 600 Arten eßbarer Pilze bekannt, und etwa 250 davon mögen auf den Pilzmärkten des einen oder anderen Landes zum Verkauf angeboten werden – oft nur in bescheidenen Mengen. Doch während der Mensch seit dem Ende der Mittleren Steinzeit, d. h. innerhalb von 10 000 Jahren, etwa 3000 Arten von Nahrungspflanzen in Kultur genommen und z. T. züchterisch stark verbessert hat – und hierzu kommen noch zahlreiche Zier-, Heil- und Forstpflanzen –, werden erst etwa ein Dutzend Pilzarten für Speisezwecke angebaut: einige Champignons *(Agaricus bisporus, A. bitorquis)*, einige Seitlinge *(Pleurotus ostreatus, P. eryngii, P. „Florida")*, der Riesenträuschling *(Stropharia rugosoannulata)*, ein tropischer Scheidling *(Volvariella volvacea* i. w. S.), der ostasiatische Shiitake-Pilz *(Lentinus edodes)*, das Stockschwämmchen *(Kuehneromyces mutabilis)* und wenige andere (Näheres s. Kap. IV).

Uralt ist die Nutzung der Hefepilze. Gewisse Hefen *(Saccharomyces cerevisiae* u. a.) sind uns zur Bereitung des Brotes, des Bieres, Weines und vieler anderer Getränke unentbehrlich, dienen aber auch zur Gewinnung von Alkohol und Glyzerin. Andere Hefen spielen eine neuerdings rasch anwachsende Rolle als

Eiweißproduzenten, die auf billigen Industrieabfällen wie Melasse, Sulfitablaugen, Kohlenwasserstoffen oder auf Torf gedeihen: sogenannte Futterhefen *(Candida utilis, Pichia guilliermondii, Yarrowia lipolytica).* Sie dienen vorrangig der Schweinemast, sind aber auch für die menschliche Ernährung geeignet. Schimmelpilze *(Penicillium-Arten)* sind zur Fermentation einiger Käsesorten unentbehrlich. Die Entdeckung des Penizillins (FLEMING 1928), des Griseofulvins, Gliocladins und anderer Antibiotika hat zur industriemäßigen Kultur von Schimmelpilzen in großem Ausmaße geführt. Andere Schimmelpilze (z. B. *Aspergillus niger)* liefern uns organische Stoffe wie Zitronensäure, Itakonsäure, Kojisäure und diverse Enzyme billiger als auf dem Synthesewege.

Das Mutterkorn *(Claviceps purpurea)* ist seit Jahrhunderten in der Volksmedizin gebräuchlich, doch führte der steigende Bedarf der Pharmazie an Mutterkornalkaloiden seit etwa 1940 zum feldmäßigen Anbau dieses Schmarotzerpilzes. Dagegen sind zwei Porlinge, die russische Tschaga *(Inonotus obliquus)* und der Lärchenschwamm *(Laricifomes officinalis),* als Drogen nur von örtlicher Bedeutung und nicht in Kultur. Der Winterpilz *(Flammulina velutipes),* der Birken-Zungenporling *(Piptoporus betulinus)* und andere Arten gewinnen in jüngster Zeit an Bedeutung, da ihnen krebshemmende Eigenschaften zugeschrieben werden.

Ein ziemlich neues Anwendungsgebiet ist auch die Nutzung von Pilzen zur biologischen Schädlingsbekämpfung. So wurden die Bodenpilze *Beauveria bassiana* und *Paecilomyces farinosus* bereits mit Erfolg gegen Kartoffelkäfer, *Beauveria tenella* gegen Maikäfer, *Arthrobotrys oligospora* (ein nematodenfangender Pilz) gegen Kartoffelnematoden und Hakenwürmer eingesetzt, aus *Trichoderma lignorum* wurde ein Biopräparat gegen verschiedene Pflanzenkrankheiten (Wurzelfäulepilze) entwickelt, und in Australien wurden sogar Rostpilze (*Puccinia-*Arten) zur Bekämpfung bestimmter Unkräuter herangezogen.

Neben diesem unmittelbaren Nutzen haben Pilze uns auch Einblicke in grundsätzliche Lebensvorgänge ermöglicht und zu bedeutenden wissenschaftlichen Entdeckungen geführt. Der Rote Brotschimmel *(Neurospora crassa, N. sitophila)* wurde zu einem hervorragenden Versuchsobjekt zur Klärung von Grundfragen der Vererbung – die sog. Haploidengenetik basiert auf diesem Pilz – und von biochemischen Synthesewegen. Ein anderer Askomyzet *(Gibberella fujikuroi),* ursprünglich nur als Erreger einer Pflanzenkrankheit in Ostasien bekannt, führte zur Aufdeckung der Gibberelline, einer Gruppe von Pflanzenhormonen mit vielfacher Anwendungsmöglichkeit. Aus einem winzigen Bodenpilz *(Allomyces javanicus)* wurde 1968 das erste pilzliche Sexualhormon, Sirenin genannt, isoliert – ihm folgte 1969 das Antheridiol aus dem Wasserschimmel *Achlya.*

An zellulären Schleimpilzen der Gattung *Dictyostelium* wurde ein zellorganisierender Stoff Acrasin demonstriert, welcher sich später (1967) als identisch mit zyklischem Adenosinmonophosphat (cAMP) erwies. Sowjetische und nordamerikanische Kosmonauten führten 1975 Experimente mit Schimmelpilzen im Weltraum durch, um Fragen der endogenen Rhythmik zu klären.

So haben sich gerade in den letzten Jahrzehnten erstaunliche Beispiele abgezeichnet, wie sich der Mensch das fast unsichtbare, doch allgegenwärtige Heer der Pilze auf unterschiedlichste Weise nutzbar machen kann. Doch sei nicht vergessen, daß allen diesen Entdeckungen und Entwicklungen ein breites Grundlagenstudium vorausging, daß in zahlreichen Monographien die morphologischtaxonomischen und ökologisch-physiologischen Voraussetzungen für Erkenntnisse von ökonomischem Wert geschaffen worden sind. Im Weltmaßstab wird daher der Pilzkunde heute große Aufmerksamkeit gewidmet, und die Mykologie ist auf dem Wege, neben Botanik, Zoologie und Bakteriologie eine gleichrangige Stellung einzunehmen.

Schon haben sich zahlreiche Forschungsrichtungen herauskristallisiert, welche die breite Fächerung mykologischer Forschungsaufgaben illustrieren:

Die **taxonomische Mykologie** oder **Pilzsystematik** widmet sich der morphologischen Beschreibung der Pilze, ihrer Unterscheidung und Benennung, sie untersucht die verwandtschaftlichen Beziehungen der Pilze und ordnet sie in einem natürlichen System (vgl. Band III). Die **Physiologie** der Pilze untersucht deren Stoffwechselprozesse, die Bedingungen für Ernährung, Wachstum, Bewegung, Entwicklung und Fortpflanzung. Die **Biochemie** der Pilze analysiert Inhaltsstoffe und Stoffwechselprodukte der Pilze – unter anderem die Gifte, Farbstoffe (Pigmente), Enzyme, Hormone, deren Synthesewege und Abbauprodukte. Die **Chemotaxonomie** macht diese Ergebnisse für die Systematik nutzbar. Die **Genetik** der Pilze studiert die Vererbungsgesetze bis zu den stofflichen (molekularen) Grundlagen. Die **Zytologie** untersucht das Innere der Zellen – den Bau und die Teilungsvorgänge des Zellkernes, die Strukturen des Plasmas, der Zellwand u. a. m.

Die **Geomykologie** erforscht Vorkommen und Verbreitung der Pilze und ergründet deren Ursachen. Hierher gehören die **Pilzfloristik** (Feststellung der in einem gegebenen Gebiet vorkommenden Arten), die **Chlorologie** der Pilze (Arealkunde, d. h. Ermittlung und Ausdeutung der Verbreitungsgebiete), die **Pilzsoziologie** (sie beschreibt die Vergesellschaftung der Pilze untereinander und ihre Beziehungen zu den Pflanzengesellschaften) und die **Ökologie** der Pilze. Diese befaßt sich mit der Rolle der Pilze im Haushalt der Natur, ihren Umweltbeziehungen, den Bedingungen für ihr Wachstum und ihre Vermehrung in der Natur, der Produktivität der Standorte sowie mit dem Zeigerwert (Indikatorwert) der Pilze für Standortfaktoren und Veränderungen der Umwelt.

Die **marine Mykologie** untersucht die Pilzflora der Meere und Brackwässer unter taxonomischen und ökologischen Gesichtspunkten; die **Aeromykologie** hingegen ermittelt den Sporengehalt der Luft. Die **medizinische Mykologie** befaßt sich mit denjenigen Pilzen, die Krankheiten (Mykosen) von Mensch und Tier hervorrufen. Die **angewandte Mykologie** liefert mykologische Grundlagen für Phytopathologie und Pflanzenschutz, Holz- und Vorratsschutz, für die biologische Schädlingsbekämpfung, Champignonzucht u. a.; oft wird hier auch die **technische Mykologie** einbezogen, welche die industrielle Kultur der Pilze als Gärungsorganismen, als Produzenten von Antibiotika, Rohprotein, Enzymen, Drogen und anderen Stoffen zum Gegenstand hat.

Schließlich obliegt es der **Pilzaufklärung** – Gegenstand dieses sechsbändigen Handbuches –, die Kenntnis der eßbaren Pilze und ihrer giftigen oder ungenießbaren Doppelgänger in der Bevölkerung zu verbreiten, Pilzvergiftungen zu verhüten oder aufzuklären, Verständnis für die Lebensweise und Wachstumsbedingungen der Pilze zu wecken, wissenschaftliche Forschungsergebnisse allgemeinverständlich wiederzugeben und gleichzeitig das Interesse für die Mykologie als Wissenschaft zu fördern.

Dem Anliegen der Pilzaufklärung dient unser Handbuch. Auf einer schon achtzigjährigen Tradition aufbauend (die erste Ausgabe wurde 1895 von Edmund MICHAEL und dem Maler Albin SCHMALFUSS herausgebracht), will es dem Pilzfreund ein umfassender und zuverlässiger Ratgeber sein. Wesentliche Vorkenntnisse werden nicht vorausgesetzt, wohl aber die Bereitschaft, mit Ernst und Gründlichkeit in die Pilzkunde einzudringen. Wem die Fülle des Materials zu verwirrend erscheint, wer sich nur schnell über das Wichtigste informieren möchte, dem seien zunächst das „Taschenbuch für Pilzfreunde" (im gleichen Verlag) und ähnlich geartete Pilzbücher empfohlen. Sie geben einen Überblick über die häufigsten Großpilze, ohne den Anfänger mit viel Theorie zu belasten. Auf die Dauer wird der Pilzfreund jedoch ohne breitere wissenschaftliche Grundlagen und ohne Kenntnis der Fachsprache nicht auskommen – ebensowenig wie der Ornithologe, Entomologe, Aquarianer oder der Anhänger technischer Liebhabereien!

Viele stellen sich die Aufgabe der Pilzbestimmung zu leicht vor. Manche tragische Pilzvergiftung ist die Folge einer Überschätzung der eigenen Fähigkeiten bzw. der Unkenntnis der wirklichen Schwierigkeit. Es gibt viel mehr Pilzarten, als man noch vor wenigen Jahrzehnten glaubte! Hinzu kommt die unglaubliche Vielgestaltigkeit der Fruchtkörper in Abhängigkeit von Standort, Witterung und Alter. Das Rüstzeug des Pilzbestimmers ist also umfangreicher geworden: durch bloßes Vergleichen mit Bildern wird man zwar gute Hinweise bekommen, doch selten eine exakte Bestimmung vornehmen können, die keine Zweifel übrig läßt. Die Handhabung von Bestimmungsschlüsseln, Mikroskop und Reagentien, die Kenntnis von Merkmalen und Fachausdrücken, ein gewisses Maß an Übung und Erfahrung sind erforderlich und müssen erlernt werden.

Hier greift unser Handbuch ein. Es soll dem Pilzfreund, welcher „alles" über die Pilze wissen möchte, ein gutes Stück weiterhelfen und ihm die Einarbeitung in wissenschaftliche Literatur erleichtern; daher sind zu allen behandelten Fragen die wesentlichen wissenschaftlichen Standardwerke und weiterführende Beiträge in wissenschaftlichen Zeitschriften zitiert. Zugleich soll das Handbuch eine Anleitung für alle diejenigen sein, die, zum Wohle unserer Mitbürger und oft mit bemerkenswertem Enthusiasmus, die verantwortungsvolle Tätigkeit eines Pilzsachverständigen bzw. Beauftragten für Pilzaufklärung ausüben.

Vorliegender Band I bringt etwa 200 der häufigsten und auffälligsten Großpilze, darunter auch die wichtigeren Giftpilze, in Bildern und ausführlichen Beschreibungen zur Darstellung. Vorangestellt sind allgemeine Ratschläge für den Pilzsammler und ausführliche Kapitel über die Verwertung der Speisepilze, über Giftpilze und Pilzvergiftungen und über den Anbau von Speisepilzen durch Liebhaber.

Die Bände II bis V bringen fast 1100 weitere Pilzarten in systematischer Reihenfolge zur Darstellung. Sie enthalten ferner jeweils einen Allgemeinen Teil mit umfassender Information zu Themen wie Merkmalskunde (II), Nomenklatur (III), Standortlehre = Geomykologie (IV), Bildungsabweichungen (V), aber auch zu praktischen Fragen wie der Präparation von Pilzen und der Organisierung von Pilzausstellungen (III). Weiterhin enthalten die Bände II bis V je einen Systematischen Teil mit Charakteristiken der im jeweiligen Abbildungsteil enthaltenen Familien, Gattungen und Arten.

Band VI schließlich enthält Bestimmungsschlüssel zu sämtlichen etwa 620 in Europa vorkommenden Gattungen von Großpilzen, ein Gattungsverzeichnis, ein Glossarium und das Gesamtregister zu den Bänden I bis V. Da die Bildnummern in den verschiedenen Auflagen nicht verändert wurden, kann Band VI als Schlüssel für alle Auflagen des Handbuches verwendet werden. Die Nomenklatur wurde allerdings gegenüber früheren Auflagen verändert und korrigiert.

ALLGEMEINER TEIL

I. Ratschläge für den Pilzsammler

A. Allgemeine Leitsätze

Vielerlei Gründe bewegen den Menschen – auch in unserer von Industrie und Technik geprägten Zeit –, in Wälder und Wiesen hinauszugehen und nach Pilzen zu suchen: Bedürfnis nach sinnvoller Freizeitgestaltung, Freude an mannigfachem Geschmäcken und Zubereitungsmöglichkeiten, Romantik des Forschens in unberührter Natur, die nahezu kostenlos gewonnene Eiweißnahrung oder auch die Möglichkeit eines zusätzlichen Verdienstes durch den Verkauf der gesammelten Pilze. Wer aber auch immer seine gesammelten Pilze verzehrt oder verkauft, wird mit ernsten Gefahren konfrontiert, die von den giftigen oder ungenießbaren Arten ausgehen.

Selbst in Ländern mit vorbildlich organisierter Pilzaufklärung, wie DDR, ČSSR und Schweiz, ereignen sich noch alljährlich zahlreiche, darunter auch tödliche Pilzvergiftungen. Fast immer sind diese auf den Leichtsinn der Sammler zurückzuführen. Angesichts der 5300 Arten europäischer Großpilze – darunter ca. 180 Giftpilze und viele ungenießbare oder nicht hinreichend erprobte Arten – muß mit allem Nachdruck gesagt werden: die Pilzkunde ist keine einfache Sache; sie erfordert Sachkenntnis und Selbstkritik. Doch beweisen ungezählte Sammler, die „ihre" Pilze mit Sicherheit erkennen, daß man auch ohne akademische Ausbildung eine solide Artenkenntnis erwerben kann.

1. Giftpilze sind nur an ihren mykologischen Merkmalen zu erkennen

Es gibt kein generelles Mittel, um Gift- und Speisepilze grundsätzlich zu unterscheiden – weder durch äußere Merkmale noch durch chemische Analysen. Die einzelnen Gattungen und Artengruppen der Giftpilze enthalten Gifte von ganz unterschiedlicher chemischer Natur, aber fast alle Pilzgifte sind farb-, geruch- und geschmacklos.

Hier und da tauchen Meinungen auf, daß man Giftpilze an der Blau- oder Gelbverfärbung ihres Fleisches, an leuchtenden oder „giftigen" Hutfarben (rot, blau, grün), am Geruch oder Geschmack erkennen könnte oder gar durch das Schwarzwerden einer mitgekochten Zwiebel oder eines silbernen Löffels. Das alles ist gefährlicher Irrtum, der keiner wissenschaftlichen Nachprüfung standhält. In Wirklichkeit bedarf der direkte Nachweis eines Pilzgiftes oft monate-, ja jahrelanger Laboratoriumsarbeit mit gewaltigen Pilzmengen (vgl. Kapitel III B).

Die auffallenden Farb-, Geruchs- und Geschmacksstoffe mancher Pilze sind mit Giftstoffen nicht identisch. Der lebensgefährliche Pantherpilz (Nr. 5) z. B. hat einen unscheinbar braunen Hut, sein Fleisch ist unveränderlich weiß und geruchlos; ein Gericht von ihm schmeckt ausgezeichnet. Gewiß, der Rote Fliegenpilz (Nr. 8) hat den leuchtend roten Hut, doch ist der ebenso giftige Königs-Fliegenpilz (Nr. 9) braun. Der Grüne Knollenblätterpilz (Nr. 1) hat einen olivgrünen

15

Hut, doch enthält der Weiße Knollenblätterpilz (Nr. 2) die gleichen Gifte, während andererseits der „giftig" spangrüne Grünspan-Träuschling (Nr. 42) eßbar ist. Der Gift-Egerling (Nr. 27) zeigt eine auffallende Gelbverfärbung an der Stielbasis, doch kann der eßbare Schaf-Egerling (Nr. 25) ähnliche Verfärbung auf dem Hut aufweisen. Es gibt also keine Warnfarben! Der stark bittere Gallenröhrling (Nr. 152) ist ungiftig, der ebenso bittere Grünblättrige Schwefelkopf (Nr. 44) hingegen giftig. Zahlreiche gute Speisepilze riechen charakteristisch nach frischem Mehl oder frischen Gurken, doch haben die giftigen Arten Tiger-Ritterling (Nr. 74) und Riesen-Rötling (Nr. 60) den gleichen Geruch. Auch eine schleimige Hutoberfläche ist kein Anzeichen für Giftgehalt.

Manche Sammler glauben, daß ein von Tieren angefressener Pilz nicht giftig sein könne. Auch das ist nicht wahr! Die für den Menschen giftigen Stoffe sind z. T. schon für Weidevieh, Wild und Nagetiere unschädlich, um so harmloser für Schnecken und Insekten. Selbst der gefährlichste Giftpilz, der Grüne Knollenblätterpilz, ist oft von Maden oder Schnecken befallen!

Die einzige Möglichkeit, Giftpilze zu erkennen und von den Speisepilzen zu unterscheiden, ist, sie Art für Art nach ihren mykologischen Merkmalen zu bestimmen und sich diese einzuprägen.

2. Iß nur Pilze, die du genau kennst! Schätze deine Pilzkenntnisse realistisch ein!

Es ist noch kein Meister vom Himmel gefallen, und selbst gelehrte und berühmte Mykologen würden niemals behaupten, „alle" Pilze zu kennen – zumal viele Arten selten oder nicht leicht zu bestimmen sind. Für die Sicherheit des Pilzsammlers ist es auch gar nicht nötig, „alle" Pilze zu kennen. Viel wichtiger ist der Grundsatz, sich beim Essen und Verkauf auf diejenigen Pilzarten zu beschränken, die man wirklich genau kennt, und zwar in den verschiedenen Altersstadien, bei trockenem und bei feuchtem Wetter usw. – es gibt viele Faktoren, die das Aussehen der Pilze beeinflussen und deren große Variabilität bedingen.

Bescheidenheit und Selbstkritik sind also erforderlich. Natürlich wird der ernsthafte Pilzfreund immer bemüht sein, seine Artenkenntnis nach und nach zu erweitern, doch sei man immer mißtrauisch gegenüber solchen Leuten, die vorgeblich „alle" Pilze kennen.

3. Lerne die wichtigsten Giftpilze kennen!

Die Kenntnis der wichtigsten und häufigen Speisepilze allein reicht nicht aus, um Unfällen vorzubeugen. Man mache sich von vornherein auch mit den Merkmalen der giftigen Doppelgänger vertraut, vor allem der tödlich giftigen Arten Grüner, Weißer und Spitzhütiger Knollenblätterpilz, Pantherpilz, Ziegelroter Rißpilz und dem roh stark giftigen Kahlen Krempling! Da durch bloßes Anfassen dieser Arten keine Vergiftungen entstehen können, kann man sie ruhig in die Hand nehmen, ihre Kennzeichen studieren und mit dem Buch vergleichen.

Ungenießbare, wenn auch nicht giftige Doppelgänger von Speisepilzen sollte man ebenfalls genau kennen, denn schon ein einziges kleines Exemplar der stark bitteren oder scharfen Arten kann ein ganzes Pilzgericht verderben.

Übersicht wichtiger Doppelgänger

Eßbar	Giftig
Wiesen-Egerling	Weißer Knollenblätterpilz
Schaf-Egerling u. a. Egerlinge	Spitzhütiger Knollenblätterpilz
	Karbol-Egerling (Gift-Egerling)
Mai-Ritterling	Ziegelroter Rißpilz
Grünling	Grüner Knollenblätterpilz
Grasgrüner Täubling	
Grünschuppiger Täubling	
Grauer Wulstling	Pantherpilz
Perlpilz	Tiger-Ritterling
Waldchampignon (-Egerling)	
Stockschwämmchen	Nadelholz-Häubling
Graublättriger Schwefelkopf	Grünblättriger Schwefelkopf
Graukappe	Riesen-Rötling
Schild-Rötling	
Mehlpilz	Feld-Trichterling
	Duft-Trichterling
	Bleiweißer Trichterling
Apfel-Täubling	Spei-Täubling
Speise-Täubling	Tränen-Täubling
u. a. Täublinge	
Perlpilz	Fliegenpilz
Hexenröhrlinge	Satanspilz
Morcheln	Frühjahrs-Lorchel
Eßbar	**Ungenießbar**
Steinpilz-Arten	Gallenröhrling
Maronen-Röhrling	
Edel-Reizker	Birken-Reizker
Blut-Reizker	
Habichtspilz	Gallen-Stacheling

4. Sammle nur vollständige Pilze!

Pilze, die man nicht genau kennt, werden nicht abgeschnitten, sondern stets mit der gesamten Stielbasis aus dem Boden gedreht. Gerade am unteren Ende des Stiels sitzen viele wichtige Merkmale (Knolle, Volvareste, wurzelartige Verlängerungen, charakteristische Behaarung oder Farbe), die für eine sichere Bestimmung unentbehrlich sind. Ebenso ist der Stiel oft mit charakteristischen Kennzeichen versehen: Ring, Manschette, Schüppchen, Behaarung, Schleimüberzug, Reif u. dgl. Hüte ohne Stiel oder mit unvollständigem Stiel sind daher oft nicht bestimmbar und können sogar erfahrene Kenner täuschen! Aus diesem Grunde dürfen Pilze auch vor der Bestimmung nicht geputzt, insbesondere nicht von der Oberhaut oder dem Lamellen- bzw. Röhrenfutter entblößt werden.

Man vermeide sogar jede überflüssige Berührung unbekannter Pilze, denn einige Merkmale wie Velumflocken, Reif, feine Schüppchen u. a. m. können leicht abgegriffen werden, und an den Berührungsstellen können Farbänderungen eintreten.

5. Sammle nur gesunde und frische Pilze!

Auch solche Arten, die wir zu den Speisepilzen zählen, können giftig werden und z. B. Verdauungsstörungen hervorrufen, sobald sie überaltert, madig, faulig, zerdrückt, stark durchwässert, vom Goldschimmel befallen oder durch Auftauen nach dem Frost matschig geworden sind. Dies ist auf zersetztes Eiweiß zurückzuführen.

Der Sammler muß lernen, überalterte Fruchtkörper zu erkennen, was bei trockener Witterung nicht immer leicht ist. Namentlich bei Perlpilzen und Morcheln ereignen sich manchmal Vergiftungen durch ältere, verdorbene Exemplare.

Bei Verwendung gefrorener Pilze ist besondere Vorsicht nötig. Werden die Fruchtkörper nach dem ersten Frost in gefrorenem Zustand eingesammelt und gleich nach dem Auftauen zubereitet, können sie unbedenklich gegessen werden – dies gilt besonders für die typischen Winterpilze wie Frost-Schneckling, Austern-Seitling und Winterpilz (Samtfuß-Rübling). Werden die Fruchtkörper jedoch nach dem Auftauen matschig, so sind sie verdorben und ebenso zu meiden wie gefrorene, wieder aufgetaute und abermals gefrorene Pilze.

6. Zerstöre keine giftigen oder ungenießbaren Pilze!

Pilze sind ein Schmuck des Waldes, der den Wanderer erfreut – auch Fliegenpilze und andere giftige Arten! Vor allem aber erfüllen die Pilze eine unentbehrliche und nützliche Rolle im Gefüge des Waldes, d. h. sie sind wichtige Glieder der Biozönose (vgl. Einleitung). Etwa jede vierte Großpilzart lebt in Mykorrhizasymbiose mit Baumwurzeln und ist daher unmittelbar für die Versorgung der Bäume mit Wasser und Mineralstoffen zuständig. Pilze ernähren aber auch eine Unzahl von Insekten und anderen harmlosen Kleintieren, die ihrerseits den Vögeln, Amphibien und Reptilien zur Nahrung dienen.

Die Pilzflora zerstören, hieße daher, den Wald und seine Bewohner zum Sterben verurteilen! Entsprechendes gilt auch für die Pilze der Wiesen und anderen Standorte. Das Einsammeln der Speisepilze kann schon einen starken Eingriff in das biologische Gleichgewicht bedeuten; um so notwendiger ist es, alle übrigen Pilzarten streng zu schonen!

Auch die giftigen und ungenießbaren Pilze haben ihre Existenzberechtigung, und ihre Mannigfaltigkeit kündet von der Vielfalt der Wechselbeziehungen und biologischen Kreisläufe, die die Natur zu einer restlosen Ausnutzung der organischen Materie benötigt.

7. Suche im Zweifelsfall die Pilzberatungstelle auf!

Auch der erfahrene Sammler wird immer wieder Pilze finden, die er nicht eindeutig bestimmen kann. Niemand braucht sich dessen zu schämen. Jedoch sei dringend davor gewarnt, mit unbekannten Pilzen Selbstversuche anzustellen nach dem Motto „Es wird schon gut gehen"! In vielen Ländern besteht die Möglichkeit, das Sammelgut einem staatlich geprüften Sachverständigen vorzulegen; die Beratungen sind kostenlos! In der DDR gibt es
- Bezirks-Pilzsachverständige in jedem Bezirk,
- Kreisbeauftragte für Pilzaufklärung in fast jedem Stadt- und Landkreis,
- Ortsbeauftragte für Pilzaufklärung in vielen kleineren Orten, Stadtteilen und Wohngebieten.

Die Pilzsachverständigen machen durch Zeitungsmeldungen und Schaukästen auf ihre Beratungsstellen aufmerksam, sie führen Lehrwanderungen und z. T. auch Ausstellungen durch. Ihre Anschrift kann in den Hygiene-Instituten erfragt werden.

Auch die Biologie-Sektionen der Universitäten verfügen über Pilzspezialisten (Mykologen), welche gern zu Auskünften bereit sind.

8. Vorsicht beim Aufbewahren!

Zu Hause müssen die Pilze sofort ausgebreitet und flach, kühl und luftig gelagert werden. Nicht jede Art hält tagelange Lagerung aus. Empfindliche Arten, die leicht schimmeln oder faulen (z. B. Ziegenlippe, Rotfuß-Röhrling), putzt man möglichst noch am gleichen Tag und schmort sie 10 Minuten im eigenen Saft. Im geschmorten Zustand lassen sie sich bei kühlem Wetter wie jedes gekochte Gemüse einige Zeit aufbewahren. Man kann Pilze ohne Schaden aufwärmen; die verbreitete Meinung, aufgewärmte Pilzspeisen könnten giftig wirken, ist falsch. Doch sei man vorsichtig bei feuchtwarmer, gewitterschwüler Luft.

Roh gelagerte Pilze kontrolliere man auf das Vorhandensein von Maden, die man beim Sammeln oft noch gar nicht bemerkt, die sich aber innerhalb von 1–3 Tagen rasch entwickeln und im gesamten Fruchtkörper ausbreiten.

9. Sorgsam säubern!

Die Unterseite des Hutes, das sog. Futter oder Hymenophor (Röhren, Blätter oder Stacheln), ist besonders nährstoffreich und wird deshalb nur entfernt, wenn sie faulig oder madig ist. Die Huthaut (Oberhaut) zieht man nach Möglichkeit ab, da sie oft mit Schmutz und Fremdkörpern bedeckt ist. Es ist aber nicht möglich, durch Abziehen der Oberhaut irgendwelche Gifte (z. B. aus dem Fliegenpilz) zu entfernen: Giftstoffe sind niemals allein in der Huthaut lokalisiert. Die schmutzige Stielbasis wird abgeschnitten, ebenso der ganze Stiel, falls er hart oder zäh ist (z. B. Hallimasch, Rüblinge).

10. Richtig zubereiten!

Viele Pilzarten können auf jede beliebige Weise zubereitet werden, doch gibt es Ausnahmen, die unbedingt beachtet werden müssen. Vor allem sind einige Arten roh giftig (Hallimasch, Scheidenstreifling, Hexenröhrlinge, Kahler Krempling[1]), Schwefelröhrling) und müssen daher abgekocht oder ausgiebig (30 Minuten) und in nicht zu großen Stücken geschmort werden. Manche Arten (Edelreizker u. a. Milchlinge, Mönchskopf-Trichterling) sind ausgezeichnete Bratpilze, während sie gekocht oder geschmort fade schmecken. Wieder andere Arten (z. B. der Echte Pfifferling) eignen sich nicht zum Trocknen. Näheres hierzu im Kapitel II!

11. Gut kauen!

Pilze – besonders die etwas zähfleischigen Arten – sind nicht leicht verdaulich. Man zerkleinere sie gut, schmore sie (mit Ausnahme der roh giftigen Arten!) nicht zu lange – sie werden dadurch nur härter – und kaue gründlich. Wer schlechte Zähne oder einen schwachen Magen hat, drehe die Pilze durch einen Fleischwolf. Pilze in übergroßen Mengen belasten den Magen sehr!

B. Jahreszeit und Witterung

Die Frage nach dem richtigen Zeitpunkt zur „Pilzjagd" interessiert jeden Sammler. Bekanntlich wachsen die meisten Pilze im Spätsommer und Herbst, doch gibt es sehr viele Ausnahmen, die teils artspezifisch, teils regional-standörtlich, teils durch den jeweiligen Witterungsablauf bedingt sind. Aus vielerlei Gründen ist es schwierig, genaue Wachstumszeiten für die einzelnen Arten anzugeben. Die in den Beschreibungen der Pilze genannten Wachstumszeiten gelten für Mitteleuropa und können sich unter ungewöhnlichen Witterungsbedingungen um Monate verschieben.

Dennoch wird ein erfahrener Sammler fast niemals leer ausgehen. Wer über genügend Artenkenntnis verfügt, kann fast zu jeder Jahreszeit Speisepilze finden. Für jede Jahreszeit sind einige Pilzarten charakteristisch, die in einem bestimmten Vegetationstyp jeweils einen **Aspekt** bilden. Im Laufe des Jahres lösen die Aspekte einander in bestimmter Reihenfolge ab.

Ablauf eines normalen Pilzjahres im Flach- und Hügelland der DDR

1. Schneeschmelze. Einige wenige und z. T. seltene Arten fruktifizieren nur in den ersten Wochen nach der Schneeschmelze, also je nach Witterungsablauf von Januar bis April:

Kätzchen-Becherling	*Ciboria amentacea*
Scharlachroter Kelchbecherling	*Microstoma protractum*
Winter-Porling	*Polyporus brumalis*
Zinnoberroter Kelchbecherling	*Sarcoscypha coccinea*
Fichten-Zapfenrübling	*Strobilurus esculentus*
Schwarzer Kelchpilz	*Urnula craterium*

2. Vorfrühling (Ende März bis Anfang Mai). Typisch sind Diskomyzeten und einige Blätterpilze:

Lärchen-Trichterling	*Clitocybe rhizophora*
Frühlings-Rötling	*Entoloma vernum*
Schildförmige Lorchel	*Gyromitra ancilis*
Frühjahrs-Lorchel	*Gyromitra esculenta*

---

[1]   Auch von der Verwendung in zubereitetem Zustand ist abzuraten, s. S. 81.

Riesen-Lorchel	*Gyromitra gigas*
Graublättriger Schwefelkopf	*Hypholoma capnoides*
alle Morchel-Arten	*Morchella elata, esculenta* u. a.
Schmalblättriger Faserling	*Psathyrella spadiceogrisea*
Anemonen-Sklerotienbecherling	*Sclerotinia tuberosa*
Milder u. Bitterer Nagelschwamm	*Strobilurus stephanocystis, S. tenacellus*
Fingerhut-Verpel	*Verpa conica*

3. Frühling (Anfang Mai bis Mitte Juni):

Frühlings-Ackerling	*Agrocybe praecox*
Maipilz	*Calocybe gambosa*
Schild-Rötling	*Entoloma clypeatum*
Blaßbrauner Rötling	*Entoloma sepium*
Ziegelroter Rißpilz	*Inocybe patouillardii*
Falber Weichritterling	*Melanoleuca cognata*
Gefalteter Nabeling	*Omphalina ericetorum*
Violetter Kronenbecherling	*Sarcosphaera coronaria*

Reichlich kommen schon einige Holzbewohner vor, die auch im Frühsommer und z. T. noch später fruktifizieren:

Strahlfüßiger Tintling	*Coprinus radians*
Schwefelporling	*Laetiporus sulphureus*
Getigerter Sägeblättling	*Lentinus tigrinus*
Mai-Porling	*Polyporus lepideus*
Schuppiger Porling	*Polyporus squamosus*

4. Frühsommer (Mitte bis Ende Juni). Jetzt erscheinen vereinzelt Röhrlinge, Milchlinge, Täublinge, Rißpilze, Streiflinge u. a. Mykorrhizapilze, ferner die ersten Stinkmorcheln. Häufig sind:

Waldfreund-Rübling	*Collybia dryophila*
Schuppiger Sägeblättling	*Lentinus lepideus*
Breitblatt	*Megacollybia platyphylla*
Zäher Faden-Helmling	*Mycena vitilis*
Gemeiner Wurzelrübling	*Xerula radicata*
Schildförmiger Borstling	*Scutellinia scutellata*

In Mooren sind jetzt häufig:

Sumpf-Ackerling	*Agrocybe palustris*
Sumpf-Häubling	*Galerina paludosa*
Sumpf-Graublatt	*Tephrocybe palustris*

5. Sommer (Juli bis Mitte August). Er wird charakterisiert durch zahlreiche Wulstlinge, Röhrlinge, Täublinge, insbesondere:

Anis-Egerling	*Agaricus arvensis*
Karbol-Egerling	*Agaricus xanthodermus*
Fuchsiger Scheidenstreifling	*Amanita fulva*
Grüner Knollenblätterpilz	*Amanita phalloides*
Sommer-Steinpilz	*Boletus reticulatus*
Flockenstieliger Hexenröhrling	*Boletus erythropus*
Netzstieliger Hexenröhrling	*Boletus luridus*
Echter Pfifferling	*Cantharellus cibarius*
Kohlen-Trichterling	*Clitocybe sinopica*
Rotbrauner Reizker	*Lactarius rufus*

21

Riesenporling	*Meripilus giganteus*
Kahler Krempling	*Paxillus involutus*
Gemeine Stinkmorchel	*Phallus impudicus*
Frauen-Täubling	*Russula cyanoxantha*
Blaublättriger Täubling	*Russula delica*
Zinnoberroter Täubling	*Russula rosacea*
Apfel-Täubling	*Russula paludosa*
Schmerling	*Suillus granulatus*
Gold-Röhrling	*Suillus flavus*
Gallenröhrling	*Tylopilus felleus*

6. Herbst (Mitte August bis Anfang Oktober). Jetzt fruktifizieren zahlreiche Arten aus fast allen Gattungen, u. a. fast alle Röhrlinge, Täublinge, Milchlinge, Schirmlinge, Schüpplinge, Schmierlinge, Saftlinge, Egerlinge, Wulstlinge (darunter Grüner Knollenblätterpilz, Pantherpilz, Roter Fliegenpilz), Stäublinge, Korallenpilze, ferner

Wiesen-Egerling	*Agaricus campestris*
Hallimasch	*Armillaria*-Arten
Bleiweißer Trichterling	*Clitocybe phyllophila*
Herbst-Trompete	*Craterellus cornucopioides*
Semmel-Stoppelpilz	*Hydnum repandum*
Elfenbein-Schneckling	*Hygrophorus eburneus*
Edel-Reizker	*Lactarius deliciosus*
Reifpilz	*Rozites caperatus*
Krause Glucke	*Sparassis crispa*

u. v. a. Bei gleichzeitigem Fruchten sehr vieler Arten spricht man von einem „Maximalaspekt". Dieser kann je nach Witterung früher oder später auftreten oder auch ganz ausfallen.

7. Spätherbst (Oktober bis Mitte November). Er ist die Zeit zahlreicher Milchlinge, Ritterlinge, Rötelritterlinge, Trichterlinge und Helmlinge; dagegen sind Röhrlinge und Wulstlinge schon recht selten; von Täublingen treten nur noch manche Arten auf. Charakteristische Spätherbstpilze sind:

Schmutzbecherling	*Bulgaria inquinans*
Staubfüßiger Trichterling	*Clitocybe metachroa*
Weicher Trichterling	*Clitocybe vibecina*
Winter-Fälbling	*Hebeloma hiemale*
Dunkelscheibiger Fälbling	*Hebeloma mesophaeum*
Frost-Schneckling	*Hygrophorus hypothejus*
Marmorierter Rötelritterling	*Lepista luscina*
Graukappe	*Lepista nebularis*
Violetter Rötelritterling	*Lepista nuda*
Lilastieliger Rötelritterling	*Lepista personata*
Überhäuteter Helmling	*Mycena epipterygia*
Buchen-Schleimrübling	*Oudemansiella mucida*
Orangeroter Kammpilz	*Phlebia radiata*
Kaffeebrauner Scheintrichterling	*Pseudoclitocybe cyathiformis*
Gelbstieliger Muschelseitling	*Sarcomyxa serotina*
Grünling	*Tricholoma equestre*
Schwarzfaseriger Ritterling	*Tricholoma portentosum*
Erd-Ritterling	*Tricholoma terreum*

Einige Arten, die schon im Frühjahr oder Frühsommer fruktifizierten, treten jetzt nochmals auf, nämlich

Graublättriger Schwefelkopf	*Hypholoma capnoides*
Ziegelroter Schwefelkopf	*Hypholoma sublateritium*
Zäher Faden-Helmling	*Mycena vitilis*
Fichten-Nagelschwamm	*Strobilurus esculentus*

8. Winter (Mitte November bis Januar). Nur wenige Arten sind ausgesprochene Winterpilze, die hauptsächlich in den Tauperioden zwischen den Frösten fruktifizieren:

Winterpilz (Samtfuß-Rübling)	*Flammulina velutipes*
Mennigroter Borstling	*Melastiza chateri*
Winter-Helmling	*Mycena tintinabulum*
Austern-Seitling	*Pleurotus ostreatus*
Winter-Porling	*Polyporus brumalis*
Winter-Trompetenschnitzling	*Tubaria furfuracea*

Natürlich kommt es zu Überschneidungen der einzelnen Aspekte. Außerdem gibt es eine Anzahl von Arten, die fast während der gesamten Vegetationsperiode von Mai oder Juni bis November fruktifizieren und daher an mehreren Aspekten beteiligt sind; ihre Fruchtkörper erscheinen oft in mehreren „Wellen" im Laufe des Jahres. Dazu gehören:

Halbkugeliger Ackerling	*Agrocybe semiorbicularis*
Narzissengelber Wulstling	*Amanita gemmata*
Perlpilz	*Amanita rubescens*
Gesäter Tintling	*Coprinus disseminatus*
Grünblättriger Schwefelkopf	*Hypholoma fasciculare*
Stockschwämmchen	*Kuehneromyces mutabilis*
Großer Knoblauch-Schwindling	*Marasmius alliaceus*
Nelken-Schwindling	*Marasmius oreades*
Weißmilchender Helmling	*Mycena galopus*
Rehbrauner Dachpilz	*Pluteus atricapillus*
Lilablättriger Mürbling	*Psathyrella candolleana*

Der Pilzfreund kann aus vorstehenden Listen ersehen, daß zu jeder Jahreszeit gute Speisepilze, aber auch fast zu jeder Jahreszeit Giftpilze vorkommen können.

Mit der Frage der Pilzaspekte haben sich besonders die österreichischen Botaniker Karl FRIEDRICH (1940, 1954) und Karl HÖFLER (1954) beschäftigt. Nach den Erfahrungen von HÖFLER kann nur jedes dritte oder vierte Pilzjahr als „vollwertiges Pilzjahr" gewertet werden; mittelreiche Aspekte sind häufiger und verarmte Aspekte weitaus am häufigsten. In dem günstigen Pilzjahr 1953 stellte FRIEDRICH in Salzburg folgende Abfolge der Aspekte fest:

Frühsommeraspekt:

Mitte bis Ende VI.	*Russula aurata-Xerula radicata*-Aspekt
Anfang bis Mitte VII.	*Amanita rubescens-Lactarius piperatus*-Aspekt
Mitte bis Ende VII.	*Lactarius piperatus-Russula foetens*-Aspekt

Sommeraspekt:

Anfang VIII.	*Lactarius piperatus-Inocybe fastigiata*-Aspekt
Mitte bis Ende VIII.	*Inocybe fastigiata-Lactarius scrobiculatus*-Aspekt

Herbstaspekt:

Anfang bis Mitte IX.	*Hygrophorus eburneus-Lactarius vellereus*-Aspekt
Mitte bis Ende IX.	*Hygrophorus eburneus-Armillaria mellea*-Aspekt
Anfang X.	*Hygrophorus eburneus-Mycena epipterygia-Inocybe geophylla*-Aspekt
Mitte bis Ende X.	*Hebeloma crustuliniforme-Hygrophorus eburneus*-Aspekt

Spätherbstaspekt:

XI.	*Hebeloma crustuliniforme*-Aspekt

Einfluß der Witterung. Durch anomalen Witterungsablauf (und welches Jahr verläuft schon ganz und gar normal?) können sich die Aspekte bedeutend verschieben oder auch gänzlich ausfallen. Trockenkalte Witterung im März und April, wie sie im Norden der DDR häufig vorkommt, bedingt einen stark verarmten Vorfrühlings-Aspekt. Trockene Sommer sind durch stark verarmte „Trockenaspekte" gekennzeichnet, die durch wenige, aber relativ häufige Arten charakterisiert werden: Kahler Krempling, Kampfer-Milchling, Perlpilz. Ein ausgesprochen nasser Herbst begünstigt z. B. die *Lepista*-Arten (Rötelritterlinge, Graukappe). Früh einsetzende Kälte dezimiert den Pilzaspekt beträchtlich; namentlich viele Mykorrhizapilze (Röhrlinge, Wulstlinge u. a.) stellen dann ihr Wachstum ein, und es verbleiben die sog. kälteunempfindlichen (FRIEDRICH 1940) bzw. kälteertragenden (PIRK 1953) Arten. So beobachtete HÖFLER im kalten Oktober 1936 im Wienerwald einen „Kälteaspekt", der durch Specht-Tintling *(Coprinus picaceus)* und Zinngrauen Helmling *(Mycena stannea)*[1] charakterisiert war.

VASIL'KOV (1962) hat die Bedingungen für die Fruktifikation des Steinpilzes *Boletus edulis* i. w. S.) im europäischen Teil der Sowjetunion analysiert. Rekordernten stellen sich dann ein, wenn eine hohe Niederschlagsmenge (Monatssumme 78,3–156,7 mm) mit bestimmten Lufttemperaturen (Monatsmittel etwa 15–18,5 °C) zusammentrifft. Sind solche Bedingungen im August gegeben, gibt es im Herbst eine Rekorderinte. Treten die genannten Bedingungen schon im Juli ein, was seltener vorkommt, so kommt es schon im Hochsommer „explosionsartig" zu einer maximalen Pilzernte. Bleibt die Lufttemperatur jedoch über oder unter den angegebenen Werten, sind auch bei hohen Niederschlagsmengen nur mittlere oder schlechte Erträge zu erwarten.

„Schlechte" Pilzjahre mit außergewöhnlicher Witterung bringen dem Pilzfreund zwar schmale Ernten an Speisepilzen, entschädigen aber oft durch das Auftreten seltener Arten, die in normalen Pilzjahren nicht zur Beobachtung gelangen. An den Grenzen ihrer Verbreitungsgebiete fruktifizieren Pilze nämlich sehr selten, d. h. nur in außergewöhnlich warmen oder kalten, trockenen oder regenreichen Jahren – entsprechend dem Klima des Hauptverbreitungsgebietes.

Umgekehrt können auch in „guten" Pilzjahren einzelne Arten gänzlich ausbleiben. So gelangte der Hallimasch in dem regen- und pilzreichen Herbst 1974 in der gesamten DDR fast gar nicht zur Fruktifikation.

Einfluß von Standort und Klima. Natürlich wechseln die den Aspekt bestimmenden Arten je nach dem Vegetationstyp, Boden, der Höhenlage usw. In Mit-

---

[1] Diese Art wird in modernen Bestimmungsbüchern nicht anerkannt. Gemeint ist vermutlich einer der Faden-Helmlinge, *Mycena filopes* oder *M. vitilis*.

tel- und Hochgebirgslagen ist die Vegetationsperiode abgekürzt, und es kann sich eine andere Abfolge der Aspekte einstellen. Bekannt ist das Massenauftreten des März-Schnecklings *(Hygrophorus marzuolus)* nach der Schneeschmelze in Nadelwäldern der Alpen und des Vogtlandes. Zur gleichen Zeit sind die Wälder der Tatra durch zahlreiche Helmlinge *(Mycena*-Arten) charakterisiert (LISIEWSKA briefl.). Während im Ostseeküstengebiet mit seiner im März/April häufig trocken-kalten Witterung der Vorfrühlingsaspekt besonders schwach entwickelt ist, sind die Auenwälder um Leipzig und Halle, an der mittleren Elbe und besonders in der Oberrheinebene außerordentlich reich an Frühjahrspilzen.

Stärkere Verschiebungen der Aspektfolge gibt es naturgemäß in Südeuropa und im milden Westeuropa bis Südengland. Die Fruktifikationszeit vieler Arten ist hier bis in den Winter hinein ausgedehnt, andererseits kann sie im Sommer unterbrochen sein. So ist der Narzissengelbe Wulstling *(Amanita gemmata)* in der DDR ein Sommer- und Herbstpilz, der Maipilz *(Calocybe gambosa)* ein Frühlingspilz – in Italien hingegen fruchten beide Arten im April und nochmals im Herbst (VIOLA 1972).

Den europäischen Pilzfreund wird es überraschen, daß die Morcheln *(Morchella*-Arten) im Hochland von Mexiko am Ende der Regenzeit auftreten, d. h. im Herbst, in Kuba sogar im Dezember.

Rhythmik. Wie oft fruktifiziert ein Pilzmyzel im Laufe eines Jahres? HÖFLER (1954) fand, daß sich die Arten in dieser Hinsicht unterschiedlich verhalten. Manche Arten fruktifizieren nur einmal und haben sich dann für die betreffende Saison erschöpft – trotz günstiger Temperatur und Niederschlagsmenge fehlen sie in dieser Saison fortan in den Wäldern. Das Fehlen dieser Kategorie charakterisiert einen „Restaspekt". Viele Arten treten im „Erstaspekt" reichlich auf, in der weiteren Saison dann nur noch spärlich. Andere erscheinen erst vereinzelt, dann reichlich, später wieder spärlich. Eine vierte Kategorie, für welche die Stinkmorchel als Beispiel genannt wird, verteilt ihre Fruchtkörper etwa gleichmäßig über die Saison. Manche holzbewohnende Pilze, z. B. der Gesäte Tintling *(Coprinus disseminatus)* und der Anis-Zähling *(Lentinellus cochleatus),* pflegen in einer Saison in mehreren, durch Ruhepausen von 4–8 Wochen deutlich getrennten „Wellen", „Schüben" oder „Flügen" zu fruktifizieren; ähnlich verhalten sich die Hexenringe bildenden Myzelien des Nelken-Schwindlings *(Marasmius oreades).*

Konkrete Beobachtungen zu den Fragen der Aspektabfolge und Rhythmik wären eine lohnende Aufgabe für interessierte Pilzfreunde.

C. Standorte

Die Frage „Wo soll ich sammeln?" ist nicht leicht zu beantworten! Es gibt Hunderte von eßbaren Pilzen, und jede Art hat ihre besonderen Ansprüche und Bindungen hinsichtlich des Standortes, in engeren oder weiteren Grenzen, aber keine Art kommt wirklich überall vor. Unter **Standort** (= Habitat) verstehen wir die ökologischen Bedingungen, unter denen ein Pilz wächst – hierzu gehören Begleitbäume, Vegetation, Substrat, Boden, Feuchtigkeit, Belichtung, Mikroklima. Der **Fundort** (= Lokalität) hingegen ist die geographische Bestimmung eines konkreten Vorkommens.

Bei der Suche nach bestimmten Pilzarten muß man also den Standort beachten. Hierzu braucht man kein perfekter Vegetationskundler zu sein, aber einige Kenntnis der Bäume und anderer Begleitpflanzen, der geologischen und klimatischen Verhältnisse im Sammelgebiet ist für den Pilzsammler sehr vorteilhaft. **Substrat** ist dasjenige Material, in welchem das Myzel des Pilzes wächst, von dem es sich ernährt. Wir unterscheiden in erster Linie Holzbewohner und Bodenbewohner, doch auch Moospolster, Fruchthüllen und Zapfen, Exkremente und andere Substrate haben ihre speziellen Bewohner.

Holzbewohnende Pilze sind fast zu jeder Jahreszeit zu finden und fruktifizieren auch in trockenen Perioden, wenn die Bodenbewohner längst ihr Wachstum eingestellt haben. Die meisten Holzbewohner trifft man an Baumstümpfen, eine geringe Anzahl von Arten an lebenden Stämmen, manche Spezialisten an dürren oder abgefallenen Ästen oder auf faulenden Wurzeln. Die letzte Gruppe, zu welcher Gemeiner Wurzelrübling *(Xerula radicata)*, Eichhase *(Polyporus umbellatus)* und Klapperschwamm *(Grifola frondosa)* gehören, wächst scheinbar auf dem Waldboden, doch reicht der Fruchtkörper mit einem langen, wurzelartigen Fortsatz (Pseudorhiza) bis zu dem verborgenen Substrat hinab, bzw. geht von diesem aus.

Die Holzart ist keineswegs gleichgültig. Nur wenige Pilzarten wachsen an beliebigen Laub- und Nadelhölzern, wie der Hallimasch (*Armillaria* – der aber in Wahrheit eine Sammelart ist, d. h. es handelt sich um mehrere äußerlich ähnliche Arten mit unterschiedlichen Standorten!), der Grünblättrige Schwefelkopf *(Hypholoma fasciculare)*, der Austern-Seitling *(Pleurotus ostreatus)* und der Wurzelschwamm *(Heterobasidion annosum)*.

Ausschließlich an Laubholz kommen z. B. Riesenporling *(Meripilus giganteus)*, Ziegelroter Schwefelkopf *(Hypholoma sublateritium)*, Weißstieliges Stockschwämmchen *(Psathyrella appendiculata)*, Gelbstieliger Muschelseitling *(Sarcomyxa serotina)*, Herber Zwergknäuling *(Panellus stipticus)*, Echter Zunderschwamm *(Fomes fomentarius)* und Schwefelporling *(Laetiporus sulphureus)* vor; letzterer wurde ausnahmsweise auch an Eibe *(Taxus)* gefunden, deren Holz sonst kaum von Pilzen angegriffen wird, und wächst in den Alpen nicht selten an Lärche *(Larix)*.

Die folgenden Arten sind ebenfalls charakteristisch für Laubholz, wachsen aber auch an Fichte *(Picea)*, jedoch nie an Kiefer: Stockschwämmchen *(Kuehneromyces mutabilis)*, Winterpilz *(Flammulina velutipes)*, Sparriger Schüppling *(Pholiota squarrosa)*, Angesengter Rauchporling *(Bjerkandera adusta)* und Birnen-Stäubling *(Lycoperdon pyriforme)*. Reine Koniferen-(Nadelholz-) Bewohner sind hingegen Krause Glucke *(Sparassis crispa)*, Graublättriger Schwefelkopf *(Hypholoma capnoides)*, Schuppiger Sägeblättling *(Lentinus lepideus)*, Salpeter-Helmling *(Mycena alcalina)* und Braunporling *(Phaeolus schweinizii)*.

Es gibt sogar ausgesprochene Spezialisten, die auf eine oder zwei Baumgattungen beschränkt sind, z. B. wachsen fast nur an

Birke	Birken-Zungenporling	*Piptoporus betulinus*
Rotbuche	Buchen-Schleimrübling	*Oudemansiella mucida*
	Korallen-Stachelbart	*Hericium clathroides*
Apfelbaum	Gelber Stachelschwamm	*Sarcodontia crocea*
Ulme	Rillstieliger Seitling	*Pleurotus cornucopiae*

Weide und Pappel	Pappel-Schüppling	*Pholiota destruens*
Eiche	Buntstieliger Helmling	*Mycena inclinata*
	Klapperschwamm	*Grifola frondosa*
	Leberpilz	*Fistulina hepatica* (auch an Edelkastanie, Rotbuche)
	Eichen-Feuerschwamm	*Phellinus robustus* (auch an Robinie)
Fichte und Tanne	Bergporling	*Bondarzewia mesenterica*

So hat jeder holzbewohnende Pilz sein engeres oder weiteres „Wirtsspektrum".

Die Standortbindungen der **bodenbewohnenden Pilze** sind nicht minder vielfältig! Beschränken wir uns zunächst auf die Pilzflora der Wälder, so sind viele Pilzarten durch die schon erwähnte **Mykorrhiza** (eine Lebensgemeinschaft, Symbiose) mit den Wurzeln bestimmter Baumarten verbunden. Gerade von unseren beliebtesten Speisepilzen gehört ein großer Teil zu diesen Mykorrhizabildnern, u. a. fast sämtliche Röhrlinge, Täublinge, Reizker, Pfifferlinge, Ritterlinge i. e. S., Rißpilze, Fälblinge, Schleierlinge und Wulstlinge, insgesamt weit über 1000 Arten! Verhältnismäßig wenige von diesen finden ihr Auskommen sowohl mit Laub- als auch mit Nadelbäumen, z. B.

Perlpilz	*Amanita rubescens*
Echter Pfifferling	*Cantharellus cibarius*
Kahler Krempling	*Paxillus involutus*
Gelbweißer Täubling	*Russula ochroleuca*
Gallenröhrling	*Tylopilus felleus*
Maronen-Röhrling	*Xerocomus badius*

Fast unübersehbar ist die Liste der Baumspezialisten, der „Monomanen", von denen wir nachstehend einige Beispiele geben. Es wachsen ausschließlich oder bevorzugt unter

Birke *(Betula)*

Geschmückter Gürtelfuß	*Cortinarius armillatus*
Schuppiger Dickfuß	*Cortinarius pholideus*
Natternstiel-Schleimfuß	*Cortinarius trivialis*
Fuchsiggelber Schleimkopf	*Cortinarius triumphans*
Birken-Schneckling	*Hygrophorus melizeus*
Flaumiger Reizker	*Lactarius pubescens*
Birken-Reizker	*Lactarius torminosus*
Birkenpilze	*Leccinum scabrum, L. oxydabile*
Birken-Rotkappe	*Leccinum versipelle*
Glanz-Täubling	*Russula nitida*
Gelbblättriger Ritterling	*Tricholoma fulvum*

Eiche *(Quercus)* und Edelkastanie *(Castanea)*

Fahler Röhrling	*Boletus impolitus*
Sommer-Steinpilz	*Boletus reticulatus*
Goldflüssiger Milchling	*Lactarius chrysorrheus*
Eichen-Reizker	*Lactarius quietus*
Camembert-Täubling	*Russula amoenolens*
Grünschuppiger Täubling	*Russula virescens*

27

Erle *(Alnus)*

Erlen-Schnitzling	*Alnicola alnetorum*
Erlen-Wulstling	*Amanita friabilis*
Erlen-Wasserkopf	*Cortinarius alnetorum*
Erlen-Grübling	*Gyrodon lividus*
Lila Milchling	*Lactarius lilacinus*
Erlen-Krempling	*Paxillus filamentosus*
Erlen-Täubling	*Russula pumila*

Esche *(Fraxinus)*

Eschen-Milchling	*Lactarius fraxineus*

Espe *(Populus tremula)* und Silberpappel *(P. alba)*

Zonen-Milchling	*Lactarius zonarius*
Espen-Rotkappe	*Leccinum rufum*
Braune Rotkappe	*Leccinum duriusculum*
Pappel-Ritterling	*Tricholoma populinum*

Haselnuß *(Corylus)*

Hasel-Milchling	*Lactarius hortensis*

Pappel *(Populus canadensis, P. nigra)*

Pappel-Fälbling	*Hebeloma populinum*
Schuppiger Rißpilz	*Inocybe squamata*
Rosascheckiger Milchling	*Lactarius controversus*
Pappel-Täubling	*Russula clariana*

Rotbuche *(Fagus)*

Elfenbein-Schneckling	*Hygrophorus eburneus*
Sternsporiger Rißpilz	*Inocybe asterospora*
Graugrüner Milchling	*Lactarius blennius*
Gallen-Täubling	*Russula fellea*
Sonnen-Täubling	*Russula solaris*
Brandiger Ritterling	*Tricholoma ustale*

Weide *(Salix)*

Winter-Fälbling	*Hebeloma hiemale*
Dünen-Rißpilz	*Inocybe dunensis*
Lack-Täubling	*Russula laccata*

Weißbuche, Hainbuche *(Carpinus)*

Gebänderter Milchling	*Lactarius pyrogalus*
Hainbuchen-Röhrling	*Leccinum carpini*
Hainbuchen-Täubling	*Russula carpini*

In ähnlicher Weise haben auch die Nadelbäume (Koniferen) ihre spezifischen Begleitpilze:

Douglasie *(Pseudotsuga)*

Douglasien-Röhrling	*Suillus lakei*

Fichte *(Picea)*

Dickfuß-Röhrling	*Boletus calopus*
Lila Dickfuß	*Cortinarius traganus*
Wohlriechender Schneckling	*Hygrophorus agathosmus*

Olivgestiefelter Schneckling	*Hygrophorus olivaceoalbus*
Mohrenkopf-Milchling	*Lactarius lignyotus*
Fichten-Rotkappe	*Leccinum piceinum*
Wiesel-Täubling	*Russula mustelina*
Stachelbeer-Täubling	*Russula queletii*

Kiefer *(Pinus sylvestris, P. nigra, P. mugo)*

Heide-Schleimfuß	*Cortinarius mucosus*
Frost-Schneckling	*Hygrophorus hypothejus*
Blut-Reizker	*Lactarius sanguifluus*
Tränen-Täubling	*Russula sardonia*
Kuhpilz	*Suillus bovinus*
Sand-Röhrling	*Suillus variegatus*
Grünling	*Tricholoma equestre* i.w.S.
Sellerie-Ritterling	*Tricholoma luteovirens*

Lärche *(Larix)*

Hohlfuß-Röhrling	*Boletinus cavipes*
Gefleckter Schmierling	*Gomphidius maculatus*
Lärchen-Schneckling	*Hygrophorus lucorum*
Grauer Lärchen-Röhrling	*Suillus viscidus*
Gold-Röhrling	*Suillus flavus*
Rostroter Röhrling	*Suillus tridentinus*
Lärchen-Ritterling	*Tricholoma psammopum*
Lärchen-Milchling	*Lactarius porninsis*

Tanne *(Abies)*

Schwarzgrüner Schleimkopf	*Cortinarius atrovirens*
März-Schneckling	*Hygrophorus marzuolus*
Orange-Schneckling	*Hygrophorus pudorinus*
Lachs-Reizker	*Lactarius salmonicolor*

Weymouthskiefer *(Pinus strobus)*, **Zirbelkiefer** *(P. cembra)* und **Molika** *(P. peuce)*

Filziger Gelbfuß	*Chroogomphus helveticus*
	(auch unter Fichte!)
Elfenbein-Röhrling	*Suillus placidus*
Sibirischer Röhrling	*Suillus sibiricus*

Andere Pilzarten haben ein breiteres Wirtsspektrum und kommen unter zwei oder mehreren Baumgattungen vor (z. B. unter Eiche und Rotbuche, unter Fichte und Tanne, unter 2- und 5nadligen Kiefern). Solche Arten können auch unter Bäumen auftreten, die keine spezifischen Mykorrhizapilze haben; so wächst der Netzstielige Hexenröhrling (*Boletus luridus)* oft, aber keineswegs ausschließlich unter Linde (*Tilia)*; der Süßliche Milchling *(Lactarius subdulcis)*, normalerweise unter Rotbuche, wurde auch mit Hopfenbuche *(Ostrya)* assoziiert angetroffen. Manche Pilze begleiten je nach Höhenlage verschiedene Baumarten: Grüner Knollenblätterpilz *(Amanita phalloides)* und Schwefel-Ritterling *(Tricholoma sulphureum)* kommen im Flachland meist unter Eiche und Rotbuche, im Hochgebirge unter Fichte vor; Tannen-Reizker *(Lactarius turpis)* und Fliegenpilz *(Amanita muscaria)* wachsen im Flachland bevorzugt unter Birke, doch schon im Mittelgebirge auch unter Fichte.

Keine Ektomykorrhiza und daher auch keine spezifischen Begleitpilze haben Ahorn *(Acer)*, Eibe *(Taxus)*, Maulbeerbaum *(Morus)*, Nußbaum *(Juglans)*, Platane *(Platanus)*, Roßkastanie *(Aesculus)*, Robinie *(Robinia)*, Rüster *(Ulmus)* sowie die meisten Sträucher einschließlich Wacholder *(Juniperus)*.

Spezifische Begleitpilze haben auch einige R o s e n g e w ä c h s e, besonders Pflaumenbaum und Schlehe *(Prunus)* sowie Weißdorn *(Crataegus)*. Unter diesen werden regelmäßig der Schild-Rötling *(Entoloma clypeatum)* und 3 weitere Rötling-Arten sowie der Weißstiel-Trompetenschnitzling *(Tubaria autochthona)* angetroffen, doch ist nicht bewiesen, daß diese Bindung auf Mykorrhiza beruht.

Eine zweite große Gruppe von bodenbewohnenden Pilzen – die **Saprophyten** – lebt nicht in Gemeinschaft mit Baumwurzeln, sondern ernährt sich von toter organischer Substanz, namentlich vom Abbau der Laub- und Nadelstreu. Hierzu gehören u. a. die Champignons *(Agaricus)*, Trichterlinge *(Clitocybe)*, Rötel- und Weichritterlinge *(Lepista, Melanoleuca)*, Rüblinge *(Collybia)*, Schwindlinge *(Marasmius)*, viele Helmlinge *(Mycena)*, die Stäublinge *(Lycoperdon)*, Kreislinge *(Cudonia)*, Morcheln *(Morchella)* und Lorcheln *(Gyromitra)*. Diese Pilze sind nicht streng an bestimmte Bäume gebunden – Ausnahmen sind nur einige Bewohner ganz frischer Streu wie Nadel-Schwindling *(Micromphale perforans)* und Kegeliger Helmling *(Mycena metata)* auf Fichtennadeln, Buchsbaum- und Stechpalmen-Schwindling *(Marasmius buxi, M. hudsonii)* auf der Laubstreu entsprechender Gehölze im Mittelmeergebiet.

Sowohl Mykorrhizapilze als auch Saprophyten sind zumeist stark abhängig vom **Säuregrad (der Azidität) des Bodens**, die ihrerseits durch die geologische Unterlage bestimmt wird. Man unterscheidet kalkliebende (basiphile) und kalkfremde (kalkmeidende, azidophile) Pilze.

Kalkliebende Pilze finden wir über Kalkgestein, Dolomit, Kreide, Mergel, Löß, bestimmten Tonen, auch an mit Kalk geschotterten Waldwegen. Beispiele:

Fransiger Wulstling	*Amanita strobiliformis*
Möhrling	*Catathelasma imperiale*
Abgestutzte Herkuleskeule	*Clavariadelphus truncatus*
Blaugestiefelter Schleimkopf	*Cortinarius praestans*
Gefurchter Schneckling	*Hygrophorus fuscoalbus*
Purpur-Schneckling	*Hygrophorus russula*
Ziegelroter Rißpilz	*Inocybe patouillardii*
Rosaanlaufender Milchling	*Lactarius acris*
Grubiger Milchling	*Lactarius scrobiculatus*
Flocken-Stäubling	*Lycoperdon mammiferme*
Gold-Täubling	*Russula aurata*
Kronenbecherling	*Sarcosphaera coronaria*
Brauner Schmerling	*Suillus fluryi*
Fleischroter Gallerttrichter	*Tremiscus helvelloides*
Tiger-Ritterling	*Tricholoma pardolatum*
Fastberingeter Ritterling	*Tricholoma batschii*

und besonders zahlreiche Schleierlinge (*Cortinarius*-Arten).

Kalkholde Arten sind weniger streng an Kalk gebunden und kommen sowohl auf Kalk- als auch auf neutralen Böden vor (z. B. auf Auelehm, oberflächlich entkalktem Geschiebemergel, Löß, über Basalt, Tonschiefer u. a. m.):

Karbol-Egerling	*Agaricus xanthodermus*

Netzstieliger Hexen-Röhrling	*Boletus luridus*
Schweinsohr	*Gomphus clavatus*
Wohlriechender Schneckling	*Hygrophorus agathosmus*
Gelbflockiger Schneckling	*Hygrophorus chrysodon*
Zweifarbiger Schneckling	*Hygrophorus dichrous*
Lärchen-Schneckling	*Hygrophorus lucorum*
Igel-Stäubling	*Lycoperdon echinatum*
Spitz-Morchel	*Morchella elata*
Grauer Leistling	*Pseudocraterellus cinereus*
Blaublättriger Täubling	*Russula delica*
Zinnoberroter Täubling	*Russula rosacea*
Rotstieliger Leder-Täubling	*Russula olivacea*

Den kalkholden Pilzen stehen solche Arten nahe, die auf schweren, feinerdereichen Kalk- und Tonböden vorkommen, nämlich

Fahler Röhrling	*Boletus impolitus*
Satanspilz	*Boletus satanas*
Semmelbrauner Schleimkopf	*Cortinarius varius*
Verfärbender Schneckling	*Hygrophorus cossus*
Riesen-Rötling	*Entoloma sinuatum*

Kalkfremde Pilze findet man nur über saurem Gestein (Torf, Silikatsand, Sandstein, Quarzit, Granit, Porphyr, Gneis, Grauwacke u. a.). Zu dieser Gruppe gehören

Kaiserling	*Amanita caesarea*
Fuchsiger Streifling	*Amanita fulva*
Dickfuß-Röhrling	*Boletus calopus*
Dauerporling	*Coltricia perennis*
Heide-Schleimfuß	*Cortinarius mucosus*
Lila Dickfuß	*Cortinarius traganus*
Rosenroter Schmierling	*Gomphidius roseus*
Frühjahrs-Lorchel	*Gyromitra esculenta*
Kornblumen-Röhrling	*Gyroporus cyanescens*
Bruch-Reizker	*Lactarius helvus*
Flatter-Reizker	*Lactarius thejogalus*
Tannen-Reizker	*Lactarius turpis*
Porphyrröhrling	*Porphyrellus porphyrosporus*
Reifpilz	*Rozites caperatus*
Orangeroter Graustiel-Täubling	*Russula decolorans*
Apfel-Täubling	*Russula paludosa*
Dickschaliger Kartoffelbovist	*Scleroderma citrinum*
Moor-Röhrling	*Suillus flavidus*
Halsband-Ritterling	*Tricholoma focale*
Sellerie-Ritterling	*Tricholoma luteovirens*
Schmarotzer-Röhrling	*Xerocomus parasiticus*

Die **sandholden** Pilze sind weniger streng an saure Böden gebunden und kommen sowohl im sauren als auch im neutralen Bereich vor, meiden jedoch reine Kalkböden:

Grauer Wulstling	*Amanita excelsa*
Fliegenpilz	*Amanita muscaria*

Flockenstieliger Hexen-Röhrling	*Boletus erythropus*
Frost-Schneckling	*Hygrophorus hypothejus*
Kahler Krempling	*Paxillus involutus*
Gelbweißer Täubling	*Russula ochroleuca*
Strubbelkopf	*Strobilomyces floccopus*
Erd-Wärzling	*Thelephora terrestris*
Maronen-Röhrling	*Xerocomus badius*

Viele Arten sind indessen völlig indifferent in bezug auf die Bodenazidität. Die **bodenvagen** Arten kommen sowohl auf Kalk- als auch auf sauren Böden vor, meiden jedoch zumeist die Moorböden:

Grüner Knollenblätterpilz	*Amanita phalloides*
Perlpilz	*Amanita rubescens*
Echter Pfifferling	*Cantharellus cibarius*
Kupferroter Gelbfuß	*Chroogomphus rutilus*
Wimper-Erdstern	*Geastrum fimbriatum*
März-Schneckling	*Hygrophorus marzuolus*
Flaschen-Stäubling	*Lycoperdon perlatum*
Nelken-Schwindling	*Marasmius oreades*
Gemeine Stinkmorchel	*Phallus impudicus*
Habichtspilz	*Sarcodon imbricatus*
Schmerling	*Suillus granulatus*
Butterpilz	*Suillus luteus*
Grünling	*Tricholoma equestre* i.w.S.
Schwefel-Ritterling	*Tricholoma sulphureum*
Erd-Ritterling	*Tricholoma terreum*
Gallenröhrling	*Tylopilus felleus*

Die Beziehungen der vorstehend aufgezählten Gruppen mag folgendes Schema verdeutlichen:

saure Böden	neutrale Böden	basische Böden
kalkfremde Pilze		
sandholde Pilze	sandholde Pilze	
	kalkholde Pilze	kalkholde Pilze
		kalkliebende Pilze
bodenvage Pilze	bodenvage Pilze	bodenvage Pilze

Stickstoffreiche Böden, die sich oft durch ihren üppigen Bewuchs mit Brennesseln zu erkennen geben, können durch Düngung, starke Beweidung oder Anpflanzung von Gehölzen mit stickstoffbindenden Wurzelknöllchen-Bakterien (z. B. Robinie) bedingt sein. Auch in der Nähe von Park- und Campingplätzen sind die Wälder überdüngt. Charakteristische Pilze solcher Standorte, also **nitrophile** Pilze, sind

Bleigrauer Bovist	*Bovista plumbea*
Schopf-Tintling	*Coprinus comatus*
Großer Nest-Erdstern	*Geastrum fornicatum*
Riesen-Erdstern	*Geastrum melanocephalum*

Kragen-Erdstern	*Geastrum striatum*
Riesenbovist	*Langermannia gigantea*
Spitzschuppiger Schirmling	*Lepiota aspera*
Blutblättriger Zwergschirmling	*Melanophyllum echinatum*
Sternstäubling	*Mycenastrum corium*
Düngerlinge	*Panaeolus fimicola, P. rickenii, P. sphinctrinus u.a.*
Blasenförmiger Becherling	*Peziza vesiculosa*
Glimmerschüppling	*Phaeolepiota aurea*
Weide-Stäubling	*Vascellum pratense*

Die zunehmende Häufigkeit einiger dieser Arten kann als Folge der E u t r o - p h i e r u n g u n s e r e r L a n d s c h a f t angesehen werden. Umgekehrt können als Zeiger für n ä h r s t o f f a r m e, nicht eutrophierte Böden vielleicht alle oben genannten kalkfremden Pilze sowie folgende Arten gelten:

Samtiger Stacheling	*Hydnellum velutinum*
Becherförmiger Korkstacheling	*Phellodon tomentosus*
Rötende Wurzeltrüffel	*Rhizopogon rubescens*
Habichtspilz	*Sarcodon imbricatus*
Kuhpilz	*Suillus bovinus*
Riesen-Ritterling	*Tricholoma colossus*
Grünling	*Tricholoma equestre*

Generell kann man sagen, daß auf nährstoffarmen Böden Mykorrhizapilze wie Röhrlinge, Ritterlinge, Täublinge, Milchlinge und Pfifferlinge vorherrschen, weshalb derartige Standorte für den Pilzsammler besonders interessant sind. Auf nährstoffreichen Böden treten hingegen die Mykorrhizapilze zurück, und bestimmte Saprophyten (u. a. Trichterlinge, Rüblinge, Tintlinge, Rötelritterlinge, Schirmlinge, auch gewisse Egerlinge = Champignons) werden häufiger.

Bisher war vorwiegend von Pilzen der Wälder die Rede. Doch auch in der offenen Landschaft findet der Pilzfreund lohnende Standorte. Die W i e s e n u n d W e i d e n sind reich an Egerlingen = Champignons *(Agaricus-*Arten), Rötelritterlingen *(Lepista personara, L. luscina),* Saftlingen *(Hygrocybe-*Arten), Krempentrichterling *(Aspropaxillus giganteus)* und Nelken-Schwindling *(Marasmius oreades).* Natürlich fehlen hier die Mykorrhizapilze, soweit nicht einzelne Bäume stehen. Auch hier gibt es erhebliche standörtliche Unterschiede in Abhängigkeit vom Kalk- und Nährstoffgehalt des Bodens, der Feuchtigkeit usw. Trocken- und Steppenrasen beherbergen andere Pilzarten als Magerrasen des Gebirges, Weiden des Flachlandes oder Salzwiesen der Küste und der pannonischen Tiefebene.

Weitere für den Pilzfreund interessante Standorte sind Moore, Gärten, brachliegende Äcker, Schuttablageplätze. Sie alle haben ihre speziellen Bewohner unter den Pilzen.

Aus vorstehenden Beispielen ist ersichtlich, welche Bedeutung die Standortfaktoren für das Wachstum der Pilze haben und wie wertvoll die Kenntnis der Standorte für den Pilzsammler ist. Näheres zu diesen Fragen wird in Band IV unseres Handbuches ausgeführt.

D. Einsammeln, Transport, Versand

Immer wieder wird von Pilzsammlern die Frage diskutiert: Soll man die Pilze abschneiden oder samt der Stielbasis aus dem Boden nehmen? Kann das Myzel durch die eine oder andere Sammelmethode geschädigt werden, so daß der Ertrag in den folgenden Jahren zurückgeht?

Auf die erste Frage gibt es eine klare Antwort: unbekannte (oder auch nur im mindesten zweifelhafte) Pilze sind mit der gesamten Stielbasis aus dem Boden zu nehmen. Meist ist dies durch eine Drehung um die Stielachse ohne weiteres möglich; vor allem Mykorrhizapilze wie Röhrlinge, Wulstlinge, Ritterlinge, Täublinge, Pfifferlinge, Reizker und Schnecklinge lassen sich fast immer sehr sauber aus dem Boden drehen. Größere Schwierigkeiten macht das Herausdrehen mancher Humussaprophyten wie Rötelritterlinge, Trichterlinge und Rüblinge, da ihre Stielbasis dicht mit der Nadel- oder Laubstreu verfilzt ist. Grundsätzlich muß man alle Pilze vollständig einzusammeln trachten, denn viele für die Bestimmung wichtige Merkmale (man denke nur an die Knollenblätter- und Pantherpilze!) befinden sich gerade an der Stielbasis. Die Stielbasis im Boden zu belassen, hieße daher, Möglichkeiten einer exakten Bestimmung zu verschenken. Pilzhüte ohne Stiel sind als wissenschaftlicher (floristischer) Beleg wertlos und als Speisepilze gefährlich: Gar manche tödliche Pilzvergiftung ist darauf zurückzuführen, daß Pilzsammler, die sich für erfahren hielten, abgeschnittene *Amanita*-Hüte für Täublinge, Champignons oder anderes gehalten hatten.

Durch das Herausdrehen der Pilzstiele wird das Myzel nicht beeinträchtigt; dagegen ist es sehr schädlich, die Moospolster und Streuschichten umzudrehen, um noch nach den allerkleinsten Stadien (den Primordien) von Pfifferlingen u. a. zu suchen. Dies führt nicht nur zum Vertrocknen des Myzels, sondern möglicherweise zu einer Zerstörung der ganzen Lebensgemeinschaft (Biozönose) des Waldbodens, d. h. auch zu einer Verdrängung der begehrten Speisepilze durch weniger wertvolle Arten. Der Sammler, der den Waldboden umwühlt, vernichtet also seine Lieblinge auf Dauer.

Das Abschneiden der Pilzhüte ist jedenfalls nur bei solchen Massenpilzen zu empfehlen, die der Sammler mit völliger Sicherheit kennt: Hallimasch, Stockschwämmchen, Butterpilze, Rötelritterlinge, Parasolpilze u. dgl. Manch einer glaubt, daß die verbleibenden Stiele, wenn sie verfaulen, eine Gefahr für das Myzel bedeuten, es gewissermaßen „anstecken". Das ist jedoch nicht so: würde der Pilz nicht gefunden werden, würde er ja ebenfalls verfaulen!

Auf jeden Fall muß die Krause Glucke von ihrem unterirdischen Strunk abgeschnitten werden. Nicht selten erlebt man aus diesem ein Nachwachsen in den nächsten Tagen.

Für Speisezwecke bestimmte Pilze sollten im Walde so weit von Erde, anhaftendem Laub usw. gereinigt werden, daß sie sich nicht gegenseitig beschmutzen. Wirklich geputzt – z. B. durch Abziehen der Oberhaut, Entfernen des Velums oder Futters – werden sie aber erst zu Hause, nachdem man die Pilze übersichtlich ausgebreitet und sich bei guter Beleuchtung überzeugt hat, daß im Eifer des Einsammelns nicht versehentlich ein Doppelgänger mit gegriffen wurde.

Zur genauen Bestimmung oder als floristischer Beleg vorgesehene Pilze werden möglichst schon am Fundort, nach Arten getrennt in Papier eingewickelt oder in Schachteln und Plastdosen verpackt.

Der Abtransport der Pilze erfolgt am besten in Körben oder anderen festen, aber luftigen Behältern. In Plastbeuteln, Aktentaschen, Säcken werden Pilze sehr schnell unansehnlich, zerdrückt und faulig; Qualität und Bestimmungsmerkmale gehen rasch verloren. Der Begriff „Frischhaltebeutel" ist in bezug auf Pilze äußerst irreführend, denn in diesen Beuteln verderben die Pilze besonders schnell!

Mitunter macht es sich notwendig, Pilze mit der Post zu versenden, z. B. wenn ein Sachverständiger die Bestimmung überprüfen oder ein Mykologe Material für eine wissenschaftliche Arbeit erhalten soll. Der Transport kann also mehrere Tage dauern, und man muß auch mit der Möglichkeit rechnen, daß der Adressat zufällig verreist ist und die Sendung nicht sofort in Empfang nehmen kann. Bei derartigen Sendungen ist unbedingt folgendes zu beachten:

1. Nur junge, vollständige und madenfreie Fruchtkörper sind zum Versand geeignet.

2. Verpackung grundsätzlich nur in Papier und Karton! Metall- und Plastdosen sind ebenso wie die sog. Frischhaltebeutel unbedingt zu vermeiden!

3. Die Fruchtkörper sind nach Arten und Fundorten getrennt zu verpacken.

4. Zu jeder Kollektion gehört ein Zettel mit Angaben über Fundort, Standort (Begleitbäume, Substrat, Boden), Funddatum und Name des Sammlers. Bleistift benutzen! Ohne diese Angaben sind Pilze wissenschaftlich wertlos und kaum geeignet, das Interesse des Pilzsachverständigen oder Mykologen zu wecken. Man vergleiche auch die Ausführungen über die Präparation von Pilzen für wissenschaftliche Sammlungen in Band III (2. Auflage 1977) dieses Handbuches.

5. Merkmale, die sich bald verflüchtigen (z. B. Geruch des frischen Pilzes, Lamellenfarbe in unreifem Zustand, die sehr vergänglichen violetten Farbtöne auf Lamellen und Stielspitze mancher Cortinarien, Anlauffarben, zarte Velumbildungen z. B. am Hutrand) sollten auf dem Zettel oder im Begleitschreiben vermerkt werden.

6. Pilze, die ihre wesentlichen Merkmale auch in trockenem Zustand erkennen lassen (z. B. Porlinge, Boviste, Erdsterne), werden am besten zunächst getrocknet und erst nach der Pilzsaison als „Exsikkat" versandt.

Wer diese Hinweise beachtet, kann im allgemeinen auf Auskunft und Unterstützung seitens der Spezialisten rechnen und auf diese Weise seine eigenen Kenntnisse überprüfen und erweitern.

E. Bestimmung

Wie wird man eigentlich Pilzkenner? Den ersten Anstoß gibt meistens die persönlich weitergegebene Erfahrung: das Mitgehen mit erfahrenen Pilzsammlern, regelmäßiges Aufsuchen der Pilzberatungsstellen (siehe S. 19), Beteiligung an Lehrwanderungen, Besuch von Pilzausstellungen (noch besser: Mithilfe bei der Gestaltung von solchen!) können erste Anregungen geben. Man kann sich entscheidende Merkmale zeigen und eigene Bestimmungen überprüfen lassen, man bekommt eine Idee von der Vielzahl der Pilzarten und von dem Genauigkeitsgrad, der für eine exakte Bestimmung erforderlich ist.

Über einen gewissen toten Punkt kommt jedoch nur derjenige hinaus, der sich selbst mit der Bestimmung abmüht und die erforderliche Literatur benutzt. Eine Vielzahl von „Pilzbüchern" steht zur Verfügung; keines ist indessen so vollkommen und so vollständig, daß man auf alle anderen verzichten könnte! Der ernsthafte Pilzfreund wird sich also nicht mit einem Buch begnügen, sondern sich eine kleine mykologische Bibliothek aufzubauen trachten.

Gute, farbige Abbildungen sind zur Pilzbestimmung unentbehrlich, dies gilt für den Anfänger ebenso wie für den Spezialisten von internationalem Rang. Der Vergleich mit Abbildungen ist eine wichtige, zweckdienliche Methode der Pilzbestimmung, allerdings kommt man durch Bildbetrachtung allein selten zum Ziel – und zwar der Anfänger noch viel weniger als der Spezialist, der nämlich, bevor er überhaupt zum Bildband greift, bereits (und evtl. ganz unbewußt) den methodischen Bestimmungsgang durchexerziert hat. Denn die Abbildung eines Fruchtkörpers (oder auch einer Anzahl von solchen) kann niemals alle Formen und Farben zeigen, die ein Pilz unter dem Einfluß von Witterung, Belichtung, Ernährung und in den verschiedenen Altersstadien anzunehmen vermag.

Der methodische Weg – das ist die Benutzung von Bestimmungsschlüsseln und -tabellen, das Einprägen der Familien- und Gattungsmerkmale und das Einengen der in Frage kommenden Arten bis auf eine. Das erfordert natürlich Zeit, Energie, Konzentration, den Willen, sich das gefragte Merkmal genau anzusehen, und die Bereitschaft, die notwendige Fachsprache zu erlernen (vgl. hierzu die Erläuterung der Bestimmungsmerkmale in Bd. II und VI). Das ist nicht zuviel verlangt! Die Handhabung eines Automobils, einer elektrischen Modelleisenbahn, der Aufbau einer Münz- oder Briefmarkensammlung erfordern nicht geringere Kenntnisse und werden vom modernen Menschen ebenfalls gemeistert!

Unser Handbuch soll die Einarbeitung in die Bestimmungstechnik erleichtern und stellt daher in den Bänden II bis V der neuen Auflage dem Abbildungsteil einen Systematischen Teil mit methodischen Bestimmungsübersichten gleichwertig gegenüber, und in Band VI folgen Schlüssel zu sämtlichen (auch den nicht abgebildeten) europäischen Gattungen. Dem ziellosen Herumblättern in den Bildtafeln ist also der methodische Bestimmungsgang vorzuziehen. Am besten, man beginnt das Pilzbuch schon im Winter zu lesen, prägt sich Namen und Merkmale der Gattungen und Arten ein, vergleicht die Bildtafeln und versucht, sich an Hand der Angaben über „Vorkommen" vorzustellen, wo man den betreffenden Pilz in der kommenden Saison finden könnte, und in welchen Monaten.

Ist die Pilzbestimmung also in den letzten Jahrzehnten schwieriger geworden? Ja! Sie ist wirklich nicht so leicht, wie man sich das früher vorgestellt hat, jedenfalls machen wir sie uns nicht mehr so einfach. Wir setzen mehr Kenntnisse und Mittel ein und kommen dadurch zu besser gesicherten Ergebnissen. Zwar kann auch heute noch der Champignon vom Grünen Knollenblätterpilz an den gleichen Merkmalen unterschieden werden wie vor 150 Jahren, aber die Gesamtzahl der zu unterscheidenden Arten ist viel größer geworden. Während RICKEN 1920 etwa 2000 Arten von Großpilzen unterschied, werden heute in Eruopa etwa 5300 Arten anerkannt, und noch ständig werden neue entdeckt. Wo noch vor wenigen Jahren „der Steinpilz", „der Hallimasch", „der Edelreizker", „der Grünspanträuschling" oder „die Rotkappe" problemlose, leicht kenntliche Arten zu sein schienen, werden heute jeweils Gruppen von einander sehr ähnlichen Arten unterschieden, deren Wert für den Pilzsammler durchaus unterschiedlich sein kann, und die auch an unterschiedlichen Standorten gesucht werden müssen. Biochemische und genetische Analysen haben die Gültigkeit solcher Vorstellungen bestätigt. Andererseits haben sich manche früher als „gut" anerkannten Arten bei genauerer Analyse als durch Übergänge verbundene Varietäten, ja sogar als bloße Standortformen, Altersstadien oder Mißbildungen anderer Arten erwiesen, z. B. in der Gattung Morchel *(Morchella)*. Die Mykologen haben also gelernt, die Pilze genauer zu betrachten.

Andererseits werden bei weitem nicht alle die diffizilen Merkmale, welche man in den modernen Gattungs- und Familiendiagnosen findet, zur Bestimmung benötigt. Ein Teil der schwierigen Merkmale dient lediglich der Systembildung, der Ermittlung natürlicher Verwandtschaft. Systematik und Bestimmung (Determination) sind nicht dasselbe; ihre Ziele sind verschieden, und folglich kann man auch für die Pilzbestimmung andere, leichter feststellbare Merkmale heranziehen als für die Aufstellung eines natürlichen Systems. Daher bedeutet die zunehmende Komplizierung der Pilzsystematik nicht in gleichem Maße eine Komplizierung des Bestimmungsweges.

Der Pilzbestimmer kann nicht völlig auf den Gebrauch des Mikroskops verzichten. Zwar lassen sich die großfrüchtigen Gattungen wie Röhrlinge, Wulstlinge, Ritterlinge fast durchweg rein nach makroskopischen Merkmalen bestimmen, doch schon bei Champignons wird es kritisch, und in den kleinfrüchtigen, artenreichen Gattungen wie *Inocybe, Psathyrella, Entoloma, Mycena, Conocybe* u. v. a. ist ohne Untersuchung der Sporen, Zystiden und Basidien eine Bestimmung nur selten möglich. Die Bestimmung der krustenförmigen (effusen) Porlinge, *Peniophoraceae* u. dgl. stellt sogar ziemlich hohe Anforderungen an das präparatorische Geschick und Beobachtungsvermögen des Mykologen am Mikroskop. Dies ist nichts für Anfänger.

Der Pilzflorist wird also auf die Dauer nicht ohne Mikroskop auskommen. Es muß kein „großes Forschungsmikroskop" sein – ein einfaches Kursmikroskop genügt, wenn es durch eine Meßeinrichtung (Okular- und Objektmikrometer) ergänzt wird. Ein Kreuztisch zur Objektführung und ein binokularer Schrägtubus erleichtern die Arbeit wesentlich. Ein solches Mikroskop ist nicht schwieriger zu handhaben als ein Moped oder eine Nähmaschine!

Weiterhin ist dem ernsthaften Pilzfloristen anzuraten, eine Vergleichssammlung von getrockneten Exemplaren **(Exsikkaten)** anzulegen, um frühere Bestimmungen überprüfen und mit neuerem Material vergleichen zu können. Wichtig ist dabei, daß die Exsikkate ordentlich etikettiert werden, d. h. auf einem beigefügten Etikett werden Fundort, Standort, Datum und Name des Sammlers vermerkt. Man vergleiche hierzu die Ausführungen über Pilzsammlungen in Band III. Wird die Sammlung zu umfangreich, muß man sich von einem Teil derselben trennen und kann sie einem botanischen Institut oder Museum, welches ein mykologisches Herbarium unterhält, anbieten. Die in Bd. III aufgeführten großen mykologischen Herbarien und noch manch andere Institution sind gern bereit, sauber präparierte und etikettierte Sammlungen von Pilzexsikkaten zu übernehmen und evtl. sogar anzukaufen.

Der Wechsel von individueller, konzentrierter Arbeit im stillen Kämmerlein und kollektiver Tätigkeit in Arbeitsgemeinschaften (z. B. des Kulturbundes in einigen Städten der DDR), in mykologischen Zirkeln (z. B. in der ČSSR), in Vereinen (z. B. in der Schweiz) oder in wissenschaftlichen Gesellschaften ist sicher der effektivste Weg, um die Pilzkenntnisse ständig zu vervollkommnen, Übung und Sicherheit zu gewinnen, Erfahrungen auszutauschen und Anregungen zu weiteren Studien zu empfangen.

II. Verwertung der Speisepilze

A. Allgemeines

Nicht ohne Grund erfreuen sich die Pilze bei vielen Familien größter Beliebtheit. Ihre Verwertungsmöglichkeiten sind mannigfaltig, die Zahl der Rezepte ist fast unübersehbar, und groß ist die Anzahl der eßbaren Arten mit recht unterschiedlichen Geschmackseigenschaften. Es gibt milde, pikante und äußerst scharf schmeckende Arten, solche mit ausgeprägtem, würzigem Aroma und andere von sehr zartem Geschmack. Durch Mischen verschiedener Pilzarten läßt sich die Zahl der Geschmacksrichtungen fast beliebig steigern. Dem Pilzfreund öffnet sich hier ein weites Feld zum Experimentieren! Sehr groß ist auch die Zahl der Gerichte, die durch Zugabe von einigen frischen oder getrockneten Pilzen oder Pilzextrakt verfeinert werden können.

Eine Sammlung von 60 Rezepten findet der Pilzfreund in dem längst vergriffenen Pilzkochbuch von E. GRAMBERG (6. Auflage, Leipzig 1946), das Pilzkochbuch von F. GRÖGER (1981) enthält 117 Rezepte. Besonders große Könner auf dem Gebiet der Pilzküche sind die Tschechen und die Franzosen. Der Sprachkundige wird z. B. in den mehr als 50 Jahrgängen der Zeitschrift „Časopis Československých Houbařů" (Prag) eine Fülle von originellen Rezepten finden. Berühmt ist auch das Buch „Mycogastronomie" von P. RAMAIN (Paris 1954). Pilzkochbücher aus der Schweiz und ČSSR sind im Literaturverzeichnis dieses Bandes aufgeführt.

In der DDR sind 77 Pilzarten zum Verkauf in frischem Zustand und weitere 22 Arten zur Herstellung von Pilzerzeugnissen (Trockenpilze, Pilzpulver, Extrakte, Konserven) zugelassen. Die Zahl der bekannten Speisepilze ist jedoch weit größer. Viele Arten sind zwar eßbar, aber für den Handel ungeeignet, da sie zu selten, zu schwer unterscheidbar, zu leicht verderblich oder von geringer Geschmacksqualität sind.

Grundsätzlich sollten nur solche Pilze verwendet werden, die im Handbuch ausdrücklich als **eßbar** bezeichnet sind. **Ungenießbare** Pilze sind zwar nicht giftig, kommen aber wegen ihres schlechten (z. B. bitteren oder ekelerregenden) Geschmacks oder wegen ihrer Zähigkeit nicht in Frage. Über **giftige** Arten wird im Kapitel III berichtet. Groß ist noch immer die Zahl derjenigen Arten, deren Eßbarkeit oder Giftigkeit ungenügend erprobt sind. Mit diesen als **Wert unbekannt** ausgewiesenen Arten sollte der Pilzfreund keinesfalls experimentieren – es könnten sich Giftpilze darunter verbergen!

Grundsätzlich sollen auch nur junge und festfleischige Fruchtkörper verwendet werden. Alte Fruchtkörper mit durchwässertem oder braun bzw. grau verfärbtem Fleisch sind wenig schmackhaft und unter Umständen gefährlich. Die Fruchtkörper mancher Arten werden mit zunehmendem Alter zäh (z. B. Mönchskopf-Trichterling, Riesenporling) oder bitter (z. B. Semmel-Stoppelpilz) oder gehen in Autolyse über, d. h. sie lösen sich in Schleim auf (Tintenpilze, Stäublinge, Boviste, Wurzeltrüffeln).

Leicht **madige Pilze** können von den Maden befreit werden, indem man sie zerschneidet und einige Zeit in kräftiges Salzwasser legt. Solche Pilze eignen sich aber nur zur Bereitung von Brühe oder von Bratlingen (Pilzklopsen).

Unerwünschte Geschmackskomponenten, wie der leicht parfümierte Geschmack der Graukappen und Violetten Rötelritterlinge, die leichte Bitterkeit des Sparrigen Schüpplings und des Zinnober-Täublings, die leichte Schärfe mancher Täublinge, können durch Überbrühen (kurzes Abkochen) beseitigt werden.

Scharfe Reizker und Täublinge (*Lactarius rufus, torminosus, turpis, piperatus, citriolens, Russula emetica* u. a.) müssen nach NEUHOFF über Nacht in Wasser gelegt und danach 2–5 Minuten gekocht werden. Hierdurch verlieren sie ihre Schärfe und Bitterkeit. Nach R. BICKERICH (briefl.) genügt bei *L. rufus* und *L. turpis* 12stündiges, bei *L. quietus* 3stündiges kaltes Wässern, hingegen müssen *L. torminosus* und *L. pubescens* 20 Minuten gekocht werden, um den Terpentingeschmack zu beseitigen.

Als **Rohkost** sind Pilze **nicht** geeignet! Zahlreiche Pilzarten, darunter auch viele bekannte Speisepilze, enthalten in rohem Zustand Hämolysine oder Hämagglutinine (SEEGER & WIEDMANN 1972), also das Blut zerstörende Eiweiße, deren Menge nach Standort und Jahreszeit erheblich schwankt. Andere Arten wurden als roh giftig erkannt und haben eine Anzahl Vergiftungen hervorgerufen (Hexenröhrlinge, Hallimasch, Schwefelporling u. a., vgl. PIESCHEL 1964). Daher ist es ratsam, den Genuß von rohen Pilzen grundsätzlich zu vermeiden.

B. Gerichte aus frischen Pilzen

1. Geschmorte (gedünstete) Pilze. Das einfachste Pilzgericht erhält man, indem man die gewaschenen und zerschnittenen Pilze in einer Pfanne mit Zwiebel, Fett (am besten mit geräuchertem Speck) und Salz so lange im eigenen Saft schmoren läßt, bis der Saft fast eingekocht ist. Zum Verfeinern kann man gehackte Petersilie, Schnittlauch, Majoran, Kümmel, Paprika, Pfeffer oder Zitronensaft hinzufügen, zum Abbinden etwas Mehl in Milch, Buttermilch oder Sahne verquirlt. Fast alle Pilzarten (außer den zähen, z. B. Herbst-Trompete, Mönchskopf-Trichterling) sind zum Schmoren geeignet.

2. Gebratene Pilze. Die unzerschnittenen Pilzhüte werden mechanisch gesäubert, aber nicht oder (Reizker!) nur vorsichtig gewaschen, evtl. mit einem Tuch abgetrocknet, mit Salz und Pfeffer bestreut, in Mehl gewendet (oder mit Ei und geriebener Semmel paniert) und in Fett scharf durchgebraten. Hierzu eignen sich festfleischige Pilze wie Blut- und Edel-Reizker, Brätling, Mönchskopf-Trichterling, Schwefelporling, Hasen-Stäubling, Steinpilze und Parasolpilze, auch junge Champignons, Habichts-Stacheling und Riesenbovist. Es ist zu beachten, daß Reizker duch allzu langes Braten hart und unverdaulich werden. Dagegen muß man Riesenboviste in Scheiben schneiden und gut durchbraten, sonst schmecken sie bitter.

3. Pilzklopse (Bratlinge). Die Pilze werden erst zerschnitten, dann mit kochendem Wasser überbrüht und fein gehackt bzw. durch den Fleischwolf gedreht. Die mit Semmelmehl, Ei (1 Ei auf 500 g Pilze), Salz, Pfeffer und Majoran vermengte Masse wird zu flachen Klopsen geformt, mit Semmelmehl bestreut und in heißem Fett gebraten. Durch Zugabe von Hackfleisch ($^1/_3$ bis $^1/_2$ der Pilzmenge) wird das Gericht verfeinert. In ähnlicher Weise können auch Hackbraten und Füllungen für Kohlrouladen, Omeletts, Pasteten, Paprikafrüchte u. dgl. aus oder mit Pilzen hergestellt werden.

Zu Pilzklopsen eignen sich besonders die festen, wasserarmen und weniger wertvollen Pilzarten wie Schafeuter, Habichts-Stacheling, Mönchskopf-Trichterling, Falscher Pfifferling, manche Reizker und Täublinge sowie die oben erwähnten, wegen unerwünschter Geschmackskomponenten überbrühten Pilzarten.

4. Pilzsuppe. Gewaschene und klein geschnittene Pilze (etwa 250–300 g auf 1 l Suppe) werden mit fein gehackter Zwiebel, Öl oder Butter, Pfeffer, Salz und Petersilie etwa 5 Minuten geschmort; danach füllt man Wasser (feiner: Fleischbrühe) auf und läßt 20 Minuten ziehen. Die Suppe kann mit Eigelb und Sahne, mit schaumig geschlagenem Ei oder Mehlschwitze abgebunden werden. Zuletzt wird mit Wein, geriebenem Käse und evtl. Paprika der Geschmack verbessert.

Zu Pilzsuppe eignen sich alle nicht zu zähen Pilzarten. Es empfiehlt sich, Pilze von kräftigem, würzigem Geschmack (Nelken-Schwindling, Stockschwämmchen, Röhrlinge, Morcheln) mit solchen von neutralem Geschmack (Streiflinge, Perlpilz, Täublinge, Ritterlinge) zu mischen. Hervorragende Suppenpilze sind Grünling und Krause Glucke.

5. Würzpilze. Als Beigabe zu Bratensoßen u. dgl. eignen sich Pilze von starkem, würzigem Geschmack, wie Deutsche Trüffel, Nelken- und Küchen-Schwindling, Herbst-Trompete, Habichts-Stacheling, Morcheln, Anis-Trichterling und Bruch-Reizker (Maggipilz). Letzterer darf nur in kleinen Mengen verwendet werden. Die Pilzsoßen sollten mit gedünsteten Zwiebeln und Speckwürfeln, Kerbel, Estragon, Tomatenscheiben, Fleischbrühe, evtl. auch Wein, Meerrettich oder Petersilie, gewürzt werden. Statt frischer Pilze kann man auch Pilzextrakt (s. unten) verwenden.

6. Pilze am Spieß. Für die moderne Hobbyküche eignen sich besonders Blut- und Edelreizker, die nach Schaschlyk-Art, mit Speckscheiben gemischt, am Spieß gebraten oder auch, mit Öl bestrichen, auf dem Grill geröstet werden können. Erfinderische Pilzfreunde werden sicher bald weitere Varianten entdecken.

7. Geräucherte Pilze. Der tschechische Pilzfreund J. Vrbka hat herausgefunden, daß Austern-Seitlinge wie Fisch oder Speck geräuchert werden können. Der Geschmack soll vorzüglich sein.

C. Konservierung der Pilze

1. Trockenpilze. Das Trocknen ist die einfachste Methode der Konservierung von Pilzen. Die Pilze werden sorgfältig gereinigt (aber nicht gewaschen), zerschnitten, auf Papier oder Gazerahmen ausgebreitet und bei geringer (!) Wärme an frischer Luft oder auf dem Ofen getrocknet. Nach 1–2 Tagen sind die Pilze trocken; schimmelig gewordene Stücke müssen entfernt werden. Das Trocknen auf Fäden am offenen Fenster ist wegen der Fäulnisgefahr nur bei trockenwarmem Sommerwetter zu empfehlen.

Es ist zu beachten, daß einige Pilzarten wie Pfifferlinge, Reizker, Schnecklinge, Champignons und Graukappe nicht zum Trocknen geeignet sind, da sie zäh werden oder an Geschmack verlieren. – Vor dem Gebrauch sind getrocknete Pilze 12 Stunden einzuweichen!

2. Pilzpulver. Die Pilze werden prasseldürr getrocknet und in einer Mühle zu Pulver zermahlen. Dieses wird in luftdicht schließenden Glas- oder Metalldosen aufbewahrt. Pilzpulver ist besonders leicht verdauliches Pilzeiweiß und vielseitig verwendbar.

Jede eßbare Pilzart ist für Pilzpulver geeignet, aber man sollte auf einen gehörigen Anteil von Würzpilzen (s. o.) Wert legen. Ein besonders gut schmeckendes Pilzpulver ergibt die Röhrenschicht der Röhrlinge.

3. Pilzextrakt (Pilzwürze). Die Pilze werden geputzt, stark zerkleinert oder durch den Fleischwolf gedreht und in wenig Salzwasser $1/2$ Stunde gekocht. Der austretende Saft wird abgegossen und aufbewahrt. Dann wird nochmals Wasser mit wenig Salz auf die Pilze gegossen, abermals $1/2$ Stunde gekocht und danach der Pilzbrei in einem Säckchen oder Tuch ausgedrückt. Der hierbei gewonnene Saft wird mit dem anderen Saft vereinigt, gesalzen (1 Teelöffel Salz auf 1 l) und langsam eingedickt, bis er sirupartig ist. Aufbewahrung in Gläsern, die mit Zellophanhaut oder Plastfolie verschlossen werden.

Zur Bereitung von Pilzwürze ist jede eßbare Pilzart geeignet.

4. Einsalzen. Die Pilze werden gesäubert, so weit wie möglich von der Huthaut befreit, zerkleinert, in kochendes Wasser geschüttet und 15 Minuten gekocht. Dann schichtet man sie in einen Steintopf, wobei sie mit reichlich Salz (500 g auf 5 kg Pilze) versetzt werden. Darauf legt man ein doppeltes Leinentuch, auf dieses ein Brettchen, das mit einem Stein beschwert wird. Die Salzlake muß das Brettchen immer bedecken. Aufbewahrung bei Kellertemperatur.

Zum Einsalzen sind alle eßbaren Pilzarten geeignet, insbesondere auch die scharfen Reizker- und Täublingsarten. Das Kochwasser kann zu Pilzextrakt eingedickt werden.

5. Einsäuern (Silieren). Größeren Wohlgeschmack als beim Einsalzen erhalten die Pilze, wenn sie einem einfachen biologischen Einsäuerungsverfahren (Milchsäuregärung) unterworfen werden. Man verfährt ähnlich wie beim Einsalzen. Die Pilze werden gesäubert, zerkleinert und für nur 1–2 Minuten in kochendes Wasser geschüttet. Dann werden sie fest in einen Steintopf oder in ein Fäßchen aus Eichenholz geschichtet; zwischen die Schichten streut man etwas Salz und Zucker (je 75 g auf 5 kg Pilze) und fügt etwas saure Milch hinzu. Die Pilzmasse wird mit Tuch, Holzdeckel und Stein abgedeckt; die Aufgußlösung (Lake) muß immer über dem Holzdeckel stehen. Ist zu wenig Lake vorhanden, gießt man etwas Salzwasser nach. Der in den ersten Tagen entstehende graue Gärschaum wird öfter abgeschöpft und das Tuch ausgewaschen. Bei kühler Raumtemperatur ist die Gärung nach 8–14 Tagen beendet, und die Pilze sind zu einer festen Masse geworden. Man kann jederzeit neue Pilze nachlegen. Die silierten Pilze halten sich bis zum folgenden Sommer. Ihr Geschmack ist angenehm säuerlich.

Scharfe Reizker- und Täublingsarten müssen vor dem Einsäuern über Nacht gewässert werden.

6. Einlegen in Essig. Die Pilze werden gesäubert, grob zerschnitten, 10 Minuten in Salzwasser gekocht, abgegossen und in Gläser oder Steintöpfe gefüllt. – Auf 1 kg Pilze gibt man 0,5 l Weinessig (5 %), der mit $^1/_3$ Wasser verdünnt und mit wenig Salz und verschiedenen Gewürzen (z. B. Perlzwiebeln, Zimt, Pfefferkörner, Lorbeerblatt, Pigment, Estragon, Senfkörner) 15 Minuten gekocht wurde. Der erkaltete Essig mit den Gewürzen wird über die Pilze gegossen, so daß sie von ihm bedeckt werden; man kann auch die abgetropften Pilze in dem gewürzten Essig nochmals aufkochen und erst dann in die Gläser füllen. Die Gläser werden mit Zellophan oder Plastfolie verschlossen.

Zum Einlegen in Essig eignen sich alle eßbaren Pilzarten, besonders Reizker und Täublinge (auch der Zinnober-Täubling und die scharfen Arten), Schmierlinge und Gelbfüße, Hallimasch. Essigpilze sind äußerst schmackhaft.

7. Einwecken (Sterilisieren). Die Pilze werden gesäubert, zerkleinert, mehrmals schnell gewaschen, kurz in Salz geschmort, bis sie fast weich sind, dann in Einmachgläser gefüllt und bis 2 cm unter den Rand mit dem Saft übergossen. Die verschlossenen Gläser werden je nach Größe 1–1½ Stunden bei 90 °C sterilisiert. Nach 2–3 Tagen wird nochmals sterilisiert, und zwar ½ Stunde bei 100 °C. Von Zeit zu Zeit sind die Gläser zu überprüfen. Pilzkonserven mit Schimmelbildung (Gefahr von Mykotoxinen!), losem Deckel, Gasblasen oder unangenehmer Geruchsentwicklung sind nicht verwendbar.

Fast alle eßbaren Pilze, insbesondere auch Pfifferlinge, lassen sich sterilisieren, man muß aber streng darauf achten, daß nur frische, einwandfreie Exemplare verwendet werden. Der natürliche Pilzgeschmack hält sich vorzüglich.

8. Einfrieren. Pilze werden gesäubert, gewaschen, etwas zerkleinert, danach 4–6 Minuten in kochendes Wasser geworfen (blanchiert). Die so vorbereiteten Pilze können im Tiefkühlschrank bei – 18 °C in Beuteln oder Schachteln monatelang gelagert werden. Es wird empfohlen, dem Blanchierwasser auf 1 l Wasser 20 g Kochsalz (um ein Dunkelwerden der Pilze zu verhindern) und 10 g Zitronensäure (um Bitterwerden zu vermeiden) zuzusetzen; dadurch wird die Lagerung bis zu 12 Monaten ermöglicht. Besonders geeignet sind Pfifferlinge und andere festfleischige Arten.

Zur Wiederverwendung werden die Pilze in warmem Wasser aufgetaut, abgetropft und sofort wie frische Pilze zubereitet. Zuvor überzeugt man sich vom einwandfreien Geruch der eingefrorenen Pilze.

III. Giftpilze und Pilzvergiftungen

Von Mila HERRMANN, Halle, Dr. Walter HERRMANN, Halle, und Prof. Dr. Hanns KREISEL, Greifswald

A. Verzeichnis der europäischen Giftpilze

Wie viele giftige Arten gibt es eigentlich? Das folgende Verzeichnis enthält alle in Europa als giftig oder giftverdächtig eingeschätzten Arten, einschließlich solcher Arten, die nur in rohem Zustand Vergiftungen hervorrufen, insgesamt 183 Arten. Diejenigen Pilzfreunde sind also im Irrtum, die glauben, es gäbe nur etwa ein Dutzend giftiger Arten, deren Kenntnis man sich sehr rasch aneignen könne. Andererseits gibt es jedoch bedeutend mehr eßbare als giftige Arten.

Hinter dem deutschen Namen ist jeweils angegeben, wo die betreffende Art im Handbuch für Pilzfreunde abgebildet und beschrieben ist (z. B. I/28 a = Band I, Farbbild 28 a). Ferner bedeutet

+ schwach giftig (verursacht vorübergehende Verdauungs- oder Bewußtseinsstörungen)
+ + giftig (kann schwere, u. U. sogar tödliche Vergiftungen hervorrufen)
A giftig nach Alkoholgenuß (vgl. S. 79)
R roh giftig, unter Umständen schon nach Probieren kleiner Stücke
? giftverdächtig, bzw. über die evtl. Giftigkeit liegen widersprüchliche Angaben vor.

Die in einzelnen Gattungen oder Arten nachgewiesenen Giftstoffe sind aus der Tabelle S. 55 ersichtlich.

+	*Agaricus phaeolepidotus* (MOELL.) MOELL.	Rebhuhn-Egerling	I/28 a
+	*Agaricus placomyces* PECK A. meleagris (J. SCHFF.) IMBACH	Perlhuhn-Egerling	I/28
+	*Agaricus xanthodermus* GENEVIER	Karbol-Egerling, Gift-Egerling	I/27
+	*Amanita citrina* (SCHAEFF.) ROQUES A. mappa (BATSCH) QUÉL.	Gelber Knollenblätterpilz	I/4
?	*Amanita eliae* QUÉL.	Kammrandiger Wulstling	III/5
?	*Amanita franchetii* (BOUD.) FAYOD A. aspera (FR.) QUÉL. sensu auct.	Rauher Wulstling	III/6
R	*Amanita fulva* (SCHAEFF.) FR.	Fuchsiger Streifling	I/12
R, + ?	*Amanita gemmata* (FR.) BERTILLON	Narzissengelber Wulstling	I/10
+ +	*Amanita muscaria* (L.) PERS.	Roter Fliegenpilz	I/8
+ +	*Amanita pantherina* (DC.: FR.) KRBH.	Pantherpilz	I/5, III/7
+ +	*Amanita phalloides* (FR.) LINK	Grüner Knollenblätterpilz	I/1
+	*Amanita porphyria* ALB. & SCHW.: FR.	Porphyrbrauner Wulstling	I/11
+ +	*Amanita regalis* (FR.) MICHAEL	Königs-Fliegenpilz, Brauner Fliegenpilz	I/9
R	*Amanita rubescens* PERS.: FR. A. pseudorubescens HERRFURTH	Perlpilz	I/7

?	*Amanita solitaria* (BULL.: FR.) MÉRAT *A. echinocephala* (VITT.) QUÉL.	Einsiedler-Wulstling	III/8
?	*Amanita strobiliformis* (VITT.) BERTILLON	Fransiger Wulstling	III/3
R	*Amanita vaginata* (BULL.: FR.) VITT.	Grauer Streifling	I/13
+ +	*Amanita verna* (BULL.: FR.) LAMK.	Weißer Knollenblätterpilz	I/2
+ +	*Amanita virosa* (FR.) BERTILLON	Spitzhütiger Knollenblätterpilz	I/3
R	*Armillaria mellea* (VAHL: FR.) KUMM. sensu lato	Hallimasch i. w. S.	I/97a, b
R	*Boletus calopus* FR. *B. pachypus* FR.	Dickfuß-Röhrling	I/160
R	*Boletus erythropus* (FR.) KRBH. *B. miniatoporus* „SECR."	Flockenstieliger Hexen-Röhrling	I/157
R	*Boletus lupinus* FR.	Wolfs-Röhrling	
R, A?	*Boletus luridus* SCHAEFF.: FR.	Netzstieliger Hexen-Röhrling	I/158
R	*Boletus purpureus* FR.	Purpur-Röhrling	
R	*Boletus queletii* SCHULZER	Glattstieliger Hexen-Röhrling	
R	*Boletus rhodopurpureus* SMOTL.	Purpurrosa Röhrling	
R	*Boletus rhodoxanthus* (KRBH.) KALLEN-BACH	Rosahütiger Röhrling	III/5
+	*Boletus satanas* LENZ	Satanspilz	I/159
+ +	*Clitocybe angustissima* (LASCH) KUMM.	Schmalblättriger Trichterling	
+ +	*Clitocybe candicans* (PERS.: FR.) KUMM.	Wachsstieliger Trichterling	III/183
A	*Clitocybe clavipes* (PERS.: FR.) KUMM.	Keulenfuß-Trichterling	I/87
+ +	*Clitocybe dealbata* (SOW.: FR.) KUMM.	Feld-Trichterling	I/92
+ +	*Clitocybe diatreta* (FR.: FR.) KUMM. *C. salmonea* MÉTROD	Fleischfalber Trichterling	III/188
+ +	*Clitocybe ericetorum* (BULL.) QUÉL.	Kreiselförmiger Trichterling	
+ +	*Clitocybe festiva* FAVRE	Alpen-Trichterling	
+ +	*Clitocybe fragrans* (SOW.: FR.) KUMM. *C. suaveolens* (SCHUM.: FR.) KUMM. sensu auct.	Duft-Trichterling	III/178
+ +	*Clitocybe fritilliformis* (LASCH) GILL.	Bitterer Trichterling	III/185
+ +	*Clitocybe phyllophila* (FR.) KUMM. *C. cerussata* (FR.) KUMM. ? *C. pithyophila* („SECR.") GILL.	Bleiweißer Trichterling	I/90, 91
+ +	*Clitocybe rivulosa* (PERS.: FR.) KUMM.	Rinnigbereifter Trichterling, Wiesen-Trichterling	I/89
+	*Collybia fusipes* (BULL.: FR.) QUÉL.	Spindeliger Rübling	III/159
+ +	*Collybia hariolorum* (BULL.: FR.) QUÉL.	Striegeliger Rübling	III/157
A	*Coprinus alopecia* LASCH *C. insignis* PECK	Fuchsräude-Tintling	IV/296
A	*Coprinus atramentarius* (BULL.: FR.) FR.	Grauer Tintling, Knoten-Tintling	I/38
A	*Coprinus micaceus* (BULL.: FR.) FR.	Glimmer-Tintling	I/39
?	*Cortinarius callisteus* (FR.: FR.) FR. *Inoloma callisteum* (FR.: FR.) RICKEN	Rhabarberfüßiger Rauhkopf	IV/104b
+ +	*Cortinarius gentilis* (FR.) FR. *Telamonia gentilis* (FR.) RICKEN	Goldgelber Rauhkopf	IV/103
?	*Cortinarius limonius* (FR.: FR.) FR. *Telamonia limonea* (FR.: FR.) RICKEN	Zitronengelber Rauhkopf	IV/104c

45

+ +	*Cortinarius orellanus* Fr.	Orangefuchsiger Rauhkopf,	IV/98
	Dermocybe orellana (Fr.) Ricken	Orangefuchsiger Hautkopf	
+ +	*Cortinarius speciosissimus* Kühner & Romagn.	Spitzgebuckelter Rauhkopf	IV/ 104d
+ +	*Cortinarius splendens* Hry.	Schöngelber Klumpfuß	
	Phlegmacium splendens (Hry.) Mos.		
+	*Cortinarius traganus* (Fr.: Fr.) Fr.	Lila Dickfuß	I/52
	Inoloma traganum (Fr.: Fr.) Wünsche		
+	*Dermocybe cinnamomea* (L.) Wünsche (sensu lato ?)	Zimtbrauner Hautkopf (i. w. S. ?)	IV/93
+	*Dermocybe sanguinea* (Wulf.: Fr.) Wünsche	Blutroter Hautkopf	IV/95
R	*Entoloma clypeatum* (L.) Kumm.	Schild-Rötling	I/61
	Rhodophyllus clypeatus (L.) Quél.		
+ +	*Entoloma nidorosum* (Fr.) Quél.	Alkalischer Rötling	III/56
	Rhodophyllus nidorosus (Fr.) Quél.		
+ +	*Entoloma rhodopolium* (Fr.) Quél.	Niedergedrückter Rötling	III/55
	Rhodophyllus rhodopolius (Fr.) Quél.		
?	*Entoloma sericeum* (Bull.) Quél.	Seidiger Rötling	III/52
	Rhodophyllus sericeus (Bull.) Quél.		
+ +	*Entoloma sinuatum* (Bull.: Fr.) Kumm	Riesen-Rötling	I/60
	E. lividum (Bull.) Quél.		
	Rhodophyllus sinuatus (Bull.: Fr.) Sing.		
+ +	*Entoloma vernum* Lundell	Frühlings-Rötling	III/51
	Rhodophyllus vernus (Lundell) Romagn.		
	Nolanea verna (Lundell) Mazzer		
+ +	*Galerina autumnalis* (Peck) A. H. Smith & Sing.	Überhäuteter Häubling	
+ +	*Galerina marginata* (Batsch) Kühner sensu Fries	Nadelholz-Häubling	IV/212
+ +	*Galerina sulciceps* (Berk.) Boedijn	Gewächshaus-Häubling	
+	*Gyromitra ambigua* Harmaja		
+ +	*Gyromitra esculenta* (Pers.: Fr.) Fr.	Frührjahrs-Lorchel	I/191
+	*Gyromitra gigas* (Krbh.) Quél.	Riesen-Lorchel	II/233
	Neogyromitra gigas (Krbh.) Imai		
	Discina gigas (Krbh.) Eckbl.		
R	*Hebeloma crustuliniforme* (Bull.) Quél.	Gemeiner Fälbling, Kleiner Rettich-Fälbling	I/49
+	*Hebeloma sinapizans* (Fr.)	Großer Rettich-Fälbling	IV/26
	H. crustuliniforme sensu Ricken		
?	*Hygrocybe conica* (Scop.: Fr.) Kumm.	Kegeliger Saftling	I/133
+	*Hygrocybe langei* Kühner	Zitronengelber Saftling	III/267
	H. constans Lge. non Murr.		
	H. rickenii Mre.		
+	*Hygrocybe nigrescens* (Quél.) Kühner	Schwärzender Saftling	III/281

46

?	*Hygrocybe obrussea* (Fr.) Wünsche	Gebuckelter Saftling	III/271
?	*Hygrocybe psittacina* (Schaeff.: Fr.) Wünsche	Papageigrüner Saftling	III/279
+ +	*Hypholoma fasciculare* (Huds.: Fr.) Kumm.	Grünblättriger Schwefelkopf	I/44
	Nematoloma fasciculare (Huds.: Fr.) Karst.		
?	*Hypholoma sublateritium* (Fr.) Quél.	Ziegelroter Schwefelkopf	I/44
	Nematoloma sublateritium (Fr.) Karst.		
+	*Inocybe aeruginascens* Babos		
+ +	*Inocybe asterospora* Quél.	Sternsporiger Rißpilz	IV/75
+ +	*Inocybe brunnea* Quél.	Bräunlicher Rißpilz	IV/71
+ +	*Inocybe cincinnata* (Fr.) Quél.	Lilaspitziger Rißpilz	IV/57
+	*Inocybe corydalina* Quél.	Grüngebuckelter Rißpilz	IV/55
+ +	*Inocybe eutheles* (Berk. & Br.) Quél.	Wolligfädiger Rißpilz	IV/72
+ +	*Inocybe fastigiata* (Schaeff.) Quél.	Kegeliger Rißpilz	I/56 IV/45
+ +	*Inocybe fibrosa* (Sow.) Gill.	Eingeknickter Rißpilz	IV/78
+ +	*Inocybe flocculosa* (Berk.) Sacc.	Flockiger Rißpilz	IV/82
+ +	*Inocybe friesii* Heim	Frühlings-Rißpilz	IV/63
+ +	*Inocybe geophylla* (Sow.: Fr.) Kumm.	Seidiger Rißpilz, Erdblättriger Rißpilz	I/58 IV/58
+ +	*Inocybe hirsuta* (Lasch) Quél.	Rauhhaariger Rißpilz	IV/39
+ +	*Inocybe hystrix* (Fr.) Karst.	Sparriger Rißpilz	IV/67
+ +	*Inocybe lacera* (Fr.) Kumm.	Struppiger Rißpilz, Gemeiner Wirrkopf	IV/65
?	*Inocybe langei* Heim *I. hirtella* Bres. sensu auct.	Kurzstieliger Rißpilz	IV/66
+ +	*Inocybe lanuginosa* (Bull.: Fr.) Kumm.	Wolliger Rißpilz	IV/81
+ +	*Inocybe lucifuga* (Fr.: Fr.) Kumm.	Olivbiättriger Rißpilz	IV/64
?	*Inocybe maculata* Boud.	Gefleckter Rißpilz	
+ +	*Inocybe mixtilis* (Britz.) Sacc.	Napfknollen-Rißpilz	
+ +	*Inocybe napipes* Lge.	Rübenstieliger Rißpilz	IV/76
+ +	*Inocybe obscura* (Pers.) Gill.		
?	*Inocybe obscuroides* Orton	Violettlicher Rißpilz	IV/56
+ +	*Inocybe patouillardii* Bres.	Ziegelroter Rißpilz	I/57
+ +	*Inocybe perlata* (Cke.) Sacc.	Breiter Rißpilz	IV/43
+ +	*Inocybe posterula* (Britz.) Sacc. *I. descissa* (Fr.) Quél. sensu Ricken	Falber Rißpilz	IV/70
+ +	*Inocybe praetervisa* Quél.	Zapfensporiger Rißpilz	IV/76
+ +	*Inocybe queletii* Mre. & Konr.	Quélets Rißpilz	
+ +	*Inocybe sambucina* (Fr.) Quél.	Fliederweißer Rißpilz	IV/68
+	*Inocybe umbrina* Bres.	Büscheliger Rißpilz	IV/80
R	*Lactarius acris* (Bolt.: Fr.) S. F. Gray	Rosaanlaufender Milchling	V/58
R	*Lactarius azonites* (Bull.) Fr.	Rauchfarbener Milchling	V/57
R	*Lactarius chrysorrheus* Fr.	Goldflüssiger Milchling	V/12
R	*Lactarius citriolens* Pouz. *L. cilicioides* Fr. sensu Neuhoff *L. resimus* Fr. sensu Bres., Ricken	Fransen-Milchling	V/6
+	*Lactarius helvus* (Fr.) Fr.	Bruch-Reizker Filziger Milchling	I/115 V/42

R	*Lactarius hortensis* VEL. *L. pyrogalus* (BULL.: FR.) FR. sensu NEUHOFF	Hasel-Milchling	V/35
?	*Lactarius ichoratus* (BATSCH) FR. sensu NEUHOFF *L. fulvissimus* ROMAGN.	Orangefuchsiger Milchling	V/46
+	*Lactarius pallidus* (PERS.: FR.) FR.	Fleischblasser Milchling	V/26
R	*Lactarius pubescens* (FR.) FR. *L. blumii* M. BON	Flaumiger Milchling, Blasser Birken-Reizker	V/7
?	*Lactarius pyrogalus* (BULL.: FR.) FR. *L. circellatus* FR. sensu NEUHOFF, M. BON	Gebänderter Milchling	V/34
R	*Lactarius repraesentaneus* BRITZ.	Zottiger Violett-Milchling	V/13
R	*Lactarius resimus* (FR.) FR.	Wimpern-Milchling	V/10
R	*Lactarius scrobiculatus* (SCOP.: FR.) FR.	Grubiger Milchling	V/11
R	*Lactarius torminosus* (SCHAEFF.: FR.) S. F. GRAY	Birken-Milchling Zottiger Reizker	I/112, V/5
R	*Lactarius turpis* (WEINM.) FR. *L. necator* (BULL.: FR.) KARST. sensu auct.	Tannen-Reizker	V/29
?	*Lactarius vietus* (FR.) FR.	Graufleckender Milchling	V/31
R	*Laetiporus sulphureus* (BULL.: FR.) MURR.	Schwefelporling	I/167
R?	*Leccinum duriusculum* (SCHULZER) SING.	Braune Rotkappe, Härtlicher Röhrling	II/12
R	*Leccinum rufum* (SCHAEFF.) KREISEL *L. aurantiacum* (BULL.) S. F. GRAY sensu lato		
R?	*Leccinum scabrum* (BULL.: FR.) S. F. GRAY	Birkenpilz, Birken-Röhrling	I/162
+ +	*Lepiota brunneoincarnata* CHODAT & MARTIN	Fleischbräunlicher Schirmling	I/33 ?
+ +	*Lepiota helveola* BRES. sensu JOSSE- RAND, M. BON	Fleischrötlicher Schirmling	I/34
+ +	*Lepiota josserandii* M. BON & BOIFFARD *L. scobinella* (FR.) GILL. sensu auct.		I/33 ?
+	*Lepiota lilacea* BRES.	Lila Schirmling	III/26
?	*Lepista flaccida* (SOW.: FR.) PAT. (FR.) KUMM. *Clitocybe flaccida* (SOW.: FR.) KUMM. *Clitocybe inversa* (SCOP.) QUÉL.	Fuchsiger Röteltrichterling	I/88
?	*Lepista gilva* (PERS.: FR.) PAT. *Clitocybe gilva* (PERS.: FR.) KUMM. *Clitocybe splendens* (PERS.: FR.) GILL.	Fahlgelber Röteltrichterling	III/170
R	*Lepista nebularis* (BATSCH: FR.) HAR- MAJA *Clitocybe nebularis* (BATSCH: FR.) KUMM.	Graukappe, Nebelgrauer Trichterling	I/94
R	*Lepista nuda* (BULL.: FR.) CKE.	Violetter Rötelritterling	I/62

R?	Macrolepiota procera (Scop.: Fr.) Sing.	Riesen-Schirmpilz, Parasol	I/29
++	Macrolepiota venenata M. Bon	Gift-Schirmpilz	
+	Mattirolomyces terfezioides (Matt.) E. Fischer	Piemonttrüffel	
+	Megacollybia platyphylla (Pers.: Fr.) Kotl. & Pouz. Collybia platyphylla (Pers.: Fr.) Kumm.	Breitblatt, Breitblättriger Rübling	I/105
R?	Morchella elata Fr. M. conica Pers. M. deliciosa Fr.	Spitz-Morchel, Hohe Morchel	I/193, II/208
R?	Morchella esculenta (L.) Pers. M. crassipes (Vent.): Fr.	Speise-Morchel, Graue Morchel, Dickfuß-Morchel	I/192, II/207, II/209
+	Mycena pura (Pers.: Fr.) Kumm.	Rettich-Helmling	III/122
++	Mycena rosea (Bull.) Sacc. & Dalla Costa	Rosa Helmling	
++	Omphalotus olearius (DC.: Fr.) Sing.	Leuchtender Ölbaumpilz	III/200
+	Panaeolus ater (Lge.) Kühner & Romagn. P. fimicola (Fr.) Quél. sensu Ricken	Sepia-Düngerling	IV/272b
+	Panaeolus cyanescens (Berk. & Br.) Sacc. Copelandia cyanescens (Berk. & Br.) Sing.	Blauender Düngerling	IV/274
+	Panaeolus foenisecii (Pers.: Fr.) Schroet. Panaeolina foenisecii (Pers.: Fk.) Mre.	Heu-Düngerling	IV/271
+	Panaeolus retirugis (Fr.) Gill. P. papilionaceus (Bull.: Fr.) Quél. sensu Neuhoff P. campanulatus (Bull.: Fr.) Quél. sensu Kühner & Romagn.	Runzliger Düngerling	IV/268
+	Panaeolus subbalteatus (Berk. & Br.) Sacc.	Gezonter Düngerling	IV/270
R,+	Paxillus involutus (Batsch: Fr.) Fr.	Kahler Krempling	I/140
+	Psilocybe bohemica Šebek Hypholoma coprinifacies (Roll.) Herink sensu Herink	Blaufleckender Kahlkopf	IV/265b
?	Psilocybe callosa (Fr.: Fr.) Quél.		
?	Psilocybe cyanescens Wakefield		
+	Psilocybe semilanceata (Fr.) Kumm.	Spitzkegeliger Kahlkopf	
+	Psilocybe serbica Mos. & Horak	Serbischer Kahlkopf	
+	Ramaria formosa (Fr.) Quél.	Schöne Koralle, Dreifarbige Koralle	II/131
+	Ramaria pallida (Schaeff.) Ricken R. mairei Donk	Blasse Koralle	I/180
R	Russula aeruginea Lindblad in Fr.	Grasgrüner Täubling	I/117, V/85
R	Russula badia Quél.	Zedernholz-Täubling	V/157

R	Russula emetica (SCHAEFF.: FR.) S. F. GRAY sensu lato	Spei-Täubling i. w. S.	I/125, V/134, V/135, V/136, V/138
R	Russula integra (L.) FR.	Brauner Leder-Täubling	I/131, V/116
R	Russula luteotacta REA	Gelbfleckender Täubling	V/141
R	Russula mairei SING.	Buchen-Spei-Täubling	V/137
R	Russula nana KILLERMANN R. alpina (BLYTT & ROSTRUP) MOELL. & J. SCHFF.	Hochgebirgs-Spei-Täubling	V/139
R	Russula queletti FR. in QUÉL.	Stachelbeer-Täubling	I/126, V/153
R?	Russula romellii MRE. R. alutacea (PERS.: FR.) FR. sensu J. SCHFF.	Weißstieliger Leder-Täubling	V/114
R	Russula sardonia FR.	Tränen-Täubling Zitronenblättriger T.	I/124, V/154
R.	Sarcosphaera coronaria (JACQ.) SCHROET. S. crassa (SANTI) POUZ. S. dargelasii (GACHET) NANNF. S. eximia (DUR. & LÉV.) MRE.	Violetter Kronenbecherling	I/194
R	Sarcodon imbricatus (L.) KARST.	Habichts-Stacheling, Habichtspilz	I/174
+	Scleroderma areolatum EHRENB. S. lycoperdoides SCHW.	Gefelderter Kartoffelbovist	
+	Scleroderma cepa PERS.	Zwiebelförmiger Kartoffelbovist	
+	Scleroderma citrinum PERS. S. aurantium (L.) PERS. sensu auct. S. vulgare HORNEM.	Dickschaliger Kartoffelbovist, Kartoffel-Hartbovist	I/183
+	Scleroderma verrucosum (BULL.): PERS.	Dünnschaliger Kartoffelbovist	II/177
?	Stropharia hornemannii (FR.: FR.) LUN- DELL & NANNF.	Üppiger Träuschling	IV/250
?	Stropharia inuncta (FR.) QUÉL.	Purpurgrauer Träuschling	IV/252
?	Stropharia semiglobata (BATSCH : FR.) QUÉL.	Halbkugeliger Träuschling	IV/253
?	Stropharia squamosa (PERS.: FR.) QUÉL.	Schuppiger Träuschling	IV/251a
+	Tricholoma albobrunneum (PERS.: FR.) KUMM.	Weißbrauner Ritterling	III/210
+	Tricholoma focale (FR.) RICKEN	Halsband-Ritterling	III/205
R	Tricholoma fulvum (DC.: FR.) SACC. T. flavobrunneum (FR.) KUMM.	Gelbblättriger Ritterling	I/69

+ +	*Tricholoma pardolatum* HERINK & KOTL.	Tiger-Ritterling	I/74
	T. pardinum (PERS.) QUÉL. sensu auct.		
	T. tigrinum (SCHAEFF.) KUMM. sensu auct.		
+	*Tricholoma pessundatum* (FR.) QUÉL.	Getropfter Ritterling	
+	*Tricholoma saponaceum* (FR.) KUMM.	Seifen-Ritterling	I/80
?	*Tricholoma sejunctum* (SOW.: FR.) QUÉL. (vgl. *T. zvarae*!)	Grüngelber Ritterling	I/68
+	*Tricholoma sulphureum* (BULL.: FR.) KUMM.	Schwefel-Ritterling	I/67
+	*Tricholoma virgatum* (FR.: FR.) KUMM.	Brennender Ritterling	I/77
+	*Tricholoma zvarae* VEL.	Bitterer Ritterling	
	T. sejunctum var. *zvarae* (VEL.) ŠEBEK		
R?	*Xerocomus badius* (FR.) KÜHNER	Maronen-Röhrling	I/151

Aus dem Verzeichnis ist ersichtlich, daß in Europa etwa 107 wirkliche Giftpilze bekannt sind, die fast alle auch in Mitteleuropa vorkommen. Dazu kommen mehr als 40 roh giftige und weitere 34 giftverdächtige oder möglicherweise roh giftige Arten. Es kann jedoch nicht behauptet werden, daß alle hier nicht aufgeführten Arten ungiftig seien! Namentlich in den artenreichen Gattungen *Cortinarius* (Untergattung *Leprocybe*), *Dermocybe, Entoloma, Hygrocybe, Inocybe* und *Mycena* kann sich noch manche wegen ihrer Seltenheit oder Kleinheit nicht erprobte Art als giftig erweisen.

Die Zahl der als roh giftig einzuschätzenden Arten kann sich in Zukunft noch beträchtlich erhöhen. In zahlreichen Pilzarten wurden nämlich – mindestens an manchen Standorten oder zu manchen Jahreszeiten – die nicht hitzebeständigen Hämolysine und/oder Hämagglutinine nachgewiesen (vgl. S. 81). Eine Liste solcher Arten veröffentlichten z. B. SEEGER & WIEDMANN (1972).

Problematisch ist auch die Bewertung der sehr scharfen Reizker- und Täublingsarten *(Lactarius, Russula)*. Eine Anzahl von ihnen wurde früher als giftig bezeichnet; nach entsprechender Vorbehandlung sind sie jedoch eßbar. In vorstehendem Verzeichnis sind diese als roh giftig ausgewiesen.

B. Die Pilzgifte und ihre Wirkungen

Es gehört zum vorbeugenden Gesundheitsschutz, die Bevölkerung vor Pilzvergiftungen zu bewahren; das ist auch das Hauptanliegen jeder Pilzberatung und -aufklärung.

Daß der Mensch schon zu Zeiten, als er sich ausschließlich von den Früchten des Waldes ernährte, auch Pilze gegessen hat, kann wohl angenommen werden, aber wie viele Menschenopfer es gekostet haben mag, bevor er erkannte, daß einige Pilzarten giftig sind, läßt sich schwer abschätzen. Daß Pilze mit halluzinogenen Inhaltsstoffen seit vorgeschichtlichen Zeiten dem vermeintlichen Verkehr mit Göttern und Dämonen, also rituellen Zwecken, gedient haben, dafür gibt es viele Beweise (s. S. 72ff.).

51

Über unfreiwillige Pilzvergiftungen wird schon aus der Antike berichtet. Vor 2500 Jahren soll der athenische Dichter Euripides auf diese Weise an einem Tag seine Frau, Tochter und seine zwei Söhne verloren haben. Diese Angabe soll jedoch infolge Textmißdeutung falsch sein: die Vergiftung habe nicht die Genannten, sondern 4 unbekannte Personen betroffen (Heim 1978).

Im Altertum und noch im Mittelalter waren die Anschauungen über die Entstehung der Pilze und die Ursachen ihrer Giftigkeit recht merkwürdig. 60 u. Z. schreibt der naturwissenschaftliche Schriftsteller Dioskorides: „Der Schwämme Natur ist zwiefach, denn entweder sind sie eßbar oder verderblich. Dieses letztere werden sie aus vielerlei Ursachen, denn sie wachsen etwa an Bäumen, die schädliche Früchte tragen, oder auf faulenden Lumpen oder bei Höhlen von Schlangen." Plinius d. Ä. (23–79 u. Z.) sagt, daß sich die Pilze aus dem Morast, aus dem sauergewordenen Saft der feuchten Erde entwickelt hätten. Sie würden giftig, wenn sie der Hauch von Schlangen träfe. Da Schlangen Eschenblätter mieden, könne man unter Eschen unbesorgt Pilze sammeln. Die Äbtissin auf dem Ruprechtsberg bei Bingen (Hl. Hildegard 1098–1179) urteilt über Pilze folgendermaßen: „Pilze, welche auf der Erde wachsen, sind dem Menschen nicht zuträglich, wohl aber solche, die auf stehenden oder liegenden Bäumen wachsen, denn diese sind etwas zur Speise tauglich."

Daß bei den Römern Pilzgerichte sehr beliebt waren, ist wohl allgemein bekannt, auch, daß es zu Pilzvergiftungen kam, wobei es sich nicht nur um Unglücksfälle handelte, sondern manchmal auch um verbrecherische Tücke, wie die antiken Historiker Tacitus und Suetonius berichten. So wurde Kaiser Claudius im Jahre 54 von seiner Frau Agrippina durch ein Pilzgericht ermordet, damit ihr Sohn Nero den Thron besteigen konnte.[1]

Auf ähnliche Weise ermordete später Agrippina bei einem Gastmahl auch den Centurionen Anneus Serenus, der dem Kaiser Nero seine Geliebte, die Sklavin Acte, abspenstig machen wollte. Dabei mußten auch alle miteingeladenen Tribunen und Centurionen sterben.

Von späteren Vergiftungen berichtet der Chronist Bischof Thietmar von Merseburg (Buch VIII, Kap. 14), 1008 fielen einer schweren Pilzvergiftung 7 Tagelöhner zum Opfer. Später wurde uns nur der Tod geschichtlicher Persönlichkeiten durch Giftpilze bekannt: Papst Clemens VII., 1534, Kaiser Karl VI., 1740, und die Witwe des Zaren Alexis nach 1908 (ohne Quellennachweis). Etwa 1256 gibt der Bischof von Regensburg Albert der Grosse (= Albertus Magnus, Albert Graf von Bollstädt, 1195–1280), der Arzt war, als erster eine medizinische Beschreibung einer Pilzvergiftung. Völlig unklar bleibt aber die Pilzart, die die Vergiftung verursacht hat. Er bezeichnet zwar den Fliegenpilz als giftig, weil er „in Milch pulverisiert, Fliegen tötet", führt aber sonst als Zeichen der Giftigkeit „klebrige Feuchtigkeit auf dem Hute und klebrige Hand des Sammlers" an und schreibt weiter, „wenn sie nicht töten, so können sie doch im Kopf Ohnmacht und Schlagfluß, ferner Atembeschwerden, Leber- und Verdauungsschwierigkei-

---

[1] Agrippina hat wahrscheinlich einem Kaiserlingsgericht Saft (oder Auszug) von Grünen Knollenblätterpilzen zugesetzt. Als statt der erwarteten tödlichen zunächst nur leichtere Übelkeit auftrat, bekam Claudius einen überdosierten Koloquinteneinlauf (Heim 1978).

ten und Harnverhaltung bewirken". Der Regensburger Domherr KONRAD VON MEGENBERG (1309–1374), der den Fliegenpilz auch schon kannte, berichtet von einer Pilzart, lateinisch Boletus, deutsch Pfifferling genannt: „Vor der muß man sich hüten, da sie sehr giftig und todbringend wirkt. Ich weiß das ganz genau, weil zu Wien einmal jemand Pfifferlinge aß, Wein darauf trank und sofort vor dem Fasse starb."

Manche dieser mittelalterlichen Anschauungen haben sich leider bis auf die heutige Zeit im Aberglauben erhalten. Diese falschen Vorstellungen – unangenehmer Geruch oder Geschmack, Verfärben des Pilzfleisches, Dunkelwerden einer mitgekochten Zwiebelscheibe oder Anlaufen eines Silberlöffels im Pilzgericht deuten auf den Giftgehalt des Pilzes – können eindeutig widerlegt werden. Der gefährlichste Giftpilz, der Grüne Knollenblätterpilz – *Amanita phalloides* –, riecht nicht unangenehm, ähnlich wie Kunsthonig, soll sehr gut schmecken, wie Erkrankte berichtet haben, sein Fleisch bleibt weiß, ebenso die mitgekochte Zwiebelscheibe; auch von Schnecken werden diese Pilze manchmal angefressen. Hingegen kann man z. B. die übelriechende Stinkmorchel in ihrem Entwicklungsstadium als Hexenei essen; auch der bittere Gallenröhrling ist nicht giftig, und die Rotkappe, deren Fleisch sich bekanntlich dunkel verfärbt, ist ein guter Speisepilz, obwohl er die mitgekochte Zwiebelscheibe dunkel färbt. Der angelaufene Silberlöffel zeigt nur einen Schwefelgehalt (aus dem Eiweiß), keineswegs einen Giftstoff an. Tierfraß besagt lediglich, daß der betreffende tierische Organismus imstande ist, giftige Pilzinhaltsstoffe ohne Schaden anzunehmen. Solcher Aberglaube hat schon vielen Menschen das Leben gekostet. *Ein Reagens auf alle Pilzgifte kann es nicht geben, denn diese sind chemisch äußerst verschieden.*

Einzig und allein die genaue Kenntnis der Pilzarten schützt vor Pilzvergiftungen. Erkrankungen nach Pilzgenuß entstehen nur aus Unkenntnis, Leichtsinn und Verantwortungslosigkeit. Zu einer scheinbaren Pilzvergiftung kommt es manchmal bei einem zufälligen Zusammentreffen einer anderen Krankheit mit einem Pilzessen. **Unechte Pilzvergiftungen** (die zu den Lebensmittelvergiftungen gezählt werden) werden durch Speisepilze verursacht, die entweder in zu großer Menge gegessen oder unzerkaut geschluckt wurden, aber auch dadurch, daß zuviel Fett bei der Zubereitung verwendet wurde (Übelkeit, Erbrechen, Durchfall). Ähnliche Krankheitssymptome können auch überalterte oder verdorbene Speisepilze hervorrufen, bei denen infolge von Eiweißzersetzung durch Bakterien oder Schimmelpilze giftige Stoffe entstanden sind. Speisepilze verderben durch zu langes Lagern und unsachgemäßen Transport, z. B. in Plastebeuteln oder gummierten Faltbeuteln oder wenn sie vom Handel in zu hohen Stiegen verpackt wurden; in solchen Fällen kommt es zu Selbsterhitzung der Pilze. Zu warnen wäre auch vor Pilzen, die stark durchwässert sind oder die wiederholt gefroren waren und wieder aufgetaut sind, deren Zellgewebe also durch den Frost zerstört wurde (ausgenommen sind die ausgesprochenen Winterpilze wie Austern-Seitling, Winterrübling u. a.). Selbstverständlich können auch durch unsachgemäßes Konservieren Pilze verderben. Unechte Pilzvergiftungen werden auch durch nicht dem Pilz eigene Schadstoffe verursacht. Pilze können nämlich Fremdstoffe aus dem Boden und auch aus der Luft aufnehmen, speichern und anreichern, darunter Schadstoffe wie Pestizide und deren Zersetzungsprodukte, giftige Schwermetallionen wie Cadmium, Kupfer, Zink, Blei (in der Nähe von Metallhütten, metallverarbeitenden und chemischen Industriewerken, Blei auch aus Autoabgasen in der Nähe stark befahrener Straßen und Autobahnen), ferner radioaktives Cäsium und Strontium. Die letztgenannten Elemente gelangen durch Atombombenexplosionen in die Atmosphäre und werden durch Luftströmungen über die ganze Erde verteilt. Sie werden u. a. in den Knochen gespeichert. Ein erheblicher Teil der Schwermetallionen wird jedoch wegen der Schwerverdaulichkeit der Pilzzellwand (Chitin) im Verdauungstrakt nicht resorbiert und ist im menschlichen Kot wiederzufinden (Versuche mit Kupfer und Cadmium, SCHELLMANN 1980).

Einzelne Personen besitzen gegen sonst unschädliche Pilzinhaltsstoffe eine angeborene (Idiosynkrasie) oder erworbene (Allergie) Überempfindlichkeit. Seltener ist angeborene Intoleranz für bestimmte in Pilzen enthaltene, sonst unschädliche Stoffe wie Trehalose, Polyazetylenverbindungen, Antibiotika.

Alle diese Erscheinungen können Pilzvergiftungen vortäuschen.

Echte Pilzvergiftungen entstehen nur durch Verzehr von Giftpilzen. Je nachdem, wo der Giftstoff in den Stoffwechsel des Lebewesens eingreift, welche Organe er dadurch schädigt, verursacht er entsprechende Krankheitserscheinungen. Im Zusammenhang damit steht die Latenz- oder Inkubationszeit, d. i. die Zeit, die nach dem Verzehr der Pilzmahlzeit bis zum Auftreten der ersten Vergiftungssymptome verstreicht. Für die Diagnose und Behandlung ergibt sich daraus eine Einteilung der Giftpilze, wie aus Tab. 1 ersichtlich.

Vorerst etwas Allgemeines über die Pilzgifte. Von der großen Zahl der Inhaltsstoffe in Pilzen, die im Laufe des sekundären Stoffwechsels[1] gebildet und als Speicher- oder Abfallprodukte im Pilzkörper abgelagert werden, ist bisher nur ein geringer Teil bekannt. Das sind vor allem solche, die für den Menschen Bedeutung haben, sei es, daß sie störend in den menschlichen Stoffwechsel eingreifen und dadurch giftig wirken, sei es, daß sie die menschlichen Sinnesorgane Auge, Geruchs- oder Geschmackssinn auffällig beeinflussen (Farb-, Geruchs- und Geschmacksstoffe). All dies ist die Wirkung bestimmter Molekülstrukturen, wobei oft sehr geringe Änderungen im Molekülbau diese Eigenschaften wesentlich ändern oder ganz verschwinden lassen (siehe z. B. Amanullin, S. 62 f.).

Was verstehen wir unter dem Begriff Gift? **Gift** ist ein Stoff, der, in geringer Menge einem lebenden Organismus eingeführt und von ihm resorbiert, krankhafte Veränderungen verursacht, die zum Tode dieses Organismus führen können. Der Ausdruck „geringe Menge" ist jedoch relativ. Es kommt hier auf das Verhältnis der Masse des aufgenommenen Stoffes, der Dosis, zur Masse des Organismus an; sie wird z. B. angegeben in mg Gift je kg Versuchstier. „Die Dosis macht das Gift", wie es von alters her heißt. Viele Gifte sind, in kleiner Dosis eingenommen, wertvolle Heilmittel, und es können sich auch unter den Pilzgiften solche finden. Lebewesen verschiedener Art sind in ungleicher Weise empfindlich gegen denselben Giftstoff, sogar Einzelwesen derselben Art reagieren

---

[1] **Primärstoffe** sind Verbindungen des Grundstoffwechsels aller Zellen der Pflanzen, Tiere und niederen Organismen. **Sekundärstoffe** leiten sich von Primärstoffen ab, werden aber nur von bestimmten Organismen(gruppen) und − bei Vielzellern − nur in bestimmten Zellen, Geweben oder Organen gebildet.

54

Tabelle 1

Giftart	Latenzzeit	Wichtigste Vertreter	Wichtigste Giftstoffe
1. Zellgifte	3–14 Tage 8–40 h[1]	*Cortinarius orellanus* *Amanita phalloides* und *Amanita verna* *Amanita virosa*	Orellanine Phallo-, Amatoxine Phallotoxine, α-Amanitin, Viroidin (Virosin)
	5–8 h	*Galerina marginata* *Gyromitra esculenta*	α-(β-)-Amanitin Gyromitrin
2. Nervengifte, z. T. Halluzinogene	15–30 min 15–60 min 30 min ?	*Amanita muscaria* und *Amanita pantherina* *Inocybe, Clitocybe* *Psilocybe, Panaeolus, Conocybe, Psathyrella* *Amanita citrina* und *Amanita porphyria*	Ibotensäure, Muscimol, Muskazon Muskarin Psilocybin, Psilocin Bufotenin
3. Gastrointestinale Wirkstoffe	2–15 h	*Boletus satanas,* *Tricholoma pardolatum, Lactarius torminosus* u. a., viele roh giftige Speisepilze	Terpenoide, noch unbekannte Stoffe
4. Disulfiramähnlich wirkende Stoffe	30 min bis 4 h u. U. bis zu 3 Tagen	*Coprinus atramentarius*	Coprin
5. Hämolytisch wirkende Stoffe		*Amanita phalloides* Viele andere Arten	Phallolysin Andere Hämolysine (?)
6. Allergisch wirkende Stoffe		*Paxillus involutus*	Allergene (Antigene)

[1] h = hora = Stunde

unterschiedlich. Das ist zu beachten bei der Bestimmung der tödlichen (letalen) Dosis **LD 50** (auch DL 50) eines Giftes, jener Giftmenge, bei der 50 % der Versuchstiere eingehen. Dies ist ein statistischer Wert, um so sicherer, je größer die Zahl der verwendeten Tiere ist. Da verschiedene Tierarten ungleich widerstandsfähig gegen dasselbe Gift sind, kann die LD 50 nur für eine bestimmte Tierart angegeben werden. Pflanzenfressende Tiere, z. B. Schnecken, viele Insekten, Mäuse, Kaninchen, sind gegen die Gifte des Grünen Knollenblätterpilzes wesentlich widerstandsfähiger als fleischfressende, wie Hunde, Katzen und letzten Endes auch der Mensch. Auch beim Menschen ist die Resistenz gegen Gifte je nach Alter, Konstitution, Geschlecht, Gesundheitszustand usw. verschieden. Beim Menschen kann die LD 50 natürlich nicht wie bei Tieren bestimmt werden; hier hilft nur ein möglichst reichhaltiges Vergleichsmaterial vorgekommener Vergiftungen. Eine direkte Übertragung der Ergebnisse von Tierversuchen auf den Menschen ist kaum möglich. Außerdem werden solche Versuche mit reinen isolierten Giftstoffen durchgeführt, während in den Pilzen meist Gemische vorliegen. Eine gegenseitige Beeinflussung, auch eine Einwirkung sonst nicht giftiger Stoffe (s. Antanamid), ist wahrscheinlich. Die Fruchtkörper einer Pilzart können je nach Standort, Jahreszeit, Witterung und Alter unterschiedliche Mengen eines Giftes enthalten.

Infolge dieser Unsicherheiten können Zweifel entstehen, ob ein Pilz unter die Giftpilze einzureihen sei. Die Ansichten verschiedener Autoren widersprechen sich manchmal. Mit dem Anwachsen unserer Kenntnisse werden auch immer wieder Pilze, die vordem als harmlos galten, als Giftpilze entlarvt; andere dagegen, bisher als giftig angesehen, erweisen sich als unschädlich.

Die Untersuchung der Pilzgifte

Die zur Untersuchung der Pilzgifte verwendeten Verfahrensweisen sind die gleichen wie die bei der Untersuchung anderer pflanzlicher und tierischer Inhaltsstoffe. Was das zu untersuchende Rohmaterial betrifft, hat der Pilzspezialist gegenüber dem Biochemiker, der sich mit Pflanzen und Tieren befaßt, noch besondere Schwierigkeiten zu überwinden. Während dieser sein Untersuchungsmaterial in ausreichender Menge jederzeit heranziehen kann, ist der mykologisch Arbeitende meist auf das beschränkte, witterungsabhängige, spontane Wachstum der Pilze angewiesen. Diese Abhängigkeit vom natürlichen Vorkommen der Pilze hat mitunter zu unliebsamen Unterbrechungen der Forschungsarbeit geführt.

Ehe man die Pilzgifte auf ihre Eigenschaften und den Aufbau ihres Moleküls hin untersuchen kann, muß man sie aus den Fruchtkörpern der Pilze isolieren, d. h. von den vielen anderen Pilzinhaltsstoffen in möglichst reiner Form abtrennen. Das ist oft eine sehr mühevolle Arbeit. Zu seiner Reindarstellung extrahiert man zunächst den Stoff aus den rohen zerkleinerten Pilzen mit einem Lösungsmittel (Wasser, Alkohole u. a.), das möglichst wenig andere Stoffe mit herauslöst. Wie prüft man aber nun, ob der gesuchte Stoff in den Extrakt übergegangen ist? Da seine chemischen Eigenschaften noch ganz unbekannt sind, muß man seine Giftwirkung dazu benutzen. Versuche an Tieren, manchmal am isolierten Organ (z. B. Froschherz), sind dazu nötig, ja in besonderen Fällen wurde die Wirksamkeit der einzelnen Aufarbeitungsstufen sogar durch Selbstversuche der Forscher überprüft. Ist die Hauptmenge des Giftes im Extrakt enthalten, so kann man mit der Isolierung und Reinigung fortfahren. Dazu benutzt man Fällungen, d. i. die Überführung des gesuchten Stoffes oder der Begleitstoffe in schwerlösliche Verbindungen, die sich durch Filtrieren abtrennen lassen, weiteres Lösen und Extrahieren unter Anwendung auch der modernen Trennmethoden, z. B. der Chromatographie verschiedener Ausführung (Papier-, Dünnschicht-, Säulen-, Gaschromatographie), Elektrophorese, Ionenaustausch u.ä.[1].

---

[1] Bei der **Papierchromatographie** wird ein Tropfen des zu trennenden Stoffgemisches unweit des Endes eines Filterpapierstreifens aufgebracht. Der Streifen wird mit seinem Ende senkrecht in ein Schälchen mit Laufmittel eingetaucht. Dieses steigt im Streifen auf

Immer ist es nötig, Extrakt und Rückstand oder Niederschlag und Restlösung im Tierversuch auf das Vorhandensein des Giftes zu prüfen. Gelingt es einmal, schon während der Aufarbeitung eine geeignete chemische Reaktion zu finden, kann das Verfahren wesentlich beschleunigt werden. So hat nach manchmal monatelanger mühseliger Arbeit eine Forschergruppe endlich den gesuchten Stoff in reiner Form in der Hand. Das ist im Vergleich zum aufgearbeiteten Rohmaterial meist eine recht kleine Menge.

Jetzt beginnt der zweite, nicht weniger mühselige Teil der Arbeit. Es muß neben den chemischen, physikalischen und physiologischen Eigenschaften des Stoffes vor allem die Struktur seines Moleküls aufgeklärt werden. Dabei werden neben altbewährten chemischen Methoden, wie Spaltung des Moleküls in einfachere Bestandteile, Nachweis charakteristischer Gruppen des Moleküls, neuere physikalische und physikochemische Untersuchungsverfahren wie die Spektrometrie mit den verschiedenen Wellenlängen elektromagnetischer Strahlung (Mikrowellen, Infrarot, sichtbares Licht, Ultraviolett, Röntgenstrahlen), die Massenspektrometrie, die Röntgenstrukturanalyse und andere Verfahren eingesetzt[1]. Dadurch sind die Ergebnisse schneller und sicherer und mit viel geringeren Probemengen zu erhalten. Die nötigen Geräte stehen jedoch nicht jedem Laboratorium zur Verfügung. Gesichert ist eine Strukturformel erst dann, wenn es gelingt, aus einfachen chemischen Verbindungen den Stoff zu synthetisieren und durch Vergleich aller seiner Eigenschaften seine Identität mit dem Naturstoff festzustellen.

---

und nimmt die unbekannten Stoffe mit. Dabei wandern jedoch verschiedene Stoffe ungleich schnell, so daß sie sich nach gewisser Zeit als Flecken verschiedener Größe (je nach Menge) in verschiedenen Entfernungen vom Ausgangspunkt finden. Dort können sie, sollten sie farblos sein, mit Reagenzien sichtbar gemacht werden. Als Laufmittel dienen Gemische organischer Flüssigkeiten mit Wasser, Säuren u. dgl. in bestimmten Verhältnissen. Bei der **Dünnschichtchromatographie** verfährt man ebenso mit Glasplatten, die eine dünne Schicht poröser Stoffe (Zellulose-, Kieselgel-, Aluminiumoxidpulver u. ä.) tragen. Die **Säulenchromatographie** verwendet mit solchen Stoffen gefüllte Glasröhren, bei denen Stoffgemisch und Laufmittel von oben nach unten laufen und am unteren Ende, in Fraktionen getrennt, aufgefangen werden. Bei der **Gaschromatographie** läßt man das verdampfte Gemisch mit einem nicht reaktiven Trägergas durch solche Röhren streichen. Bei der **Elektrophorese** wandern die in Wasser gelösten elektrisch geladenen Teilchen (Ionen) unter dem Einfluß eines elektrischen Feldes verschieden schnell zum Plus- oder Minuspol, je nach Ladung, Größe und Form, und werden auf diese Weise getrennt.

[1] Bei den **spektroskopischen Verfahren** durchstrahlt man den Stoff mit elektromagnetischer Strahlung, wobei die Wellenlänge zwischen der Strahlung kontinuierlich geändert wird. Infolge der Wechselwirkung zwischen der Strahlung und den Molekülen in ihren Atomen werden nur bestimmte Wellenlängen durchgelassen. Aus dem so entstandenen Linienspektrum läßt sich auf den Molekülbau schließen. Bei den neuesten Verfahren werden die Moleküle außerdem einem starken Magnetfeld ausgesetzt (Kernresonanz, Elektronenresonanz), dadurch etwas verändert und liefern so zusätzliche Informationen über ihre Struktur. Bei der Massenspektrometrie wird das Molekül durch elektrische Kräfte in Bruchstücke verschiedener Masse und Ladung zerschlagen, die durch elektrische und magnetische Felder verschieden stark abgelenkt und z. B. auf Fotoplatten aufgefangen werden. Aus der Lage und Stärke der von diesen Bruchstücken erzeugten Schwärzungen wird auf das ursprüngliche Molekül geschlossen.

All dieser Aufwand ist keineswegs Selbstzweck; denn erst, wenn die Struktur des Moleküls und die Eigenschaften des Stoffes bekannt sind, läßt sich auf die Art und Weise seines Angriffs im lebenden Körper schließen. Darauf aufbauend kann man Mittel gegen eine Vergiftung mit diesem Giftstoff finden und die Gesundheit oder das Leben von Menschen erhalten. Abgesehen davon wird ein Beitrag zu dem für die Medizin und Biologie so wichtigen Problem des Zusammenhangs zwischen Molekularstruktur und Wirkung eines Stoffes geleistet. Den Biochemiker interessiert weiterhin, aus welchen einfachen Stoffen und auf welchem Wege der Organismus diesen Stoff aufbaut.

Wegen der geringen, bei den genannten Methoden benötigten Probemenge kommt der Forscher heute meist mit wenigen Pilzfruchtkörpern aus (früher mußten mitunter mehrere hundert kg Frischpilze verarbeitet werden). Allerdings muß der Stoff für diese mit Milli- bis Mikrogramm arbeitenden Methoden (Mikro-, Ultramikroanalyse) ganz besonders sorgfältig gereinigt werden.

Bei sehr kompliziert aufgebauten Molekülen, wie z. B. bei denen der Amatoxine und Phallotoxine, war trotzdem eine Spaltung des Moleküls in einfachere Bausteine notwendig. Erst diese konnten dann so, wie oben geschildert, analysiert werden. Die Anordnung der Bausteine im Molekül festzustellen ist dann eine weitere nicht einfache Aufgabe. Geht es darum, einen schon bekannten Giftstoff in anderen Arten nachzuweisen, können Abtrennung und Nachweis in kurzer Zeit z. B. mit Hilfe der Chromatographie oder der Elektrophorese erreicht werden, was dann nur wenig Rohmaterial erfordert.

Im folgenden sollen die Gruppen der Gifte und ihre Wirkungen im einzelnen besprochen werden.

Cortinarius orellanus-Gifte

Latenzzeit 3–17 Tage

Die ersten Symptome sind großer Durst sowie Trockenheitsgefühl und Brennen in der Mundhöhle. Das Durstgefühl ist so arg, daß die Erkrankten täglich mehrere Liter Flüssigkeit trinken. Später kommen Magen- und Darmstörungen (Übelkeit, Erbrechen, Schmerzen im Bereich der ganzen Bauchhöhle, oftmals hartnäckige Verstopfung) hinzu. Die Kranken klagen häufig über Kälteschauer, ohne daß sie jedoch eine nennenswerte Temperaturerhöhung hätten. Als weitere Symptome treten Kopf- und Lendenschmerzen sowie Schmerzen an den Extremitäten hinzu. Primär kommt es zur Nierenschädigung, gekennzeichnet durch Oligurie und Albuminurie, und zu einem wesentlichen Anstieg des Stickstoffrestes und des Harnstoffspiegels im Blut, auch zu Bewußtlosigkeit und Krämpfen. Ganz besonders charakteristisch sind das langsame Ansteigen der Symptome und der chronische Verlauf der Intoxikation. Der Tod an Urämie tritt gewöhnlich nach 2–3 Wochen ein; es sind jedoch Fälle beobachtet worden, wo es erst nach einem, oder sogar nach mehreren Monaten zum Exitus kam. Auch Leber und Milz werden angegriffen, auch eine neurotrope Wirkung wurde beobachtet. Man behandelt die Patienten nach den allgemein bei Nierenerkrankung angewendeten Methoden.

Bei günstigem Verlauf zieht sich die Rekonvaleszenz über Wochen, ja sogar über Monate hin. Oft bleiben Dauernierenschäden zurück.

In den Jahren 1952–1957 erkrankten in der VR Polen 132 Personen, von denen 19 starben. Nach umfangreichen Untersuchungen wurde festgestellt, daß alle Erkrankten die gleiche Pilzart gegessen hatten. S. GRZYMAŁA, damals Direktor des Hygieneinstituts in Poznań, und seine Mitarbeiter konnten schließlich als Verursacher dieser Vergiftungen den Orangefuchsigen Rauhkopf – *Cortinarius orellanus* – feststellen. Französische Forscher (POCHET 1960, COULET & al. 1962) bestätigten die Giftigkeit in Tierversuchen.

Später wurden noch weitere Schleierlinge, die alle der Untergattung Rauhkopf *(Leprocybe)* angehören, wie *C. speciosissimus, C. gentilis* u. a., als stark nierengiftig erkannt (MÖTTÖNEN, NIEMINEN & HEIKKILÄ 1975). Über weitere Vergiftungen wurde seither aus Finnland, Dänemark, Schweden, der BRD, der ČSSR und Schottland berichtet.

Vor wenigen Jahren hat auch ein Schleierling der Untergattung *Phlegmacium*, der Schöngelbe Klumpfuß – *C. splendens* – in Frankreich bei Lyon eine Reihe schwerer Vergiftungen (1 Todesfall, 1 Dauernierenschaden) verursacht. Er war mit dem Grünling verwechselt worden.

Die Orellanine

1958 gewann GRZYMAŁA aus getrockneten Exemplaren des Orangefuchsigen Rauhkopfs mit Methanol einen stark giftigen Auszug, aus dem er nach weiteren Reinigungsschritten ein Kristallpulver erhielt. Er sah es für das einheitliche Gift an und bezeichnete es als Orellanin. Später jedoch erwies sich diese Substanz als ein Gemisch mehrerer Stoffe. Die von TESTA 1970 angegebenen Giftstoffe konnten indessen nicht bestätigt werden (GAMPER 1977). ANTKOWIAK & GESSNER (1979) in Poznań und KÜRNSTEINER & MOSER (1981) in Innsbruck konnten unabhängig voneinander ein Gift isolieren und seine Strukturformel aufklären. Es ist bis-N-oxid des 3,3',4,4'tetrahydroxy-2,2'bipyridyls (oder ein Isomeres davon); es ist lichtempfindlich, aber hitzebeständig, und wirkt langsam. Ein zweites, schnell wirkendes, nur in geringen Mengen vorkommendes Toxin wurde von KÜRNSTEINER & MOSER ebenfalls isoliert. Es ist nicht licht- und temperaturempfindlich, aber gegen Säure unbeständig, kann also nur bei Mangel an Magensäure wirksam werden. Seine Struktur ist noch nicht aufgeklärt.

Die Wirkung dieser Gifte ähnelt etwas der der Phalloides-Gifte. Letztere konnten jedoch in diesen Pilzen nicht nachgewiesen werden (GERAULT & GIRRE).

Amanita phalloides-Gifte

Latenzzeit 8–40 Stunden

Diese Gifte sind vor allem im Grünen Knollenblätterpilz – *Amanita phalloides* –, in dem ihm nahe verwandten Weißen Knollenblätterpilz – *A. verna* – und im Spitzhütigen Knollenblätterpilz – *A. virosa* – enthalten. Ferner wurden sie im Nadelholz-Häubling – *Galerina marginata* – und in der zunächst nur aus Nordamerika bekannten, inzwischen aber auch in Europa entdeckten Häublings-Art *G. autumnalis* sowie in der tropischen, 1980/81 in einem Gewächshaus in Regensburg aufgetretenen *G. sulciceps* gefunden. Auch in kleinen Schirmlingen, wie *Lepiota helveola, L. brunneoincarnata* u. a., wurden sie in gefährlichen Mengen nachgewiesen.

Mit einer sehr empfindlichen Analysenmethode wurden in einer Anzahl weiterer Pilze, darunter auch bekannter Speisepilze, sehr geringe, durchaus unschädliche Mengen dieser Gifte gefunden (FAULSTICH & COCHET-MEILHAC 1976).

Die Symptome zeigen einen zweiphasigen Verlauf. Zuerst treten Magen- und Darmbeschwerden auf, und zwar Brechdurchfall, Bauchkoliken, später choleraartige, wäßrige Durchfälle (auch mit Blutbeimischung), was zu Kochsalz- und Wasserverarmung und zu Bluteindickung führt. Die dadurch entstandene schwere Kreislaufschädigung kann besonders bei Kindern schon zum Tode führen. Ist die 1. Phase vom 1.–4. Tag überwunden, tritt eine scheinbare Besserung im Befinden des Kranken ein, bevor dann in der 2. Phase vom 4.–5. Tag lebenswichtige Organe, wie Leber, Niere und der Herzmuskel, angegriffen werden. Es erfolgt ein Anstieg der Serumtransaminasen, und die Schädigung der Leberzellen nimmt zu. Der Tod tritt durch Lähmung des vasomotorischen Zentrums, in der Regel infolge von Herzversagen, ein. Bei 60 % der Verstorbenen wurde ein Hirnödem nachgewiesen.

Überall in Europa und Übersee, wo der Grüne Knollenblätterpilz und seine Verwandten vorkommen, verursacht er schwere Erkrankungen mit bis zu 50 % tödlichem Ausgang. Die Pilze werden von unkundigen Sammlern für Champignons, Grünlinge oder Grüne Täublinge gehalten. Sind der Pilzmahlzeit nur wenige Fruchtkörper des Giftpilzes beigemengt, ist noch eine Rettung zu erhoffen. Oft aber werden ausschließlich Grüne Knollenblätterpilze in einem Gericht verzehrt, so daß mehrere Fruchtkörper auf eine Person entfallen. Da aber allein in einem Fruchtkörper die tödliche Dosis für einen Menschen enthalten ist, ist fast keine Hilfe möglich.

1975 ereignete sich – infolge Verwechslung von Grünen Täublingen mit Grünen Knollenblätterpilzen – eine folgenschwere Erkrankung, die trotz intensivster ärztlicher Behandlung bei allen 5 Betroffenen zum Tode führte. Die Eltern waren 40 und 41 Jahre alt, die Kinder 17- bis 20jährig. Aus der ČSSR wurde ebenfalls 1975 von einem Geschehen mit tödlichem Ausgang bei sämtlichen 12 Personen, die von dem Gericht gegessen hatten, berichtet. Völlig ungeklärt sind Fälle, bei denen z. B. von 3 Personen, die ein Mischpilzgericht aßen, eine 19jährige beschwerdelos blieb, die 60jährige Mutter nur leichten Durchfall hatte und die 28jährige Tochter so schwer erkrankte, daß eine Rettung nicht mehr möglich war. Der Obduktionsbefund ergab eindeutig eine Vergiftung durch den Grünen Knollenblätterpilz. Sollte es Personen geben, denen geringe Mengen der gefährlichen Giftstoffe nichts anhaben können? Diese Frage muß vorläufig unbeantwortet bleiben.

Beim Spitzhütigen Knollenblätterpilz – *Amanita virosa* – ist die Giftwirkung die gleiche wie bei *A. phalloides*. Daher werden auch die Erkrankungen durch diese Art bei den *Amanita phalloides*-Vergiftungen erfaßt.

Vergiftungen durch *Galerina marginata*, den Nadelholz-Häubling, sind eigentlich nicht bekannt. Es ist lediglich eine Vermutung, daß Vergiftungen mit tödlichem Ausgang, die dem Grünblättrigen Schwefelkopf – *Hypholoma fasciculare* – zugeschrieben wurden, möglicherweise durch den Nadelholz-Häubling verursacht wurden. Wegen der geringen Unterscheidungsmerkmale ist die Verwechslungsgefahr Stockschwämmchen – *Kuehneromyces mutabilis* – und Nadelholz-Häubling viel größer als z. B. zwischen dem Stockschwämmchen und dem Grünblättrigen Schwefelkopf.

Die vor Jahren empfohlenen Behandlungsmethoden für diese Vergiftungen mit rohen, zerkleinerten Mägen und Hirnen von Kaninchen (Limousin) oder mit dem Pferdeserum des Pasteur-Instituts Paris (Antiphalloidin nach Dujarric de la Rivière) finden heute keine Anwendung mehr, da sie auf falschen Vorraussetzungen beruhten und unwirksam waren. Ein spezifisches Gegenmittel gibt es nicht. Erst das Zusammenwirken mehrerer Behandlungsmethoden konnte die Todesrate (Letalität) wesentlich herabsetzen: von 80–90 % auf 15–20 %. Die Heilungsaussichten hängen sehr davon ab, welche Zeit zwischen der verhängnisvollen Mahlzeit und dem Beginn der Behandlung verstrichen ist. Auch die Wahl der Behandlungsmethoden hängt davon ab.

Das Gift wird größtenteils, wie zunächst Versuche von FAULSTICH an Hunden ergaben, und wie dann auch beim Menschen festgestellt wurde, innerhalb weniger Stunden durch den Harn ausgeschieden, und seine Konzentration im Blut sinkt unter die Nachweisbarkeitsgrenze. Der Rest des Giftes verbleibt im Kreislauf Leber – Galle – Darm – Leber. Durch einen Gallendrain ließ sich bei Hunden der größte Teil des Giftrestes entfernen.

Bei der Behandlung des Menschen werden zunächst Methoden zur möglichst frühen und schnellen Entfernung des Giftes, auch der zurückgebliebenen sehr giftigen Pilzsporen, aus dem Verdauungstrakt eingesetzt: Magenspülungen, wiederholte intensive Darmspülungen, Penicillingaben zur Abtötung der überhandnehmenden Darmflora, Sorbit- und andere Zuckergaben zur Ernährung. Später folgen forcierte Hämodialyse, evtl. über Aktivkohle, Hämoperfusion u. ä. (bis etwa 36 Stunden nach der Gifteinnahme wirksam), im folgenden Stadium leberheilende Medikamente wie Thioktsäure (= α-Liponsäure), Cytochrom C, Silybin und andere. Die Anwendung von Thioktsäure ist nicht unproblematisch und erfordert bestimmte Schutzmaßnahmen (s. FLAMMER 1980).

Die Phallotoxine und Amatoxine

Über diese Gifte wissen wir heute gut Bescheid. Nach vielen kleineren Teilerfolgen konnte Ullrich WIELAND mit LYNEN 1937 aus 220 g Frischpilzen 3 Giftarten gewinnen: Das hämolytisch wirkende Phallolysin ist hitzeunbeständig, kommt also als Ursache für die gefährliche Phalloidesvergiftung nicht in Betracht. Von den Genannten wurde weiterhin eine Giftart isoliert und Phalloidin genannt, von Heinrich WIELAND und HALLERMEIER 1940 eine dritte Giftart kristallisiert erhalten und als Amanitin bezeichnet. Bei späteren Untersuchungen erwiesen sich diese Giftarten als Gemische chemisch nahe verwandter Stoffe. Ihre Strukturen konnte vor allem Theodor WIELAND mit seinen Mitarbeitern aufklären. Sowohl die 6 schnell wirkenden Phallotoxine (Formel I) als auch die langsamer wirkenden, aber etwa zehnmal giftigeren Amatoxine (Formel II) sind Zyklopeptide mit einem Molgewicht von etwa 1000, nämlich Doppelringe aus eiweißartig verbundenen Aminosäuren. Letztere sind die Bausteine der Eiweißstoffe; drei dieser Säuren kommen aber in natürlichen Eiweißarten nicht vor. Bei allen Phallo- und Amatoxinen ist je ein Schwefelatom in der Brücke gebunden. Wird es herausgespalten, oder wird einer der beiden Ringe aufgespalten, entstehen ungiftige Stoffe. Die Zuordnung von Giftwirkungen zu bestimmten Molekülstrukturen ist mitunter nicht leicht. So sind z. B. auch die OH-Gruppen an ganz bestimmten Stellen der Moleküle zur Giftwirkung nötig. Die Widerstandsfähigkeit verschiedener Organismen gegen diese Gifte ist unterschiedlich. Die größere Widerstandsfähigkeit mancher Säugetiere wie Schwein und Kaninchen beruht auf geringerer Resorption der Gifte im Darm. Von klinischer Bedeutung für den Menschen sind nur α-, β-, γ-Amanitin und Phalloidin. Die restlichen Gifte sind entweder in sehr geringen Mengen vorhanden, oder sie sind nur wenig giftig.

In 100 g Frischpilzen sind etwa 10–20 mg Amatoxine und 2- bis 3mal so viel Phallotoxine enthalten. Die letale Amanitindosis für den Menschen wurde zu etwa 0,1 mg/kg berechnet, das wären etwa 7 mg für einen Erwachsenen von 70 kg Körpermasse. Ein reifer Fruchtkörper enthält 4–8 g Amatoxine, also genug, um einen Menschen zu töten.

```
      H                          H
H₃C—C—CO—NH—CH—CO—NH—C—CH₂—R₁
      |              |    H    |
      NH            H₂C.  C    CO
      |                \ C—C  CH  |
      OC              C—C   ‖  CH  NH
      |         H₂C.S  ‖  C    CH  |
H₂C—CH·      H₂C´      C / \ /    CH—R₃
   |    \N—CO—CH      N   C        |
   |    /            H   H         |
HC—CH₂    HN—CO—CH—NH—CO
 |                   |
OH               HC—OH
                  |
                  R₂
```

	R₁	R₂	R₃
Phalloin	C(OH)—CH₃ | CH₃	CH₃	CH₃
Phalloidin	C(OH)—CH₂OH | CH₃	CH₃	CH₃
Phallisin	C(OH)—CH₂OH | CH₂OH	CH₃	CH₃
Phallacidin	C(OH)—CH₂OH | CH₃	COOH	CH(CH₃)₂

I. Phallotoxine

Die Phallotoxine Phallisacin, Phalloidin (2,0), Phallacidin (2,5), Phalloin (1,5), Phallisin (2,5), Phallin B (10) – in der Klammer steht die LD 50 für eine weiße Maus – wirken in etwa 2–3 Stunden. Ihr Molekül enthält 7 Aminosäuren, das Schwefelatom liegt in Thioetherbindung (C-S-C) in der Brücke vor.

Die Amatoxine sind α–(0,35), β–(0,4), γ–(0,2), ε – (0,1) Amanitin und Amanin (0,5). Das Amanullin ist fast ungiftig. Wie aus der kleineren LD 50 zu ersehen, sind die Amatoxine stärker giftig als die Phallotoxine. Sie wirken jedoch erst nach Tagen. Der Schwefel ist in Sulfoxidform gebunden (C-SO-C).

Phalloidin dringt vor allem in die Leberzellen ein, und zwar baut es die äußeren und inneren Zellmembranen zu filamentartigen Bruchstücken ab. Die Folge ist starker Austritt von Kaliumionen und abbauenden Enzymen aus der Zelle. Die eigentliche Ursache der Membranzerstörung ist eine feste Bindung des Giftes an das Aktin F, ein Eiweiß, das zuerst in Muskelfasern gefunden wurde, nach neuen Erkenntnissen jedoch in fast allen Zellen vorkommt.

Die Wirkung der Amatoxine ist völlig anders. Sie dringen ebenfalls in die Leberzellen ein und greifen am Kernkörperchen an. Sie werden sehr fest an die RNS-Polymerase II (oder B) gebunden und hemmen deren Wirkung. Dieses Enzym ist jedoch zur Synthese der Ribonukleinsäuren (RNS)[1] nötig, die wiederum den Aufbau der Eiweißstoffe bewirken.

---

[1] **Ribonukleinsäuren** sind aus Ketten von Ribonukleotiden bestehende nieder- bis hochmolekulare Stoffe, die in allen Zellen vorkommen und die genetische Information von der DNS zu den Orten der Eiweißbiosynthese übertragen sowie diese Biosynthese bewirken.

H$_3$C R$_1$
     \ /
      CH
HN—CH—CO—NH—CH—CO—NH—CH$_2$—CO
 | H$_2$C   C^H NH
 OC   \   / |
 | C—C   CH   CH—CH   CH$_3$
CH$_2$ ‖   ‖   ‖   \
 \   CH   C   C   C—OH   CH$_3$
 ^{H}C   O=S   N   C$_H$ CO
 | N   H
HO   CH$_2$ CH$_2$
        OC—CH—NH—CO—CH—NH—CO—CH$_2$—NH
              |
            H$_2$C—COR$_2$

	R$_1$	R$_2$
α-Amanitin	CH—CH$_2$OH | OH	NH$_2$
β-Amanitin	CH—CH$_2$OH | OH	OH
γ-Amanitin	CH—CH$_3$ | OH	NH$_2$
Amanullin	CH$_2$—CH$_3$	NH$_2$

II. Amatoxine

Dadurch kann der zum Leben notwendige Stoffwechsel nicht mehr aufrechterhalten werden, und die Zelle (und damit das Organ) ist irreversibel geschädigt.

Die gefährliche, oft tödliche Vergiftung wird somit von den Amatoxinen verursacht; allerdings sind nicht alle Forscher dieser Meinung.

Ein einfacher Nachweis der Amatoxine stammt von Th. WIELAND und FAULSTICH. Man drückt ein Stückchen des frischen Pilzes auf Zeitungspapier (ligninhaltiges Holzschliffpapier). Den entstandenen Saftfleck läßt man eintrocknen, dann befeuchtet man ihn mit 1–2 Tropfen 8 N Salzsäure (2 Teile konz. HCl zu 1 Teil Wasser – Vorsicht, Salzsäure ätzt stark!). Der Fleck wird innerhalb von 10 Minuten grünblau, wenn Amatoxine vorhanden sind.

Antamanid. Eine Aufarbeitungsfraktion, die trotz sicher nachgewiesenem Phallotoxingehalt im Tierversuch ungiftig war, mußte ein Gegengift enthalten. WIELAND und DE VRIES isolierten dieses Antitoxin, klärten seine Struktur auf und nannten es Antamanid. Es ist ein ringförmiges Peptid, bestehend aus 10 Aminosäuren. Es wirkt jedoch nur, wenn es gleichzeitig mit oder wenige Minuten nach der Giftgabe eingeführt wird. 15 Minuten später bleibt es auch in noch so hoher Dosis vollständig wirkungslos. Antamanid verhindert nämlich die Bindung des Phalloidins in der Leber, kann jedoch bereits dort gebundenes Phalloidin nicht mehr verdrängen. Auch die Wirkung der Amatoxine wird durch gleichzeitig zugeführtes Antamanid aufgehoben, anscheinend weil es ebenfalls die Bindung dieser Gifte in der Leber verhindert.

Die Virotoxine

COURTILLOT & STARON gewannen aus 10 kg *Amanita virosa* 2,5 g eines Giftes, das sie Virosin nannten. Es habe ein Molgewicht von etwa 20 000 und könne schon deshalb nicht mit den Ama- und Phallotoxinen identisch sein, obwohl daraus durch Hydrolyse eine Reihe von Aminosäuren freigesetzt wird. Peroral eingeführt, tötet es Katzen, nicht aber Mäuse; eingespritzt tötet es auch Mäuse. In saurer Lösung verliert das Gift seine Wirksamkeit. Es greift vor allem die Leber, die Nieren und zum Teil auch die Milz an. Der Pilz enthalte ein Gegengift, das etwa 80 % des Virosins unschädlich mache.

Abweichend von diesen Ergebnissen wiesen FAULSTICH u. a. 1973 in *A. virosa* erhebliche Mengen Phallacidin, Phalloidin (doppelt soviel wie in *A. phalloides*) und α-Amanitin nach. Außerdem fanden sie in diesem Pilz zwei in *A. phalloides* nicht nachgewiesene Toxine, die bei Mäusen ähnlich wirkten wie Phalloidin: Viroisin und das in erheblich größerer Menge gefundene Viroidin. Die bei der Hydrolyse erhaltenen Aminosäuren stimmen nur zum Teil mit den von COURTILLOT & STARON erhaltenen überein.

Gyromitra esculenta-Gifte

Latenzzeit 6–8 Stunden, äußerst selten 2–24 Stunden

Die Vergiftungserscheinungen beginnen mit Mattigkeit, Kopfschmerzen, Völlegefühl im Magen, Leibschmerzen und Übelkeit, Schwindelgefühl; bald setzen unstillbares Erbrechen, mitunter begleitet von wäßrigen Durchfällen, Benommenheit und Fieber bis 39 °C ein. Nach etwa 40 Stunden tritt Gelbsucht auf: Die Leber ist geschädigt. In schweren Fällen entsteht gelbe Leberatrophie, d. h., die Leberfunktion bricht völlig zusammen. Der Vergiftete wird zusehends hinfälliger, schließlich bewußtlos. Daneben treten Krämpfe, Delirium, gellendes Schreien, Pupillenerweiterung und andere zentralnervöse Symptome auf. Der Tod erfolgt nach 2–3$^{1}/_{2}$ Tagen unter Kreislaufkollaps und Atemstörungen in schwerer Bewußtlosigkeit (Koma). Das Bild ähnelt der Vergiftung mit dem Grünen Knollenblätterpilz. Leichtere Erkrankungen führen nach wenigen Tagen zur Genesung. Das Lorchelgift bewirkte ferner bei Personen, die nur mit der Zubereitung von Lorcheln beschäftigt waren, Reizerscheinungen am Auge (Bindehaut und Hornhaut), ferner Kopfschmerzen und Übelkeit.

Das biochemische Syndrom ähnelt ebenfalls sehr der Vergiftung mit *Amanita phalloides*. Im Harn ist der Urobilinogengehalt erhöht, im späteren Stadium auch der von Bilirubin und Urobilin, ferner sind Eiweiß und Aminosäuren im Harn vermehrt nachzuweisen. Behandelt werden die Patienten ähnlich wie bei *Amanita phalloides*-Vergiftungen.

Die Giftigkeit der Frühjahrslorchel war lange Zeit umstritten, obwohl eine große Zahl solcher Vergiftungsfälle vorgekommen ist. Laut Erlaß der Hygieneinspektion des Ministeriums für Gesundheitswesen vom 20. 4. 1953 wurde der Verkauf der Frühjahrslorchel als Speisepilz untersagt. Sie darf weder frisch noch getrocknet noch konserviert in den Handel gebracht werden. Der Pilz wird einerseits von sehr vielen Menschen ohne Beschwerden vertragen und hat doch andererseits manchen Todesfall verursacht. Besonders gefährdet sind Kinder und Frauen. Sehr oft war es eine kürzere Zeit nach der ersten eingenommene zweite Lorchel-Mahlzeit, die zu schweren Gesundheitsschäden, mitunter sogar zum Tode geführt hat. FRANKE, FREIMUTH & LIST haben eine Liste von 513 bekannt gewordenen Vergiftungen aus den Jahren 1782–1965 zusammengestellt; 74 davon (14,5 %) waren tödlich.

Folgendes Beispiel sei angeführt: 6 Personen nahmen an einem Lorchelessen teil. Nach der ersten Mahlzeit waren alle beschwerdefrei; am nächsten Tag wurden abermals Lorcheln zubereitet, und hierauf erkrankten nach 8–10 Stunden die 40jährige Mutter, ihre beiden 17- und 15jährigen Söhne sowie die 11jährige Tochter. Ohne Beschwerden blieben der 70jährige Großvater, der nur an einem Tag Lorcheln gegessen hatte, und der 40jährige Vater, obwohl er ebenfalls 2 Mahlzeiten zu sich genommen hatte. Die vier Erkrankten wurden in ein Krankenhaus eingeliefert. Am schwersten betroffen war das 11jährige Mädchen. In bewußtlosem Zustand hatte es die ganze Nacht hindurch Tobsuchtsanfälle mit Schreikrämpfen und starken Verkrampfungen des Körpers, verursacht durch ein Gehirnödem. Das Kind mußte mit schweren Narkotika beruhigt werden und schwebte mehrere Tage zwischen Leben und Tod. Erst nach einer Woche trat eine wesentliche Besserung ein, und auch die Mutter und ihre Söhne wurden gesund. Die Familie hatte zuvor jahrelang Lorcheln ohne nachteilige Folgen gegessen.

Auch in der Riesen-Lorchel – G. *gigas* – fand man geringe, offenbar unschädliche Mengen Gyromitrin. In der Gipfel-Lorchel – G. *fastigiata* – konnte kein Gyromitrin nachgewiesen werden (VIERNSTEIN & al. 1980). Siehe auch *Gyromitra ambigua,* unter Nr. 190.

Gyromitrin

Gyromitrin ist das Gift der Frühjahrslorchel, *Gyromitra (Helvella) esculenta.* Über ein Vorkommen in anderen Lorchelarten besteht noch Ungewißheit. Die Vermutung, im Kronenbecherling – *Sacrosphaera coronaria* – sei ein ähnliches Gift enthalten, konnte bisher nicht bestätigt werden.

Schon im vorigen Jahrhundert versuchte man, das Lorchelgift zu isolieren und zu identifizieren. BOEHM und KÜLZ (Marburg 1885) fanden einen sauer reagierenden Stoff, den sie „Helvellasäure" nannten und für den Giftstoff hielten. Jedoch scheinen sie bei der Prüfung der Toxizität wenig exakt verfahren zu sein; denn eine Nachprüfung in neuester Zeit (FRANKE) ergab, daß die Marburger Forscher nur ein Gemisch harmloser Carbonsäuren, meist Fumarsäure, in Händen gehabt haben konnten. Trotzdem wurde diese vermeintlich giftige „Helvellasäure" in alle Bücher über Pilze übernommen. Über ein halbes Jahrhundert fühlte sich niemand veranlaßt, das Verfahren von BOEHM und KÜLZ nachzuarbeiten und die Konstitution, die physikalischen, chemischen und physiologischen Eigenschaften dieser Säure festzustellen.

Erst 1931 begann AYE und 1935–1938 REIF, sich mit dem Lorchelgift zu befassen. Sie stießen auf einige bemerkenswerte Reaktionen des giftigen Prinzips der Lorchel, ohne aber den Stoff rein darstellen und seine chemische Konstitution aufklären zu können.

In den 60er Jahren begann dann FRANKE (Dresden), an dem Problem des Lorchelgiftes zu arbeiten. In zweijähriger Arbeit, die sich im wesentlichen an die Methode von BOEHM und KÜLZ anlehnte, erhielt sie statt der „Helvellasäure" nur die ungiftige Fumarsäure. Bei einem weiteren Versuch, das Gift zu isolieren, bei dem sie jedoch jede Phase im Tierversuch auf Giftigkeit prüfte, erhielt sie hochgiftige Extrakte. Nicht nur bei peroraler Applikation (Zuführung durch den Mund) töteten diese Auszüge die Versuchstiere, sondern diese gingen auch beim Einatmen der über die Extrakte geleiteten Luft ein. Das zeigte die leichte Flüchtigkeit des Giftes an. Auch diesmal konnte sie beweisen, daß die „Helvellasäure" nicht existierte. Das Gift konnte sie jedoch nicht weiter anreichern. Erst die auf ihren Versuchen aufbauenden Arbeiten von LUFT und LIST führten zur Aufklä-

$$CH_3-CH=N-N \begin{array}{c} C \overset{\displaystyle O}{\nwarrow} H \\ \diagdown CH_3 \end{array}$$ III. Gyromitrin

rung des Giftstoffes. Sie fanden, daß das Lorchelgift, schon von Franke Gyromitrin genannt, N,N-Methylformyl-Azetaldehydhydrazon (Formel III) ist. Dies konnte Luft schließlich durch die Synthese dieses Stoffes erhärten.

Gyromitrin ist bei Zimmertemperatur eine farblose Flüssigkeit von der Zähigkeit dünnflüssigen Speiseöls. Bei etwa 60 °C zersetzt es sich, wird braun und verharzt. Schon bei Zimmertemperatur ist Gyromitrin flüchtig, es löst sich in Wasser und einer Reihe organischer Lösungsmittel. Durch Luftsauerstoff wird es zu einer braunen Schmiere oxydiert. Von heißem oder alkalischem Wasser wird es gespalten; bei dieser Hydrolyse entstehen die einfachen Stoffe Azetaldehyd, Ameisensäure und Methylhydrazin. Eine Giftwirkung der ersten beiden Stoffe ist bei den in Frage kommenden kleinen Mengen unwahrscheinlich. Wesentlich giftiger ist das Methylhydrazin. Dieses und verwandte Stoffe sind wegen ihrer Verwendung als Raketentreibstoffe und ihrer Verwandtschaft mit einigen Arzneistoffen pharmakologisch gründlich untersucht worden. Es zeigt sich nun, daß sich die Symptome der Lorchelvergiftung und der Vergiftung mit Methylhydrazin weitgehend decken. Wie Tierversuche ergeben haben, ist das Methylhydrazin auch stark krebserregend (Schmidlin-Mészáros 1979).

Schmidlin-Mészáros fand als Zersetzungsprodukt in Trockenlorcheln auch Formylmethylhydrazin, das ähnlich dem Methylhydrazin wirkt. Pyysalo wies in Frischpilzen noch 3 weitere dem Gyromitrin nahe verwandte, jedoch schwächer wirksame Gifte nach, bei denen an Stelle der Methylgruppe ($-CH_3$) längerkettige Kohlenwasserstoffreste (mit 4 und 5 C) gebunden sind.

Da die Hydrazin-Abkömmlinge Monoaminooxydasehemmer[1] sind, lassen sich die Wirkungen des Lorchelgiftes auf das Gehirn (Halluzinationen, aber auch die tonisch-klonischen Krämpfe) durch Enzymhemmung erklären. Auch die Wirkung des Lorchelgiftes auf das Auge stimmt mit der Wirkung des Methylhydrazins überein. Luft fand in frischen Pilzen 0,125–0,165 % Gyromitrin.

Die Annahme, gut gekochte Lorcheln seien nach zweimaligem Weggießen des Kochwassers giftfrei, ist zweifelhaft. Zurückbleibende geringe Giftreste können sich bei wiederholten Lorchelmahlzeiten in ihrer Wirkung auf die Leber summieren.

Durch die leichte Oxydierbarkeit soll beim Trocknen das Gift allmählich zerstört werden, so daß die Lorchel nach 6monatiger Lagerzeit giftfrei sei. Das ist jedoch nach den Untersuchungen von Schmidlin-Mészáros, List & Luft sowie List & Sundermann nicht der Fall. Im Handel erhältliche, in üblicher Weise und auch durch Gefrieren getrocknete Lorcheln enthielten noch 0,1–0,3 % Gyromitrin. List & Sundermann fanden in gefriergetrockneten Lorcheln sogar 1,275 % Gyromitrin. Diese wären also hochgiftig. Beim Trocknen wird zwar ein Teil des Giftes zerstört, bis 50 % können jedoch, durch Einschluß in den Zellen vor Oxydation geschützt, erhalten bleiben. Die Oxydation geht beim Lagern nur ganz langsam weiter, so daß der Gehalt, abhängig von der Lagerungszeit, abnimmt. Auch polnische Forscher (Młodecki und Mitarbeiter, Swiecicki und Mitarbeiter) stellten durch Tierversuche die Giftigkeit von Trockenlorcheln fest. Vergiftungen, auch mit tödlichem Ausgang, sind also auch beim Genuß von Trockenlorcheln möglich. Auch bei geringen Gehalten ist die schleichende additive Leberschädigung des Methylhydrazins gefährlich.

---

[1] **Monoaminooxydasehemmer** greifen in ein Enzymsystem ein, das für den Abbau von an der zentralnervösen Erregbarkeit beteiligten Hormonen verantwortlich ist.

Amanita muscaria- und A. pantherina-Gifte

Latenzzeit 1/2–4, in der Regel 2 Stunden

Die Giftstoffe des Fliegenpilzes und des Pantherpilzes beeinflussen das Nervensystem; man spricht von einer neurotropen Wirkung. Einesteils wirken die Gifte auf die parasympathischen Nervenendigungen, d. h. Pupillenverengung, Blutgefäßerweiterung und erhöhte Muskeltätigkeit des Magen- und Darmtraktes, andernteils auf den Sympathikus, was wiederum zur Erweiterung der Pupillen, vermehrter Herztätigkeit, Verlangsamung der Muskeltätigkeit bis zur Lähmung führt. Die Vergiftungserscheinungen treten in zwei Phasen auf. Zuerst Hitzegefühl, ein Kribbeln der Haut des ganzen Körpers, Ermüdungserscheinungen oder ein Gefühl von Leichtigkeit, seltener Schweißausbruch, Benommenheit, Bewußtseinseintrübung, Atemnot, Sehstörungen und Pupillenerweiterung, Gliederzittern, Schwindelgefühl, Schlafsucht mit halluzinogenen Träumen oder Erregungs- und Rauschzustände, ähnlich einer Alkoholvergiftung, mit unkontrolliertem Lachen und sinnlosem Wiederholen kurzer Sätze, Sprechstörungen, Grimassenschneiden, Muskelzuckungen, Krämpfen, Tobsuchtsanfällen (Berserkerwut), Schreikrämpfen und Anstieg der Körperkräfte. Seltener treten Brechreiz, Durchfall und Schmerzen in der Lebergegend auf. In der zweiten Phase werden Bewußtlosigkeit und Atemnot beobachtet, der Blutdruck sinkt, es kann zu einem Kreislaufkoma kommen, aus dem der Erkrankte jäh erwachen kann. Größtenteils dauern die Symptome nicht länger als 24 Stunden, manchmal sind aber die Störungen der Koordination der Bewegungen und der Sprache noch einige Tage zu beobachten.

Vergiftungen durch die Fliegenpilze (den Roten – *A. muscaria* – und den Braunen – *A. regalis*) kommen selten vor. Manchmal wird der Rote Fliegenpilz für eine Rotkappe gehalten.

Die Symptome der Fliegenpilzvergiftung sind im allgemeinen weniger heftig als die durch den Pantherpilz verursachten. Auch für einige Haustiere sind Fliegenpilze giftig, was folgende heitere Begebenheit, die PILÁT erwähnt, beweist:

„Ein Schälchen Milch wurde mit Roten Fliegenpilzen zum Vergiften von Fliegen vorbereitet. Die Katze trank die Milch aus. Sie nahm die Gegenwart von Personen nicht mehr wahr und stierte mit erweiterten Pupillen in den Raum. Sodann schlich sie, den Schwanz am Boden schleifend, bis zum Misthaufen, wo sie erbrach; sie verkroch sich daraufhin auf dem Heuboden. Der Mageninhalt der Katze verschwand bald danach in den Kröpfen von Hahn und Hühnern. Die Wirkung war komisch. Die Hühnerschar benahm sich wie eine fröhliche Gesellschaft, die in angetrunkenem Zustand ein Nachtlokal verläßt. Am ärgsten torkelte der Hahn, der mit den Hennen zusammenstieß und dessen Beine sich verstrickten. Die Hennen benahmen sich ähnlich und stießen auch unbeholfen zusammen. Aber alles ging schließlich gut aus. Die Katze war am nächsten Tag wieder gesund, und die Hühnerschar benahm sich so, als wäre nichts geschehen."

Die häufigsten Vergiftungen, die in unserer Republik vorkommen, werden durch Pantherpilze verursacht: 1973 – 16 Geschehen mit 49 Erkrankten, 1974 – 28 Geschehen mit 71 Erkrankten, 1975 – 117 Geschehen mit 295 Erkrankten, darunter keine Todesfälle. Pantherpilze werden häufig mit Perlpilzen – *A. rubescens* – und Grauen Wulstlingen – *A. excelsa* – verwechselt.

Die Erkrankten verfallen fast durchweg in einen rauschartigen Zustand, der sich bei den Betroffenen verschieden auswirkt. Da kann z. B. ein Vergifteter mühelos ein Boot tragen, das er sonst nur mit viel Mühe unter Hilfe seiner Frau transportieren konnte. Oder es erwacht eine Frau aus einem wunderbaren Traum und ist den Ärzten böse, daß man sie nicht länger träumen ließ. Manche Personen haben nur eine besonders gute Stimmung, wie nach mäßigem Alkoholgenuß, andere wiederum demolieren während eines Tobsuchtsanfalls die Wohnungseinrichtung. Jedoch ist nach dem Abklingen der rauschartigen Zustände mit unangenehmen, sogar gefährlichen Folgeerscheinungen zu rechnen. Oft wirken sich die Giftstoffe auch so aus, daß es zu Bewußtlosigkeit, Kreislaufkoma und bei organgeschädigten Personen mitunter auch zum Tode (2–5 %) kommen kann. Auch Haustiere, z. B. junge Enten, können sich mit Pantherpilzen vergiften. A. JOHN berichtet, daß nach kurzer Zeit 5 Wochen alte Enten zu taumeln begannen, die Beine hochwarfen und mit den Flügeln schlugen. Unter Halsverrenkungen verendeten sämtliche Tiere.

Da es bei Pantherpilzvergiftungen in der Regel weder zu Erbrechen noch zu Durchfall kommt, führt der Arzt eine Magen- und Darmentleerung herbei und verabreicht u. a. Beruhigungsmittel.

Ibotensäure, Muszimol, Muskazon

Ibotensäure (Formel IV) fand man bisher in 3 Varietäten von *Amanita muscaria*, in *A. pantherina* und in Zwischenstufen von dieser mit *A. gemmata* (TYLER 1968), ferner in *A. strobiliformis* japanischer Herkunft (TAKEMOTO)[1]. Sie ist auch noch in getrockneten Pilzen zwei bis drei Jahre lang nachzuweisen. Der Gehalt im frischen Fliegenpilz schwankt von 0,05–0,1 %, wobei Sommerpilze einen höheren Gehalt aufweisen. Die Hauptmenge des Stoffes findet sich in der gelben Zone unter der Huthaut. Die Ibotensäure geht leicht in das etwa 5–10mal wirksamere Muszimol (Formel V) über, das wahrscheinlich im frischen Pilz nicht enthalten ist. Das weniger wirksame Muskazon (Formel VI) ist bisher nur in Fliegenpilzen gefunden worden. Ibotensäure und Muszimol sind Isoxazolabkömmlinge, Muskazon ein mit Ibotensäure isomerer Oxazolabkömmling.

IV. Ibotensäure

V. Muszimol

VI. Muskazon

---

[1] Die Identifikation dieses Pilzes scheint nicht sicher (EUGSTER).

Ibotensäure und Muszimol sind die Hauptwirkstoffe bei der Fliegenpilzvergiftung. Das in geringer Menge in diesem Pilz vorhandene Muskarin kann höchstens am Anfang der Vergiftung wenig deutlich wirken. Bei der Pantherpilzvergiftung fehlen Muskarinsymptome ganz, die Vergiftung verläuft schwerer, aber sonst ganz analog.

Da alle bis dahin im Fliegenpilz nachgewiesenen Stoffe die Giftwirkung dieses Pilzes (z. T. dem unbekannten Pilzatropin zugeschrieben), besonders aber die rauschüberzeugende (psychotrope, psychomimetische) Wirkung, nicht erklären konnten, wandten sich EUGSTER und Mitarbeiter 1962 der Aufklärung der rauscherzeugenden Stoffgruppe zu. Sie hatten sich zunächst, wie sie selbst angeben, notgedrungen mit der Muskaringruppe beschäftigt, da ein pharmakologischer Nachweis für die psychotrope Wirkung eines Stoffes fehlte. Ein solcher Test ist aber bei der Isolierung eines nur durch seine Wirkung bekannten Stoffes unumgänglich notwendig. Inzwischen war jedoch der Nachweis für einen solchen Stoff gefunden worden: Mäuse werden durch ein kurz wirkendes Narkosemittel in Schlaf versetzt. Durch die Behandlung mit einem psychotropen Stoff wird die Durchschnittsschlafdauer einer größeren Anzahl Mäuse gegenüber der unbehandelter Mäuse verlängert (narkosepotenzierende Wirkung). So fanden die Obengenannten zunächst das Muszimol, das aber bei der Isolierung aus einem unbeständigen pilzeigenen Stoff entstanden war. Diesen Stoff erhielten sie dann bei sehr schonender Aufbereitung aus frischem Pilzmaterial und nannten ihn Praemuszimol. Aus 700 g gewannen sie 215 g dieses Stoffes, das sind etwa 0,03 %. Die Molekülstruktur wurde aufgeklärt und durch Synthese bestätigt. Inzwischen hatte unabhängig von EUGSTER der Japaner TAKEMOTO im Fliegenpilz, im Pantherpilz und im Strubbelkopf den gleichen Stoff gefunden, isoliert und den Molekülbau aufgeklärt. Er gab ihm den Namen Ibotensäure, der heute gültig ist, da TAKEMOTOS Arbeit früher veröffentlicht worden war.

Das von ONDA aus dem Pantherpilz isolierte Pantherin ist mit Ibotensäure identisch. Ob für das von BOWDEN im Fliegenpilz gefundene Agarin das gleiche gilt, ist noch ungeklärt.

Trotz der intensiven Wirkung der genannten Stoffe stimmen die Erscheinungen einer Fliegenpilzvergiftung nicht in allen Punkten mit denen der vorhin genannten reinen Stoffe überein. Es ist also zu vermuten, daß im Fliegenpilz und Pantherpilz noch weitere Wirkstoffe vorhanden sind.

Die insektentötende Wirkung des Fliegenpilzes

Mit dieser Wirkung beschäftigen sich BOWDEN und Mitarbeiter. Während reines Muskarin, oral angewendet, nicht auf die Stubenfliege einwirkt, hatten Versuche mit Extrakten aus Fliegenpilzen folgende Wirkungen: nach 10–15 Minuten rasche Flügelschläge; dann geht die Gebrauchsfähigkeit der Flügel verloren, die Gehfähigkeit bleibt länger erhalten. Schließlich tritt scheinbarer Tod ein. Wenn das aktive Material nicht in zu hoher Konzentration vorhanden war, erholen sich die Fliegen nach 50 Stunden wieder. Zuerst werden die Beine, dann die Flügel wieder bewegungsfähig. Diese Behandlung kann ohne Schaden für die Fliegen wiederholt werden. Den größten Teil der wirksamen Substanz fanden die Forscher in der gelben Schicht unter der roten Huthaut. Chromatographisch wurden 3 Stoffe ermittelt: Ibotensäure, ein Isoxazol-Abkömmling und ein unwirksamer Stoff. Vor kurzem fanden zwei Japaner im Saft von Fliegenpilzen noch einen Stoff, der Stubenfliegen, vor allem reife Weibchen, anlockt. Seine Molekülstruktur ist noch unbekannt. EUGSTER berichtet über Fraßversuche mit Stubenfliegen und Mücken, denen reine Ibotensäure und Muszimol, zusammen mit Honigwasser, verfüttert wurden. Bei Fliegen war die tödliche Wirkung gering, etwas größer bei Mücken. Für die praktische Anwendung im großen ist die Wirkung zu schwach. So ließ sich die längst bekannte Anwendung des Pilzes zum Töten von Fliegen erklären.

Zur Frage des Pilzatropins

Das von KOBERT im Fliegenpilz vermutete Pilzatropin konnte bisher nicht sicher nachgewiesen werden. Lewis berichtete 1954, er hätte aus südafrikanischen Fliegen- und Pantherpilzen Mykoatropin rein gewonnen. Er hielt es seiner Wirkung nach für 1-Hyoscyamin, ein schon aus Nachtschattengewächsen bekanntes Alkaloid. Auch die polnischen Autoren Manikowski & Niezgodzki geben an, sie hätten 1962 in Fliegenpilzen, die in der Nähe von Poznań gesammelt worden waren, zwei Alkaloide gefunden, die chromatographisch mit Atropin und Skopolamin übereinstimmten. Einwandfreie Beweise für das Vorkommen von Tropanalkaloiden sind jedoch noch nicht erbracht worden. Salemink und Mitarbeiter konnten dagegen in Fliegenpilzen holländischer Herkunft, obwohl sie 40 kg Frischmaterial aufgearbeitet hatten, weder 1-Hyoscyamin noch dessen Abbauprodukte, die bei der Aufarbeitung leicht entstehen könnten, nachweisen. Ebenso fanden Tyler & Gröger 1964 in Fliegenpilzen aus verschiedenen Gegenden der DDR keine Alkaloide der Tropangruppe, ebensowenig Subraratnam & Cook 1963 sowie Talbot & Vining 1963 in Fliegenpilzen aus Kalifornien bzw. Saskatchewan. Es wurde vermutet, daß die Ibotensäure die Wirkungen des Pilzatropins verursache, ein Beweis steht jedoch noch aus. Die Pilzatropinfrage bleibt also weiter ungeklärt.

Inocybe-Gifte (Muskarin)

Latenzzeit 15 Minuten bis 1 Stunde

Es treten auf: Übelkeit, Schweißausbruch (kalter Schweiß), Speichelfluß, Pupillenverengung, Sehstörungen, kolikartige Bauchschmerzen, Erbrechen und Durchfall, asthmaähnliche Atemnot. Eine blasse, kühle Haut wird festgestellt; der Patient beginnt zu röcheln. Es kann auch zu Muskelzucken und zu Zuckungen der Augenlider und der Zunge kommen, die in Muskelkrämpfe übergehen. Auch Kreislaufkoma wurde beobachtet. Die häufigsten Erkrankungen verursacht der Ziegelrote Rißpilz – *Inocybe patouillardii* –, der mit dem Maipilz – *Calocybe gambosa* – verwechselt wird. Über die erste Vergiftung mit diesem Pilz berichtet Staude 1857; damals wurde der Pilz *Agaricus rimosus* genannt. Erst nachdem es 1916 in Aschersleben zu einer tödlichen Vergiftung gekommen war, wurde als Ursache der Ziegelrote Rißpilz festgestellt.

Das interessanteste Beispiel ist vielleicht folgendes: in einer Gaststätte wurden von einer 24jährigen Küchenleiterin weiße Pilze angekauft, die der Sammler für Maipilze hielt. Er versicherte, von den Pilzen selbst gegessen zu haben. Die im Kühlschrank aufbewahrten Pilze hatten am übernächsten Tag eine schöne ziegelrote Farbe angenommen, wurden aber trotzdem zu Pilzgemüse verarbeitet. Als die 35. Portion ausgegeben worden war, traten bei den Gästen, von denen sich einige noch in der Gaststätte aufhielten, bereits die ersten Krankheitssymptome auf. Durch den vorbildlichen Einsatz der dortigen Kreishygieneinspektion und der Ärzte wurden alle Erkrankten gerettet, sogar ein älterer Mann, der zwei Portionen gegessen hatte und schon im Koma ins Krankenhaus eingeliefert wurde.

Diese Art von Vergiftungen verursachen auch weitere Pilzarten, wie kleine weiße Trichterlinge – *Clitocybe*-Arten.

Durch das Auspumpen des Magens und Verabreichung von Atropin wird meistens eine rasche Heilung erreicht.

Muskarin

Das Alkaloid Muskarin wurde zuerst im Fliegenpilz – *Amanita muscaria* – entdeckt und nach ihm benannt. Frische Pilze enthalten aber nur 0,0003 % – höchstens 0,0016 % – davon. 120–360mal mehr enthält der Ziegelrote Rißpilz, *Inocybe patouillardii*. Auch andere *Incybe*-Arten sowie einige *Clitocybe*-Arten enthalten viel mehr Muskarin als der Fliegenpilz. Angaben über Muskarinvergiftungen mit dem Rettich-Helmling – *Mycena pura* – sind wahrscheinlich der ähnlichen, aber größeren Art *M. rosea* zuzuschreiben (Ku-

70

BIČKA & VESELSKÝ 1979). In *Mycena pura* dagegen konnte GERAULT psychotrope Indolsubstanzen nachweisen. Geringe Mengen Muskarin sind auch im Pantherpilz nachgewiesen. EUGSTER fand außerdem sehr geringe, vollkommen unschädliche Mengen Muskarin in einer Reihe weiterer Pilze, auch in einigen Speisepilzen. LASOTA konnte Muskarin im Kahlen Krempling, *Paxillus involutus,* nachweisen, leider ohne Mengenangabe.

Seit mehr als hundert Jahren bemühen sich Pharmakologen und Chemiker um die Aufklärung der chemischen Natur des Fliegenpilzgiftes. SCHMIEDEBERG & KOPPE hatten es schon 1869 aus dem Fliegenpilz in reiner Form gewonnen, konnten aber seine chemische Natur nicht aufklären. SCHMIEDEBERG hielt es irrtümlich für das Hauptgift dieses Pilzes. Erst den Arbeiten von EUGSTER (Zürich 1953 ff.) und von KÖGL (Utrecht 1931–1957) ist die vollständige Aufklärung der Gifte des Fliegenpilzes zu verdanken. EUGSTER ging von 124 kg Frischpilzen aus. Sie wurden sofort unter Alkohol feinst zerkleinert. Die alkoholischen Auszüge dämpften die Forscher dann unter Vakuum ein, wobei sich ein in Alkohol leicht löslicher und ein darin schwer löslicher Teil ergaben. Durch Versuche an isolierten Froschherzen stellten sie fest, daß sich das Muskarin im leichtlöslichen Anteil befand. Dieser wurde daher eingedampft, der Rückstand in Wasser gelöst und daraus die Fettstoffe mit Äther entfernt. Dann wurde mit Reineckesäure der Giftstoff als schwerlösliches Salz gefällt und von noch vorhandenen Verunreinigungen mittels Azeton befreit. Nach Zerlegung mit HCl waren kaum 29 g Chloride übriggeblieben, d. i. eine Anreicherung im Verhältnis 1:4300. Die Rohsalze wurden nun auf papierchromatischem Wege weiter gereinigt. Jetzt hatten die Forscher nur mehr 1,38 g Muskarinkonzentrat in Händen. Nach weiteren Reinigungsverfahren blieben ihnen 0,26 g reines kristallisiertes Muskarinchlorid, was einer Anreicherung auf das 480 000fache entspricht.

Nun mußten die Forscher diese winzige Menge analysieren, was mit Hilfe der Aufspaltung des Stoffes und des Nachweises der Spaltprodukte geschah. Für jede einzelne Reaktion konnten sie nur einige Milligramm anwenden. Trotz des Einsatzes der Mikro- und Ultramikroanalyse konnte zunächst die Formel nicht aufgeklärt werden. Es wurde also nur eine wahrscheinliche Formel veröffentlicht. Da der schlechte Herbst 1955 nicht die erhoffte Pilzernte brachte, versuchten die Forscher inzwischen, den dieser Formel entsprechenden Stoff synthetisch aufzubauen. Der erhaltene Stoff hatte jedoch nicht die Eigenschaften des Muskarins, die veröffentlichte Formel war also unrichtig. Erst 1956 konnten 1500 kg Fliegenpilze gesammelt und aufgearbeitet werden. Die nun erhaltene Menge Muskarin genügte zur Konstitutionsaufklärung. Die neue Formel wurde durch Synthese bestätigt.

Bevor jedoch diese Erkenntnisse veröffentlicht wurden, erschien eine Arbeit des Utrechter Professors KÖGL und seiner Mitarbeiter, die die richtige Formel ebenfalls, aber auf ganz anderen Wegen, gefunden hatten. KÖGL hatte schon 1931 aus 125 kg Fliegenpilzen 0,135 g einer am Froschherzen getesteten aktiven Substanz isoliert und eine Strukturformel für Muskarin aufgestellt. Der dieser Formel entsprechende künstlich aufgebaute Stoff zeigte jedoch keinerlei Wirkung, so daß KÖGL 1942 die seinerzeit veröffentlichte Formel wieder zurückzog. Erst nach längerer Unterbrechung begann KÖGL mit einem neuen Forscherkollektiv mit den inzwischen veröffentlichten physikalischen und physikalisch-chemischen Verfahren wieder am Muskarinproblem zu arbeiten. Die nun erhaltene Formel konnten sie synthetisch bestätigen. Muskarin ist Trimethylammoniumchlorid des 2-Methyl-3-oxy-5-aminomethyltetrahydrofurans (Formel VII). Auf verschiedenen Wegen haben so zwei Forschergruppen unabhängig ein Problem gelöst, an dem schon mehrere Generationen ohne endgültiges Ergebnis gearbeitet hatten.

KÖGL und Mitarbeiter (1961) fanden im Fliegenpilz noch ein weiteres Alkaloid, das sie Muskaridin nannten. Sie gewannen aus 1035 kg Frischpilzen 0,3 g dieses Stoffes. Sein Molekülbau wurde aufgeklärt und durch Synthese bestätigt (Formel VIII). Er besitzt 2 Wasserstoffatome mehr im Molekül als das Muskarin, was in der in der Chemie üblichen Weise durch den Namen ausgedrückt werden soll. Seine Wirkung ist der des Muskarins

OH
\
|CH−CH₂
/   \   CH₃
H₃C−CH   CH−CH₂−N⁺−CH₃·Cl⁻
\   / |
O   CH₃

VII. Muskarin (-chlorid)

OH
\
|CH−CH₂
/   \   CH₃
H₃C−CH   CH₂−CH₂−N⁺−CH₃·Cl⁻
\ |
OH   CH₃

VIII. Muskaridin (-chlorid)

ähnlich. Es hat aber nichts mit dem von SCHMIEDEBERG im Fliegenpilz vermuteten und Muskaridin benannten Stoff atropinähnlicher Wirkung zu tun, der später Pilzatropin (Mykoatropin) genannt wurde. Ferner bewiesen die Forscher das Vorkommen des bereits bekannten Azetylcholins in diesem Pilz. SCHULLER & SALEMINK fanden noch ein weiteres einfaches Alkaloid: 3-Butenyltrimethylammoniumchlorid im Fliegenpilz. Im Zusammenhang mit der Muskarinsynthese bauten EUGSTER und Mitarbeiter auch Stereo- und optische Isomere[1) des Muskarins auf. Sie sind nur sehr schwach oder gar nicht wirksam. Es gelang später auch, sie im Fliegenpilz nachzuweisen.

Die Wirkung des Muskarins im Körper ist geklärt. Normalerweise wird die Erregung von einer Nervenzelle auf die nächste oder auf Muskel- und Drüsenzellen über sog. Synapsen, das sind Verbindungsglieder, übertragen. Sie liegen am Ende der Nervenfaser und sind mit den genannten Zellen verbunden. Die Übertragung geschieht so, daß die erste Zelle aus Cholin aktives Azetylcholin (Formel IX) aufbaut und die Rezeptoren der Empfangszelle dieses aufnehmen. Danach wird das Azetylcholin, das selbst giftig ist, sofort vom Enzym Azetylcholinesterase an der Sauerstoffbrücke gespalten und so unwirksam gemacht. Da das Muskarinmolekül einen ähnlichen Aufbau hat, ahmt es die Wirkung des Azetylcholins nach, nur, daß es vom genannten Enzym nicht gespalten werden kann. Es bleibt also wirksam und entfaltet eine sehr starke azetylcholinähnliche Wirkung, vor allem auf den Parasymphatikus, wodurch die anfangs genannten Symptome hervorgerufen werden.

$$H_3C-CO-O-CH_2-CH_2-N^\oplus(CH_3)_3 \cdot OH^\ominus$$

IX. Azetylcholin

Halluzinogene Pilze

In den Jahren nach 1950 erregte die Entdeckung der sog. Rauschpilze oder halluzinogenen Pilze in Mexiko und Guatemala großes Aufsehen. Zwar wurde der Gebrauch von Rauschpilzen durch Indianer schon im 16. Jahrhundert von dem spanischen Mönch BERNARDINO DE SAHAGÚN (1529−1590) beschrieben, dessen erst 1829 veröffentlichte Schriften als eine der wichtigsten und zuverlässigsten Quellen für die Religion und Bräuche der Azteken gelten, und danach ist noch mehrfach darüber berichtet worden, doch schenkte man diesen Angaben lange keinen Glauben. Erst im Jahre 1953 konnten der New-Yorker Bankier WASSON und seine Frau auf einer Expedition in entlegene Gebirge Mexikos die alten Angaben be-

---

[1) **Isomere** sind Verbindungen, die dieselbe Anzahl der einzelnen Atomarten im Molekül enthalten, die aber in verschiedener Weise angeordnet sind. Stereoisomere haben die gleichen Atomgruppierungen, die räumlich anders gerichtet sind. Optische Isomere sind einander spiegelbildlich gleich.

72

stätigen; sie sind wohl die ersten weißen Menschen, die diese Pilze gegessen haben.

In der Folgezeit haben auch mexikanische, französische, japanische und westdeutsche Mykologen, Anthropologen und Ärzte an den Rauschpilzzeremonien teilgenommen und z. T. darüber berichtet (KNECHT 1962, HERRERA 1967). Fast alle Berichte beziehen sich auf das Mazatekendorf Huautla de Jiménez im mexikanischen Staate Oaxaca, denn in den meisten Fällen sind die Indianer nicht bereit, Fremde an ihren Zeremonien zu beteiligen. Die Rauschpilze dienen ihnen näm-

Abb. 1 Prähistorischer „Pilzstein" aus Guatemala (zu S. 74). Aus SAPPER 1898.

lich ausschließlich zu kultischen Zwecken. Ihre Verwendung ist uralt; davon zeugen die prähistorischen „Pilzsteine" (Abb. 1) – bis 36 cm hohe Skulpturen aus den Jahren 1000 v. Z. bis 900 u. Z., die in Guatemala, El Salvador und Mexiko gefunden wurden (SAPPER 1898).

Das genannte Dorf wurde indessen durch die publizierten Berichte so bekannt, daß es sich zu einem „Wallfahrtsort" für nordamerikanische Hippies und zu einem Ärgernis für die mexikanische Regierung entwickelte; diese unterband schließlich die Fortsetzung dieses zunehmend kommerziellen Treibens (HERRERA mündl. 1970).

Über die Zeremonien wird u. a. folgendes berichtet: Die Priesterin (la curandera) verteilt an jeden Teilnehmer 5 oder 10 Paar der ziemlich kleinen, unscheinbaren Pilze, welche roh gekaut und allmählich heruntergeschluckt werden müssen. Nach etwa 30 Minuten beginnt sich die Wirkung der Pilze zu zeigen, während die Priesterin, die auch selbst von den Pilzen gegessen hat, ihre rituellen Gesänge anstimmt, mit denen sie den ersten Abschnitt der Zeremonie begleitet.

Die Symptome dauern 4–5 Stunden an und ähneln dem durch den mexikanischen Kaktus *Lophophora williamsii* hervorgerufenen Meskalinrausch. Sie beginnen mit Gliederschwere und optischen Visionen. Bei geschlossenen Augen erscheinen farbige geometrische Gebilde in ständiger Bewegung. In der zweiten Phase kommt es zu Illusionen (die Gegenstände der Umgebung erscheinen verändert in ihren Farben, Formen, räumlichen Beziehungen, in ihrer Konsistenz und Bewegung) und zu Halluzinationen (Erscheinen von Dingen und Personen, die in Wirklichkeit nicht anwesend sind: Tierchen, weit entfernte oder längst verstorbene Personen, Gegenstände und Wesen religiöser Verehrung), man glaubt sich im Besitze ungewöhnlicher geistiger Kräfte (z. B. der Fähigkeit, schwierigste Probleme zu lösen oder Fremdsprachen mühelos zu beherrschen), eine allgemeine Euphorie herrscht vor – dabei verbleibt der Patient bei klarem Bewußtsein und ist in der Lage, sich selbst zu beobachten (Bewußtseinsspaltung!). In der Schlußphase, vor dem Abklingen der Symptome, werden teilweise Angstzustände vermerkt. Katerstimmung und andere Nachwirkungen folgen nicht.

Die gleichen Symptome treten natürlich auch ohne das Zutun der Priesterin auf, wie schon WASSON 1953 in einem Versuch mit seiner Ehefrau nachwies.

1956 bereiste das Ehepaar WASSON, diesmal gemeinsam mit dem Pariser Mykologen Roger HEIM, die Gebiete der Mazateken, Chatinos und Azteken. Bei dieser Reise konnte HEIM feststellen, daß mindestens 8 Pilzarten (6 Kahlköpfe – *Psilocybe* – und ein oder zwei Samthäubchen – *Conocybe*) die geschilderten Zustände verursachen können. Es handelt sich um Arten, die in Europa nicht vorkommen, jedoch in den Tropen der Neuen und Alten Welt weit verbreitet sind:

Psilocybe aztecorum HEIM
Ps. caerulescens MURR. (= *Ps. mazatecorum* HEIM)
Ps. cubensis (EARLE) SING. (= *Stropharia cubensis* EARLE) (Abb. 2)
Ps. mexicana HEIM
Ps. muliercula SING. & SMITH (= *Ps. wassonii* HEIM)
Ps. zapotecorum HEIM

Trotz der z. T. weiten Verbreitung dieser Pilze ist ihre Nutzung als Rauschmittel auf Teile Mexikos und Mittelamerikas beschränkt; im übrigen Verbreitungsgebiet (z. B. schon im benachbarten Kuba) hingegen unbekannt.

Die psychotrop wirksamen Inhaltsstoffe der genannten *Psilocybe*-Arten wurden 1958/59 von Albert HOFMANN in dem Chemiebetrieb SANDOZ-AG (Basel) isoliert und in

Abb. 2. *Psilocybe cubensis* (EARLE) SING., ein halluzinogener Blätterpilz aus Kuba. Foto H. KREISEL.

ihrer Struktur aufgeklärt. Testobjekte bei der Aufarbeitung waren er selbst und seine Mitarbeiter, da Tiere unsichere Ergebnisse lieferten. Die zwei in ihrer Wirkung ähnlichen isolierten Stoffe benannte er Psilocin und Psilocybin. Sie sind Abkömmlinge des Tryptamins, das aus dem Doppelringsmolekül Indol mit einer Seitenkette aus 2 C und endständigem NH_2 besteht (Formel X), wobei das Psilocybin noch mit einem Phosphorsäurerest verbunden ist (Formel XI). Verwandt in Aufbau und Wirkung sind diese Stoffe mit der gefährlichen Droge LSD 25 (Lysergsäurediäthylamid) und mit den Mutterkornalkaloiden.

$$HC \overset{\overset{\textstyle OH}{|}}{\underset{\|}{C}} \quad C \!-\! CH_2 \!-\! CH_2 \!-\! N \overset{CH_3}{\underset{CH_3}{}}$$

X. Psilocin

XI. Psilocybin

Der Gehalt an Psilocybin in frischen Pilzen beträgt etwa 0,25 %, der an Psilocin ist sehr gering. 1967 fand LEVINE, daß Psilocin unter dem Einfluß von Fe^3-Ionen oder des Enzyms Cytochromoxydase in ein blaues Produkt übergeht. Tatsächlich verfärben sich die meisten psilocinhaltigen Pilze im Alter auffallend grünblau.

Da die o. a. Gifte schizophrenieartige Wirkungen hervorrufen, fanden diese Stoffe Eingang in die Erforschung von Geisteskrankheiten.

Durch die Untersuchungen von SINGER (1958, 1960), SINGER & SMITH (1958), MOSER & HORAK (1968), ŠEBEK (1975) u. a. wurden auch aus Europa einige psilocybinhaltige Arten der Gattungen *Psilocybe* und *Panaeolus* bekannt; die meisten sind jedoch sehr selten. Dementsprechend wurden auch Vergiftungen, die durch diese Arten hervorgerufen wurden, kaum bekannt. NEUHOFF (1958) berichtet über eine Vergiftung mit dem Runzligen Düngerling – *Panaeolus retirugis* –, die starke Sehstörungen und Angstzustände verursacht hat. BERGNER & OETTEL (1970) stellten fest, daß der Gezonte Düngerling – *Panaeolus subbalteatus* – bei 3 Personen eine Art Rauschzustand, verbunden mit Kribbeln in den Händen und Füßen, Brechreiz und Erbrechen, und bei einem Patienten Mundtrockenheit bewirkt hat. Mehrere Selbstversuche (SEMERDŽIEVA 1970, AUERT & al. 1980) bestätigten die halluzinogenen Wirkungen des Spitzkegeligen Kahlkopfes, *Psilocybe semilanceata,* und im zweiten Falle auch des Blaufleckenden Kahlkopfes, *P. bohemica (P. coprinifacies).*

Eine andere Region, in welcher Pilze als Rauschmittel verwendet werden, ist das Wahgi-Tal in Papua-Neuguinea. Die Eingeborenen versetzen sich durch den Genuß von Pilzen, die sie „nonda" nennen, in eine Art Hysterie. Von den vielen hierbei verwendeten Arten, zu denen verschiedene Röhrlinge und Täublinge gehören, scheint nur *Russula nondorbingi* SING. wirklich wirksam zu sein, doch ist der Giftstoff bisher nicht analysiert.

Das ebenfalls psychotrope Hauptgift des Panther- und Fliegenpilzes, die Ibotensäure, ist chemisch ein ganz andersartiger Stoff (s. S. 68f.). Zu den Symptomen einer Vergiftung mit diesen Pilzen gehören momentan außergewöhnliche, oft zerstörerische Körperleistungen, die der „Berserkerwut" ähneln.[1]

Wie verschiedene Forschungsreisende des 18., 19. und anfangs des 20. Jahr-

---

[1] Die Berserker waren Krieger mit ungewöhnlichen Körperkräften, die im 9. bis 12. Jahrhundert im Dienste nordischer Könige standen und zu ihren tollkühnen Unternehmungen vielleicht durch den Genuß dieser Pilze angestachelt wurden.

hunderts berichten, war der Gebrauch von Fliegenpilzen bei religiösen Zusammenkünften einer Reihe nordsibirischer Völker zwischen Ural und Kamtschatka (Korjaken, Kamtschadalen, Tschuktschen, Samojeden, Ostjaken u. a.) von alters her üblich. Da die Rauschstoffe (s. S. 67 f.) rasch im Harn erscheinen, wurde der Rausch durch Trinken des eigenen Harns verlängert oder der Harn an andere Personen weitergegeben. Heutzutage sind alle diese Bräuche in Vergessenheit geraten.

Nach WASSON ist die göttliche Droge Soma, von der in der 3000 Jahre alten Sammlung altindischer religiöser Gesänge Rigveda an vielen Stellen gesprochen wird, mit dem Fliegenpilz identisch. Die Verehrung dieses Pilzes, der gleichzeitig auch ein Gott war, hatten schon die etwa 2000 v. Z. in das heutige Afghanistan und das Industal vom Norden her einwandernden Volksstämme der Arier aus ihrer (nicht näher bekannten, aber in der Nähe der vorhergenannten Volksstämme liegenden) Heimat mitgebracht. Da die Pilze in den neubesiedelten Gegenden nicht vorkommen, mußten die Arier sie teuer bezahlen. Später ging das Wissen um die ursprüngliche Bedeutung der Soma verloren.

Der Pilzfreund sei nachdrücklich davor gewarnt, Versuche mit halluzinogenen Pilzen anzustellen. Erstens sind alle Halluzinogene nach internationalem Recht als Drogen anzusehen; der Handel damit wird strengstens bestraft. Wir müssen die pilzlichen Halluzinogene unter die Gifte einordnen, und die Folgen wiederholten Genusses sind nicht abzusehen. Zweitens können halluzinogene Pilze (z. B. *Amanita*-Arten) noch weitere, keineswegs harmlose Giftstoffe enthalten und lebensgefährliche Vergiftungen hervorrufen (Pantherpilz!). Drittens besteht bei Rohgenuß halluzinogener Pilze, die ja größtenteils koprophil sind (die *Psilocybe*- und *Panaeolus*-Arten wachsen entweder direkt auf Mist oder an stark vom Vieh gedüngten Standorten), erhebliche Gefahr von Darminfektionen, so daß sie schon aus hygienischen Gründen abzulehnen sind.

Bufotenin

Der im Gift der Hautdrüsen von Kröten vorkommende Stoff ist in verhältnismäßig großer Menge im Gelben Knollenblätterpilz – *Amanita citrina* – sowie im Porphyrbraunen Wulstling – *A. porphyria* – enthalten (TYLER & GRÖGER 1964).

Bufotenin ist 5-Hydroxy-N-dimethyltryptamin (Formel XII), also ein Indolabkömmling, mit dem Serotonin, einem im Tierreich verbreiteten neurotropen Stoff, ganz nahe verwandt. Letzterer wirkt auf die glatte Muskulatur vor allem der Blutgefäße, außerdem der Nieren, der Bronchien und des Atemzentrums. Eine ähnliche Wirkung ist dem Bufotenin zuzuschreiben. Bei peroraler Einnahme soll es nicht halluzinogen wirken (TYLER 1968).

Obwohl keine ernsten Vergiftungen durch den Gelben Knollenblätterpilz be-

XII. Bufotenin

kannt sind, sollten wegen seiner Wirkung auf den Sympathikus (Herzschlag beschleunigt, Blutgefäße verengt) Personen mit erhöhtem Blutdruck, mit Thrombose sowie Zuckerkranke diese Pilzart unbedingt meiden (VESELSKÝ 1974).

Auf Magen- und Darmkanal wirkende Stoffe

Latenzzeit $^1/_2$–2–5 Stunden

Die Symptome dieser Gruppe sind nicht einheitlich, manche Giftstoffe wirken nur auf den Magen, andere auf Magen- und Darmtrakt. Der Satanspilz z. B. verursacht die häufigsten Erkrankungen, wenn er roh genossen oder nicht genügend lange zubereitet wurde. Es kommt zu Unwohlsein, Erbrechen und Durchfall. Binnen 24 Stunden ist der Patient wiederhergestellt. Ähnliche Beschwerden, Verdauungsstörungen, seltener Durchfall, verursachen auch die Giftchampignons – *Agaricus xanthodermus* und *A. placomyces* – sowie verschiedene Ziegenbärte. Die Vergiftungen mit dem Kartoffelbovist – *Scleroderma citrinum* – weisen ernstere Symptome auf: Unwohlsein, Erbrechen, manchmal daraufhin Durchfall, außerdem Blutandrang, Benommenheit, Kopfschmerzen, Schläfrigkeit, Schwindelgefühl, Schwächegefühl, Schweißausbruch, Ohnmacht und ein auffallendes Sinken des Blutdruckes und der Körpertemperatur. Scharfe Milchlinge und Täublinge können schmerzhaftes Erbrechen und schmerzhafte Durchfälle, die ein bis drei Tage andauern, verursachen. Vergiftungen durch den Riesenrötling – *Entoloma sinuatum* – und weitere giftige Rötlingsarten sowie durch den Tigerritterling – *Tricholoma pardolatum* – führen zu schweren Erkrankungen, weil durch das starke Erbrechen und die häufigen Durchfälle ein arger Wasserverlust eintreten kann. Es kommt zu Schwindelgefühl, Sehstörungen und zu Euphorie mit nachfolgender Depression. Die Erkrankung dauert 3–7 Tage; eine Nierenschädigung ist nicht ausgeschlossen. Seit 1973 werden Erkrankungen nach dem Verzehr des Gift-Schirmpilzes – *Macrolepiota venenata* – beobachtet. Die Inkubationszeit beträgt 2–4 Stunden, und folgende Symptome wurden beobachtet: Übelkeit, Erbrechen, Brechdurchfall, wäßrige Stühle, kolikartige Schmerzen, Schweißausbruch, Trockenheit im Mund, Wadenkrampf und starkes Schwindelgefühl während mehrerer Stunden.

Einige Schleierlinge enthalten das bekannte E m o d i n, welches Durchfälle verursacht (z. B. der Blutrote Hautkopf, *Dermocybe sanguinea*), andere enthalten weder Orellanine noch Emodin, sondern noch unbekannte Giftstoffe, z. B. der Zimtbraune Hautkopf, *D. cinnamomea,* und der Lila Dickfuß, *Cortinarius traganus.*

Die Behandlung besteht vor allem in einer Magenspülung und dem Ausgleich des Wasserverlustes.

Eine Reihe weiterer Pilze, z. B. braune Ritterlinge, scharfe Täublinge und Milchlinge (vgl. Bd. V) ruft gelegentlich meist harmlose Vergiftungen hervor.

Hier müssen auch viele Pilze eingereiht werden, die nur im rohen Zustand giftig wirken, z. B. der Hallimasch. Auch der Kahle Krempling – *Paxillus involutus* – enthält roh und noch nach ungenügender Erhitzung ein ziemlich heftig wirkendes Gift.

Gastrointestinale Wirkstoffe

Die in den Pilzen dieser Gruppe enthaltenen, die Schleimhäute des Magens oder des Darmes reizenden Giftstoffe sind ihrer Natur nach größtenteils unbekannt. Bei den scharfen Täublingen und Milchlingen sind es vielleicht dieselben Stoffe, die den scharfen Geschmack verursachen. Es handelt sich vermutlich um harzartige Stoffe oder Terpenabkömmlinge. LIST & HACKENBERG (1969) gewannen aus *Lactarius vellereus* zwei scharfschmeckende Verbindungen, Velleral und Isovelleral. Die Struktur der letzteren wurde mit den modernsten zur Verfügung stehenden Methoden aufgeklärt. Isovelleral erwies sich als ein Sesquiterpendialdehyd (Formel XIII). Dieselbe Struktur wurde auch von MAGNUSSON u. a. gefunden. Die leichte Oxydierbarkeit dieser Verbindungen erklärt das rasche Verschwinden des scharfen Geschmacks beim Kochen, Trocknen und Zerkleinern der Pilze. Ebenso fand KOCOR in *Lactarius rufus* Sesquiterpene, z. B. das Lactarorufin. Das physiologische Verhalten dieser Stoffe wurde noch nicht geprüft.

XIII. Isovelleral

Disulfiramähnlich wirkende Stoffe

Latenzzeit $1/2$–4(–6) Stunden

Einige Pilzarten, vor allem der Graue Tintling – *Coprinus atramentarius* –, verursachen mitunter in Verbindung mit Alkohol Vergiftungserscheinungen, die bei organisch gesunden Menschen 2–4 Stunden andauern und keinerlei gesundheitliche Schäden hinterlassen. Asthma-, Herz- und Leberkranke sollten Alkohol nach einer solchen Tintlingsmahlzeit meiden.

Außer bei dem genannten Pilz wurden auch beim Keulenfuß-Trichterling – *Clitocybe clavipes* – derartige Wirkungen beobachtet (bisher in Japan und den USA, COCHRAN & COCHRAN 1977), gelegentlich auch bei anderen Pilzarten. Genannt werden: der Netzstielige Hexen-Röhling – *Boletus luridus* –, der Grünling – *Tricholoma equestre* –, der Veilchen-Ritterling – *Lepista irina* – und eine amerikanische Morchel (M. HERRMANN 1966).

Die Symptome sind: Hitzegefühl und intensive, scharf abgegrenzte Rötung des Gesichtes, übergreifend auf Hals, Nacken und Brustkorb, in schweren Fällen auch auf Bauch und Rücken bis zu den Oberschenkeln und Oberarmen. Die Bindehaut der Augen wird vermehrt durchblutet, die Augen röten sich und erscheinen geschwollen. Druckgefühl im Kopf, pulsierender Kopfschmerz und Pulsbeschleunigung, Atemnot, Schwindelgefühl, Sehstörungen, Schweißausbruch, Herzbeschwerden, Gliederzittern, Durst, Blutdruckabfall, Kollaps sind nicht ausgeschlossen. Seltener kommt es zu Übelkeit und Erbrechen.

Diese Erscheinungen können beobachtet werden, 1. wenn Pilze gegessen und Alkohol getrunken wurde(n), 2. wenn Pilze gegessen wurden und am nächsten Tag Alkohol genossen wurde, 3. wenn am ersten Tag Vergiftungserscheinungen auftraten, am zweiten und dritten Tag aber nur Alkohol getrunken wurde.

Ungeklärt bleibt bisher, weshalb bei manchen Menschen, obwohl kleine Mengen von Pilzen gegessen und auch wenig Alkohol getrunken wurde, die Krankheitserscheinungen auftreten, hingegen bei anderen trotz größerer Pilzmahlzeit und größerem Alkoholkonsum keine schädlichen Wirkungen beobachtet werden.

Der Molekülbau dieses Wirkstoffes wurde 1975 von einem Chemikerteam am Lund Institute of Technology (LINDBERG 1975) und fast gleichzeitig von zwei nordamerikanischen Forschern (HATFIELD & SCHAUMBERG 1975) aufgeklärt und durch Synthese bestätigt. Der Stoff erhielt den Namen Coprin. Tetraäthylthiuramdisulfid (Disulfiram)[1], von SIMANDL & FRANC 1956 angegeben, aber weder von WIER & TYLER 1960 noch von LIST & REITH 1960 bestätigt, scheint sonach nicht in diesem Pilz vorzukommen.

$$^-OOC\diagdown_{CH_2}\diagup^{O}_{C}\diagdown_{C}\diagup^{OH}_{CH_2}$$

XIV. Coprin

Die Ausbeute betrug 90 mg/kg Frischpilz. Zum Feststellen seiner Formel dienten die chemische Aufspaltung des Moleküls sowie das moderne Verfahren der Kernresonanz. Das Molekül enthält L-Glutamin, einen in der Natur häufig vorkommenden, und Zyklopropanol, einen bisher in der Natur nicht gefundenen Stoff; Coprin ist N^5-(l-Hydroxyzyklopropyl)-L-Glutamin (Formel XIV). Es hemmt das Enzym Azetaldehydoxydase, das das aus dem Äthanol gebildete Azetaldehyd normalerweise sofort zur ungiftigen Essigsäure oxydiert. Der Aldehydspiegel im Blut steigt daher und verursacht die Vergiftungserscheinungen. Ebenso wie das Disulfiram wird das Coprin vom Körper nur sehr langsam ausgeschieden, so daß auch am 2.–3. Tag beim Genuß alkoholischer Getränke neuerliche Vergiftungserscheinungen auftreten können. Auch durch Alkoholdämpfe (z. B. aus Rasierwasser) werden sie mitunter hervorgerufen.

Hämolytische Gifte

Hämolytische Gifte zerstören die Zellwand der roten Blutkörperchen, wobei der Blutfarbstoff austritt. SEEGER und Mitarbeiter isolierten einen stark hämolytisch wirkenden Stoff aus dem Grünen Knollenblätterpilz, das Phallolysin. Dieses Hämolysin war bisher nicht gefunden worden, weil es von Methanol, dem Extraktionsmittel für die Gifte dieses Pilzes, zerstört wird. Es ist offenbar mit dem Hämolysin, das KOBERT 1891 und FORD 1906 gefunden haben (Phallin), identisch. Nach den Untersuchungen von SEEGER, von SCHARRER 1971 sowie von WIEDMANN 1973 hat der Stoff Proteincharakter, verliert bei 62–64 °C seine Aktivität, ist also thermolabil und außerdem gegen Säuren unbeständig. Er ist dem menschlichen Serumalbumin ähnlich, reagiert basisch und hat ein Molekulargewicht von über 20 000. In anderen Amaniten (*A. citrina, A. rubescens, A. excelsa* u. a.) wurde ebenfalls Hämolysin nachgewiesen; jedoch ist nicht bewiesen, ob solches unter

---

[1] **Disulfiram** (Antabus) ist ein gegen Alkoholismus angewendetes Medikament.

allen Bedingungen vorhanden ist. WIEDMANN untersuchte 302 andere Arten, von denen 145 Arten hämolytisch wirksam waren, ein Drittel davon verursachte auch Agglutination der Blutkörperchen (Verklumpung). Pilze derselben Art wiesen quantitative Unterschiede der Aktivität je nach Standort und Jahreszeit auf.

Bei der Vergiftung durch den Grünen Knollenblätterpilz kann das Phallolysin wegen seiner Hitze- und Säureunbeständigkeit keine Rolle spielen.

Gleiches gilt für die Hämolysine und Hämaggultinine vieler anderer Pilzarten (darunter beliebte Speisepilze), die praktisch nicht wirksam werden, da sie nicht unverändert in den Blutstrom gelangen.

Pilze als Allergene

Die Neutralisierung von Fremdeiweiß und anderen körperfremden Makromolekülen (Antigenen) durch körpereigene Antikörper, also die Antigen-Antikörper-Reaktion, gehört zu den natürlichen Schutzmechanismen von Mensch und Tier. Bei bestimmten Personen kann diese Immunreaktion jedoch so stark ausfallen, daß sie zur Allergie (Überempfindlichkeitsreaktion) wird und den Charkater einer Krankheit annimmt. Durch Wiederholung des Geschehens kann sich die Allergie immer stärker äußern; man spricht dann von zunehmender Sensibilisierung des Patienten.

Zu den bekanntesten Allergien gehört das Asthma. Es wird u. a. durch das Einatmen von Pilzsporen hervorgerufen. 1 m^3 Luft kann 12 000 bis 1 Million Pilzsporen enthalten! Die Basidiosporen des Echten Hausschwamms – *Serpula lacrimans* – und des Austern-Seitling – *Pleurotus ostreatus* – gehören ebenso wie die Konidien mancher Schimmel- und Hefepilze (*Alternaria, Aspergillus, Sporobolomyces*) zu den starken Allergenen. Gefährdet sind z. B. Personen, die in geschlossenen Räumen arbeiten, in denen Hausschwamm fruktifiziert oder Seitlinge angebaut bzw. gelagert werden.

Ein besonderes Problem bietet der Kahle Krempling, *Paxillus involutus*. Wie S. 78 gesagt, enthält er in rohem Zustand einen gefährlichen, noch unbekannten Giftstoff (aus Polen wurde sogar ein Todesfall nach Verzehr eines rohen Kahlen Kremplings bekannt, GRZYMAŁA 1958). Richtig zubereitet, d. h. mindestens 20 Minuten erhitzt, wird der Pilz dagegen von den meisten Menschen ohne Schaden verzehrt. Doch wurden Fälle bekannt, in denen er auch nach einwandfreier Zubereitung lebensgefährliche Erkrankungen verursachte. Die Syptome sind nach einer Latenzzeit von 1/2 bis 4 Stunden Unwohlsein, Übelkeit, Schüttelfrost, Juckreiz, Fieber bis 40 °C, Durchfall, Koliken, Gelbsucht, Kreislaufstörungen mit Blutfärbung der Fingernägel und Lippen, Blut im Harn, Kollaps, Nierenversagen.

Da ein Toxin nicht nachgewiesen werden konnte und nur bestimmte Personen betroffen wurden, handelt es sich bei dieser Erkrankung aller Wahrscheinlichkeit nach um eine Allergie auf ein Pilzeiweiß, die auch durch übliche Zubereitung nicht verhindert wird. Besonders gefährdet sind offenbar ältere Leute, die durch jahrelangen Kremplingsgenuß sensibilisiert worden sind und immer heftiger reagieren, die außerdem anderweitig gesundheitlich geschädigt sind, etwa durch Arteriosklerose oder chronische Hepatitis (SCHMIDT & al. 1971, LAGRANGE 1980). Aus der BRD wurden sogar 4 Todesfälle bekannt (BSCHOR & MALLACH

1963, Winkelmann & al. 1982). In einigen Fällen konnten Zerstörungen der Leberzellen nachgewiesen werden sowie Hämolyse (Zerfall roter Blutkörperchen) als unerwünschte Nebenreaktion.

Die Organe des Gesundheitswesens sahen sich daher veranlaßt, vor dem Genuß des Kahlen Kremplings zu warnen. In der DDR darf der Kahle Krempling weder als Frischpilz, noch als Trocken- oder Industrietrockenpilz in Verkehr gebracht werden. Auch in anderen Staaten wird vor dem Genuß von *Paxillus involutus* gewarnt, so in der VR Polen, ČSSR, BRD, Italien, z. T. auch in der UdSSR (Vasil'kov 1963).

C. Erste Hilfe bei Pilzvergiftungen

Die Kennzeichen einer Pilzvergiftung treten je nach der Art der genossenen Pilze nach wenigen Minuten bis vielen Stunden – mit den für die Giftstoffe charakteristischen Symptomen – auf. In der Regel sind die ersten Erscheinungen Kratzen und Brennen im Hals, Taumel, Übelkeit, Benommenheit, Brechreiz, Erbrechen und Durchfall. Nicht jedes Unwohlsein nach einem Pilzessen muß eine Pilzvergiftung sein. Besteht jedoch Verdacht, daß es sich um eine Pilzvergiftung handelt, ist ein Arzt zu Rate zu ziehen.

Die erste Maßnahme vor seinem Eintreffen sollte darin bestehen, Erbrechen herbeizuführen. Man trinke warmes, gesalzenes Wasser – 1 Eßlöffel Salz auf 1 Glas Wasser –, keinesfalls Alkohol oder Milch, oder versuche durch mechanische Reize (Finger in den Hals, evtl. durch Kitzeln der rückwärtigen Schlundwand mit einer in Öl getauchten Feder), Erbrechen herbeizuführen. Der Kranke sollte, sobald Erbrechen und Durchfall dies zulassen, möglichst ruhig liegen. Er muß warm zugedeckt sein, nötigenfalls kann mit einer Wärmflasche nachgeholfen werden. Ist er bei Bewußtsein, kann ihm starker Bohnenkaffee gereicht werden. Ohnmächtige versucht man durch Bespritzen des Gesichtes wiederzubeleben. Bei Erregungszuständen helfen kalte Umschläge auf den Kopf. Vergiftungserscheinungen, die 8–40 Stunden nach dem Genuß der Pilzmahlzeit auftreten, deuten auf eine lebensgefährliche Vergiftung und sollten ähnlich Unfällen behandelt werden, d. h. eine unverzügliche Einlieferung in ein Krankenhaus ist erforderlich.

Eine große Hilfe für den Arzt ist die Bestimmung der Pilzart, die die Vergiftung herbeigeführt hat. Wichtig ist vor allem, daß Pilzabfälle, Speisereste, Erbrochenes und im Krankenhaus Spülflüssigkeit sichergestellt werden, damit, wenn keine makroskopische Bestimmung möglich ist, durch Sporen oder dergleichen die Pilzart ermittelt werden kann.

Vergiftung durch Pilze sind in der DDR meldepflichtige Lebensmittelvergiftungen. Die unverzügliche Anzeige bei der zuständigen Hygiene-Inspektion oder dem Hygiene-Institut des Bezirkes sichert den sofortigen Einsatz des Beauftragten für Pilzaufkärung zwecks einwandfreier Bestimmung der genossenen Pilzart. Der Beauftragte versucht zunächst durch Befragung des Erkrankten Hinweise auf die Pilzart zu erhalten. In der Regel besucht er den Patienten entweder noch daheim oder im Krankenhaus und zeigt ihm Bilder derjenigen Giftpilze, die er – von den Symptomen ausgehend – für die Erkrankung verantwortlich hält. In den meisten Fällen ist es auch möglich, am Fundort weitere Fruchtkörper zu sammeln. Daraufhin füllt der Beauftrage den Fragespiegel aus, der dann von der Hygiene-Inspektion weitergeleitet wird. Im wesentlichen sind folgende Fragen zu beantworten:

1.1. Name, Geburtsdatum, Wohnort, Straße, Kreis
1.2. Ort der Erkrankung
2.1. Zeit der Erkrankung
3.1. Wie viele Personen nahmen an der Pilzmahlzeit teil?
3.2. Zahl der Erkrankten, davon Kinder bis 14 Jahre
3.3. davon Zahl der Hospitalisierten
3.4. davon Zahl der Todesfälle
4.1. Wann, wo und von wem wurden die Pilze gesammelt bzw. gekauft?
4.2. Wie wurden sie aufbewahrt?
4.3. Wann und wie zubereitet?
4.4. Latenzzeit, Datum, Uhrzeit
4.5. Menge der genossenen Pilze
4.6. Welche Speisen und Getränke wurden von dem Erkrankten am Tag und Vortag der Erkrankung gegessen und getrunken?
4.7. Welche Pilze glaubt der Erkrankte gegessen zu haben?
4.8. Untersuchungsbefund von Pilzabfällen, Mahlzeitresten, Erbrochenem
5.1. Welche Krankheitserscheinungen wurden beobachtet, und in welcher Reihenfolge traten sie auf?
5.2. Welche Erste-Hilfe-Maßnahmen wurden durchgeführt?
6.1. Ursachen der Erkrankung, z. B. Unkenntnis, Verwechslung
6.2. Rohgenuß oder ungenügend lange Kochdauer
6.3. Ungeklärt, evtl. Allergie.

IV. Der Anbau von Speisepilzen

Von Gerhard GRAMSS, Jena

A. Die wirtschaftliche Bedeutung der Pilze und die Art ihrer Kultur

Die Anfänge der Pilzkultur gehen auf die Zeit der Griechen und Römer zurück. In Japan wird der Shiitake *(Lentinus edodes)* bereits seit 2000 Jahren kultiviert. Der Anbau des Zucht-Champignons *(Agaricus bisporus)* wurde dagegen erstmals um 1650 in Frankreich erwähnt. In der Gegenwart ist die Domestikation der höheren grünen Pflanze weitgehend abgeschlossen, und das Interesse verlagert sich auf das Gebiet der Mikroorganismen, insbesondere der Algen und Bakterien. Die qualitativ hochwertigen Speisepilze bereiten vielfach unter Kulturbedingungen schon während des Myzelwachstums Schwierigkeiten und versagen bei der Fruchtkörperbildung oft völlig. Dessen ungeachtet hat sich seit 1945 die Zahl der Kulturpilze vermehrt. Die Pilzkultur stellt vor allem in Japan, den USA und Westeuropa einen durchaus nennenswerten Anteil des Nationaleinkommens. Die Weltproduktion bei den wichtigsten Zuchtpilzen ist für die Vergleichsjahre 1968 und 1974 in Tabelle 2 zusammengestellt.

Tabelle 2
Entwicklung der Weltproduktion bei den wichtigsten Zuchtpilzarten von 1968 bis 1974.
Nach MORI 1969, BELS 1969, 1974 mündlich

Pilzart	Anbaugebiete	Jahresproduktion in Tonnen für	
		1968	1974
Zucht-Champignon	USA, Ostasien, Europa	275 000	500 000
Shiitake	Japan	120 000	150 000–175 000
Winterpilz	Japan	10 000	35 000
Reisstroh-Scheidling	Südostasien		10 000–50 000
Pholiota nameko	Japan		12 000

Der heterotrophe Pilz ist auf das Vorkommen organischer Bestandteile im Nährboden (Substrat) angewiesen. Die eigentliche Pilzpflanze lebt als Myzel im Substrat, nimmt die wasserlöslichen Nährstoffe auf und baut die wasserunlöslichen organischen Reste durch ausgeschiedene Wirkstoffe (Exoenzyme) ab. Kernproblem der Pilzkultur ist deshalb die Auffindung geeigneter Substrate. Zur Übertragung des Pilzes auf das Substrat bedient man sich der sterilen Pilzbrut, die die lebenden Hyphen des Kulturpilzes enthält. Nach dem Beimpfen wird das Substrat unter geeigneten Kulturbedingungen von den Pilzhyphen durchwachsen. Nach ausreichender Myzelentwicklung erscheinen die Frucht-körper in mehreren Ertragswellen. Die optimalen Bedingungen für Myzelwachs-tum und Fruchtkörperbildung sind artspezifisch und in den meisten Fällen noch unbekannt, so daß heute nur wenige Pilzarten mit ökonomisch vertretbarem Aufwand angebaut werden können. Doch bereits diese wenigen Arten geben bei der Vielfalt ihrer Anbautechnologien auch dem Pilzfreund die Möglichkeit, sei-nen örtlichen Bedingungen angepaßte Kulturen anzulegen und sich von dem ei-genartigen Organismus Pilz faszinieren zu lassen. Die folgende Darstellung soll ihm den Weg für eigene Anbauversuche ebnen.

B. Ernährungsweisen wirtschaftlich interessanter Großpilze

Dem Bedürfnis des Marktes folgend, wurden seit 1945 mehrere neue Pilzarten kultiviert, vor allem Saprophyten auf Holz und Stroh. Der Anbau humusbewoh-nender oder mit Waldbäumen in Mykorrhiza (Wurzelsymbiose) lebender Pilze gelang dagegen nicht.

Der pflanzliche Organismus als das wichtigste Pilzsubstrat wird in jedem Sta-dium seiner Entwicklung von Pilzen befallen. Parasitische Pilze verwerten In-haltsstoffe oder Wände der lebenden Zelle an Wurzel, Sproß und Frucht und können den Tod der Wirtspflanze verursachen. Saprophyten wachsen auf abge-storbenen Pflanzenteilen. Mit der Trennung des lebenden Sprosses von der Wur-zel beginnt die langwierige Kette seiner Mineralisation mit dem Befall durch Schimmel- und Strahlenpilze, die zunächst die leichtlöslichen Zucker abbauen. Sie werden oft von Hutpilzen abgelöst, die ihre Energie durch Abbau der pflanz-lichen Zellwand gewinnen, die zu 70–75 % aus polymeren Zuckern besteht. Die verbleibenden Abbauprodukte sind dann ein Substrat für Folgezersetzer unter den höheren Pilzen, aber auch zunehmend für bodenbewohnende Strahlenpilze und Bakterien. Jede Pilzart fordert also neben dem Gehalt an Grundbaustoffen auch einen spezifischen Abbaugrad des Substrats.

C. Bedingungen für die Fruchtkörperbildung in Kultur

Die optimalen Bedingungen für die Fruchtkörperbildung der Kulturpilze unter-scheiden sich oft wesentlich von denen der vegetativen Myzelwachstumsphase. Auf synthetischen Nährböden sind Art und Konzentration der Stickstoffgabe (LIPPE & NESEMANN 1959, SCHWANTES 1969) ebenso entscheidend wie das quantita-tive Kohlenstoff-Stickstoff-Verhältnis (PLUNKETT 1953, SCHWANTES 1969). Feuchte und pH-Wert des Substrats dürfen nur in engen Grenzen verändert werden. Der Zucht-Champignon braucht für Myzelwachstum und Fruchtkörperbildung ebenso ein Minimum an Kohlendioxid (LONG & JACOBS 1969) wie eine erhöhte Frischluftversorgung zur Abführung vom Myzel erzeugter, flüchtiger Substanzen und überhöhter CO_2-Mengen (SCHISLER 1957, EGER 1962 a). Das Licht wirkt be-sonders bei holzbewohnenden Pilzen fruktifikationsanregend oder ist zumindest für die Ausbildung normal gestalteter Fruchtkörper verantwortlich (VOLZ & BE-NEKE 1969), während es bei bodenbewohnenden Pilzen oft entbehrlich ist. Steril fruchtende Pilzarten bilden in Laborgefäßen unter vollsterilen Bedingungen Fruchtkörper aus, jedoch oft nur auf speziellen Nährböden und bei aktiver Belüftung. Unsteril fruchtende Pilzarten benötigen die Hilfe von Mikroorganismen zur Ausbildung der Primordien. Im Falle des Zucht-Champignons bauen in unsteriler Erde enthaltene Bakterien 'die offensichtlich vom Pilzmyzel erzeugten Hemmstoffe ab und ermöglichen dadurch die Fruchtkörperbildung. Werden diese Hemmstoffe an Aktivkohle gebunden, kommt der Zucht-Champignon auch unter sterilen Bedingungen zum Ertrag (EGER 1961). Der steril fruchtende Pferdemist-Tintling *(Coprinus radiatus)* bildet nur dann Primordien, wenn die Hyphen auf kohlenstoffarmes Substrat überwachsen (MATTHEWS & NIEDERPRUEM 1972, *„C. lagopus“*).

Die **Fruchtkontinuität** ist die wichtigste Eigenschaft des Kulturpilzes. Kontinuierlich fruchtende Pilzarten (K-Fruchter) sind zu allen Jahreszeiten zum Ertrag befähigt, wenn der artspezifische Temperaturbereich eingehalten wird. Diskontinuierlich fruchtende Pilzarten (D-Fruchter) sind streng an eine Jahreszeit gebunden. Während sich die etwa 1 mm großen Primordien auch bei D-Fruchtern zu jeder Jahreszeit bilden können, werden erwachsene Fruchtkörper selbst im Klimaraum nur zu bestimmten Jahreszeiten erhalten. Der Frühe Ackerling *(Agrocybe praecox)* wird deshalb nur einmal Ende Juni geerntet, die Jungpilze erscheinen unabhängig vom Tagesklima fast auf die Woche genau. Die kommerzielle Pilzkultur kann für den Klimaraumanbau nur K-Fruchter verwenden. Inzwischen ist es jedoch gelungen, durch aufeinanderfolgende Hoch- und Tieftemperaturbehandlung auch den Frühen Ackerling künstlich zur Fruktifikation zu bringen.

Der **Sterilgrad** der Fruchtkörperbildung beeinflußt ebenfalls die Anbautechnologie. Nährsubstratfruchter sind wahrscheinlich meist steril fruchtende Pilzarten. Ihre Primordien entstehen unmittelbar auf dem Substrat und bleiben einerseits von Mikroorganismen unbeeinflußt (Stockschwämmchen), werden aber andererseits durch Unsteriliät bei der Fruchtkörperbildung leicht gefördert (Austern-Seitling und *Ag. macrocarpus*). Decksubstratfruchter sind immer unsteril fruchtende Pilzarten. Zur Erzielung eines nennenswerten Ertrags muß der Nährboden erst mit 3 cm unsteriler Erde abgedeckt werden, die als Trägerschicht für die Entwicklung fördernder Mikroorganismen fungiert.

Die Ertragsbildung beginnt allgemein erst dann, wenn das Pilzmyzel im Substrat genügend Nährstoffe akkumuliert hat. Bei einigen Pilzarten ist das nach dem vollen Durchwachsen des Substrats der Fall (Stockschwämmchen, Austern-Seitling), bei anderen jedoch schon während des Einwachsens (Zucht-Champignon, Florida-Seitling). Bei der Fruktifikation werden die Inhaltsstoffe des Substratmyzels großenteils an die Fruchtkörper abgegeben, und die unter dem Mikroskop dick und prall erscheinenden Hyphen sinken ein wie leere Schläuche. Dieser Effekt ist so deutlich, daß sich z. B. das Volumen der Stroh-Holzmehl-Blöcke des Austern-Seitlings während der 1. Ertragswelle um 20–30 % verringert. Nach der Ernte beginnt das Myzel, zum Teil bei Ausbildung neuer Hyphen, erneut zu akkumulieren und im Anschluß daran zu fruchten. So entsteht der für alle Kulturpilze typische wellenförmige Verlauf des Ertrags.

Der Pilzfreund darf jedoch nicht in jeder Zusammenballung von Myzel den Beginn einer Ertragswelle vermuten. Neben Primordien, die unter Kulturbedingungen zu erwachsenen Fruchtkörpern werden können, entstehen vor allem bei D-Fruchtern zeitweise nur stagnierende Fruchtkörperanlagen. Andere Pilzarten bilden den Primordien ähnliche Sklerotien aus, die z. B. bei dem Champignon *Agaricus porphyrizon* 1–4 mm groß und steinhart sind und die als vegetative Dauerorgane aufgefaßt werden.

D. Die wichtigsten Anbausubstrate

Natursteriles, kompaktes Holz

Das Holz frisch gefällter Bäume ist ein natursteriles Substrat von weitgehend gleichmäßiger chemischer Zusammensetzung. Die Pilzzucht verwendet sowohl den Stubben als auch vom Stamm abgeschnittene, 20–40 cm lange Walzen oder 1–1,5 m lange Knüppel. Das Frischholz enthält keine konkurrierenden Mikroorganismen. Die Ertragssicherheit erreicht deshalb nahezu 100 % (Tabelle 3).

Synthetische, sterile Schüttsubstrate

In sterilen Anbauverfahren werden Substratmischungen aus Holzmehl, Stroh, Waldstreu, Erde, Mist und organischem Abfall aus Landwirtschaft und Lebensmittelindustrie genutzt. Die Substrate enthalten viele leicht verwertbare Nährstoffe und würden deshalb im unsterilen Zustand sofort verschimmeln und damit für den Kulturpilz unbrauchbar sein. Sie werden deshalb im Autoklaven bei 120–130 °C sterilisiert und steril mit dem Myzel des Kulturpilzes beimpft, welches auf dem nährstoffreichen Substrat Höchsterträge bringt. Bei schnellwüchsigen Kulturpilzen wird das autoklavierte Substrat unsteril mit 3–5 % Pilzbrut gemischt. Der Kulturpilz hat dann gegenüber den konkurrierenden Schimmelpilzen einen echten Wachstumsvorteil (Tabelle 4).

Synthetische, unsterile Schüttsubstrate

Optimierte Mischungen aus Holzmehl, Stroh, Waldstreu, Erde und Mist werden vorwiegend im Pilzanbau durch Kleingärtner verwendet. Die Substratkomponenten sind schimmelfest, weil sie nur schwer zersetzbare organische Bestandteile enthalten. Alle Stroharten sind nur in der für sie typischen gelben, braunen oder graubraunen Verfärbung zu verwenden. Heu und im grünen Zustand getrocknete Strohe enthalten zu viele leicht verwertbare Kohlenhydrate und Eiweiße, die ebenso wie Samen-, Kleie-, Dreber- und andere organische Abfälle die Schimmelbildung anregen und damit das Substrat für den Kulturpilz unbrauchbar machen würden (Tabelle 5).

Unsterile Schüttsubstrate mit verfahrensspezifischer Mikroflora

Ein- und Mehrkomponentensubstrate aus Holzmehl, Stroh, Waldstreu, Erde und Stallmist, auch mit Zusätzen organischer Abfälle, werden etwa 2 Tage auf 55–70 °C erhitzt (pasteurisiert) oder erhitzen sich von selbst (Heißvergärung bei Pferdemist). Die bei Raumtemperatur wachsende, meist hemmende Mikroflora wird hierbei durch thermophile Arten ersetzt. Sie binden die für das Wachstum der Schimmelpilze erforderlichen leichtlöslichen Nährstoffe und legen die anorganischen Stickstoffverbindungen in arteigenem Eiweiß fest, das später dem Kulturpilz zur Verfügung steht. Sie schließen jedoch auch den Lignin-Zellulose-Verband der pflanzlichen Zellwand auf und hinterlassen fördernde Stoffwechselprodukte. Am Ende der Pasteurisierung ist das Substrat weitgehend vor Neu-

88

Tabelle 3
Kulturpilze auf Frischholz

Holztyp	Kulturpilz	Bevorzugte Holzart	Anbauverfahren, Ertrag, ökonomische Bedeutung
Laubholzstubben im Wald	Stockschwämmchen (*Kuehneromyces mutabilis*)	Rotbuche, Hainbuche, Ahorn, Birke, Pappel, Erle u. a.	Einbringen steriler Pilzbrut in Bohrlöcher ⌀ 10 bis 15 mm. Ertragsdauer 10–15 Jahre (LUTHARDT 1969). Verfahren ohne wirtschaftliche Bedeutung. Für industrielle Nutzung wäre die Beimpfung von 100 000 Stubben erforderlich.
	Austern-Seitling (*Pleurotus ostreatus*)	Rotbuche, Hainbuche, Ahorn, bedingt Pappel	Sterile Pilzbrut in Bohrlöcher, auf Stubbenkopf oder in Kettensägeschnitte 10 mm breit. Verfahren besonders in Ungarn auf Pappelstubben angewandt (VÉSSEY 1968).
	Samtfußrübling (*Flammulina velutipes*)	Linde, Roßkastanie, Weide	Nahezu 100 %iger Erfolg bereits durch Auflegen sporenreifer Pilzhüte auf die Stirnfläche frischer Stubben, insbesondere auf Stubben mit Reiserbildung (Stockausschläge). In Europa ohne praktische Nutzung.
Laubholz	Stockschwämmchen (*Kuehneromyces mutabilis*)	Rotbuche, Hainbuche, Ahorn, Birke, Pappel, Erle u. a.	Extensiver Freilandanbau auf Kompakt- und Schnittholz, vereinzelt Kompaktholzkulturen als Nebenkultur in Gewächshäusern. Ertragsleistung 400 kg/t lufttrockenen Frischholzes ≙ 40 % des Substrattrockengewichts. Anbau vorwiegend durch Kleingärtner.
	Austern-Seitling (*Pleurotus ostreatus*)	Rotbuche, Hainbuche, Ahorn, Eberesche	Extensiver Freilandanbau auf Kompaktholz. Ertragsleistung bei Rotbuche 200 kg/t lufttrockenen Frischholzes ≙ 20 % des Substrattrockengewichts. Anbau in Mittel- und Südeuropa. Ertrag von 120 kg/t Holz gilt als wirtschaftlich.
	Shiitake (*Lentinus edodes*)	Eiche, Rotbuche, Hainbuche, Edelkastanie, Erle	Anbau auf 1,5 m langen Holzknüppeln, in Freiland oder Treibhaus aufgestellt. Ertragsleistung 100–200 kg/t Frischholzes. In Japan die ökonomisch bedeutungsvollste Pilzart mit erheblichem Exportanteil.

Samtfußrübling (*Flammulina velutipes*)	Rotbuche, Linde, Roßkastanie, Weide u. a.	Extensiver Freilandanbau auf Kompaktholz. Rotbuche brachte zu geringe Erträge (LUTHARDT 1969). Bedeutungslos.
Graublättriger Schwefelkopf (*Hypholoma capnoides*)	Rotbuche	Extensiver Freilandanbau auf Kompaktholz in Erde. Noch ohne praktische Bedeutung.
Ziegelroter Schwefelkopf (*Hypholoma sublateritium*)	Rotbuche	Erste Versuche im Freilandanbau auf Kompaktholz
Südlicher Ackerling (*Agrocybe cylindracea*)	Pappel, Weide	Vereinzelter Kleinanbau, auch bevorzugt auf Baumstubben, im Mittelmerraum. Ohne wirtschaftliche Bedeutung.
Pholiota nameko	Laubholzarten	Freilandkulturen auf 1 m langen, im Wald ausgelegten Holzknüppeln. Die bemerkenswerten Ergebnisse in Japan (Tab. 2) sprechen für hohe Wirtschaftlichkeit.
Nadelholz Graublättriger Schwefelkopf (*Hypholoma capnoides*)	Fichte	Siehe obenstehend.

Tabelle 4
Kulturpilze auf synthetischen, sterilen Schüttsubstraten

Komponenten	Kulturpilz	Anbauverfahren, Ertrag, ökonomische Bedeutung
22 Gewichts-% Weizen-Strohhäcksel 20 Gewichts-% Weizen-Strohschrot 16 Gewichts-% Torf 5 Gewichts-% Sojamehl 5 Gewichs-% Baumwollsaatmehl 10 Gewichts-% Luzernemehl 22 Gewichts-% Kalk 230 Gewichts-% Wasser	Zucht-Champignon (*Agaricus bisporus*)	Steriles Till-Verfahren: Substrat in Stahlfässern 200 l eine Stunde bei 125 °C sterilisiert, mit Sterilbrut beimpft und aktiv mit aseptischer Luft versorgt. Nach Durchwachsen Substrat in Kisten umgefüllt und im Klimaraum zum Ertrag gebracht. Ertragsleistung 17,5 kg/m² Beetfläche $\cong$ 35 % des Substratfeuchtgewichts oder 100 % des Substrattrockengewichts. Verfahren wegen hohen technischen Aufwands kaum angewendet. Halbsteriles Huhnke-Verfahren: Das Till-Substrat wird nach der Sterilisierung sofort mit kompostiertem Pferdemist gemischt. Seine thermophile Mikroflora schützt das Till-Substrat vor dem Verschimmeln (Metabolismenschutz), so daß es unsteril beimpft werden kann. Ertragsleistung 12,5 kg/m² Beetfläche $\cong$ 25 % des Substratfeuchtgewichts oder 75 % des Substrattrockengewichts. Verfahren vereinzelt in Spezialbetrieben angewandt (HUHNKE & SENGBUSCH 1969).
	Stadt-Champignon (*Agaricus bitorquis*)	Erfolgreicher Versuchsanbau nach dem sterilen Till-Verfahren. Noch ohne praktische Anwendung (ZADRAZIL & al. 1973).
	Anis-Champignon (*Agaricus arvensis*)	Auf Till- oder Huhnke-Substrat depressives Wachstum und geringer Ertrag (ZADRAZIL & al. 1973).
70 Vol.-% Rotbuchenmehl (wahlweise Leseholzschrot) 60 Vol.-% Wiesenheuhäcksel (wahlweise alle grün getrockneten Pflanzenabfälle)	Seitlinge wie *Pleurotus ostreatus, pulmonarius, „Florida"*	Sterilblockverfahren: Substrate sterilisiert und mit flüssigem Impfstoff beimpft. Nach Durchwachsen Aufstellung in Klimaraum oder Freiland (GRAMSS 1977 a). Ertragsleistung mit *P. ostreatus* 100–120 % des Substrattrockengewichts. Ertragsleistung mit *P. florida* 125 % des Substrattrockengewichts. Erfolgreicher Versuchsanbau.
0,25 Gewichts-% zum Trockengewicht Harnstoff	Samtfußrübling (*Flammulina velutipes*)	Sterilblockverfahren wie für *Pleurotus* beschrieben. Erfolgreicher Versuchsanbau, aber noch zu geringer Ertrag. Ertragsleistung etwa 35 % des Substrattrockengewichts. In Japan ist *F. velutipes* eine der wichtigsten Kulturpilzarten und wird vorwiegend industriell auf Sterilsubstraten angebaut.

Substrat	Pilz	Bemerkung
50 Vol.-% Weißtorf 50 Vol.-% kompostierter Pferdemist + landwirtschaftliche Abfälle	Safran-Schirmpilz (*Macrolepiota rhacodes*)	Erfolgreicher Versuchsanbau im Kleingefäß, vollsteril (EGER 1964). Ertragsleistung etwa 80 % des Substrattrockengewichts.
	Riesen-Schirmpilz (*M. procera*)	Als Empfehlung für Anbauversuche. Noch ohne praktische Anwendung (MANZ 1971).
100 Vol.-% Erbs-, Raps-, Luzerne-Stroh, Heu, Pflanzenreste. 20 Vol.-% Erde, 3–5 Vol.-% Mehl von Getreide, Erbse, Soja, Rübensamen, Baumwollsaat	Champignon (*Agaricus macrocarpus*) Gelbverfärbender Champignon (*Agaricus aestivalis*) Breitschuppiger Wald-Champignon (*Agaricus lanipes*)	Erfolgreicher Versuchsanbau im Sterilverfahren. Noch ohne praktische Anwendung (GRAMSS, unveröffentlicht).

Tabelle 5
Kulturpilze auf synthetischen, unsterilen Schüttsubstraten

Komponenten	Kulturpilz	Anbauverfahren, Ertrag, ökonomische Bedeutung
Unsteriles Weizenstroh	Seitlinge wie *Pleurotus ostreatus, pulmonarius, „Florida"*	Kleinanbau mit substratgefüllten Holzkisten im Keller oder in Freilandschutzbeeten, geringe Ertragssicherheit, Anbau durch Kleingärtner. Ertragsleistung 3–6(–15) kg/m² Beetfläche ≙ 25–50(–100) % des Substrattrockengewichts.
	Riesen-Träuschling *(Stropharia rugosoannulata)*	Kleinanbau in Schutzbeetkästen im Freiland bei höheren Substratschichten. Ertragsleistung 1,5–10(–15) kg/m² Beetfläche ≙ 7,5–50(–75) % des Substrattrockengewichts. Relativ hohe Ertragsschwankungen und 50 %ige Ertragssicherheit. Anbau durch Kleingärtner besonders in Mittel- und Osteuropa weit verbreitet.
	Früher Ackerling *(Agrocybe praecox)*	Kleinanbau mit substratgefüllten Holzkisten im Keller oder in Freilandschutzbeeten. Gute Ertragssicherheit.Erfolgreicher Versuchsanbau. Ertragsleistung 2,5–5 kg/m² Beetfläche ≙ 40–80 % des Substrattrockengewichts (flache Substratschichten).
70 Vol.-% Rotbuchenmehl, 60 Vol.-% Erbs-, Raps- oder Weizenstrohhäcksel, 0,5 Gewichts-% zum Trockengewicht Kalkammonsalpeter	Seitlinge wie *Pleurotus ostreatus, pulmonarius, „Florida"*	Kleinanbau mit substratgefüllten Holzkisten im Keller oder in Freilandschutzbeeten. Ertragsleistung 16–32 kg/m² Beetfläche ≙ 40–70 % des Substrattrockengewichts. Bei braunem Erbs- und Rapsstroh gute Ertragssicherheit (Gramss 1977). Anbau durch Kleingärtner.
100 Vol.-% Weizenstroh 25 Vol.-% Rotbuchenmehl	Riesen-Träuschling *(Stropharia rugosoannulata)*	Kleinanbau in Schutzbeetkästen im Freiland. Ertragsleistung 6–10(–15) kg/m² Beetfläche entspricht 20–35(–50) % des Substrattrockengewichts. Relativ gute Ertragsstabilität innerhalb der 50 %igen Ertragssicherheit. Weit verbreiteter Anbau durch Kleingärtner.
	Früher Ackerling *(Agrocybe praecox)*	Kleinanbau mit substratgefüllten Holzkisten im Keller oder in Freilandschutzbeeten. Ertragsleistung 2–14 kg/m² Beetfläche ≙ 20–140 % des Substrattrockengewichts (flache Substratschichten). Erfolgreicher Versuchsanbau.

92

Substrat	Art	Anbau und Ertrag
Unsteriles Reisstroh, Bamwollabfall	Reisstroh-Scheidling (*Volvariella volvacea*)	Freiland- und Gewächshausanbau in Tropen und Subtropen Asiens. Ertragsleistung 10–50(–100) kg pro 1,5–2 m² Hügelbeet $\cong$ 10–50 % des Substrattrockengewichts. Einer der wichtigsten Kulturpilze für tropische Klimazonen.
50 Vol.-% kompostierter oder verrotteter Pferde-, Rinder- und Schweinemist 50 Vol.-% Nadel- oder Laubwaldstreu	Champignon (*Agaricus macrocarpus*)	Klimaraumanbau, Ertragsleistung 7(–22) kg/m² Beetfläche $\cong$ 23(–73) % des Substrattrockengewichts, Kleinanbau in Freilandparzellen mit und ohne grüne Begleitpflanze, Ertragsdauer 2 Sommerperioden. Ertragsleistung 7 kg/m² Beetfläche und Jahr $\cong$ 23 % des Substrattrockengewichts/Jahr. Erfolgreicher Versuchsanbau (Gramss 1976).
	Gelbverfärbender Champignon (*Agaricus aestivalis*)	Klimaraumanbau bei geringem Ertrag. Auf Sterilsubstraten wird jedoch die Ertragsleistung von *Agaricus bisporus* übertroffen. Noch ohne praktische Anwendung.
	Champignon (*Ag. porphyrizon*)	Im Klimaraum nur unbedeutende Ertragsleistung. Sie wird durch Co-Kultur mit Möhrenpflanzen verbessert.
	Violetter Rötelritterling (*Lepista nuda*)	Kleinanbau auf beschatteten Grasflächen im Freiland durch Aufschütten von Substrat, Ertragsleistung 0,3–0,6 kg/m² $\cong$ 1–2 % des Substrattrockengewichts. Gute Ertragssicherheit, doch völlig unzureichender Ertrag.

Tabelle 6
Kulturpilze auf unsterilen Schüttsubstraten mit verfahrensspezifischer Mikroflora

Komponenten	Kulturpilz	Anbauerfahren, Ertrag, ökonomische Bedeutung
Weizen- oder Roggenstroh mit Dung aus Pferde- und Hühnerhaltung, mineralische Stickstoff-, Phosphor- und Kalziumzusätze, organische Abfallstoffe	Zucht-Champignon (*Agaricus bisporus*)	Kompostierung frischen Stallmists auf Stroheinstreu zur Ausbildung einer öffnenden, thermophilen Mikroflora bei mikrobiellem Umbau der Grundnährstoffe und bei Anreicherung von Wuchsstoffen (siehe Schema 1). Anbau im Klimaraum. Ertragsleistung extensiv 4–10 kg/m² Beetfläche, intensiv 16–20 kg/m² $\cong$ 20 % des Substratfeuchtgewichts oder 60 % der Substrattrockengewichts. Dominierendes Anbauverfahren bei industrieller Pilzerzeugung.
	Stadt-Champignon (*Agaricus bitorquis*)	Anbau nach dem Verfahren des Zucht-Champignons, jedoch hoher Wärmeanspruch (POPPE 1971). Ertragsleistung intensiv 8–12 kg/m² Beetfläche $\cong$ 15 % des Substratfeuchtgewichts oder 45 % des Substrattrockengewichts. In warmen Ländern (Italien) bereits ein bekannter Marktpilz.
	Champignon (*Agaricus subedulis*)	Erfolgreicher Versuchsanbau dieser wärmeresistenten Art in Zentralafrika nach dem Verfahren des Zucht-Champignons (CAILLEUX 1969).
	Rosablättriger Schirmpilz (*Leucoagaricus leucothites*)	Erfolgreicher Versuchsanbau im Klimaraum (MANZ 1971). Noch ohne praktische Anwendung.
50 kg Weizen- oder Roggenstroh-Häcksel 50 kg Strohschrot, 5 kg Schlämmkreide (+ Gras-, Soja-, Maismehl)	Seitlinge wie *Pleurotus ostreatus, pulmonarius,* „Florida"	Pasteurisierung 2 Tage bei 50–60 °C oder Teilsterilisierung 1 Stunde bei 90–100 °C. Substrat nach Abkühlung sofort mit 3–5 % Sterilbrut gemischt, um Schimmeln zu verhindern. Durchwachsen und Ertragsphase in Plastesäcken. Ertragsleistung intensiv 20 % des Substratfeuchtgewichts oder etwa 60 % des Substrattrockengewichts. Dominierendes Intensivverfahren in Mittel- und Westeuropa, aber z. T. auf Maisspindelsubstrat statt auf Stroh (LELLEY 1974).
	Samtfußrübling (*Flammulina velutipes*)	Anbauverfahren wie für *Pleurotus* sp. beschrieben (ZADRAZIL & PUMP 1973). In Europa noch ohne praktische Anwendung.

Tabelle 7
Kulturpilze auf unsterilen Schüttsubstraten in der Rhizosphäre grüner Pflanzen

Begleitpflanzen	Kulturpilz	Anbauverfahren, Ertrag, ökonomische Bedeutung
Fichtenhochwald und Wurzelzone von Jungfichten, insbesondere mit Drahtschmiele (Deschampsia flexuosa) Halbkultur	Champignon (Agaricus macrocarpus)	Einbettung von 40 l Mist-Waldstreu-Gemisch in die Wurzelzone von Jungfichten als 0,2 m³ großer Substratblock, nach der Beimpfung bedeckt mit Plastfolie, die nur die Substratränder freigibt. Die Folie wird ihrerseits mit 3 cm Waldstreu bedeckt (Nestkultur) (GRAMSS 1976). Ertragsleistung insgesamt 1,5–2 kg pro Nest in 2 Ertragsjahren ≙ 25–30 % des Substrattrockengewichts. Erfolgreicher Versuchsanbau.
Rotbuchen-Fichten-Hochwald, besonders freie Waldstreuflächen Halbkultur	Violetter Rötelritterling (Lepista nuda)	Einbettung von 40 l Mist-Waldstreu-Gemisch in den Boden von Laub- und Fichtenwäldern als 0,2 m² großer Substratblock analog der Nestkultur von Agaricus macrocarpus. Ertragsleistung insgesamt 0,8–1,3 kg pro Nest in 2 Ertragsjahren ≙ 14 bis 22 % des Substrattrockengewichts. Erfolgreicher Versuchsanbau (GRAMSS 1977 c).
	Graukappe (Lepista nebularis)	Nestkulturen wie für Lepista nuda beschrieben. Beide Pilzarten sind in Physiologie und Ertragsleistung sehr ähnlich.
Möhrenkulturen auf altgedüngten Gartenerden	Champignon (Agaricus porphyrizon)	Beimpfung der Wurzelzone 8–10 cm hoher Möhrensämlinge mit Pilzbrut im Freiland. Der Ertrag schwankt mit Bodenart, Düngung und Mikroflorenbesatz von 0,050–1 kg/m² Beetfläche. Ohne praktische Bedeutung.

infektion mit hemmender Mikroflora geschützt (Metabolismenschutz bei Stall-mistsubstraten) oder muß sofort mit raschwüchsigen Kulturpilzen beimpft (Stroh-, Stroh-Holzmehl-, Mist-Waldstreusubstrate) bzw. mit einer toleranten Mikroflora beimpft werden (Strohsubstrate), die das Schimmeln verhindert (Tabelle 6).

Unsterile Schüttsubstrate unter grünen Pflanzen

Die Unsterilsubstrate nach Tabelle 5 und 6 werden meist als Nestkulturen in die Wurzelzone der krautigen Pflanzen und Waldbäume eingebettet. Der Kulturpilz nutzt neben der Waldstreu die fördernden Wuzelausscheidungen der Pflanze. Er kann andererseits durch die Stoffwechselprodukte der wurzelbegleitenden Mikroflora gefördert werden, die ihrerseits von Waldstreu und Wurzelausscheidungen profitiert (Rhizosphäreneffekt). Nestkulturen dienen der Anregung des Pilzwachstums am natürlichen Standort (Halbkultur) und der Ertragssteigerung durch Cokultur mit der grünen Pflanze (Tabelle 7).

E. Spezielle Anbauverfahren für Kulturpilze

Der Zucht-Champignon *(Agaricus bisporus)* Bd. I/17

Er wird in nahezu allen Ländern der gemäßigten Klimazonen angebaut (Abb. 3). Die Haupterzeugung liegt vielfach in den Händen von Spezialbetrieben mit ei-

Abb. 3. Braunhütige Sorte des Zucht-Champignons *(Agaricus bisporus)* in Kistenkultur. Foto G. GRAMSS.

ner Jahresernte von 600–1 500 t. In manchen Ländern überwiegt noch der Anbau für den Eigenverbrauch. Alle für Kleinerzeuger und Großbetriebe geeigneten Anbauverfahren werden in der Fachliteratur ausführlich dargelegt (STEINECK 1970, VEDDER 1971 a, CHANG & HAYES 1978). Der Pilzfreund kann auf die Broschüre von Kɪɴᴅᴛ (1974) zurückgreifen. Die Zusammenstellung des Substrats und dessen Aufbereitung durch eine aufschließende Mikroflora entscheiden völlig über den Kulturerfolg.

Als Idealsubstrat gilt Pferdemist auf Einstreu von Weizen- oder Roggenstroh. Die Pferde sollen möglichst mit Trockenfutter wie Heu und Häcksel, nicht aber mit Grünfutter versorgt worden sein. Der frische, unzersetzte Mist ist für die Pilzkultur ungeeignet. Er wird deshalb im Freien oder unter einem Schutzdach in einer Mindestmenge von 12−20 dt, ausreichend für eine Anbaufläche von 12−20 m², zu quaderförmigen Haufen von 1,5−2 m Breite und 1,5 m Höhe aufgesetzt, wobei man bei kotarmen Substraten eine Gabe von 6−15 kg Harnstoff/t zusetzt. Die Substratfeuchte wird mit Wassergaben auf etwa 65−70 % gebracht, so daß sich das Substrat zwar feucht anfühlt, beim Zusammendrücken in der Hand jedoch kein Tropfwasser austritt. Zur Feuchtestabilisierung kann man mit Plastfolie abdecken (Schema 1). Zu strohreicher Stallmist kann mit 0,5−1 dt Hühnerdung/t verbessert werden, der zur Zerkleinerung der Kotklumpen in Wasser aufgeschwemmt werden muß. Bei Mangel an Pferdemist ist die Beimischung von 30 % Schaf-, Schweine- oder Rinderdung möglich.

Der unzersetzte Mist wird rasch von Bakterien und Strahlenpilzen besiedelt, deren exotherme biologische Aktivität des Substrat innerhalb von 3−4 Tagen auf über 60 °C erhitzt. Nach 6 Tagen ist die sauerstoffreiche Randzone des Substrathaufens von weißlichgrauen Strahlenpilzkolonien durchwachsen, das sauerstoffarme Zentrum enthält nur die unerwünschten anaeroben Mikroorganismen. Die angestrebte weißlichgraue Myzelbildung fehlt hier. Das Substrat wird deshalb unter Zugabe von 6−15 kg Superphosphat/t erstmalig umgesetzt, d. h. zu einem neuen Substrathaufen umgeschichtet, wobei die Randzone mit unzersetzten Strohteilen nach innen, die anaeroben Bereiche bei guter Auflockerung nach außen verlagert werden. Nach weiteren 5 Tagen erfolgt das 2. Umsetzen bei Zugabe von 50 kg/t Gips. Der Erfolg dieser sogenannten Kompostierung wird nach 3 Tagen geprüft. Kot- und Strohteile sollen gleichmäßig braun gefärbt, reich mit weißlich-grauen Strahlenpilzen durchsetzt und ohne stechenden Ammoniakgeruch sein bei pH ≤ 7,5 Die Substratfeuchte soll bei 65−68 % liegen, bezogen auf das Gesamtgewicht. Die Strohteile sind kurzfaserig und elastisch geworden. Fäulnisgeruch tritt noch nicht auf. In diesem Idealzustand könnte das Substrat sofort im Kulturraum beimpft werden. Ertragssteigerung wird jedoch erzielt, wenn es kurz vor dem Erreichen dieses Endzustandes, etwa vor dem 2. Umsetzen, in 0,5 m² große Holzkisten gefüllt wird, nachdem man die Gipszusätze bereits beim 1. Umsetzen gegeben hat. Die bis 2 cm über den Rand gefüllten Kisten werden zu Stapeln zusammengestellt und mit Plastfolie bedeckt. Innerhalb von 5−6 Tagen erfolgt die selbsttätige Nachgärung, die mit der technischen Pasteurisierung vergleichbar ist. Nach Zerlegung des Stapels und Abkühlung der Kisten auf 25−28 °C erfolgt die Beimpfung mit Pilzbrut.

Als Ersatzsubstrat für den selten gewordenen Pferdemist steht neben weiteren Varianten das Dieskauer Standardsubstrat zur Verfügung (Kɪɴᴅᴛ 1965, 1967), bestehend aus Weizenstroh, Hühnerdung und mineralischen Zusätzen. Für die Heißrotte unzersetzter Stroh-Stallmistgemische sind bei 65−75 °C vor allem Bakterien, bei 50−60 °C die aufschließend wirkenden, thermophilen Strahlenpilze verantwortlich, insbesondere *Streptomyces* sp. Bei dieser Temperatur werden In-

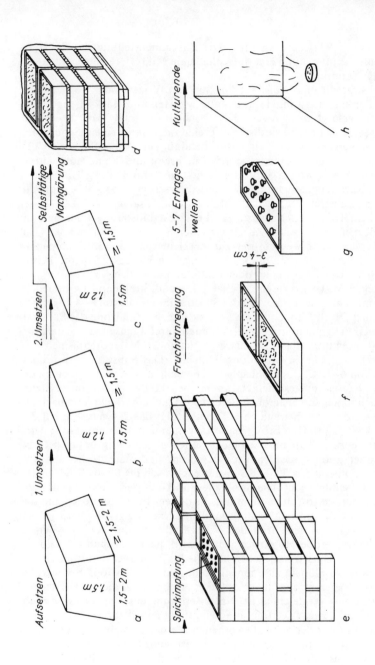

Aufsetzen

1. Umsetzen

2. Umsetzen

Selbsttätige
Nachgärung

a

1,5–2 m

1,5 m

≳ 1,5–2 m

b

1,5 m

1,2 m

≳ 1,5 m

c

1,5 m

1,2 m

≳ 1,5 m

d

Spickimpfung

e

Fruchtanregung

f

3–4 cm

5–7 Ertrags-
wellen

g

kulturende

h

sekten, Nematoden und hemmend wirkende Konkurrenzpilze wie *Trichoderma* und *Chaetomium* abgetötet. Die verbleibenden thermophilen Strahlenpilze werden später vom Champignonmyzel mühelos überwachsen (HUHNKE & SENGBUSCH 1969). Bei der Kompostierung tritt ein Teil des Stickstoffs als Ammoniak aus, der Hauptanteil wird jedoch organisch als Mikrobeneiweiß fixiert, in Huminsäuren eingebaut oder an Lignin gebunden (GRABBE & HAIDER 1971). Ein Teil der Strohzellulose und Hemizellulose wird dem Champignon durch *Streptomyces* und *Humicola* sp. entzogen, die jedoch das Substrat mit fördernden B-Vitaminen anreichern (STANEK 1969). Diese Effekte verstärken sich noch bei der Pasteurisierung des Substrats, die bei der industriellen Pilzerzeugung im Anschluß an die Kompostierung vorgenommen wird. Durch Einblasen von Dampf in den Pasteurisierungsraum wird das Substrat verfahrensspezifisch 2–10 Tage auf 50–60 °C erhitzt (VEDDER 1971b), wobei es vor allem den hemmenden Restammoniak verliert. Die Ertragssteigerung beträgt hier 30 %. Der Kulturpilz verwertet an Kohlenhydraten Lignin, Zellulose, Hemizellulose und Pentosan, die teilweise mikrobiellem Umbau unterlagen. Stickstoffquellen sind neben den Eiweißresten der thermophilen Mikroflora der ebenfalls mikrobiell veränderte, an Lignin gebundene Stickstoff. Das Substrat enthält neben fördernden B-Vitaminen im wesentlichen nur aufschließende Mikroflora. Ihre Stoffwechselprodukte schützen es vor unerwünschten Fremdinfektionen (Metabolismenschutz). Diese Wirkung wird von dem hohen Huminstoffgehalt des Substrats unterstützt (GRABBE 1969). Unkontrolliert verrottetem Stallmist fehlen alle diese Eigenschaften ebenso wie den kalten Mistarten aus Rinder- und Schweinehaltung, die im Gegensatz zu Pferdemist nicht zur Heißrotte fähig sind. Der Zucht-Champignon kann diese Substrate nicht verwerten.

Schema 1.
a) Aufsetzen des frischen Pferdemists in Mindestmenge 12–20 dt mit 6–15 kg Harnstoff/t und Wasser für Substratfeuchte 65–70 %. Sechs Tage. (Substratmenge für 12–20 m² Beetfläche.)
b) 6–15 kg Superphosphat/t und ggf. Wasser für Substratfeuchte 65–68 %. 5 Tage.
c) 50 kg/t Gips und ggf. Wasser für Substratfeuchte 65–68 %. Bewertung nach 3 Tagen.
d) Holzkisten 1 × 0,5×0,2 m, mit benzinverdünntem Braunkohlenteer getränkt für Holzschutz und Desinfektion. Selbsttätige Nachgärung bei 50–60 °C unter Folie. 5–6 Tage.
e) Schachbrettartige Aufstellung der ausgekühlten Substratkisten im Ernteraum. Vegetative Phase 2–3 Wochen bei $\geq$18 bis <28 °C Substrattemperatur. Ernträume sind temperaturstabile Keller, Ställe, Altbauten und Lagerhallen, jedoch auch vollklimatisierte Spezialbauten.
f) Bei Ausbildung weißer Myzelplatten $\varnothing$ 10–15 cm um die Impfstellen 3–4 cm Deckerde aufbringen. Raumtemperatur >12–16 bis <18 °C relative Luftfeuchte 80–100 %. Bis 7 m³ Frischluft pro Stunde und m² Beetfläche.
g) Fruchtanlagen 1–2 Wochen nach Deckerdegabe. Erntezeit 50–80 Tage. Leichtes Begießen der abtrocknenden Deckerde, ohne das Substrat zu durchnässen.
h) Kulturraumdesinfektion nach gründlichem Auswaschen und Tünchen mit Kalkmilch: pro 100 m³ Raumvolumen auf 0,250 kg Kaliumpermanganat in Schüssel 21 Formalin geben, Einwirkung der Formaldehyddämpfe (Vorsicht, Atemgift!) 24 Stunden bei $\geq$16 °C auf den nach außen abgedichteten Raum. Kisten waschen und mit benzinverdünntem Braunkohlenteer tränken oder streichen.

Die abgekühlten Substratkisten werden vor der schachbrettartigen Aufstellung im Ernteraum mit steriler Pilzbrut beimpft. Bei der Spickimpfung werden kastaniengroße Brutstücke im Abstand von 20–25 cm etwa 3–5 cm tief in das Substrat gebracht. Eine Rolle Pilzbrut reicht für 1–1,5 m² Beetfläche. Frühzeitigere und höhere Erträge bringt die Mischimpfung. Hier wird ¹/₂ l Weizenkörnerbrut pro m² gleichmäßig in das gesamte Substrat eingemischt und z. T. an der Oberfläche nesterweise eingespickt. Innerhalb von 2–3 Wochen erfolgt die optimale Myzelentwicklung bei Substrattemperaturen von mindestens 18 °C und höchstens 28 °C; das Substrat wird von dem weißlichgrauen Myzel des Kulturpilzes durchwachsen. Zur Anregung der Fruktifikation bringt man dann 3–4 cm unsterile Deckerde auf. Die Raumtemperatur soll bei 16 °C liegen, sie soll 12 °C nicht unter- und 20 °C nicht überschreiten. Die relative Luftfeuchte muß 80–100 % betragen. Der Frischluftbedarf wächst mit der Belegungsdichte des Ernteraumes und liegt bei 7 m³ pro Stunde und m² Beetfläche, wenn auf 1 m² Beet weniger als 2 m³ Ernteraumvolumen entfallen. Die Primordien erscheinen 1–2 Wochen nach dem Abdecken. Innerhalb von 50–80 Tagen entstehen 5–7 Ertragswellen. Der Extensivertrag liegt bei 4–10 kg/m² Beetfläche, der Spezialbetrieb erreicht 16–20 kg/m².

Der Pilz wird vor Eintritt der Sporenreife geerntet, wenn die Hüllhaut über den Lamellen reißt. Man löst die Fruchtkörper durch vorsichtiges Drehen aus dem Substrat. Pflegemaßnahmen sind das leichte Begießen der abtrocknenden Deckerde und das Ablesen stagnierender und erkrankter Fruchtkörper von der Beetfläche. Das verbrauchte Champignonsubstrat wird als Gartendünger verwendet. Ernteraum und Kisten werden sorgfältig desinfiziert, um den Ertrag der nächsten Kultur zu sichern (Schema 1). Die Ertragsphase verlangt neben der optimalen Raumtemperatur von 16 °C ausreichende Frischluftversorgung, verbunden mit schwacher Luftbewegung über den Kulturbeeten. Hiermit werden hemmende, gasförmige Myzelausscheidungen abgeführt. Die CO_2-Spannung wird in den Bereich von 104–1000 ppm (Teile pro Million) gebracht, einer für die Fruchtbildung unentbehrlichen Optimalmenge (LONG & JACOBS 1969).

Als Deckerde ist lehmiger Sand oder humusarme, weitgehend keimfreie Untergrunderde zu verwenden, die mit 30 Vol.-% angefeuchtetem Torf und 3–5 Vol.-% kohlensaurem Düngekalk gemischt wird bei $pH > 7$. Feld- und Gartenerde enthält Infektionsträger und wird mit 3 l Formalin/m³ gemischt und 3 Wochen bei mindestens 16 °C gelagert. Sie ist nach Verschwinden des Formalingeruchs gebrauchsfertig. Die Deckerde muß hohe Wasserkapazität und gute Luftführung haben, also von guter Krümelstruktur sein. Der Stickstoffgehalt soll niedrig liegen. Unter all diesen Bedingungen entwickeln sich in der Deckerde Bakterienarten, die das Myzelwachstum hemmen und die Fruchtkörperbildung auslösen (EGER 1962 b).

Der Zucht-Champignon wird besonders im Großbetrieb von mehreren pilzlichen, bakteriellen und virösen Krankheitserregern befallen. Erscheinungsbilder und Bekämpfungsmaßnahmen sind in der Fachliteratur ausführlich beschrieben.

Ertragssteigernd wirken organische Zuschlagstoffe zum Substrat, die das Kohlenstoff-Stickstoff-Verhältnis nicht verändern, wie Malzkeime mit Baumwollsaatmehl, bzw. Hühnerdung mit Rübenschnitzeln als Zusätze vor der Kompostierung oder Baumwollsaatmehl, Soja-, Erdnuß- und Leinsamenmehl als Zusätze beim Spicken (Champignonanbau 37, 1974), weiterhin optimale Kompostierung und Pasteurisierung, Brutqualität, Mischimpfung statt Spickimpfung, Substrattemperaturen $\geq 18\,°C$ in der Anwachsphase, keimfreie Deckerde mit Torf-Kalk-Anteil, Erntetemperaturen $16\,°C$ bei ausreichender Luftumwälzung.

Der Stadt-Champignon *(Agaricus bitorquis)* Bd. I/19

Während der Zucht-Champignon bereits bei Raumtemperaturen über $20\,°C$ zur Ertragsdepression neigt, hat der Stadt-Champignon unter sonst gleichen Anbaubedingungen sein Temperaturoptimum bei $25\,°C$. Er wird deshalb für den kommerziellen Anbau in subtropischen Klimazonen empfohlen. Erste Ergebnisse mit dieser Pilzart wurden in Belgien und Holland erarbeitet (POPPE 1971, VEDDER 1974). Der Stadt-Champignon wird auf kompostierten und pasteurisierten Stallmistarten im Klimaraum nach dem Verfahren des Zucht-Champignons kultiviert (Abb. 4).

Abb. 4. Die Fruchtkörper des Stadt-Egerlings *(Agaricus bitorquis)* bilden in der ersten Ertragswelle dichte Gruppen. Foto P.J.C. VEDDER.

Bei der Kompostierung wird das Stallmistsubstrat $1-2\times$ öfter als beim Zucht-Champignon umgesetzt. Die Strohteile werden entsprechend weiter abgebaut. Eine Pasteurisierung durch künstliche Nacherhitzung auf 50 bis $60\,°C$ oder zumindest durch Selbsterhitzung in der Kiste ist hier unerläßlich. Die Mischimpfung mit Körnerbrut bringt weitaus bessere Ergebnisse als die Spickimpfung. Erforderliche Substrattemperaturen während des Anwachsens sind 25–30 °C. Drei Wochen nach dem Impfen wird mit 3–4 cm Champignon-Deckerde abgedeckt. Der Ertrag beginnt etwa 45 Tage nach dem Spicken. Die Ernteraumtemperatur muß bei 25 °C liegen, unter 22 bis 24 °C kommt es zu Ertragseinbußen. Der Frischluftbedarf in dicht belegten Ernteräumen liegt jedoch nur bei 2–3 m³ pro Stunde und pro m² Beetfläche. Der Stadt-Chamipgnon zeigt langsames Myzelwachstum, und die Erntewellen folgen einander im Abstand von 10–15 Tagen. Um die Erträge von 8–12 kg/m² Beetfläche zu erzielen, bedarf es einer längeren Ernteperiode als bei der Kultur des Zucht-Champignons.

Ertragssteigernd wirken Pasteurisierung des Substrats, Mischimpfung, Substrattemperaturen von 28–30 °C während des Myzelwachstums und Ernteraumtemperaturen von 25 °C.

Weitere *Agaricus*-Arten

Auch andere Champignonarten waren Gegenstand von Anbauversuchen (HLAVÁČEK 1952, POPPE 1971/72). In Ungarn und USA wurde der Großsporige Champignon (*A. macrosporus,* Bd. IV/15) züchterisch bearbeitet (BOHUS 1967). Er brachte jedoch bei langsamem Myzelwachstum nur geringen Ertrag. Der Anis-Champignon (*A. arvensis,* Bd. I/25) bildet schon unter sterilen Bedingungen Fruchtkörper aus. Auf autoklavierten Stroh-Torf-Kalkgemischen wuchs er depressiv. Auch fermentiertes Huhnke-Substrat wurde nur ungenügend verwertet (ZADRAZIL & al. 1973). Erfolgreicher verlief die Kultur von *Agaricus subedulis* in Zentralafrika auf Substraten von Savannengras und Pferde-, Rinder- und Schafmist (CAILLEUX 1969). Der Pilz wurde nach dem Verfahren des Zucht-Champignons kultiviert. Er ist resistent gegen hohe Temperaturen.

Nach eigenen Untersuchungen erwiesen sich für den Anbau im Sterilverfahren als besonders geeignet der Gelbverfärbende Champignon (*A. aestivalis,* Bd. IV/3) und der Breitschuppige Wald-Champignon (*A. lanipes,* Bd. I/20, Abb. 5). Ein Kuriosum besonderer Art ist die Vorliebe von *Agaricus porphyrizon* für Möhrenkulturen im Garten. Die Rhizosphäre der Möhre ermöglicht ihm anscheinend eine bessere Entwicklung als ein optimiertes Mist-Waldstreu-Substrat. Ausgezeichnete Anfangsergebnisse wurden mit *Agaricus macrocarpus* auf Mist-Waldstreu-Komposten erzielt (Tabellen 4, 5 und 7).

Das Stockschwämmchen *(Kuehneromyces mutabilis)* Bd. I/48

Es zählt zu den am leichtesten kultivierbaren Pilzarten. Angebaut wird es auf Kompaktholz und Schnittholz, und zwar im Freiland als Hauptkultur und im Gewächshaus als Nebenkultur. Hauptsubstrat ist saftfrisches oder durch mehrtägiges Wässern angefeuchtetes Stammholz. Verwendung finden alle Laubholzarten mit Ausnahme des Steinobsts. Auf Nadelholz ist der Ertrag gering (GRAMSS 1975 b). Die Baumstämme im Durchmesser von 8–70 cm werden erst unmittelbar vor der Beimpfung zu Walzen abgelängt (Schema 2). Jede Walze soll frisch geschnittene, saubere Stirnflächen und eine Holzfeuchte von 50–90 % haben, bezogen auf das Trockengewicht. Sie muß frei von Lagerfäulepilzen sein.

Die Oberflächenimpfung mit holzmehlhaltiger Sterilbrut wird in einem Feuchtraum (Keller, Waschhaus) mit Betonfußboden vorgenommen. Auf einer

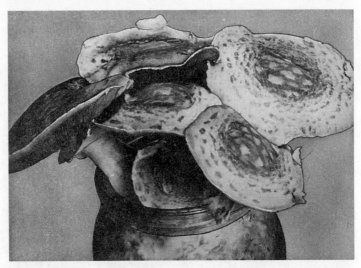

Abb. 5. Brutgefäß mit Fruchtkörpern des Breitschuppigen Egerlings (*Agaricus lanipes*). Die Hutzeichnung ist der Wildform unähnlich. Foto G. GRAMSS.

vor Stauwasser sicheren Unterlage von Holz oder Pappe wird unter Beobachtung größter Sauberkeit eine 1 cm dicke Schicht Sterilbrut ausgelegt, die die Größe einer Holzstirnfläche hat. Auf diese Schicht wird das erste Holz mit einer Stirnfläche aufgesetzt. Die zweite, nach oben zeigende Stirnfläche des Holzes wird jetzt ebenfalls mit einer 1 cm dicken Brutschicht belegt und mit dem zweiten Holz abgedeckt. Auf diese Weise entstehen Säulen aus 4–6 Hölzern mit zweiseitig belegten Stirnflächen. Die oberste Brutschicht wird wieder mit Holz oder Pappe geschützt. Bei einer relativen Luftfeuchte von weniger als 95 % umhüllt man die Hölzer mit Packpapier, das durch tägliches, leichtes Begießen feucht gehalten wird. Die Anbrut dauert im Temperaturbereich von 12–20 °C etwa 2–4 Monate. In dieser Zeit muß das Pilzmyzel mindestens 4–6 cm tief in das Holz einwachsen, erkennbar an der typischen Weißverfärbung nach der Längsspaltung des Holzes.

Die Bewertung des Impferfolgs wird beim Abtragen der Säulen nach beendeter Anbrut vorgenommen. Das Pilzgeflecht muß die aufeinanderstehenden Hölzer fest miteinander verbunden haben, so daß ein deutlicher Hafteffekt entsteht. Die Brut muß fest mit der Holzfläche verwachsen, weiß und feucht sein. Sie darf sich nicht als trockenes, gelbes oder grünschimmeliges Holzmehl völlig von der Stirnfläche abwischen lassen. Derartige Hölzer werden vernichtet. Das Fruchtholz muß mindestens eine fehlerlos beimpfte Stirnfläche haben. Um Trockenschäden zu vermeiden, werden die Hölzer sofort im Freiland mit einem Zwischenabstand von 12 cm zu zwei Drittel in ungedüngte, humushaltige Erde gesetzt und mit einem Klimaschutzbeet überbaut. Bei Hölzern mit Anbrutfehlern soll die beste Fläche nach oben zeigen. Innerhalb von 2–3 Monaten wächst das Pilzmyzel zunächst in die Beeterde vor, um Wasser und Nährsalze aufzunehmen. Die ersten Fruchtkörper erscheinen nach dem vollen Durchwachsen der Hölzer und nach Ausbildung des Erdmyzels. Die Kulturen fruchten 5–7 Jahre lang ohne Nachimpfung (Tabelle 8 und Abb. 6).

Abb. 6. Ertragsbild des Stockschwämmchens (*Kuehneromyces mutabilis*), Stamm L 1, auf Buchenholz im Freiland. Foto G. GRAMSS.

Tabelle 8
Ertragsleistung des Stockschwämmchens A 10 auf verschiedenen Splintholzarten als Summe aus 5 Ertragsjahren

Holzart	Ertrag in kg/Einheit[1] Holz	Ertrag in kg/m² Beetfläche bei 15 Einheiten/m²	Ertrag in kg/t lufttrockenen Frischholzes	Zahl der möglichen Ertragsjahre
Rotbuche	2,350	35	375	6–7
Hängebirke	2,050	31	400	5
Schwarzerle	1,470	22	350	5
Espe	1,400	21	400	5

[1] 1 Volumeneinheit = ein Holz von $\varnothing$ 20 × 25 cm $\hat{=}$ 8 Liter oder $^1/_{100}$ Raummeter.

Die Kulturen im Freibeet werden durch leichtes Begießen im Abstand von 2–3 Tagen mäßig feucht gehalten. Zur Fruchtkörperbildung wird mindestens $^1/_{2000}$ des vollen Tageslichts benötigt (GRAMSS 1974 b). In heißen Sommermonaten schützt man die Kulturbeete bei direkter Sonnenbestrahlung nach Erscheinen der Jungpilze mit zusätzlichen Papierlagen, jedoch nicht mit Plastfolie. Die Sorte A 4 fruchtet erstmals 12–18 Monate nach der Holzimpfung. Die zwei jährlichen Ertragswellen erscheinen im Mai und Juli. Die Sommersorte A 10 bringt bereits nach 8–12 Monaten den Erstertrag. Die Pilze erreichen ein Durchschnittsgewicht von 2,8–6 g, vereinzelt 35 g. Ertragszeiten sind Mai, August und September.

Die Schnittholzkulturen mit pflasterartig in die Beeterde gebrachtem, entrindetem Abfallholz überraschen durch ihre ungewöhnlichen Ertragsbilder. Bei der Anlage muß auf die Fachliteratur verwiesen werden (GRAMSS 1975 c, siehe auch Schema 2). Das Stockschwämmchen kennt außer der mit 0,5%iger Thiuramlösung bekämpfbaren Lohblüte *(Fuligo septica)* praktisch keine Pilzkrankheiten (GRAMSS 1975 a).

Ertragssteigernd wirken die Verwendung von Splinthölzern mit hohem spezifischem Gewicht (vor allem Rotbuche, Hainbuche, Ahorn, aber auch Birke, Pappel, Erle, Weide), die Einbettung der Hölzer in Erden mit natürlichem Humusgehalt bis 10 % und gutes Kleinklima durch Schutzbeetaufbauten.

Der Austern-Seitling *(Pleurotus ostreatus*; Bd. I/110) **und weitere** *Pleurotus*-**Arten**
Erste Kulturversuche mit dem Austern-Seitling wurden schon um die Jahrhundertwende in Japan und Europa durchgeführt. Seine gegenwärtige Stellung als wichtigster Konkurrent des Zucht-Champignons in Europa verdankt er jedoch den Arbeiten von LUTHARDT (1948), BLOCK & al. (1959) und einigen ungarischen Autoren. Neben *P. ostreatus* sind heute die Arten *P. eryngii, P. cornucopiae* (Bd. III/92) und *P. pulmonarius* ebenso auf dem Markt wie Stämme mit den Handelsnamen *P. Florida* und *Abalone,* die der Art *P. ostreatus* nahestehen. Ihre ungewöhnliche Fähigkeit zur Unterdrückung von Konkurrenzorganismen gestattet den Seitlingen die Verwertung nahezu aller pflanzlichen Abfälle. Die Neigung zur Fruchtkörperbildung bereits unter sterilen Bedingungen ist erstaunlich.

Die schiefergrauhütigen Sorten von *P. ostreatus* eignen sich besonders für Kompaktholzkulturen im Freiland (VÉSSEY 1968, 1969; GRAMSS 1974a, 1975b). Geeignete Holzarten sind Rotbuche, Hainbuche, Ahorn und Eberesche. Die Impfung der Stammabschnitte erfolgt August/September nach Schema 2, also nach dem Verfahren des Stockschwämmchens. Im Mai des Folgejahres kultiviert man die Hölzer in humushaltiger Erde im Freiland, und zwar entweder ohne jedes Schutzbeet oder in Schutzbeeten mit wasserdichter Abdeckung. Während des Sommers erfolgen keine Wassergaben. Ab September werden die Hölzer wöchentlich 1–2 mal leicht befeuchtet. Die Pilze erscheinen nach Kälte- und Lichtreiz im Oktober. Freistehende Hölzer, vielleicht im Herbst mit Plastfolie geschützt, bringen nur eine Ertragswelle bis Anfang Dezember. Kulturen im Schutzbeet bringen 3 bis 4 Ertragswellen bis April. In 4 Jahren werden auf einer Einheit Rotbuchenholz etwa 1,5 kg, auf Ahorn 1,1–1,4 kg Frischpilze geerntet. Der jährliche Flächenertrag erreicht 9 kg/m².

In Ungarn brachten ungeschützte Freilandkulturen mit 340 t Fruchtholz pro Hektar in 3 Jahren etwa 70 t Pilzertrag (PHILIPP 1969).

Der Liebhaberanbau verwendet als Substrate reines unsteriles Weizenstroh oder Gemische aus 70 Vol.-% Rotbuchenmehl und 60 Vol.-% braunem Erbs-, Raps- oder Weizenstroh (GRAMSS 1977b). Bei einem Wassergehalt von 200 % zum Trockengewicht bringt man sie in 20 cm hohe, plastfolienbelegte Holzkisten

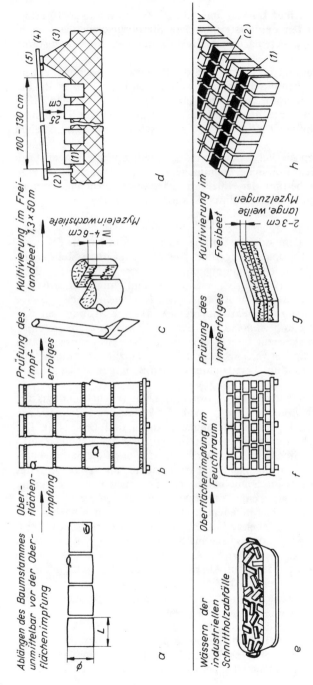

Ablängen des Baumstammes unmittelbar vor der Oberflächenimpfung

Oberflächenimpfung

Prüfung des Impferfolges

Kultivierung im Freilandbeet 1,3 x 50 m

Myzeleinwachstiefe ≥ 4–6 cm

Wässern der industriellen Schnittholzabfälle

Oberflächenimpfung im Feuchtraum

Prüfung des Impferfolges

Kultivierung im Freibeet

lange, weiße Myzelzungen 2–3 cm

100 – 130 cm

25 cm

106

oder legt Freilandparzellen mit Beethöhen von 20 cm an. Im Mai erfolgt die Beimpfung durch Aufstreuen einer 5 mm dicken Sterilbrutschicht auf die gesamte Oberfläche. Abgedeckt wird erst mit Papier, darüber mit Plastfolie und bei Freilandanbau noch mit schattenspendenden Brettern. Nach 6–12 Wochen ist das gesamte Substrat durchwachsen. Im Freiland ersetzt man' Ende August die Abdeckung durch einen Holzrahmen, der mit Plastfolie bespannt ist und mit Brettern belegt werden kann bei Zwischenabständen von 10–15 cm zur Beetoberfläche. *P. ostreatus* fruchtet nur im Bereich von 1–16 °C. Die Pilze erscheinen deshalb Ende September/Oktober nach vorsichtigen Wassergaben. Die Kulturen sind 1- bis 2jährig (Abb. 7).

Die Substrate in Holzkisten fruchten im Keller bei mindestens $^1/_{130}$ des vollen Tageslichts, man kann sie jedoch auch Mitte August aus der Kiste auswerfen und in Freibeete bringen, bis zur Stirnhöhe in Erde einsenken und mit einem Folienrahmen abdecken. *Pleurotus*-Arten benötigen keine Deckerdeschicht wie der Zucht-Champignon, die Oberfläche der Beetparzellen bleibt deshalb erdfrei. Bei 12–15 kg/m² lufttrockenem Weizenstroh entstehen Erträge von 3–15 kg/m² mit etwa 15 % Anteil des 2. Ertragsjahres. Stroh-Holzmehl-Gemische mit 40 kg/m² lufttrockenen Substrats erreichen mit Erbsstroh 20–32 kg/m², mit Rapsstroh 16–22 kg/m². Bei Weizenstrohzusatz ist die Ertragssicherheit geringer. Während des Sommers zwischen 1. und 2. Ertragsperiode bleiben die Freilandbeete völlig unbedeckt. Der Pilzbrutbedarf ist 4 l/m² Beetfläche.

Schema 2.
a) Größenbemessung: bei ∅ 8–20 cm   l = 25 cm
                          ∅ 30 cm   l = 30 cm
                        ≧ ∅ 40 cm   l = 35 cm.
Holzfeuchte 50–90 % zum Holztrockengewicht, bei saftfrischen Hölzern gegeben, bei lagerndem Holz durch 5–6tägiges Wässern erreicht. Freiheit von Lagerfäulepilzen.
b) Feuchtraum mit 8–23 °C, 95–100 % relativer Luftfeuchte. Brutbedarf 25–30 l pro fm bzw. 0,25 l pro Einheit Holz (∅ 20 × 25 cm). Anbrutdauer 2 Mon. bei 17 bis 20 °C, 3–4 Mon. bei 12–16 °C.
c) Hafteffekt der Hölzer untereinander wie der Pilzbrut auf den Stirnflächen.
d) (1) Beimpfte Fruchthölzer zu 2/3 ihrer Höhe in agronomischer Erde.
   (2) Klimaschutzbeet mit Seitenwänden aus ULL-Salz-getränkten und geteerten Brettern (Holzschutz).
   (3) Wahlweise Seitenwände aus abgeschrägten Erdwällen.
   (4) Ziegel zum Schutz der Beetabdeckung vor Erdfeuchtigkeit und Pilzbefall.
   (5) Braunkohlengeteerter Holzschwartendeckel, bedingt auch Asbestbetonplatten. Der Deckel soll für Licht und Regenwasser durchlässig sein. Glas und Plastabdeckung sind ungeeignet. Flächenbedarf 8–10 m²/fm Holz oder 1 m² für 15 Einheiten.
e) Schnittholz 5–6 Tage im Wasserbad angefeuchtet.
f) Lagenweises Beimpfen der tropfnassen Hölzer mit Sterilbrut (nur an rindenfreien Flächen). Brutbedarf 25 l/m³ Scheitholz. Abdeckung mit Plastfolie. Anbrut nur 4–6 Wochen bei 10–18 °C, niemals länger und nie bei höheren Temperaturen.
g) Hafteffekt der Hölzer untereinander wie der Pilzbrut auf den Stirnflächen.
h) Senkrechte Einbettung in Erde. Einer Lage beimpfter Hölzer (1) folgen 2 Lagen unbeimpfter, trockener Hölzer (2). In Hohlräume zwischen den Hölzern Erde einschwemmen und Fläche durch Einschlagen des Holzes ebnen. Beet für 3 Monate mit 3 cm Erde überdecken und diese zur Fruktifikation wieder entfernen.

Abb. 7. Rasen des Austern-Seitlings (*Pleurotus ostreatus*) auf Stroh-Holzmehl-Substraten. Foto G. GRAMSS.

Im Intensivanbau verwendet man Substrate aus 50 kg Strohhäcksel, 50 kg Strohschrot, 5 kg Schlämmkreide und 280 l Wasser. Weizen- und Roggenstroh eignen sich am besten. Ertragssteigernd sind Zusätze von Gras-, Soja- und Maismehl (LELLEY 1974, PHILIPP 1974, ZADRAZIL 1973). Die hemmende Mikroflora wird beseitigt durch 2tägiges Pasteurisieren bei 50 bis 60 °C oder einstündiges Erhitzen auf 90–100 °C. Das Substrat hat keinen Metabolismenschutz. Es wird deshalb sofort nach dem Abkühlen auf 20 bis 30 °C bei Beachtung größter Sauberkeit mit 3–5 Gewichts-% Sterilbrut gemischt (bezogen auf das Substratnaßgewicht) und zu 25–30 kg in Plastesäcke gefüllt, die man zur Belüftung perforiert. Bei 20–25 °C wird das Substrat in 10–20 Tagen durchwachsen. Nach Herausschneiden einer Seitenwand des Plastesacks erfolgt die Aufstellung im Ernteraum bei Leuchtstofflampenlicht von 20–50 Lux, 95 % Luftfeuchte und 8–12fachem Luftwechsel pro Stunde durch Ventilation. Das Licht ist für Primordienbildung und normale Fruchtkörperform unentbehrlich. Im Sommer werden Sorten wie *P. Florida* (Fruktifikation bei 5–27 °C) und *P. eryngii* angebaut (Fruktifikation bei 10–25 °C). Im Winter wählt man vielfach den geschmacklich besseren *P. ostreatus*, der zur Fruchtanregung einen Kühleschock von 5–14 °C über 7–10 Tage benötigt und niedrigere Erntetemperaturen verträgt. Innerhalb von 8–12 Wochen erscheinen 2 Ertragswellen, die etwa 20 % des Substratnaßgewichts an Frischpilzen erbringen. In Kultur werden die *Pleurotus*-Arten vereinzelt von *Cladobotryum variosporium* befallen und geschmacklich wertgemindert (GRAMSS 1975a). Ertragssteigernd wirken in Kompaktholzkulturen humushaltige Beeterden und Kultivierung in Klimaschutzbeeten bei weitgehendem Wasserentzug während des Sommers. Im Klimaraum beeinflussen Belichtung und Frischluftversorgung die Ertragshöhe sehr wesentlich (GRAMSS 1974b).

Der Shiitake *(Lentinus edodes)* Bd. IV/199
Er steht mit einer Jahresernte von 150 000–175 000 t an 1. Stelle in Japan und hinter dem Zucht-Champignon an 2. Stelle in der Welt. Er wird von 300 000 Anbauern erzeugt, die von 50 Brutlabors mit Impfstoff versorgt werden (BELS mündlich). Sein natürliches Verbreitungsgebiet sind die Subtropen und gemäßigten Klimazonen Ostasiens. Der Shiitake ist eine zähfleischige Pilzart von bestem Geschmack. Sein Genuß vermindert den Cholesteringehalt im Körper und beugt Kreislauferkrankungen vor. Der versuchsweise Anbau in Mitteleuropa gelang sowohl im Freiland (LIESE 1948) wie im Gewächshaus (LOHWAG 1954), doch lagen die Ergebnisse noch unter dem Normalertrag. Der Anbau im großen Maßstab ist nicht ohne Mitwirkung der Forstwirtschaft möglich. Er erfolgt auf Holzknüppeln von 8–15 cm Ø und 1–1,5 m Länge. Geeignet sind Eiche, Rotbuche, Hainbuche, Edelkastanie, Erle und die japanische Pasania. Nach dem Fällen des Holzes im Winter erfolgt die Beimpfung im Vorfrühling bei 66–100 % optimaler Holzfeuchte, bezogen auf das Trockengewicht. Die holzmehlhaltige Pilzbrut wird in eingeschlagene Löcher Ø 10 × 20 mm eingeführt und kann mit einem Papierstopfen vor Austrocknung geschützt werden. Auf je 50 cm^2 Oberfläche soll eine Impfstelle entfallen. Zum Infektionsschutz bestreicht man die Knüppelenden mit Teeröl. Die Anbrut erfolgt in Japan vielfach im Freien, in Europa werden die erforderlichen Temperaturen von 20–30 °C nur im Gewächshaus erreicht. Nach 6–20 Monaten beginnt die Fruchtkörperbildung bei einer Ertragsdauer von 3–5 Jahren. Geerntet wird im Frühling und Herbst bei 12–

Abb. 8. Fruchtkörper des Shiitake (*Lentimus edodes*) im vollen Ertrag. Foto KANICHI MORI.

20 °C und 70–90 % relativer Luftfeuchte. Zu diesem Zeitpunkt bringt man die Hölzer in nahezu senkrechte Lage und begießt sie häufiger mit Wasser (Abb. 8). Der Ertrag soll bei 10–20 % des Holzgewichts liegen, von 3 Knüppeln wird etwa 1 kg geerntet. Die Shiitake verwertet nur gefälltes und nicht von anderen Pilzarten befallenes Holz. Im Gegensatz zu Stockschwämmchen und Austernseitling würde die Einbettung der Hölzer in Erde das Myzel schädigen.

Der Winterpilz oder Samtfußrübling *(Flammulina velutipes)* Bd. I/107

Er zählt in Japan wegen seiner guten geschmacklichen und mutmaßlich karzinom-hemmenden Eigenschaften zu den wichtigsten Kulturpilzen. Beim Anbau auf Rotbuchenholz nach dem Verfahren des Stockschwämmchens wurde die in der Natur zu beobachtende Ertragsdichte nicht erreicht (LUTHARDT 1969). Einen nahezu 100 %igen Erfolg bringt jedoch das Auflegen sporenreifer Pilzhüte auf frische Linden-, Roßkastanien- und Weidenstubben, insbesondere auf Stubben mit Reiserbildung. Als Substrat für den industriellen Anbau wird von ZADRAZIL & PUMP (1973) partiell sterilisiertes Weizenstroh mit Zuschlagstoffen vorgeschlagen, das auch im *Pleurotus*-Anbau zum Einsatz kommt (Tabelle 6). Die Kultur kann in Plastesäcken und flachen Kisten erfolgen. Nach einer Anwachsphase von 20–30 Tagen bei 18 bis 25 °C beginnt die Ernte etwa 40–50 Tage nach dem Spicken bei 10–15 °C, Raumbelüftung und Lichtversorgung. In eigenen Versuchen bewährten sich besonders sterilisierte Gemische aus 25–70 Vol.-% Rotbuchenmehl mit entsprechend 100–60 % Wiesenheu, Erbs- und Rapsstroh. Zusätze von 5 Vol.-% Soja-, Baumwollsaat- oder Getreidemehl verbessern den Ertrag wesentlich, Kalk erhöht die Einwachsgeschwindigkeit (Tabelle 4).

Weitere holzbewohnende Speisepilze

Von den Holzbewohnern Mitteleuropas erfüllt besonders der Graublättrige Schwefelkopf (*Hypholoma capnoides*, Bd. I/43) die Anforderungen an einen Marktpilz. Er kann nach dem Verfahren des Stockschwämmchens auf geerdeten Kompakthölzern von Rotbuche und Fichte angebaut werden. Seit 1–2 Jahren lagerndes Holz zeigte bisher bessere Impfergebnisse als Frischholz. Der Ziegelrote Schwefelkopf (*Hypholoma sublateritium,* Bd. I/45) mit leicht bitterlichem Geschmack ist die bisher einzige Zuchtpilzart, die unsteriles Rotbuchenmehl mühelos verwertet und gute Erträge bringt (GRAMSS 1975c). Den alten Griechen und Römern war bereits der Anbau des Südlichen Ackerlings (*Agrocybe cylindracea,* Bd. IV/230) auf einem Gemisch aus pulverisierter Pappelrinde, Mist und Erde geläufig (BAVENDAMM 1951). Dieser schmackhafte und wärmeliebende Pilz wird vereinzelt im Mittelmeergebiet auf Pappel- und Weidenstümpfen angebaut (SINGER 1961), ohne wirtschaftliche Bedeutung erlangt zu haben. Die Freilandkultur von *Pholiota nameko* in Japan (Abb. 9) scheint äußerst rentabel zu sein (HISAMUNE 1968). Die an sich geschmack- und geruchlosen Ohrlappenpilze (*Hirneola polytricha, H. auricula-judae,* Bd. II/194), die den Speisen eine eigenartige Konsistenz verleihen, stehen in aller Welt auf den Speisezetteln der chinesischen Restaurants (SINGER 1961). Sie werden in China auf Baumstümpfen kultiviert, gewinnen jedoch als industriell erzeugte Kulturpilze auf gedüngtem Holzmehlsubstrat zunehmende Bedeutung (CHI-YING-KAO 1970; siehe Abb. 10). Der Anbau wird allmählich auf eine wissenschaftliche Basis gestellt (BORROMEO 1967, BORRO-

110

Abb. 9. *Pholiota nameko*, ein wirtschaftlich bedeutender Kulturpilz Japans. Foto KANICHI MORI.

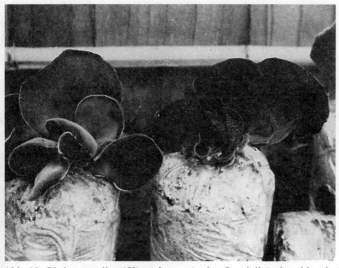

Abb. 10. Ohrlappenpilze (*Hirneola* spec.), eine Spezialität der chinesischen Küche, auf ge-düngtem Holzmehl. Foto S. T. CHANG.

MEO & REYNOLDS 1967). Ein weiterer gallertartiger Kulturpilz, der in China sehr geschätzt wird, ist der Zitterling *Tremella fuciformis*.

111

Der Riesen-Träuschling *(Stropharia rugosoannulata)* Bd. IV/259, 260

Er gehört seit den ersten Anzuchtversuchen in Dieskau (PÜSCHEL 1969) zu den populärsten Zuchtpilzen für Kleinanbauer. Am besten wächst er auf frisch geerntetem Weizen- und Roggenstroh. Der Anbau erfolgt durch Kleingärtner in Freilandparzellen und dient lediglich der Deckung des Eigenbedarfs. Der Riesen-Träuschling ist in gelb-, rot- und braunhütigen Sorten auf dem Markt. Bei einzelnen Zuchtstämmen werden Fruchtkörper von 25 cm Hutdurchmesser und 1 kg Frischgewicht erreicht. Die Anlage der Freilandkulturen erfolgt Ende Mai (PÜSCHEL & LINDSTÄDT 1970, KINDT 1974). Für 1 m² Beetfläche werden etwa 20 kg lufttrockenen Weizen- oder Roggenstrohs, möglichst aus der letzten Ernte stammend, 18–24 Stunden lang im Wasser gelagert. Das feuchte Stroh bringt man in 35–40 cm tiefe Frühbeetkästen oder in Schutzbeete (Schema 2). Das Stroh wird lagenweise festgetreten, bis eine Schichthöhe von 20–30 cm erreicht ist. Mit 1 l Sterilbrut, die man in kastaniengroße Stücke zerteilt hat, werden 1–1,5 m² Beetfläche durch 4–8 cm tiefes Einsetzen der Brutstücke beimpft. Zum Schutz gegen Abtrocknung wird das Substrat mit Papier- und Textillagen abgedeckt, die man durch leichtes Begießen im Abstand von 2–3 Tagen feucht hält. Geeignete Schutzbeetabdeckungen sind Glasfenster, mit schwarzer Plastfolie schattiert, oder Holzschwartendeckel mit Teerpappe oder Folienlagen gegen das Eindringen von Regenwasser. Für das Myzelwachstum sind 24–27 °C Substrattemperatur optimal, 30 °C dürfen nicht überschritten werden. Wenn nach 2–3 Wochen das Myzel sichtbar in das Stroh eingewachsen ist, wird die Beetoberfläche mit 3–5 cm unsteriler Erde abgedeckt. Der Riesen-Träuschling ist ausgeprägter Decksubstratfruchter. Man verwendet humushaltige Gartenerden, gemischt mit 25 % leimfreien Laubholzmehls bzw. 50 % vorher angefeuchteten Weißtorfs oder 50 % Buchenwaldstreu. Die Deckerde wird durch vorsichtiges Begießen und durch Folielagen vor Abtrocknung geschützt. Anfang August, etwa 8 Wochen nach dem Spicken, erscheinen die ersten Fruchtkörper. Der Ertrag verläuft in mehreren Wellen und endet mit dem Frosteintritt. Die Kulturen sind einjährig. Die Pilze erreichen 30–60 g Durchschnittsgewicht. Madenbefall ist eine Seltenheit. Die Freilanderträge liegen bei 1,5–4 kg/m² Beetfläche, in wärmestabilen Beeten mit wasserundurchlässigem Holzdeckel werden auch 5–15 kg/m² erreicht (Abb. 11). Das abgetragene Strohsubstrat ist als Gartendünger verwendbar. Zusätze von Humuserden und Mineralien wie von organischen Abfällen zum Strohsubstrat wirken ertragsmindernd. Eine Ausnahme bilden Holzmehlzusätze. Bei völligem Ertragsausfall ist Substratinfektion mit dem Schimmelpilz *Trichoderma polysporum* zu vermuten (GRAMSS 1975a). Die Infektion beginnt meist mit dem Aufbringen der Deckerde. Das Substratstroh wird beim Anlegen der Beete mit 4 g/m² Benlate immunisiert (Champignonanbau 37, 1974). Die Deckerde kann 3–4 Wochen vor der Verwendung mit 3 l/m³ Formalin behandelt werden (vgl. *A. bisporus*). Ertragssteigernd wirken die Verwendung trocken gelagerten Strohes aus der letzten Ernte, Zusätze von 25 Vol.-% leimfreien Laubholzmehls zum Substrat, Beimischungen von Laubholzmehl, Torf und Buchenwaldstreu zur Deckerde und Kultivierung in wärmestabilen Schutzbeeten.

Zur Verringerung der Infektionsgefahr durch ertragsmindernde Konkurrenzpilze legt man die Kulturbeete jetzt häufiger im August an und läßt sie nach Aufbringen der Deckerde überwintern.

112

Abb. 11. Freilandkultur des Riesen-Träuschlings (*Stropharia rugosoannulata*), eines populären Kulturpilzes für Gartenfreunde. Foto G. GRAMSS.

Der Schwarzstreifige Scheidling *(Volvariella volvacea oder esculenta)* Bd. III/37
Er ist in den tropischen und subtropischen Gebieten Ostasiens einer der wichtigsten Kulturpilze und wird hier vor allem im Freiland angebaut, doch scheint seine Zukunft in der Gewächshauskultur zu liegen (CHI-LIN LUH 1966, CHIU-LING CHUNG & SNETSINGER 1967). Anbauversuche in Holland ergaben Flächenerträge von 5,5 kg/m². Der Pilz wird mit geschlossenem Velum in Hühnereigröße geerntet (Abb. 12). Er soll delikater schmecken als der Zucht-Champignon.

Gewässerte Reisstrohbündel werden zu 1 m breiten und ebenfalls 1 m hohen Hügelbeeten aufgeschichtet (40–90 kg Trockenstroh/m²) und sofort beim Aufsetzen beimpft. Bei Anwachstemperaturen von 30–36 °C erscheinen schon nach 2 Wochen die ersten Fruchtkörper. Günstige Erntetemperaturen sind 28–32 °C. Innerhalb von 40 Tagen ergibt sich ein Flächenertrag von 10 kg/100 kg Trockenstroh aus 3 Ertragswellen. Gewächshauserträge lagen bei 50–100 kg/100 kg Trockenstroh (CHANG 1972). Der Pilz verwertet auch Maisstroh, Baumwollabfälle und andere Pflanzenreste. Eine unsterile Deckerde wird nicht benötigt.

Der Frühe Ackerling *(Agrocybe praecox)* Bd. IV/227
Er ist als Zuchtpilz praktisch unbekannt. In Anbauversuchen (KERSTEN 1950, GRAMSS, unveröff.) erweist er sich als eine für die Freilandkultur geeignete Pilzart. Seine langstieligen Fruchtkörper erreichen bei Hutdurchmessern von 30–100 mm etwa 6–20 g Gewicht. Der rohe Pilz schmeckt oft nachhaltig hopfenbitter, gekocht oder zu Gemüse verarbeitet ergibt er jedoch mild schmekkende und stark appetitanregende Gerichte. Als D-Fruchter mit nur einer jährli-

Abb. 12. Der Schwarzstreifige Scheidling (*Volvariella volvacea*) auf Reisstroh. Foto S. T. CHANG.

chen Ertragswelle ist er ein pflanzenphysiologisches Phänomen. Für 1 m² Beetfläche werden 20 kg lufttrockenen, frischen Gersten-, Weizen- oder Roggenstrohes mit 14 kg Holzmehl und 50–60 l Wasser gemischt und wie bei der Kultur des Riesen-Träuschlings in 35 bis 50 cm tiefe Freilandschutzbeete gebracht. Das Substrat wird bei ständigem Festtreten etwa 20 cm hoch aufgeschüttet. Es bildet getrennte, 0,2–0,4 m² große und direkt auf dem erdigen Untergrund angelegte Parzellen mit 10–12 cm Zwischenabstand. Die Spickimpfung erfolgt nach dem beim Riesen-Träuschling üblichen Verfahren von Mitte März bis spätestens zum 5. April. Die Parzellen werden mit saugfähigem Papier und zusätzlicher Plastfolie abgedeckt und durch den wärmedämmenden Schutzbeetaufbau beschattet. In der Zeit vom 20. 4. bis 1. 5. erfolgt die Abdeckung mit 3 cm mineralischer oder auch humusreicher Deckerde. Die Pilze erscheinen unabhängig vom Mikroklima nahezu auf die Woche genau. Die einzige Ertragswelle fällt Ende Juni/Anfang Juli an (Abb. 13). Die meisten Pilze entwickeln sich zwischen den Beetparzellen auf dem erdigen Untergrund. Nach der Ertragswelle werden die Kulturen abgetragen. Freiland- und Klimaraumkulturen brachten auf reinem Weizenstroh Erträge von 5 kg/m² Beetfläche, Gemische aus 25 Vol.-% Rotbuchenmehl und 100 Vol.-% Weizenstroh kamen auf 2–15 kg/m². Waldstreu-, Erde-, Mist- und Torfsubstrate sind ungeeignet. Als Zuschlagstoffe für das Strohsubstrat eignen sich nur Laub- und Nadelholzmehle.

Der Rissige Ackerling (*Agrocybe dura*, Bd. IV/229) ist physiologisch ähnlich und kann nach dem gleichen Verfahren kultiviert werden. Die Kulturen sind weitgehend resistent gegen *Trichoderma*. Der Anbau von Ackerlingen stellt deshalb eine Alternativlösung für die Pilzkultur auf Stroh dar. Ertragssteigernd wirken die Verwendung frischen Strohes aus der letzten Ernte, Substrataufteilung

Abb. 13. Freilandkultur des Frühen Ackerlings (*Agroxybe praecox*) auf Stroh-Holzmehl-Substrat. Foto G. GRAMSS.

in Kleinparzellen mit breiten Erdumrandungen und jährlicher Standortwechsel der Kulturen.

Der Violette Rötelritterling *(Lepista nuda)* Bd. I/62

Er wurde vielfach als Mykorrhizapilz angesehen (TRAPPE 1962). MATRUCHOT (1908), DUGGER (1929) und PASSECKER (1969) brachten den Pilz jedoch auf Laub und Pferdemist-Waldstreu-Gemischen in Kellern und Höhlen vereinzelt zur Fruchtbildung. VOTÝPKA (1971) erntete ebenfalls normal entwickelte Fruchtkörper auf Buchenlaub in einem waldnahen Erdbunker, wobei das Pilzmyzel keinen Kontakt zu Wurzeln grüner Pflanzen hatte. In eigenen Versuchen erwies sich der Violette Rötelritterling als Saprophyt. Die Kultur erfolgt vorwiegend im Freiland, wobei sich als Anbausubstrat besonders Mist-Waldstreu-Gemische bewähren (GRAMSS 1977c). An grasigen und schattigen Standorten schüttet man das Substrat in 40 cm breiten und 15 cm hohen Lagen auf und spickt es Mitte bis Ende Juli mit walnußgroßen Pilzbrutstücken. Zum Klimaschutz wird das Substrat mit Plastfolie belegt und mit Brettern beschattet. Die Fruchtkörper erscheinen von Oktober bis November in 1–2 Ertragswellen direkt auf dem violetten Oberflächenmyzel. Deckerdegaben würden die Fruchtkörperbildung behindern. Ein mehrjähriger Ertrag wird erzielt durch Anstücken des Beets im Juli des Folgejahres mit einer 25 cm breiten Substratlage. Die Myzelfront kann sich während eines Sommers bis zu 45 cm ausbreiten. Die Fruchtkörper erscheinen nur in der Vorstoßzone des Myzels und ausschließlich von September bis April (Abb. 14). Der Flächenertrag erreicht 0,3–0,6 kg/m². Ein Ausdruck seiner Vorliebe für die Wurzelzone lebender Pflanzen ist der solide Ertrag auf Nestkultu-

115

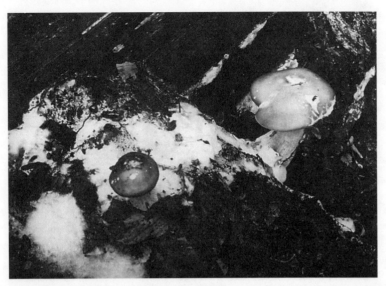

Abb. 14. Der Violette Rötelritterling (*Lepista nuda*) fruchtet nur in der Vorstoßzone der Myzelfront. Foto G. GRAMSS.

ren im Wald, wie in Tabelle 7 beschrieben. Wie bei *Agaricus macrocarpus* bringt auch hier das Mist-Waldstreu-Substrat nur dann den Optimalertrag, wenn die Substratkomponenten intensiv gemischt werden und eine flockige Struktur annehmen.

Schirmpilze

Sie sind nicht nur im Bau der Fruchtkörper, sondern auch in der Ernährungsweise den Champignon-Arten verwandt, zeigen die gleichen Beziehungen zur Substratmikroflora und bevorzugen teilweise Rhizosphären grüner Pflanzen. Zu 3 Arten liegen neuere Ergebnisse vor.

Der Safran-Schirmpilz (*Macrolepiota rhacodes*, Bd. I/30) wird in Laub- und Nadelwald sowie auf Komposterde gefunden. Nach MODESS (1941) bildet er mit Kiefernwurzeln keine Mykorrhiza, er bevorzugt jedoch die Wurzelnähe. Ein mehrjähriges Vorkommen unter Zierspargelkulturen in einem Gewächshaus veranlaßte EGER (1964) zu Kulturversuchen. 1-l-Gläser mit sterilisiertem Substrat von 75 g Trockengewicht, bestehend aus Weißtorf und kompostiertem Pferdemist im Mischungsverhältnis 1:1, waren nach 3–6 Monaten voll durchwachsen und brachten nach Abdeckung mit unsteriler Erde im Mittel 59 g Pilze hervor.

Der Rosablättrige Schirmpilz (*Leucoagaricus leucothites*, Bd. III/18) kann kompostiertes Pferdemistsubstrat gleichmäßig und dicht durchwachsen (MANZ 1971). Die erste Fruchtkörperbildung erfolgte 23 Tage nach dem Abdecken des durchwachsenen Substrates mit 5,5 cm Fichtenstreu. Unentbehrlich sind Belichtung, mindestens 5 Luftwechsel pro Stunde ($\hateq$ 0,06 Vol.-% CO_2 in der Raumluft) und Temperaturen von 18–22 °C.

Der Riesen-Schirmpilz (*Macrolepiota procera,* Bd. I/29) verwertet kompostiertes Pferdemistsubstrat nur bei Zusatz von 40 Vol.-% steriler Pilzbrut (MANZ 1971). Die Fruchtanregung im Klimaraum gelang erst nach Abdeckung mit 4 cm Fichtenstreu und, nach dem Durchwachsen dieser Deckschicht mit Myzel, mit weiteren 2 cm Decksubstrat aus Fichtenstreu und Erde. Die ersten Pilze erschienen bei 17 °C etwa 65 Tage nach dem Decken. Nur *L. leucothites* erscheint für den Klimaraumanbau geeignet. *M. rhacodes* und *M. procera* haben zu lange Vegetativzeiten und sollten für Nestkulturverfahren erprobt werden.

Tintlinge (*Coprinus* spp.)

Sie zählen normalerweise infolge der schnellen Selbstauflösung (Autolyse) des sporenreifen Fruchtkörpers nicht zu den Marktpilzen. Im jungen Zustand geerntete Pilze mit weißlichen, noch nicht dunkel verfärbten Blättern lassen sich jedoch 24–36 Stunden im Kühlschrank für Frischverbrauch oder Konservierung aufbewahren. Für den kleinfrüchtigen Struppigen Tintling (*C. cinereus,* Bd. IV/299), einen Primärbesiedler schlecht kompostierten Champignonsubstrats, wurde von KURTZMAN (1978) eine Anbautechnologie auf der Basis von Reisstroh entwickelt. Für 100 kg Strohhäcksel werden 300–400 l Wasser auf 80 °C erhitzt und entweder mit 5 kg Kalziumnitrat oder mit 3 kg Düngekalk und 4,9 kg Ammoniumnitrat versehen. Mit der Zugabe des Strohhäcksels erfolgen in einem Arbeitsgang Befeuchtung, Düngung und Teilsterilisierung des Substrats. Nach dem Abkühlen auf 40 °C wird sofort mit Sterilbrut gespickt und unter Plastfolienabdeckung bei 30–40 °C angebrütet. Bei Temperaturen von 25–35 °C beträgt die Erntezeit etwa 20 Tage. Der Ertrag erreicht 60 % des Strohtrockengewichts.

Der Anbau des Schopf-Tintlings (*C. comatus,* Bd. I/37) wurde in den letzten Jahren von mehreren Autoren untersucht. Die empfohlene Verwendung von minderwertigen Stallmistarten oder kompostiertem Champignonsubstrat auf Pferdemist- oder Stroh-Hühnerdung-Basis in der für den Zucht-Champignon *(Agaricus bisporus)* üblichen Anbautechnologie (PÜSCHEL 1976) führte zu Erträgen, die durch Zusätze von 25–75 % Müll-Klärschlamm-Kompost (MKK) zum Pferdemistsubstrat verdreifacht werden konnten und Werte zwischen 15 und 24 kg/m^2 Beetfläche erreichten (LELLEY & al. 1979). Obwohl der Gehalt an toxischen Schwermetallen die Verwendung von MKK als Substratbestandteil verbietet, mag sich doch hier ein Weg zur Zusammenstellung effektiver Mischsubstrate andeuten. Nach Angaben von LINDSTÄDT (1982) eignet sich auch hitzebehandeltes, kurz gehäckseltes Weizenstroh für Anbauversuche mit *C. comatus,* speziell auch für Kleinanbauer. Der Anbau ist in geschlossenen Räumen ganzjährig, an geschützten Stellen im Freien von Mai bis September möglich. Im Jugendstadium geerntete Fruchtkörper haben die gleiche Haltbarkeit und Marktfähigkeit wie andere Speisepilze. Die Kulturform des Schopf-Tintlings ist daher in der DDR zum Handel zugelassen.

Morcheln (*Morchella* spp.)

Anbauversuche mit Speise- und Spitz-Morchel (Bd. I/192, 193) kamen über Zufallserfolge nicht hinaus. HEIM düngte den Boden unter Obstbäumen mit Apfelkompost und streute getrocknete und zerkrümelte Morchelfruchtkörper aus (zit. in LOHWAG 1969). ENGEL (1958) empfahl die Düngung von Kompostbeeten mit

Nadelholzabfällen und Holzasche bei Impfung mit Sporenwasser. SINGER (1961) berichtet über den Anbau von *M. esculenta* auf Substraten von Altpapier und Apfelrückständen unter Kirschbäumen. Es entstanden Erträge von 0,350 kg/m². *M. costata* wurde auf Gemischen von Gartenerde und Haushaltsabfällen unter Waldbäumen angebaut.

Trüffeln (*Tuber* sp.)

Zu den begehrtesten europäischen Speisepilzen gehören die besonders in Frankreich und Italien vorkommenden Perigord-Trüffeln *(Tuber melanosporum)* und Winter-Trüffeln *(Tuber brumale,* Bd. II/292). Sie bevorzugen sonnige Standorte unter Eichen, Hainbuchen und Rotbuchen auf sehr kalkreichen Böden mit flachgründiger Humusschicht. Es ist bekannt, daß sie mit Laubbäumen Mykorrhiza bilden. Die 3—10 cm großen, knollenartig gestalteten Fruchtkörper entwickeln sich unterirdisch. Der Trüffelanbau in Vollkultur ist heute noch nicht möglich. Es werden deshalb Trüffelwälder angelegt unter Verwendung von Eicheln oder 1—2jährigen Eichensämlingen aus Trüffelgegenden (SINGER 1961). Die Ernte beginnt nach 6—10 Jahren. Vereinzelt wird auch der Waldboden mit kleingeschnittenen Fruchtkörpern oder steriler Pilzbrut der Trüffel beimpft. Seit einigen Jahren sind auf dem Markt mit Trüffeln infizierte Eichensämlinge erhältlich.

Trotz dieser Maßnahmen scheint die Trüffel ein Opfer ihrer Beliebtheit zu werden. Während die Jahresernte um 1900 noch 1500 t betrug, sank sie 1945 auf 250 t und 1970 auf 100 t (BELS mündlich). Entsprechend stieg der Preis 1970 auf 200 Dollar/kg und beträgt damit das 100fache des Preises für Zucht-Champignons. Der wissenschaftliche Austausch zu Problemen der Trüffelkultur erfolgte in 2 internationalen Kongressen (Italien 1968, Frankreich 1971). Die Fruchtkörper der Trüffel entwickeln sich 3—15 cm tief in der Humusschicht und werden deshalb z. T. mit Hilfe abgerichteter Hunde und Schweine geerntet. Die Trüffel dient hauptsächlich der Geschmacksverbesserung von Fleischwaren.

F. Bezugsmöglichkeiten für Stammkulturen und Pilzbrut

Stammkulturen der im Textteil besprochenen Pilzarten können von der Pilzkulturensammlung der Friedrich-Schiller-Universität, DDR — 5300 Weimar, Fr.-v.-Stein-Allee 2, bezogen werden. Die Stämme des Autors sind durch Angabe ihrer Registriernummer besonders gekennzeichnet. Stammkulturen werden als Myzelkultur in Reagenzgläsern auf sterilen Agar-Nährböden bezogen, sie eignen sich ausschließlich für die Laborüberimpfung auf feste und flüssige, ebenfalls sterile Zwischensubstrate, die dann ihrerseits zur Herstellung von Pilzbrut dienen. Für den praktischen Anbau ist lediglich die handelsübliche Pilzbrut auf festen Substraten geeignet. Die Bezugsmöglichkeiten sind in Tabelle 9 ausgewiesen oder werden von den Zeitschriften für den Anbau von Speisepilzen (s. S. 132) vermittelt. Stammkulturen von Pilzen sind darüber hinaus von folgenden Institutionen zu beziehen:

Centraalbureau voor Schimmelcultures
Oosterstraat 1. P. O. Box 273
Baarn, Niederlande

Deutsche Sammlung von Mikroorganismen
Grisebachstr. 8
D — 3400 Göttingen, BRD

American Type Culture Collection
12301 Parklawn Drive
Rockville, Maryland 20852, USA

Tabelle 9
Bezugsmöglichkeiten für Stammkulturen und Pilzbrut der besprochenen Kulturpilze

Pilzart		Registrier-nummer	Als Stammkultur erhältlich	Pilzbrut von Handelssorten erhältlich
Zucht-Champignon	*Agaricus bisporus*	A 32-5	×	D
Stadt-Champignon	*Agaricus bitorquis*	A 35-5	×	D
Champignon	*Agaricus macrocarpus*	A 85-l	×	–
Anis-Champignon	*Agaricus arvensis*	–	×	–
Gelbverfärbender Champignon	*Agaricus aestivalis*	A 3y–1	×	–
Champignon	*Agaricus porphyrizon*	A 3x-l	×	–
Stockschwämmchen A 4	*Kuehneromyces mutabilis*	Ko 1-4	×	–
Stockschwämmchen A 10	*Kuehneromyces mutabilis*	Ko 1-20	×	–
Austern-Seitling B	*Pleurotus ostreatus*	P 121-13	×	E
Florida-Seitling	*Pleurotus Florida*	P 123-2	×	E
Shiitake	*Lentinus edodes*	–	×	–
Samtfußrübling	*Flammulina velutipes*	–	×	–
Graublättriger Schwefelkopf	*Hypholoma capnoides*	NO l-l	×	–
Ziegelroter Schwefelkopf	*Hypoholoma sublateritium*	–	×	–
Riesen-Träuschling (rothütig)	*Stropharia rugosoannulata*	S 42-5	×	E
Riesen-Träuschling (gelbhütig)	*Stropharia rugosoannulata f. lutea*	S 42-6	×	E
Schwarzstreifiger Scheidling	*Volvariella volvacea*	–	×	–
Früher Ackerling	*Agrocybe praecox*	A 70-3	×	–
Rissiger Ackerling	*Agrocybe dura*	–	×	–
Violetter Rötelritterling	*Lepista nuda*	L 60-9	×	–
Graukappe	*Lepista nebularis*	–	×	–
Safran-Schirmpilz	*Macrolepiota rhacodes*	–	×	–
Rosablättriger Schirmpilz	*Leucoagaricus leucothites*	–	×	–
Riesen-Schirmpilz	*Macrolepiota procera*	M 40-3	×	–
Rund-Morchel	*Morchella esculenta*	–	×	–
Hohe Morchel	*Morchella elata*	–	×	–
Schopf-Tintling	*Coprinus comatus*	–	×	E

D = VEG Champignonzucht Dieskau, DDR – 4101 Zwintschöna
E = Versandhaus für den Kleingärtner, DDR – 5010 Erfurt, Postfach 745

V. Literatur

A. Bestimmungsbücher, Tafelwerke

Die Spezialliteratur zu einzelnen Familien und Gattungen ist in den Bänden II bis V aufgeführt.

BONDARCEV, A. S.: Trutovye griby evropejskoj časti SSSR i Kavkaza (Porlinge des europäischen Teils der UdSSR und des Kaukasus), – 1106 S., 188 Fototafeln, Moskva/Leningrad 1953.

BOURDOT, H., & GALZIN, A.: Hyménomycètes de France. Héterobasidiés, Homobasidiés gymnocarpes. – 762 S. Sceaux 1927.

BREITENBACH, J., & KRÄNZLIN, F.: Pilze der Schweiz. Bd. 1: Ascomyceten (Schlauchpilze). – 310 S., 390 Farbfotos. Luzern 1981.

BRESADOLA, J.: Iconographia Mycologica. – 26 Bände mit 1250 Farbtafeln. Mediolani 1927–1933. Ergänzungsbände: Bd. 27 von E. J. GILBERT, Mediolani 1941; Bd. 28 von A. CERUTI, Tridenti 1960; Bd. 29 von C. L. ALESSIO & E. REBAUDENGO, Tridenti 1981.

CETTO, B.: Der große Pilzführer, Bd. I, 5. Aufl.; Bd. II, 2. Aufl.; Bd. III. – 2009 S., 1264 Farbfotos. München, Bern, Wien 1979.

DÄHNCKE, R. M., & DÄHNCKE, S. M.: 700 Pilze in Farbfotos. – 688 S. Aarau/Stuttgart 1980.

DENNIS, R. W. G.: British Ascomysetes. 4. Aufl. – 536 S., 79 Taf. Vaduz 1981.

ENGEL, F.: Pilzwanderungen. 19. Aufl. – 207 S., 64 Farbtaf. Wittenberg Lutherstadt 1979.

INGELSTRÖM, E.: Svampflora. – 232 S., 64 Farbtaf. Stockholm 1940.

JAHN, H.: Pilze rundum. – 355 S., 8 Farbtaf. Hamburg 1949 (Nachdruck 1979).

– Mitteleuropäische Porlinge (Polyparaceae s. lato) und ihr Vorkommen in Westfalen. – Westfäl. Pilzbr. 4 (1963): 1–143. Detmold (2. Nachdruck Vaduz 1976).

– Wir sammeln Pilze. – 190 S. Gütersloh 1964.

– Pilze, die an Holz wachsen. – 268 S., 222 Farbfotos. Herford 1979.

KONRAD, P., & MAUBLANC, A.: Icones selectae fungorum. – 6 Bände mit 500 Farbtaf. Paris 1924–1937.

KREISEL, H.: Die phytopathogenen Großpilze Deutschlands. – 284 S. Jena 1961.

KÜHNER, R., & ROMAGNESI, H.: Flora analytique des champignons supérieurs. – 556 S. Paris 1953.

LANGE, J. E.: Flora Agaricina Danica. 5 Bände. – 549 S., 200 Farbtaf. Copenhagen 1935–1940.

– & LANGE, M.: 600 Pilze in Farben. 3. Aufl. – 242 S. München 1967.

MAAS GEESTERANUS, R. A.: Die terrestrischen Stachelpilze Europas. – 127 S., 40 Farbtaf. Amsterdam/London 1975.

MARCHAND, A.: Champignons du nord et du midi. Bisher 8 Bände; weitere Bände sind in Vorbereitung. – Jeder Band ca. 375 S. und 100 Farbtaf. Perpignan 1971–1983.

MOSER, M.: Ascomyceten (Schlauchpilze). In: Kleine Kryptogamenflora, Bd. II a. 147 S. Stuttgart 1963.

– Die Röhrlinge und Blätterpilze (Agaricales). 5. Aufl. In: Kleine Kryptogamenflora, Bd. II b/2. – 533 S. Stuttgart 1983.

PILÁT, A. (Hrsg.): Gasteromycetes. In: Flora ČSR, ser. B, Band 1. – 864 S. Praha 1958.

– & DERMEK, A: Hríbovité huby. (Röhrlinge.) – 206 S., 113 Farbtaf. Bratislava 1974.

– & USÁK, O.: Pilze. – 345 S., 120 Farbtaf. Amsterdam 1954.

POELT, J., & JAHN, H.: Mitteleuropäische Pilze. 2. Aufl. In: Sammlung naturkundlicher Tafeln. – Kassette mit 180 Farbtaf. und Textheft. Hamburg 1966.

RICKEN, A.: Die Blätterpilze (Agaricaceae) Deutschlands und der angrenzenden Länder. 2 Bände. – 480 S., 112 Farbtaf. Leipzig 1915.

– Vademecum für Pilzfreunde. 2. Aufl. – ca. 350 S. Leipzig 1920.

Romagnesi, H.: Nouvel Atlas des Champignons. 4 Bände. − 2. Aufl. zus. 911 S., 316 Farbtaf. Paris 1970.

Schweizer Pilztafeln. 4 Bände. 2. bis 5. Aufl. − 124 Farbaf. Luzern 1965−1969.

Singer, R.: Die Röhrlinge. Teile I/II. In: Die Pilze Mitteleuropas, Band V und VI. − 282 S., 47 Taf. Bad Heilbrunn 1965−1967.

Szemere, L.: Die unterirdischen Pilze des Karpatenbeckens. − 319 S., 10 Farbtaf. Budapest 1965.

Veselý, R., Kotlaba, F., & Pouzar, Z.: Přehled československých hub. Úvod do studia našich hub (Übersicht der tschechoslowakischen Pilze. Einführung in das Studium unserer Pilze). − 424 S. Praha 1972.

Viola S.: Die Pilze. − 112 Farbtaf. München 1972.

B. Bau, Lebensweise und Wachstum der Pilze (siehe auch Bd. IV)

Ainsworth, G. C., & Sussman, A. S. (Hrsg.): The fungi. An advanced treatise. 4 Bände. I.: The fungal cell. II.: The fungal organism. III.: The fungal population. IV. A/B.: A taxonomic review with keys. − zus. ca. 3400 S. New York/London 1965−1973.

Alexopoulos, C. J.: Einführung in die Mykologie. − 496 S. Jena 1966.

Arx, J. A. von: Pilzkunde. Ein kurzer Abriß der Mykologie unter besonderer Berücksichtigung der Pilze in Reinkultur. 3. Aufl. − 296 S. Vaduz 1976.

Bilaj, V. I.: Osnovy obščej mikologii (Grundlagen der allgemeinen Mykologie). − 396 S. Kiew 1974.

Birkfeld, A., & Herschel, K. (Hrsg.): Morphologisch-anatomische Bildtafeln für die praktische Pilzkunde. 13. Lief. − 200 Fototaf. Wittenberg Lutherstadt 1961−1968.

Buller, A. H. R.: Researches on fungi. 7 Bände. London 1909−1950.

Cartwright, K. S. G., & Findlay, W. P. K.: Decay of timber and its prevention. 2. Aufl. London 1958.

Esser, K., & Kuenen, R.: Genetik der Pilze. 2. Aufl. − 497 S. Berlin/Heidelberg 1967.

Fischer, E., & Gäumann, E.: Biologie der pflanzenbewohnenden parasitischen Pilze. − 428 S. Jena 1929.

Friedrich, K.: Untersuchungen zur Ökologie der höheren Pilze. − 53 S. Jena 1940.

− Untersuchungen zur Aspektfolge der höheren Pilze. − Sydowia 8 (1954): 39−50.

Gäumann, E.: Die Pilze. Grundzüge ihrer Entwicklungsgeschichte und Morphologie. 2. Aufl. − 541 S. Basel/Stuttgart 1964.

− Pflanzliche Infektionslehre. 2. Aufl. − 681 S. Basel 1951.

Harley, J. L.: Fungi in ecosystems. − Journ. Ecol. 59 (1971): 653−668.

Höfler, K.: Über Pilzaspekte. − Vegetatio 5/6 (1954): 373−380.

Hudson, H. J.: Fungal saprophytism. − 68 S. Cambridge (Engl.) 1972.

Ingold, C. T.: Dispersal in fungi. 2. Aufl. − 206 S. Oxford 1960.

− The biology of fungi. − 126 S. London 1961.

− Spore liberation. − 210 S. London 1965.

Kelley, A. P.: Mycotrophy in plants. − 223 S. Waltham, Mass. 1950.

Kreisel, H.: Die Großpilze im milden Winter 1974/75. − Mykol. Mitt. 19 (1975): 77−86.

Kreisel, H.: Zum Vorkommen von Hexenringen höherer Pilze in der Deutschen Demokratischen Republik. − Mykol. Mitt. 25 („1981"): 49−55, 1983.

Lobanow, N. W.: Mykotrophie der Holzpflanzen. − 352 S. Jena 1960.

Lohwag, H.: Anatomie der Asco- und Basidiomyceten. In: Handbuch der Pflanzenanatomie, Band VI, Abt. II, Teilband 3c. − 572 S. Berlin 1941. Nachdruck Berlin-Nikolassee 1965.

Luthardt, W.: Holzbewohnende Pilze. Anzucht und Holzmykologie. In: Die Neue Brehm-Bücherei, Bd. 403. − 122 S. Wittenberg Lutherstadt 1969.

MÜLLER, E., & LOEFFLER, W.: Mykologie. Grundriß für Naturwissenschaftler und Mediziner. 4. Aufl. − 366 S. Stuttgart und New York 1982.

NUSS, I.: Zur Ökologie der Porlinge. In: Bibliotheca Mycologica, Bd. 45. − 258 S. Vaduz 1975.

PARKER-RHODES, A. F.: The Basisdiomycetes of Skokholm Island. IX. Response to meteorological conditions. − New Phytologist 52 (1953): 14−21.

PETERSEN, P. M.: Danish Fireplace Fungi. An ecological investigation on fungi on burns. − Dansk Bot. Archiv 27 (1970): Nr. 3, 1−97.

PETERSEN, R. H. (Hrsg.): Evolution in the higher Basidiomycetes. − 562 S., 13 Taf. Knoxville Tenn. 1971.

PILÁT, A.: Houby Československa ve svém životním prostředí (Pilze der Tschechoslowakei in ihrem Lebensbereich). − 268 S., 90 Taf. Praha 1969.

PIRK, W.: Beobachtungen an einigen kälterertragenden und frostbeständigen Pilzarten im mittleren Wesertal. − Mitt. flor.-soz. Arbeitsgem., N. F., 4 (1953): 11−14.

PUGH, G. J. F.: Strategies in fungal ecology. − Trans. Brit. Myc. Soc. 75 (1980): 1−14.

RAMSBOTTOM, J.: Mushrooms and toadstools. A study of the activities of fungi. 4. Aufl. − 306 S. London 1963.

ROSS, I. K.: Biology of the fungi. Their development, regulation, and associations. − New York 1979.

RYPÁCEK, V.: Biologie holzzerstörender Pilze. − 211 S. Jena 1966.

SCHUSSNIG, B.: Handbuch der Protophytenkunde. 2 Bände. − 636 und 1144 S. Jena 1953 und 1960.

ULBRICH, E.: Das Pilzjahr 1937. Biologisch-ökologische und floristische Beobachtungen über das Pilzwachstum in Brandenburg. − Verh. Bot. Ver. Prov. Brandenburg 78 (1938): 1−27.

VASIL'KOV, B. P.: Očerk geografičeskogo rasprostranenija šljapočnych gribov v SSSR (Abriß der geographischen Verbreitung der Hutpilze in der UdSSR). − 87 S. Moskau/Leningrad 1955.

− Urožai gribov i pogoda (Pilzerträge und Wetter). − Botan. Žurn. 47 (1962): 258−262.

WEBSTER, J.: Introduction to fungi. 2. Aufl. − 669 S. Cambridge (Engl.) etc. 1980.

C. Mykologische Wörterbücher

AINSWORTH, G. C.: AINSWORTH and BISBY'S dictionary of the fungi. 6. Aufl. − 663 S. Kew. 1971.

BERGER, K. (Hrsg.): Mykologisches Wörterbuch. 3200 Begriffe in 8 Sprachen. 2. Aufl. − 432 S. Jena 1980.

FIDALGO, O., & FIDALGO, M. E. P. K.: Dicionário micológico. In: Rickia, Supl. 2. − 272 S. São Paulo 1967.

JOSSERAND, M.: La déscription des champignons supérieurs. Technique déscriptive et vocabulaire raisonné du déscripteur. − 336 S. Paris 1952.

LAZZARI, G.: Glossario micologico in cinque lingue. − 165 S. Trento 1980.

SNELL, E. H., & DICK, E. A.: A glossary of mycology. − 171 S. Cambridge Mass. 1957.

D. Verwertung der Speisepilze, Pilzkochbücher

BAIER, J.: Houby v kuchyních světa (Pilze in den Küchen der Welt). − 133 S. Praha 1981.

BÖTTICHER, W.: Technologie der Pilzverwertung. − 208 S. Stuttgart 1974.

− PANNWITZ, P., & NIER, E.: Die Pilzverwertung und ihre Zukunftsaufgaben. 2. Aufl. − 60 S. Leipzig 1944.

ERNST-MENTI: Schweizerisches Pilzkochbuch. 4. Aufl. − 36 S. Thun 1967.

GRAMBERG, E.: Pilzkochbuch. 6. Aufl. − 58 S. Leipzig 1946.

GRÖGER, F.: Pilze und Wildfrüchte – selbst gesammelt und zubereitet. 4. Aufl. – 159 S. Leipzig 1981.

JEŽEK, B., & VRBKA, J.: Recepty pro houbaře – labužníky (Rezepte für Pilzsammler – Feinschmecker). – 47 S. Police 1969.

LOCQUIN, M. V.: Mycologie du goût. – 97 S. Paris 1977.

MÜLLER, A. L.: Neues Schweizerisches Pilzkochbuch. 6. Aufl. – 48 S. 1966.

PIESCHEL, E.: Die Rohgiftigkeit einiger Lebensmittel und Pilze. – Mykol. Mitt. 8 (1964): 69–77.

RAMAIN, P.: Mycogastronomie. Paris 1954.

VASIL'KOV, B. P.: Zagotovka grobov (Die Zubereitung der Pilze). – 60 S. Moskau 1957.

– Metody učeta s-edobnych gribov v lesach SSSR (Methoden der quantitativen Erfassung eßbarer Pilze in den Wäldern der UdSSR). – 68 S. Leningrad 1968.

Anordnung über den Verkehr mit Speisepilzen und daraus hergestellten Pilzerzeugnissen. – Gesetzblatt der DDR, Teil I, Nr. 2, Berlin 17. Januar 1974.

E. Giftpilze, Pilzvergiftungen, halluzinogene Pilze

ANTKOWIAK, W. Z., & GESSNER, P. W.: The structures of orellanine an orelline. – Tetrahedron Lett. 21 (1979): 1931–1934.

AUERT, G., DOLEŽAL, V., HAUSER, M., & SEMERDŽIEVA, M.: Halluzinogene Wirkungen zweier Hutpilze der Gattung Psilocybe tschechoslowakischer Herkunft. – Z. ärztl. Fortbild. 74 (1980): 833–835.

BENEDICT, R. G.: Mushroom toxins other than Amanita. –In: KADIS, S., CIEGLER, A., & AJL, S. J.: Microbial toxins. Vol. VIII: Fungal toxins. New York 1972.

BERGNER, H., & OETTEL, R.: Vergiftung durch Düngerlinge. – Mykol. Mitt. 15 (1971): 61.

BSCHOR, F., & MALLACH, H. J.: Vergiftungen durch den Kahlen Krempling (Paxillus involutus), eine genießbare Pilzart. – Arch. Toxikol. 57 (1963): 82–95.

BURGERMEISTER, W., & al.: Antamanide, dynamics of metal complex complex formation. – Europ. Journ. Biochem. 14 (1974): 305–310.

COCHRAN, K. W., & COCHRAN, M. W.: Sensitization to ethanol by Clitocybe clavipes. – Abstr. Intern. Mycol. Congr. Tampa (Florida) 1977: 107. – Ref.: Mykol. Mitt. 21 (1977): 116.

COURTILLOT, M., & STARON, T.: Amanita virosa. – Ann. Phytopath. 1970: 24.

EUGSTER, C. H.: Chemie der Wirkstoffe aus dem Fliegenpilz (Amanita muscaria). – Fortschr. Chemie org. Naturstoffe 27 (1968): 261–321.

FAULSTICH, H., & COCHET-MEILHAC, M.: Amatoxins in edible mushrooms. – Febs letters 64, 1 (1976): 73–75.

– & FAUSER, U.: Untersuchungen zur Frage der Hämodialyse bei der Knollblätterpilzvergiftung. – Dtsch. Med. Wochenschr. 98, nr. 47 (1973): 2258–2259.

– & al.: Analysis of the toxins of amanitin-containing mushrooms. – Z. Naturforsch. 29c (1974): 86–88.

– & al. (Hrsg.): Amanita toxins and poisoning. – Internat. Amanita symposium, Heidelberg 1978. – Baden-Baden 1980.

FAUSER, U., & FAULSTICH, H.: Beobachtungen zur Therapie der Knollenblätterpilzvergiftung. – Dtsch. Med. Wochenschr. 98, nr. 47 (1973): 2259.

FIUME, L., & al.: Production of antibodies to amanitins as the basis for their radioimmunoassay. – Experimentia 31 (1975): 1233–1234.

FLAMMER, R.: Differentialdiagnose der Pilzvergiftungen. – 92 S. Stuttgart/New York 1980.

FRANKE, S.: Über den Giftstoff der Frühjahrslorchel Gyromitra (Helvella) esculenta FR. – Diss. Techn. Univ. Dresden, 1965.

– & al.: Über die Giftigkeit der Frühjahrslorchel, Gyromitra (Helvella) esculenta FR. – Arch. Toxikol. 22 (1967): 293–332.

FRIMMER, M.: Knollenblätterpilz-Vergift. – Sandorama, Das ärztl. Panorama **1974:** 18–20.

GAMPER, R.: Untersuchungen über die Giftstoffe der Pilze *Cortinarius orellanus* FR. und *C. speciosissimus* KÜHN. – Diss. Univ. Innsbruck, 1977.

GOOS, R. D., & SHOOP, C. R.: A case of mushroom poisoning caused by *Tricholomopsis platyphylla*. – Mycologia **72** (1980): 433–435.

GRÜTER, H.: Radioactive fission product [137]C in mushrooms in W. Germany during 1963–1970. – Health Physics **20** (1971): 655–656. – Ref.: Umschau Wiss. Techn. **71** (1971): 855.

GRZYMAŁA, S.: Vergiftungen durch *Paxillus involutus* (BATSCH) FR. – Z. Pilzkd. **24** (1958): 19–21.

– Über Vergiftungen durch den Orangefuchsigen Hauptkopf *Cortinarius (Dermocybe) orellanus* FR. – Mykol. Mitt. **2** (1958): 3–6.

– Über den Giftstoff des Orangefuchsigen Hauptkopfes (*Cortinarius orellanus* FR.). – Mykol. Mitt. **3** (1959): 1–3.

– Badania nad epidemiologia zetruć grzybami. – Biuletyn Służby San. Epid. Woj. Katowickiego **1965**: 289–303.

HATFIELD, G. H., & al.: Isolation of the active constituent of *Coprinus atramentarius*. – Lloydia **37** (1974): 634.

– & SCHAUMBERG, J. P.: in Lloydia **38** (1975): 489.

HEIM, R.: Les champignons toxiques et hallucinogènes. 2. Aufl. – 270 S. Paris 1978.

– & WASSON, R. G.: Les champignons hallucinogènes du Mexique. Etudes ethnologiques, taxinomiques, biologiques, physiologiques et chimiques. – Publ. Arch. Mus. Hist. Nat., 7e série, tome **6**, 322 S. Paris 1958.

HERINK, J.: Otravy houbami. In: RIEDL, O., & VONDRÁCEK, V.: Klinická toxikologie, 5. Aufl., S. 706–762. – Praha 1980.

HERRERA, T.: Consideraciones sobre el efecto de los hongos alucinógenos Mexicanos. – Neurología, Neurocirugía, Psiquistría (México) **8** (1967): 101–123.

HERRMANN, M.: Die Naumburger Massen-Pilzvergiftung mit dem Ziegelroten Rißpilz – *Inocybe patouillardii* – im Juni 1963. – Mykol. Mitt. **8** (1964): 42–44.

– Bemerkenswerte, nicht alltägliche Pilzvergiftungen. – Mykol. Mitt. **10** (1966): 39–44.

– Der Rettichhelmling – *Mycena pura* (PERS. EX FR.) KUMM. – ist giftig! – Mykol. Mitt. **17** (1973): 17–18.

HERRMANN, W.: Muscarin. – Mykol. Mitt. **1**, 3 (1957): 9–12.

HOFMANN, A.: Die Erforschung des mexikanischen Zauberpilzes. – Schweiz. Zschr. Pilzk. **39** (1961): 1–10.

– Die psychotropen Wirkstoffe der mexikanischen Zauberpilze. – Chimia (Zürich) **14** (1960): 309–318.

KNECHT, S.: Magische Pilze und Pilzzeremonien. – Z. Pilzkd. **28** (1962): 69–78.

KÖGL, F., & al.: Über Muscarin. – Rec. trav. chim. Pays-Bas **76** (1957): 109.

– & al.: Über Muscaridin. – Rec. trav. chim. Pays-Bas **79** (1961): 278–281 und 485, **82** (1963): 21.

KUBIČKA, J., ERHART, J., & ERHARTOVÁ, M.: Jedovaté houby. – Praha 1980.

– & VESELSKÝ, J.: Die Schädlichkeit des Kahlen Kremplings – *Paxillus involutus* – historisch betrachtet. – Mykol. Mitt. **19** (1975): 1–5.

– *Mycena rosea* (BULL.) ex SACC. et DALLA COSTA ist giftig. – Česká Mykol. **32** (1978): 167–168.

KÜRNSTEINER, H., & MOSER, M.: Isolation of a lethal toxin from *Cortinarius orellanus* FR. – Mycopathologia **74** (1981): 65–72.

LAGRANGE, M.: *Paxillus involutus.* Ist der Kahle Krempling wirklich giftig? – Südwestdeutsche Pilzrundsch. **16** (1980): 1–6.

LANGNER, J.: Zum Wirkungsmechanismus der Gifte von *Amanita phalloides* . – Mykol. Mitt. **16** (1972): 5–10.

124

– Neue Gesichtpunkte zur Therapie von Vergiftungen durch den Grünen Knollenblätterpilz (*Amanita phalloides*). – Mykol. Mitt. **18** (1974): 28–31.

LASOTA, W.: Badania chemiczne Krowiaka podwiniętego – *Paxillus involutus* (BATSCH) FR. Cz. III. Zawartość substancji azotowych – niebiałkowych. – Zeszyty naukowe bromatologii i chemii toksykologicznej **3** (1970): 9–36.

LAUB, E., & al.: Über die Cadmiumanreicherung in Champignons. – Z. Lebensm. Unters. Forsch. **164** (1977): 269–271.

LINDBERG, P., & al.: in Journ. Chem. Soc. Chem. Comm. (1975): 946–947.

LIST, P. H., & HACKENBERG, H.: Die scharfschmeckenden Stoffe von *Lactarius vellereus* FRIES. – Zschr. Pilzk. **39** (1973): 97–102.

– & LUFT, P.: Gyromitrin, das Gift der Frühjahrslorchel *Helvella (Gyromitra) esculenta* PERS. ex FR. – Z. Pilzkd. **34** (1968): 3–8.

– & SUNDERMANN, G.: Achtung! Frühjahrslorcheln. – Dtsch. Apothekerztg. **114** (1974): 331–332.

LUFT, P.: Das Gift der Frühjahrslorchel *Helvella (Gyromitra) esculenta* FR. ex PERS. – Diss. Univ. Marburg. 1967.

LYNEN, F., & WIELAND, U.: Über die Giftstoffe des Knollenblätterpilzes IV! – Liebigs Ann. Chem. **533** (1938): 93–117.

MOESCHLIN, S.: Klinik und Therapie der Vergiftungen. 5. Aufl. – Stuttgart 1972.

MOSER, M.: Neuere Erkenntnisse über Pilzgifte und Giftpilze. – Z. Pilzkd. **37** (1971): 41–56.

– & HORAK, E.: *Psilocybe serbica* spec. nov., eine neue Psilocybin und Psilocin bildende Art aus Serbien. – Z. Pilzkd. **34** (1968): 137–144.

– & al.: Natur und Wirkung der nephrotropen Cortinarien-Toxine. – Zentralbl. Haut- und Geschlechtskrankh. **146** (1981): 59.

MÖTTÖNEN, M., NIEMIENEN, L., & HEIKKILÄ, H.: Damage caused by two Finnish mushrooms, *Cortinarius speciosissimus* and *Cortinarius gentilis* on the rat kidney. – Z. Naturforsch. **30 c** (1975): 668–671.

OLÁH, G. M.: Le genre *Panaeolus*. Essai taxonomique et physiologique. – Rev. Mycol., Mém. Hors-Série **10** (1969): 1–273.

ONDA, M., & al.: Für Fliegen tödlich wirkender Bestandteil von *Amanita pantherina* (DC.) FR. – Chem. pharmac. Bull. (Tokyo) **12** (1964): 751

POCHET, A.: Bull. Soc. Linn. Lyon **10** (1960): 92.

PORTE, M., & ODDOUX, L.: Recherches d'une activité muscarinique dans les mycéliums de quelques Clitocybes. – Bull. Soc. Linn. Lyon **43** , numéro special (1974): 343–353.

PRAST, H.: Untersuchungen über die durch Cortinarien-Toxine bewirkten Veränderungen in der Rattenniere. – Zentralbl. Haut- und Geschlechtskrankh. **146** (1981): 59–60.

PYYSALO, H.: Some new toxic compounds in false morels, *Gyromitra esculenta*. – Naturwissenschaften **62** (1975): 395.

SAPPER, C.: Pilzförmige Götzenbilder aus Guatemala und San Salvador. – Globus **73** (1898): 327.

SCHARRER, H.: Nachweis, Reinigung und Charakterisierung eines hämatolytisch wirkenden Toxins aus *Amanita phalloides*. – Diss. Univ. Würzburg, 1971.

SCHELLMANN, B., HILZ, M.-J., & OPITZ, O.: Cadmium- und Kupferausscheidung nach Aufnahme von Champignonmahlzeiten. – Z. Lebensm. Unters. Forsch. **171** (1980): 189–192.

SCHMIDLIN-MESZÁROS, J.: Gyromitrin in Trockenlorcheln (*Gyromitra esculenta* sicc.). – Mitt. Gebiete Lebensm. Hyg. **65** (1974): 453–465.

– Sind die getrockneten Lorcheln, *Gyromitra (Helvella) esculenta*, ungiftig? – Schweiz. Z. Pilzkd. **53** (1975): 106–109.

– Problems of tumorigenicity and anticancer effect of gyromitrines. – Chem. Rundsch. **32** (1979): 1–5.

SCHMIDT, J., HARTMANN, W., WÜRSTLIN, A., & DEICHER, H.: Akutes Nierenversagen durch immunhämolytische Anämie nach Genuß des Kahlen Kremplings *(Paxillus involutus).* – Dtsch. Med. Wochenschr. **96** (1971), Nr. 28: 1188–1191.

SCHULLER, P. L., & SALEMINK, C. A.: Über die Isolierung, Strukturaufklärung und Synthese des 3-Butenyltrimethylammoniumchlorids. – Planta Med. (Stuttgart) **10** (1962): 327–334.

ŠEBEK, S.: Poznámky k lysohlávce modrající – *Psilocybe coprinifacies* (ROLL.) POUZ.– a příbuzním druhům ze sekce *Caerulescentes* SING. – Čas. Čes. Houbařů (Mykol. Sborník) **52** (1972): 10–15.

SEEGER, R., KRAUS, H., & WIEDMANN, R.: Zum Vorkommen von Hämolysinen in Pilzen der Gattung *Amanita.* – Arch. Toxikol. **29** (1972): 215–226.

– & STIJVE, T.: Amanitin content and toxicity of *Amanita verna* BULL. –

– & WIEDMANN, R.: Zum Vorkommen von Hämolysinen und Agglutininen in höheren Pilzen (Basidiomyceten). – Arch. Toxikol. **29** (1972): 189–217.

– & al.: Phallolysin, ein hochmolekulares Toxin aus *Amanita phalloides.* – Experientia **29** (1973): 829–830. – Ref.: Mykol. Mitt. **18** (1974): 34–35.

SEIFART, K. H., & SEKERIS, C. E.: Einfluß des Amanitins auf aus Rattenleber-Zellkernen isolierte RNS-Polymerase. – Z. Naturforsch. **24b** (1969): 1538.

SEMERDŽIEVA, M.: Experiment s lysohlávkou popinatou *(Psilocybe semilanceata).* – Mykol. Zpravodaj **14** (1973): 26–27.

– & NERUD, F.: Halluzinogene Pilze in der Tschechoslowakei, – Česká Mykol. **27** (1973): 42–47.

SINGER, R.: Mycological investigations on teonanácatl, the Mexican hallucinogenic mushroom. Part I. The history of teonanácatl, field work and culture work. – Mycologia **50** (1958): 239–261.

– Sobre algunas especies de hongos presumiblemente psicotrópicos. – Lilloa **30** (1960): 117–127.

– & al.: Observations on agarics causing cerebral mycetisms. – Mycopath, Myc. Appl. **9** (1958): 261–284.

– & SMITH, A. H.: Mycological investigations on teonanácatl, the Mexican hellucinogenic mushroom. Part II. A taxonomic monograph of *Psilocybe,* sectio *Caerulescentes.* – Mycologia **50** (1958): 262–303.

STARON, T., & COURTILLOT, M.: Étude préliminaire de la Virosin, toxine extraite de *Amanita virosa* FR. – Vorträge 5. Europ. Mykol. Kongreß, Kopenhagen 1970.

TESTA, E.: *Cortinarius orellanus* FRIES, non QUÉLET. – Rassegna Micol. Ticinense **2** (1970).

TYLER, V. E. jr.: Poisonous mushrooms. In: Progress in chemical toxicology, vol. **1**: 339–384, New York 1963.

– Chemotaxonomy in the Basidiomycetes. In: PETERSEN, R. H. (Hrsg): Evolution in the higher Basidiomycetes, an international symposium, S. 29–62. – Knoxville, Tennessee, 1971.

– & GRÖGER, D.: Untersuchung der Alkaloide von *Amanita*-Arten. 1. *Amanita muscaria.* – Planta Medica **12** (1964): 334–339.

– & – Alkaloide von *Amanita*-Arten. 2. *Amanita citrina* und *Amanita porphyria.* – Planta Med. **12** (1964): 397–402.

VASIL'KOV, B. P.: Eßbare und giftige Pilze (russ.). Leningrad 1963.

VESELSKÝ, J.: Je muchomůrka citronová *(Amanita citrina)* zcela neškodná? – Mykol. Zpravodaj **18** (1974): 95–96.

VIERNSTEIN, H., JURENITSCH, J., & KUBELKA, W.: Vergleich des Giftgehaltes der Lorchelarten *Gyromitra gigas, Gyromitra fastigiata* und *Gyromitra esculenta.* – Ernährung, Nutrition **4** (1980): 392–395.

WAGNER, C.: Bemerkenswerte Vergiftungserscheinungen durch *Amanita muscaria* L. – Z. Pilzkd. **21** , no. 17 (1954): 22–24.

WASSON, R. G.: Seeking the magic mushroom. – Life Magazin **42** (1957), No. 19: 100–120.

- Soma, divine mushroom of immortality. – 395 S. The Hague 1968. – Ref.: Schweiz. Z. Pilzkd. **48** (1970): 133–138.

Wasson, V. P., & Wasson, R. G.: Mushrooms, Russia and history. – 2 Bände. New York 1957.

Watkinson, J. H.: Eine Selen akkumulierende Pflanze der feuchten Regionen: *Amanita muscaria.* – Nature (London) **202** (1964): 1239–1240.

Watling, R.: A *Panaeolus* poisoning in Scotland. – Mycopathologia **61** (1977): 187–190.

Wiedmann, R.: Eine Charakterisierung des *Amanita*-Hämolysins und ein Beitrag zum Vorkommen von Hämolysinen in anderen höheren Pilzen. – Diss. Univ. Würzburg, 1973.

Wieland, H., & Hallermayer, R.: Über die Giftstoffe des Knollenblätterpilzes VI. – Liebigs Ann. Chem. **548** (1941): 1.

Wieland, Th.: Über die Giftstoffe der Gattung *Amanita.* – Z. Pilzkd. **39** (1973): 103–112.

- Amatoxine, Phallotoxine – die Gifte des Knollenblätterpilzes. – Chemie in unserer Zeit **13** (1979): 56–63.

- & al.: Antamanid, seine Entdeckung, Isolierung, Strukturaufklärung und Synthese. – Angew. Chem. **80** (1968): 209–213.

Winkelmann, M., & al.: Tödlich verlaufene immunhämolytische Anämie nach Genuß des Kahlen Kremplings *(Paxillus involutus).* – Dtsch. med. Wochenschr. **107** (1982): 1190–1194.

Zimmermann, H., in Küng, W.: Nochmals *Coprinus atramentarius* (Bull. ex Fr.) Fr., Faltentintling. – Schweiz. Z. Pilzkd. **50** (1972): 82–85.

F. Anbau von Speisepilzen

Bavendamm, W.: Über die Möglichkeiten einer künstlichen Zucht von holz- und humusbewohnenden Speisepilzen zur Gewinnung von Eiweiß und Heilmitteln. – Z. Pilzkd. **21** (no. 9) (1951): 9–13.

Bels, P. J.: Gedanken über die Kultur von Speisepilzen. – Mushr. Sci. **VII** (1969): 287–294.

Block, S. S., Tsao, G., & Han, L.: Experiments in the cultivation of *Pleurotus ostreatus.* – Mushr. Sei. **IV** (1959): 309–325.

Bohus, G.: Investigations into the adaptive utilization of I-sorbose by *Agaricus macrosporus.* – Mushr. Sci **VI**, 1967.

Borromeo, J. D.: Some physiological responses and characteristics of *Auricularia polytricha* (Mont.) Sacc. in laboratory culture. – The Philippine Agriculturist **51** (1967): 486–500.

Borromeo, D. J., & Reynolds, D. R.: Cultivation of *Auricularia polytricha.* – Philippine Phytopathol. **2** (1967): 49–52.

Cailleux, R.: La culture d'un champignon de couche tropical: *Psalliota subedulis.* – Mushr. Sci. **VII** (1969): 571–575.

Chang, S. T.: The Chinese Mushroom, *Volvariella volvacea.* Morphology, cytology, genetics, nutrition and cultivation. – Hongkong 1972.

- & Hayes, W. A. (eds.): The biology and cultivation of edible mushrooms. New York and London 1978.

Chi-Lin Luh: Die cultuur van de rijsstro-volvaria *(Volvariella volvacea)* op Taiwan (Formosa), Republik China. – De Champignoncultuur **10** (1966): 304–307.

Chi-Ying Kao: An experiment in Jew's Ear culture on sawdust (chinesisch). – Journ. Hort. Soc. of China **16** (1970) (No. 2): 60–61.

Chiu-Ling Chung & Snetsinger, R.: Bemerkungen über den Reisstrohchampignon. – Der Champignon **7** (1967), H. 68: 29–31.

Dugger, B. M.: Mushroom growing. – New York 1929.

Eger, G.: Untersuchungen über die Funktion der Deckschicht bei der Fruchtkörperbildung

127

des Kulturchampignons *Psalliota bispora* Lge. – Arch. Mikrobiol. **39** (1961): 313–334.

– Ein flüchtiges Stoffwechselprodukt des Kulturchampignons, *Agaricus (Psalliota) bisporus* (Lge.) Sing. mit antibiotischer Wirkung. – Naturwissenschaften **49** (1962a): 261–262.

Eger, G.: Untersuchungen über die Fruchtkörperbildung des Kulturchampignons. Mushr. Sci. V, 1962b.

– Erste Versuche zur Kultur von *Macrolepiota rhacodes* (Vitt.) Singer. – Z. Pilzkd. **30** (1964): 70–88.

Engel, F.: Pilzwanderungen – Wittenberg 1958.

Grabbe, K.: Der Einfluß von Ligninspaltstücken und Huminstoffen auf das Wachstum von Mikroorganismen verschiedener systematischer Stellung. – Mushr. Sci. **VII**, 1969.

Grabbe, K., & Haider, K.: Die Huminstoffbildung und der Stickstoffumsatz bei der Bereitung des Kultursubstrats und während des Wachstums von *Agaricus bisporus*. – Z. Pflanzenernähr. Bodenkd. **129** (1971): 216–226.

Gramss, G.: Der Anbau des Austernseitlings auf Laubholz, I und II. – Champignonanbau 36 und 37, Beilagen zu Deutsche Gärtnerpost, Nr. 25 u. 51, 1974a.

– Die Abhängigkeit einiger holzbewohnender Speisepilze von Umweltfaktoren in der generativen Phase. – Z. Pilzkd. **40** (1974b): 127–136.

– Konkurrenzpilze und Parasiten in den Kulturen holzbewohnender Speisepilze. – Z. Pilzkd. **41** (1975a): 19–30 u. 165–168.

– Die Kultur von Speisepilzen auf Kompaktholz. – Der Champignon **15** (1975b), H. 167.

– Die Pilzkultur auf Holzabfällen. – Der Champignon **15** (1975c), H. 168.

– Ein Champignon für den kommerziellen Anbau auf Mischsubstraten. Der Champignon **16** (1976), H. 181, 3–12.

– *Kuehneromyces mutabilis*. In Chang, S. T.: The biology and cultivation of edible mushrooms. New York and London 1978.

– Das Sterilblockverfahren im *Pleurotus*-Anbau. Der Champignon **17** (1977a), H. 192, 18–29.

– Der Austernseitling auf unsterilen Schüttsubstraten. Beilagen Champignonanbau 43 und 44 zur Deutschen Gärtnerpost (1977b).

– Entwicklungsrichtungen im Anbau von *Lepista nuda* Fr. ex Bulliard 1789. Z. Pilzkd. **43** (1977c): 259–267.

Hisamune, S.: Artifical growing methods of *Pleurotus, Pholiota,* and *Flammulina* (japan.). – Osaka 1968.

Hlaváček, J.: Biologické studie o našich druzích pečárek. – Diss. Prag 1952.

Huhnke, W., & Sengebusch, R. v.: Champignonanbau auf nicht kompostiertem Nährsubstrat. – Mushr. Sci. **VII** (1969): 405–419.

Kersten: Ein Zuchtversuch mit dem Frühen Schüppling (*Pholiota praecox* Pers.). –Z. Pilzkd. **21** (no. 6) (1950): 5–9.

Kindt, V.: Der gegenwärtige Stand in der Entwicklung von synthetischen Substraten. – Champignonanbau 1, Beilage zu Deutsche Gärtnerpost Nr. 12, 1965.

– Versuchsergebnisse zur Zusammenstellung und Anwendung des Dieskauer Substrats (Standard-Substrat). – Champignonanbau 9, Beilage zu Deutsche Gärtnerpost Nr. 13, 1967.

– Champignon und Träuschling selbst angebaut. – Berlin 1974.

Kurtzman jr., R. H.: *Coprinus fimetarius*. In: Chang, S. T., & Hayes, W. A. (eds.): The biology and cultivation of edible mushrooms, S. 393–408. – New York, San Francisco, London 1978.

Lelley, J.: Austernpilze. Anregungen für Produktion und Absatz. – Landwirtschaftskammer Rheinland, Bonn 1974.

– Hasuk, A., Ernst, A. A., & v. Stumpfeldt, W. W.: Untersuchungen über die Einsatzmöglichkeiten des Müllklärschlammkompostes als Substrat und Deckerde im Schopf-tintling-Anbau. – Mitt. Versuchsanstalt Pilzanbau Land.kammer Rheinland Krefeld-Großhüttendorf, Heft 3: 37–42 (1979).

– & Schmaus, F.: Pilzanbau. – 318 S. Stuttgart 1976.

Liese, J.: Der Shiitakepilz. – Natur und Nahrung H. 11/12, 1948.

Lindstädt, Ch.: Schopftintling wächst auch auf Stroh. – Speisepilzanbau 56, Beilage zu Gärtnerpost 1982, Nr. 8

Lippe, T. zur, & Nesemann, G.: Über die Fruchtkörperbildung von *Merulius lacrymans domesticus* Falck. – Arch. Mikrobiol. 34 (1959): 132–148.

Lohwag, K.: *Cortinellus berkeleyanus* Ito et Imai syn. *C. shiitake* P. Henn. Der Shiitakepilz. – Z. Pilzkd. 21 no. 17 (1954): 1–7.

– Konkurrenten des Champignons. – Mushr. Sci. VII (1969): 565–570.

Long, P. E., & Jacobs, L.: Some observations on CO_2 and sporophore initiation in the cultivated mushroom. – Mushr. Sci VII (1969): 373–384.

Luthardt, W.: Die Massenzucht holzbewohnender Speisepilze und die künstliche Stubbenbeimpfung im Walde. – Natur und Nahrung, H. 3/4 und 5/6, 1948.

– Mykoholz-Herstellung, Eigenschaften und Verwendung. In Lyr, H., & Gillwald, W. (Hrsg.): Holzzerstörung durch Pilze. – Berlin 1963.

– Holzbewohnende Pilze. – Wittenberg 1969.

Manz, W.: Untersuchungen über die Kultur und den Lebenszyklus von *Leucoagaricus naucinus* (Fr.) Sing. und *Macrolepiota procera* (Soop. ex Fr.) Sing. – Diss. Univ. Zürich 1971.

Matruchot, L.: La culture du „pied bleu" *(Tricholoma nuda)*. – La culture des champignons comestibles 17, 1908.

Matthews, T. R., & Niederpruem, D. J.: Differentiation in *Coprinus lagopus*. I. Control of fruiting and cytology of initial events. – Arch. Mikrobiol. 87 (1972): 257–268

Modess, O.: Zur Kenntnis der Mykorrhizabildner von Kiefer und Fichte. – Symb. Bot. Upsal. 5, 1941.

Mori, K.: Cultivation of *Flammulina velutipes* and *Volvariella volvacea* in Japan. (Two films.) – Mushr. Sci. VII (1969): 577.

Passecker, F.: Wertvolle Speisepilze unserer Wälder werden zu Kulturpflanzen. – Zschr. Pilzk. 35 (1969): 1–12.

Philipp, A.: Der Anbau von Speisepilzen im Freiland. Champignonanbau 19, Beilage zu Deutsche Gärtnerpost Nr. 42, 1969.

– Austernseitlinge auf Holz und Stroh. – Garten und Kleintierzucht A, 13,2. Januarheft, 1974.

Plunkett, B. E.: Nutritional and other aspects of fruit body production in pure cultures of *Collybia velutipes*. – Ann. Bot. 17 (1953): 193–217.

Poppe, J.: Ein ausgezeichneter 4sporiger *Agaricus,* der mit Erfolg kommerziell angebaut werden kann. – Mushr. Sci. VIII, 1971.

– Natuurstudie en vergelijkende Reinkultuur van obligaat en fakultatief garsbewonende Psaliota's. – Diss. Univ. Gent, 1971/72.

Püschel, J.: Der Riesen-Träuschling, ein neuer Kulturpilz. – Champignonanbau 19, Beilage zu Deutsche Gärtnerpost. Nr. 42, 1969.

– Anleitung für den Anbau von „Spargelkopf". – Champignonanbau 41, Beilage zu Deutsche Gärtnerpost, Nr. 15, 1976.

– & Lindstädt, C.: Speisepilze aus dem eigenen Garten. – Champignonsanbau 23, Beilage zu Deutsche Gärtnerpost, 1970.

Report. Congres International de la Truffe. Spoleto, Italia, 24.–25. Mai 1968.

Ier Report. Congres International de la Trufficulture. Souillac (Lot) France, 7–8 Mai 1971.

Schisler, L. G.: A physiological investigation of sporophore initiation in the cultivated mushroom, *Agaricus campestris* L. – Thesis Pennsylvania State Univ. 1957.

SCHWANTES, H. O.: Wirkung unterschiedlicher Stickstoffkonzentrationen und -verbindungen auf Wachstum und Fruchtkörperbildung von Pilzen. – Mushr. Sci VII: 257–272, 1969.

SINGER, R.: Mushrooms and Truffles. – London, New York 1961.

STANEK, M.: Die Wirkung der zellulosezersetzenden Mikroorganismen auf das Wachstum des Champignons. – Mushr. Sci. VII: 161–172, 1969.

STEINECK, H.: Champignonkultur. – Stuttgart 1970.

TRAPPE, J. M.: Fungus associates of ectotrophic mycorrhizae. – Bot. Rev. 28 (1962): 538–606.

VEDDER, P. J. C.: Moderne Champignonteelt. – Tjeenk Willink Culemborg. 4. Aufl. 1971a.

– Verschiedene Methoden der Kompostierung und Pasteurisierung. – Der Champignon II (1971b) (H. 114): 16–24.

– De teelt van *Agaricus bitorquis*. – Uitgave Centrum voor Champignonteelt Onderwijs, Horst (L.), Holland 1974.

VÉSSEY, E.: Großbetrieb-Produktion des Austernpilzes in Ungarn. – Z. Pilzkd. 34 (1968): 125–135.

– Die großangelegte Produktion von Pilzen auf Holzunterlagen in Ungarn. – Der Champignon 9 (1969), H. 90.

VOLZ, P. A., & BENEKE, E. S.: Nutritional regulation of basidiocarp formation and mycelial growth of Agaricales. – Mycopath. Myc. Appl. 37 (1969): 230.

VOTYPKA, J.: Pokusy s fruktifikací *Lepista nuda* (BULL. ex FR.) COOKE in vitro. Experiments with the fructification of *Lepista nuda* (BULL. ex FR.) COOKE in vitro. – Česká Mykol. 25 (1971): 203–210.

ZADRAZIL, F.: Anbauverfahren für *Pleurotus Florida* FovoSe. – Der Champignon 13 (1973), H. 139.

– & PUMP, G.: Ein Beitrag zur Kulturtechnik von *Flammulina velutipes*. – Der Champignon 13 (1973), H. 141.

– SCHNEIDEREIT, M., PUMP, G., & KUSTERS, H.: Ein Beitrag zur Domestikation von Wildpilzen. – Der Champignon 13 (1973), H. 138.

G. Mykologische Zeitschriften

Ein * vor dem Titel bedeutet, daß die Zeitschrift nicht mehr erscheint oder unter einem anderen Titel fortgesetzt wird.

Abstracts of Mycology. 1967 ff. (Referatenblatt).
Acta Mycologica. Warszawa 1965 ff.
*Acta Mycologica Hungarica. Magyar Gombászati Lapok. Budapest 1944–1947.
Acta Mygologica Sinica. Peking 1982 f.
*Annales Mycologici. Berlin 1903–1944 (42 Bände; fortgesetzt als „Sydowia").
Boletín de la Sociedad Mexicana de Micología. Ciudad México 1968 ff.
Boletín Sociedad Micológica Castellana. Madrid 1976 ff.
Boletus. Halle 1977 ff.
Bollettino del Grupo Micologico de Trento. Trento.
Bulletin of Mycology. Lahore (Pakistan) 1980 ff.
*Bulletin de la Société Mycologique de Genève. Genf 1914–1936 (13 Bände).
Bulletin Trimestriel de la Société Mycologique de France. Paris 1885 ff.
Časopis Československých Houbařů (Mykologický Sborník). Praha 1919 ff.
Česká Mykologie. Praha 1947 ff.
Coolia. Leiden (Niederl.) 1954 ff.
Cryptogamie Mycologie. Paris 1980 ff.
*Deutsche Bläter für Pilzkunde. Wien 1939–1944 (6 Bände).
Documents Mycologiques. Lille 1971 ff.

Experimental Mycology. New York etc. 1977 ff.
Folia Cryptogamica Estonica. Tartu 1972 ff.
*Friesia. Nordisk Mykologisk Tidsskrift. Kobenhavn 1931–1980 (10 Bände; fortgesetzt in „Nordic Journal of Botany“).
*Fungus. Wageningen (Niederl.) 1929–1958 (28 Bände).
Göteborgs Svampklubbs Årsskrift. Göteborg 1971 ff.
*Grevillea. A Quarterly Record of Cryptogamic Botany and its Literature. London 1872–1892 (20 Bände).
*Hedwigia. Archiv für Kryptogamenkunde. Dresden 1852–1944 (älteste Zeitschrift für Krypotogamenkunde, 82 Bände; fortgesetzt als „Nova Hedwigia“).
International Journal of Mycology and Lichenology. Braunschweig 1982.
*Journal of Mycology. Manhattan (USA) 1885–1908 (14 Bände; fortgesetzt als „Mycologia“).
Karstenia. Forssa (Finnland) 1950 ff.
Kavaka. Transactions of the Mycological Society of India. Madras 1973 ff.
*L'Amateur de Champignons. Paris 1908–1924.
*Mededelingen van de Nederlandse Mykologische Vereeniging. 1910–1952 (30 Bände; fortgesetzt als „Coolia“).
*Metrodiana. Stuttgart 1970–1980 (9 Bände).
Micologia Italiana. Bologna 1972 ff.
Mikológiai Közlemények. Budapest 1963 ff.
Mikologija i Fitopatologija. Leningrad 1967 ff.
*Mitteilungen der Gesellschaft für heimische Pilz- und Pflanzenkunde. Bremen 1919–1938 (4 Bände).
Mycologia. New York, früher Lancaster (USA), 1909 ff.
*Mycologisches Centralblatt. Zeitschrift für Allgemeine und Angewandte Mycologie. Jena 1912–1915 (4 Bände).
Mycopathologia (zeitweilig: Mycopathologia et Mycologia Applicata). Den Haag (Niederl.) 1950 ff.
Mycophile, The. North American Mycological Association. Portsmouth, Ohio, 1972 ff.
Mycotaxon. Ithaca, N. Y. (USA) 1974 ff.
*Mykologia. Praha 1924–1931 (8 Bände; fortgesetzt als „Česká Mykologie“).
Mykologické Listy. Praha 1980 ff.
Mykologický Sborník: siehe Časopis Československých Houbařů.
*Mykologický Zpravodaj. Brno 1957–1977 (21 Bände).
Mykologisches Mitteilungsblatt. Halle 1957 ff.
*Nagaoa. Mycological Journal of the Nagaoa Institute. Kitasinagawa (Japan) 1952–1955.
Nova Hedwigia. Zeitschrift für Kryptogamenkunde. Lehre (BRD) 1959 ff.
*Ohio Mycological Bulletin. Columbus, Ohio (USA) 1903–1908.
*Österreichische Mycologische Zeitschrift. Wien 1937–1938 (2 Bände; fortgesetzt als „Deutsche Blätter für Pilzkunde“).
Persoonia. Leiden (Niederl.) 1959 ff.
*Pilz- und Kräuterfreund, Der. Heilbronn 1917–1921 (5 Bände; fortgesetzt als „Zeitschrift für Pilzkunde“).
Rassegna Micologica Ticinense. Chiasso-Lugano 1968 ff.
*Revue de Mycologie. Paris 1936–1979 (fortgesetzt als „Cryptogamie Mycologie“).
*Revue Mycologique. Toulouse 1879–1906 (älteste mykologische Zeitschrift, 28 Bände).
Rickia. São Paulo (Brasilien) 1962 ff.
Schweizerische Zeitschrift für Pilzkunde. Bulletin Suisse de Mycologie. Bern 1923 ff.
Sterbeeckia. Antwerpen 1963 ff.
Südwestdeutsche Pilzrundschau. Stuttgart 1965 ff.
Svampe. Ballerup (Dänemark) 1980 ff.

Sveriges Mykologiska Förening Medlemsblad. 1980 ff.
Sydowia. Annales Mycologici Ser. II. Horn (Österreich) 1947 ff.
Transactions of the British Mycological Society. Cabridge (Großbrit.) 1922 ff.
Transactions of the Mycological Society of India: siehe Kavaka.
Transactions of the Mycological Society of Japan. Tokyo 1960 ff.
Westfälische Pilzbriefe. Detmold, früher Recklinghausen (BRD) 1957 ff.
Zeitschrift für Mykologie. Schwäbisch Gmünd 1978 ff.
*Zeitschrift für Pilzkunde. Schwäbisch Gmünd, früher Leipzig, Darmstadt, Karlsruhe, Bad
   Heilbrunn, Lehre (BRD), 1922–1977 (43 Bände; fortgesetzt als „Zeitschrift für Myko-
   logie").

H. Zeitschriften für den Anbau von Speisepilzen

Bulletin de la Féderation Nationale des Syndicats Agricoles des Cultivateurs de Champig-
   nons. Paris 1950 ff.
Champignon, Der. Bonn 1961 ff.
*Champignonanbau. Beilage zu: Gärtnerpost. Berlin 1965–1981 (55 Nummern; fortgesetzt
   als „Speisepilzanbau").
Champignoncultuur, De. Horst (Niederl.) 1957 ff.
*MGA Bulletin. Monthly journal of the Mushroom Growers' Association. London
   1949–1972 (276 Hefte; fortgesetzt als „The Mushroom Journal").
Mitteilungen der Versuchsanstalt für Pilzanbau der Landwirtschaftskammer Rheinland.
   Krefeld-Großhüttenhof (BRD) 1977 ff.
*Mushroom Digest. Santa Cruz, Calif. (USA), 1962–1963 (12 Hefte).
Mushroom Journal, The. Monthly journal of the Mushroom Growers' Association. Lon-
   don 1973 ff.
Mushroom News. Kennet Square, Pa. (USA), 1950 ff.
Mushroom Newsletter for the Tropics. The International Mushroom Society for the Tro-
   pics. Hong Kong 1980 ff.
Mushroom Science. Proceedings of the International Congress of Mushroom Science.
   London 1950–1981 (11 Bände).
Pěstování hub. Beilage zu: Časopis Československých Houbařů. Praha 1976 ff.
Speisepilzanbau. Beilage zu: Gärtnerpost. Berlin 1982.
Věstník pěstitelů. Sekce pěstitelů žampiónů Československé mykologické společnosti.
   Praha 1965 ff.

SPEZIELLER TEIL

Abbildungen und Beschreibungen der Pilze

1. Grüner Knollenblätterpilz

Tödlich giftig

Amaníta phalloídes (Fr. 1821) Link 1833

Kennzeichen: grünlicher Hut, weiße Blätter, auffallender manschettenartiger Ring, knolliges Stielende in einer scheidenartigen, gelappten Hülle, die beim Herausnehmen häufig in der Erde steckenbleibt.

Hut: olivgrün in den verschiedenen Schattierungen (Mitte mitunter olivbräunlich, meist dunkler gefärbt als der Rand), hellgrünlichgrau, häufig auch weißlich, wenn ausgeblaßt; anfangs halbkugelig, später flachgewölbt oder ausgebreitet, 4–12 cm. Oberhaut mit feiner, zarter, dunkler Radialfaserung, abziehbar, jung sowie bei feuchtem Wetter klebrig, trocken mit mattem, seidigem Glanz, selten mit weißen Hüllfetzen.

Blätter: weiß, im Alter grüngelblich überhaucht, weich, am Stiel angeheftet.

Stiel: weißlich, meist mit schwach grünlichem, zickzackartigem Bandmuster, das bei Trokkenheit durch Zerreißen der äußeren Schicht entsteht, 8–15 cm hoch, 1–2,2 cm dick, jung innen markig ausgefüllt, später hohl, sehr biegsam, krümmt sich bei waagerechter Lagerung, nach oben schwach verjüngt und häufig gestreift. Im oberen Drittel mit einem weißlichen, bisweilen blaßgrünlichen, schlaff herabhängenden, fein gerieften, manschettenartigen Ring, dem Rest einer häutigen inneren Hülle, die zwischen Stiel und Blattrand ausgespannt war. Am unteren Ende hat der Stiel eine halbunterirdische Knolle, die in einer weißlichen, innen mitunter schwach grünlichen, häutigen, weiten, sackartigen Hülle (Scheide = Volva) steckt. Die abstehende, halbfreie, nur am Grunde der Stielknolle angewachsene Hülle ist gelappt und bildet den Rest einer Haut (äußere Hülle), die den Pilz im Jugendzustande gleich einer Eischale vollkommen umgeben hat. Von ihr bleiben beim Aufreißen manchmal weißliche Hautfetzen auf dem Hut und die häutigen Lappen in Höhe der Knolle zurück. Bei eventuellem Abschneiden des Pilzes (richtig ist vorsichtiges Herausheben) bleibt die Knolle in der Erde; dadurch wird das Hauptkennzeichen dieses Giftpilzes übersehen.

Fleisch: weiß, zart, unter der Huthaut gelbgrünlich.

Sporen: farblos, amyloid, fast kugelig, 8–11 × 7–9 µm. Sporenstaub weiß.

Wert: Gefährlichster Giftpilz, den jeder Sammler kennen muß (vgl. S. 59)!

Vorkommen: Juli bis November in Laubwald und Parkanlagen, unter Eiche, Rotbuche, seltener Linde oder (im Hochgebirge) Nadelbäumen, besonders auf nährstoffreichen Böden. In ganz Mittel- und Südeuropa; nördlich bis Schottland, Oslo, Stockholm und SW-Finnland; in den Alpen bis 1500 m ü. M. Meist häufig.

Synonym: *Amanitina phalloides* (Fr.) Gilb. in Bres. 1940.

2. Weißer Knollenblätterpilz, Frühlings-Wulstling

Tödlich giftig

Amaníta vérna (Bull. 1782 : Fr. 1821) Lamk. vor 1801

Kennzeichen: Ähnlich dem Grünen Knollenblätterpilz, jedoch Hut kleiner (5–8 cm breit), rein weiß oder am Scheitel ockerlich, nicht radialfaserig. Stiel weiß, mit häutigem Ring, über diesem gerieft; Basis mit feiner, häutiger Volva.

Vorkommen: Mai bis September unter Eichen auf neutralen und Kalkböden; in Mitteleuropa selten, häufiger in Südeuropa.

Synonym: *A. phalloides* var. *vérna* (Bull.: Fr.) Rea 1922.

1. **Grüner Knollenblätterpilz,** *Amaníta phalloídes.* Nat. Gr.
2. **Weißer Knollenblätterpilz,** *Amaníta vérna.* 1/2 nat. Gr.

3. Spitzhütiger Knollenblätterpilz, Kegelhütiger Wulstling

Tödlich giftig

Amaníta virósa (Fʀ. 1838) Bᴇʀᴛɪʟʟᴏɴ 1866

Kennzeichen: weißer, oft spitzkegeliger Hut, sehr langer, faseriger Stiel mit schwachem, zerfetztem Ring. Sonst im Bau mit dem Grünen Knollenblätterpilz übereinstimmend. Meist im Nadelwald.

Hut: weiß, später von der Mitte aus ins Gelbliche verfärbend, klebrig, bei Trockenheit seidig glänzend. Meist kegelig-glockig bis spitzkegelig, im Alter aber auch ausgebreitet, kleiner als der des Grünen Knollenblätterpilzes, 4–10 cm breit. Rand lange eingebogen, meist bleiben Überreste des recht vergänglichen Schleiers (innere Hülle) an ihm hängen.

Stiel: lang, schlank, 8–15 cm, längsfaserig-rissig, seidig glänzend und weiß. Schleier sehr dünnhäutig, bleibt als fetzig-zerrissene Manschette am Stiel, kann aber im Alter verschwinden.

Knolle: mit häutiger, oft anliegender Scheide.

Fleisch: weiß, unangenehm riechend (süßlich-rettichartig).

Sporen: kugelig, 10–13 × 9–12μm, farblos, amyloid.

Natronlauge färbt Hutoberhaut und Fleisch zitronengelb.

Vorkommen: Juli bis Oktober im Laub- und Nadelwald, unter Rotbuche, Birke, Eiche und Fichte, auf sauren Böden. Zerstreut in den Mittel- und Hochgebirgen (in den Alpen bis 1400 m ü. M.) sowie im Skandinavien; selten im Flachland Mitteleuropas.

Pseudonym: *Amanita vérna* sensu Fʀɪᴇs 1821, Rᴇᴀ 1922, Sɪɴɢᴇʀ 1962 und Mᴏsᴇʀ 1967, non Bᴜʟʟ. 1782: Fʀ. (vgl. Nr. 2).
Verwechslung: Die tödlich giftigen Knollenblätterpilze Nr. 1–3 werden von Pilzsammlern ohne genügende Fachkenntnisse manchmal für Champignons, grüne Täublinge oder Grünlinge gehalten; der Grüngelbe Ritterling (*Tricholóma sejúnctum*, Nr. 68) ist in der Hutfarbe dem Grünen Knollenblätterpilz oft täuschend ähnlich. Man beachte folgende Unterschiede:
Champignons (*Agáricus*-Arten, Nr. 17–28) haben in reiferen Stadien rötliche bis dunkelbraune Blätter, was bei Knollenblätterpilzen nie vorkommt; außerdem haben Champignons niemals eine Knolle mit häutiger Hülle.
Täublinge (*Rússula*-Arten, Nr. 117–131) haben zwar oft weiße Blätter wie die Knollenblätterpilze, haben aber weder Knolle noch Ring und sind an ihrem brüchigen Fleisch leicht erkennbar.
Ritterlinge (*Tricholóma*-Arten, Nr. 66–80) haben ebenfalls weder Knolle noch Ring; der Grünling (*T. equéstre*, Nr. 66) hat überdies gelbe Blätter (Lamellen), was bei Knollenblätterpilzen nicht vorkommt. Diese Unterschiede sollte sich jeder Pilzfreund einprägen, bevor er überhaupt Blätterpilze zu sammeln beginnt.

3. Spitzhütiger Knollenblätterpilz, *Amaníta virósa*. Nat. Gr.

4. Gelber Knollenblätterpilz

Giftig

Amaníta citrína (SCHAEFF. 1774) PERS. 1797

Kennzeichen: Knolle derb gerandet ohne häutige Scheide, breite, fetzige Hüllreste auf gelblich-weißem Hut, Kartoffelkeimgeruch.

Hut: gelblich in verschiedenen Schattierungen, bes. grüngelblich, strohgelblich, aber auch weiß. Zuerst halbkugelig, dann ausgebreitet, mitunter in der Mitte vertieft, fleischig, 4–-10 cm breit. Rand glatt, nicht gerieft.

Oberhaut: klebrig, glänzend, abziehbar, mit gleichfarbigen, im Alter gelblich-bräunlichen, unregelmäßig zerrissenen Hautfetzen oder Warzen (Resten einer allgemeinen Hülle), die jedoch oft vom Regen abgewaschen sein können.

Blätter: weißlich, später blaßgelblich, weich, eng, frei, mit flockiger Schneide.

Stiel: weiß, gelblich überhaucht, schlank, bis 12 cm hoch, 7–12 mm dick, mit blaßgelblichem, hängendem Ring (Manschette) als Rest einer inneren Hülle zwischen Hutrand und Stiel, welche die Blätter lange Zeit verdeckt.

Knolle: meist sehr derb und dick, wenn auch schwammig und rundlich, durch einen kantig gerandeten Wulst vom Stiel abgesetzt, Hülle an der Knolle angewachsen; ausnahmsweise an der Knolle auch lappige Hüllreste, die bei Berührung leicht abfallen.

Fleisch: weiß, weich, mit dumpfen Geruch nach Kartoffelkeimen.

Geschmack: roh, widerlich, rettich- oder rübenartig.

Sporen: kugelig, 7–10 µm, amyloid, Sporenstaub weiß.

Wert: Der Gelbe Knollenblätterpilz ist nicht, wie früher angenommen wurde, tödlich giftig. Dennoch ist er ein Giftpilz – er enthält Bufotenin – und außerdem nicht schmackhaft. Die Verwechslungsgefahr mit den stark giftigen Knollenblätterpilzen Nr. 1–3 ist besonders dann gegeben, wenn Regenfälle die Hüllreste von der Hutoberfläche abgewaschen haben. Man vergleiche auch den Narzissengelben Wulstling (Nr. 10).

Vorkommen: Juli bis Anfang November im Laub- und Nadelwald (unter Rotbuche, Eiche, Birke, Kiefer, Fichte und Tanne), besonders auf sauren und neutralen Böden. Häufig in ganz Mittel- und Südeuropa; fehlt in höheren Gebirgslagen (DDR oberhalb 750 m, ČSSR 900 m, Schweiz 1300 m) und in Skandinavien nördlich des 61. Breitengrades (Verbreitungsgrenze der Eiche!).

Anmerkung: *A. citrína* var. *álba* (GILL. 1874) GILB. 1918 ist eine häufige Abart mit elfenbeinweißem Hut und Stiel, ansonsten völlig dem Gelben Knollenblätterpilz gleichend und ebenfalls giftig.

Synonym: *A. máppa* (BATSCH 1783) QUÉL. 1872.

4. Gelber Knollenblätterpilz, *Amaníta citrína.* Nat. Gr.

5. Pantherpilz

Stark giftig

Amanita panthérina (DC. 1815: Fr. 1821) Krbh. 1836

Kennzeichen: bräunlich-graubräunlich-gelbbräunlich, mit vielen kleinen weißen Flocken, gerieftem Hutrande, hängender schmaler, ungeriefter, ringartiger Manschette, wulstig-gerandeter Knolle (schmaler Randsaum).

Hut: bräunlich-grau-gelbbräunlich, selten weißlich, im Gebirge auch schwarzbräunlich, mit deutlich gerieftem Rande und vielen kleinen weißen ± konzentrisch angeordneten Hüllflocken auf der Oberhaut, die vom Regen leicht abgewaschen werden, anfangs feucht oder schmierig, trocken glänzend. Zuerst halbkugelig, später flach ausgebreitet dünnfleischig, 4–10 cm breit. Oberhaut abziehbar.

Blätter: weiß, weich, dichtstehend, angeheftet.

Stiel: weiß, schlank, zartflockig, faserig, zuletzt innen hohl, 5–12 cm lang, 0,5–2 cm dick, am Grunde mit einer wulstig-gerandeten Knolle, in die der Stiel eingepfropft ist. Zuweilen mit mehreren, undeutlicher werdenden Gürtelzonen über der Knolle. Er trägt einen erst abstehenden, dann abwärts geschlagenen, schließlich anliegenden weißen Ring (Manschette).

Fleisch: weiß, unter der Haut kaum dunkler, mit schwachem rettichartigem Geruch und schwach süßlichem Geschmack. Zerbrechlich.

Sporen: farblos, ellipsoid, 8,8–12,3 × 7–9 µm, nicht amyloid. Sporenstaub weiß.

Wert: Verursacht alljährlich zahlreiche schwere Vergiftungen, die jedoch infolge der schnellen Giftwirkung (Ibotensäure, Muszimol, Bufotenin, vgl. S. 67–72, 77) meist rechtzeitig erkannt werden und daher selten tödlich enden.

Vorkommen: Juli bis Anfang November im Laub- und Nadelwald, auf sauren und neutralen Böden, fast allgemein verbreitet, besonders häufig in Sandgebieten (z. B. um Potsdam, Berlin).

Anmerkung: In den Mittelgebirgen kommt vereinzelt eine Abart von kompakterer Form, mit ungerieftem Hutrand vor: var. *abietum* (Gilb. 1925) Veselý 1934 (siehe Bd. III/7).

Verwechslungen sind möglich mit dem gleichfalls giftigen Braunen Fliegenpilz (*A. regális*, Nr. 9), dem eßbaren Grauen Wulstling (*A. excélsa*, Nr. 6) und dem eßbaren Perlpilz (*A. rubéscens*, Nr. 7). Man beachte strengstens die Merkmale der Knolle und Scheide, des Hutrandes und der Manschette, wodurch sich die vier Arten unterscheiden.
Die braunen Waldchampignons (*Agáricus*-Arten, Nr. 20–22) haben rötliche bis dunkelbraune Blätter und an der Stielbasis keine Scheide.
Alle hier genannten Pilze dürfen nur von erfahrenen Kennern gesammelt werden!

5. Pantherpilz, *Amanita panthérina.* Nat. Gr.

6. Grauer Wulstling, Gedrungener Wulstling, Grauer Perlpilz

Eßbar

Amaniita excélsa (FR. 1821) BERTILLON 1866

Kennzeichen: Geriefte Manschette, bald grau werdende Farbe der Hüllreste und des Stieles. Hutrand ungerieft.

Hut: graubraun, aschgrau, schwärzlichgrau, mit zuerst weißlichen, dann grau werdenden Hüllflocken dicht und meist konzentrisch besetzt; ursprünglich mit einer zusammenhängenden weißen, aber bald grau werdenden Hülle bedeckt, die sich in Fetzen und Schollen oder in mehlige Warzen auflöst und leicht abwischbar ist; derbfleischig, 5–12 cm breit und darüber, Rand glatt, meist ungerieft; Oberhaut oft faserig-rissig.

Blätter: weiß, weich, an der Schneide flockig, bauchig breit, hinten abgerundet, angeheftet.

Stiel: anfangs weiß, bald mehr oder weniger grau, bes. über dem Ring, unter ihm ⊂ᴸ bräunlich und flockig gegürtelt oder schuppig zerklüftet; sehr kräftig und stämmig, 8–12 cm hoch, 1,5–2 cm dick. Die Manschette wird bald unterseits grau, oberseits bleibt sie weiß und ist mit Riefen bedeckt, die oft bis an die Stielspitze hinauflaufen; ziemlich breit, lange Zeit vom Stiel abstehend. Knolle oft etwas stärker gebräunt, ungerandet, derb, 2–3 cm dick, nach unten stumpf verjüngt, nach oben allmählich in den Stiel übergehend, nur mit 1–3 cm undeutlichen Schuppengürteln, oder kahl.

Fleisch: unter der abgezogenen Oberhaut in der Hutmitte etwas grau, sonst weiß, neigt aber zu bräunlicher Verfärbung. Riecht dumpf, teils an Rüben oder Rettich, teils an Kartoffeln erinnernd. Geschmack mehr rübenartig, zuerst etwas süßlich, schl. eigenartig zusammenziehend. Phenol färbt das Fleisch rasch weinrot, Schwefelsäure purpurlich.

Sporen: kurz-oval, 8–10 × 5–8 µm, amyloid, Sporenstaub weiß.

Wert: Der Pilz wird in Gegenden, wo er häufig ist, viel gegessen, sei aber nur erfahrenen Pilzkennern empfohlen.

Vorkommen: Juni bis Oktober im Laub- und Nadelwald auf sauren und neutralen Böden, gebietsweise sehr häufig (z. B. in Sachsen), anderwärts zerstreut und meist seltener als der ähnliche Pantherpilz.

Anmerkung: Eine sehr variable Art. Die typische, schlankstielige und meist blasse Form (f. *excélsa*) ist in Bd. III/4 abgebildet. Die hier abgebildete, dunklere und gedrungene Form wurde früher als besondere Art *(A. spissa)* angesehen.

Synonyme: *Amanita ámpla* PERS. 1801, *Amplariélla ámpla* (PERS.) GILB. in BRES. 1940, *Amaníta spissa* (FR. 1838) KUMM. 1871.

Verwechslungen: Die verwandten, aber stark giftigen Arten Pantherpilz *(A. panthérina*, Nr. 5) und Brauner Fliegenpilz *(A. regális*, Nr. 9) unterscheiden sich durch gerieften Hutrand, ungeriefte Manschette und deutliche Hüllreste an der Stielknolle. Man vergleiche ferner den seltenen Rauhen Wulstling *(A. franchétii*, Bd. III/6) mit gelblichen Hüllresten und gelb gerandetem Ring.

6. Grauer Wulstling, *Amanita excélsa.* Nat. Gr.

7. Perlpilz

Eßbar

Amaníta rubéscens PERS. 1797: FR. 1821

Kennzeichen: schmutzigrötlicher bis bräunlicher Hut mit flachen, perlartigen Pusteln; rosa bis weinrötlich verfärbendes Fleisch; weiße, geriefte Manschette; Knolle nicht abgesetzt, allmählich in den Stiel übergehend.

Hut: blaßrötlich bis braunrot, gelbbraun, graugelb bis grauweißlich, mit grauweißen oder rötlichgrauen, flachen, warzenartigen Pusteln bedeckt, die durch Regen abgewaschen sein können, halbkuglig, später flach, 6–15 cm breit, fleischig. Oberhaut leicht abziehbar, Fleisch darunter blaßrötlich.

Blätter: weiß, später rötlich gefleckt, ziemlich breit, weich, eng, angeheftet.

Stiel: anfangs weiß, später rötlichweiß, ebenso an verletzten Stellen, am Grunde stärker rötlich, oft derb und kräftig, häufig aber auch dünn und schmächtig, erst voll, dann schwammig ausgestopft bis hohl, bis 16 cm hoch und 3 cm dick, aufwärts verjüngt. Über dem Ring bis zum Hut weiß gestreift, unter dem Ring faserig-flockig oder kleinschuppig. Am Grunde sitzt meist eine zwiebel- oder rübenförmige Knolle (bis 4 cm dick, aber bei schmächtigen Exemplaren kaum vorhanden), die aber nie abgesetzt ist, sondern allmählich in den Stiel verläuft und manchmal undeutliche Warzenringe im oberen Teil aufweist. Ring weiß, höchstens auf der Unterseite etwas rosa, groß, manschettenartig, meist herabhängend, auf der Oberseite gerieft.

Fleisch: weiß, zart, unter der Huthaut rötlich bis braunrötlich, färbt sich an Schnittflächen langsam rötlich, bes. an Madenfraßstellen, ist mitunter lange unveränderlich weiß, färbt sich aber bei längerem Liegen rötlich.

Geruch: unbedeutend.

Geschmack: anfangs süßlich, später unangenehm, etwas kratzend.

Sporen: farblos, ellipsoid, 7–10 × 5–7 μm, amyloid. Sporenstaub weiß.

Wert: Guter Speisepilz, jedoch nach VIOLA roh giftig. Der Pilz ist leicht verderblich und kann in verdorbenem Zustand Verdauungsstörungen hervorrufen; solche Exemplare sind bei trockener Witterung nicht leicht kenntlich, Vorsicht! Die Beschreibung eines angeblich giftigen Falschen Perlpilzes, *A. pseudorubéscens* HERRFURTH 1935, scheint auf solchen Trockenwetterformen zu beruhen.

Vorkommen: Juni bis Anfang November im Laub- und Nadelwald, auf Sand-, Lehm-, Kalkböden u. a., jedoch nicht in Mooren. Vom Flachland bis in die Kammlagen der Mittelgebirge allgemein häufig.

Anmerkung: Das Aussehen des Perlpilzes ist nach Standort und Witterung recht veränderlich, z. B. haften die Hüllreste der Huthaut bei trockenem Wetter fest an, bei Regen werden sie abgewaschen. Der Stiel ist bei Trockenheit auffallend quergebändert (genattert).

Eine häufige Abart, var. *annulosulphúrea* GILL. 1874, hat schwefelgelbe Manschette und Stielspitze, der Hut ist relativ klein (4–7 cm breit) und kann am Rande kurz gerieft sein. Auf sauren Böden nicht selten.

7. Perlpilz, *Amaníta rubéscens.* Nat. Gr.

8. Roter Fliegenpilz

Giftig

Amaníta muscária (L. 1753) Pers. 1797

Kennzeichen: rote Huthaut, meist mit zahlreichen weißen Perlen, zitronengelbe-orangefarbige Fleischzone unter der Huthaut, abgesetzte Knolle mit warzigen Gürteln.

Hut: leuchtend scharlachrot bis orangegelb, ausgeblaßt gelbbräunlich, schmierig glänzend. In der Jugend von einer dicken, aber schorfartig bröckligen weißen Hülle bedeckt, die sich bald würfelig-warzig zu zahlreichen Perlen auflöst, die jedoch leicht abgewaschen werden. Kugelig bis ausgebreitet oder niedergedrückt, bis 20 cm breit, fleischig. Rand glatt, später schwach gerieft.

Blätter: weißlich bis blaßgelblich, hinten bald frei, bauchig-breit, gedrängt, weich.

Stiel: weiß, höchstens schwefelblaß, etwas flockig, voll bis hohl, bis 20 cm hoch, 1,5 bis 2,5 cm dick. Manschette (Ring) groß, weiß, seltener blaßgelb, schlaff hängend, feinflockig, oft warzig gesäumt und dadurch am Rande verdickt. Am Grunde mit einer kugeligen bis eiförmigen, starken, weißen oder gelblichen Knolle, die mit der allgemeinen Hülle verwachsen ist und durch konzentrisch warzige Gürtel als Reste der allgemeinen Hülle abgesetzt ist.

Fleisch: weiß, unter der Huthaut tief orange- bis zitronengelb durchgefärbt, im Querschnitt als rotgelbe Linie erscheinend. Geruch und Geschmack unbedeutend. Karbol färbt das Fleisch langsam weinrot.

Sporen: ellipsoid, $9–11 \times 6–9\mu m$, nicht amyloid. Sporenstaub weiß.

Wert: Der Rote Fliegenpilz ist zweifellos ein gefährlicher, mitunter tödlich wirkender Giftpilz. Er enthält eine ganze Anzahl von Giftstoffen (Ibotensäure, Muszimol, Muskazon, Muskarin, Cholin, Azetylcholin und Bufotenin), deren Wirkung auf S. 67–72, 77 beschrieben ist. Keinesfalls ist er, wie manche Leute glauben, nach Abziehen der Huthaut ungefährlich. Der Name Fliegenpilz geht auf den Brauch zurück, gezuckerte Fliegenpilzstücke mit Milch zu übergießen und dieses Gemisch als Lockmittel für Fliegen zu verwenden, die daran zugrunde gehen.

Vorkommen: August bis November im Laub- und Nadelwald, im Flachland fast stets unter Birken, im Gebirge unter Fichten, vorwiegend auf sauren Böden (Sand, Torf, Silikatgestein), seltener auf neutralen Böden (Geschiebelehm). Vom Flachland bis in die Kammlagen der Mittelgebirge allgemein verbreitet, in den Alpen bis 2 100 m ansteigend (Favre 1960), im Norden bis nach Island und in die Tundrenzone verbreitet.

Verwechslung: Bei Regenwetter können die weißen Hüllflocken gänzlich vom Hut abgewaschen sein; durch Manschette und Knolle ist der Fliegenpilz dann von roten Täublingen leicht zu unterscheiden. Junge Fliegenpilze, die noch völlig von der weißen Hülle umschlossen sind, können für Boviste oder junge Steinpilze gehalten werden. Beim Zerschneiden bemerkt man jedoch unter dem Hutscheitel eine kräftige orangerote Linie.

Synonyme: *Agaricus imperiális* Batsch 1783; *Amanita formósa* Pers. 1797; *A. muscária* var. *formósa* (Pers.) Gonnermann & Rabh. 1869.

8. Fliegenpilz, *Amaníta muscária.* 2/3 nat. Gr.

9. Königs-Fliegenpilz, Brauner Fliegenpilz

Giftig

Amaníta regális (Fr. 1821) Michael 1903

Kennzeichen: Dem Roten Fliegenpilz gleichend, jedoch mit brauner Huthaut und mehreren (3–5) Flockengürteln an der Stielknolle.

Hut: umbrabraun, meist mit weißen, doch auch blaßgelblichen, meist konzentrisch angeordneten Hüllflocken, klebrig, glänzend, 5–20 cm breit, am Rande im Alter dicht-, oft sogar höckerig-gerieft. Zuerst fast kugelig und der Rand dicht an den Stiel gepreßt.

Blätter: weiß, angeheftet, gedrängt, mit flockiger Schneide.

Stiel: weißlich bis gelblich-weiß, mit hängendem oder anliegendem leicht hinfälligem, hellgelbem, am Rande dunkler gelbem Ring, die Knolle mit mehreren Schuppengürteln.

Fleisch: unter der Huthaut rotbraun oder bräunlichgelb, im Stiele gelblichweiß.

Sporen: wie beim Roten Fliegenpilz.

Vorkommen: Juli–September in Fichtenwäldern auf saurem Gestein (Schiefer, Phyllit, Gneis u. a.) im Bereich der Mittelgebirge oberhalb 400 m (Dörfelt 1966), z. B. im Harz, Thüringer Schiefergebirge, Erzgebirge, ČSSR, Karpaten; ferner nicht selten in Skandinavien bis nach Lappland; in West- und Südeuropa selten oder fehlend, ebenso in den Alpen. Die Angabe von Fries, wonach der Pilz in Buchenwäldern Schwedens (Småland) vorkommt, wurde nicht bestätigt.

Verwechslung: Man vergleiche den Pantherpilz (*A. panthérina*, Nr. 5 und Bd. III/7), und den Grauen Wulstling (*A. excélsa*, Nr. 6 und Bd. III/4). Das Fleisch dieser Arten ist unter der Huthaut weiß bis grau, nicht gelbbraun.

Synonyme: *Agáricus muscárius regális* Fr. 1821, *Amanita muscária* var. *regális* (Fr.) Sacc. 1887, *A. muscária* var. *umbrina* (Fr. 1838) Sacc. 1887, *A. emílii* Riel 1907.

9. Königs-Fliegenpilz, *Amanita regális.* Nat. Gr.

10. Narzissengelber Wulstling

Giftverdächtig

Amaníta gemmáta (Fr. 1838) Bertillon 1866

Kennzeichen: zart, zerbrechlich, gelbliche Hutfarbe, geriefter Hutrand, schwacher, vergänglicher, zuweilen fehlender Ring, birnenförmig-wurzelnde, scharf-gerandete abziehbare Scheide, weiches geruchloses Fleisch, frühzeitiges Auftreten, sehr variierend in Form, Größe und Farbe.

Hut: zitronen- bis narzissengelb, blaß bernsteingelb, im Alter blasser, selten mit rötlichen Flecken, mit schmieriger, trocken glänzender Oberhaut, Rand bald kurzgereift, mit weißen, flockigen, vergänglichen Hüllresten, gewölbt, dann flach, 4–10 cm breit.

Blätter: weißlich, breit, abgerundet, frei und an der Schneide flockig.

Stiel: weißlich, sehr weich, dünn, schlank, bis 10 cm hoch, bis 0,8 cm dick. Manschette weiß, recht vergänglich, häufig fehlend.

Knolle: birnenförmig, von der verdickten Scheide gebildet, mit freiem, scharfem Rand den Stiel umschließend.

Fleisch: weiß, unter der Huthaut leicht gelblich, durch Natronlauge gelborange, ohne besonderen Geruch.

Sporen: farblos, ellipsoid, 9,5–11,5 × 7–9 μm, nicht amyloid. Sporenstaub weiß.

Wert: Nach Alder, Pilát, Kubička u. a. giftig, doch konnte bisher keines der bekannten Amanita-Gifte nachgewiesen werden. Italienische Autoren (Cetto, Viola) bezeichnen ihn als ausgezeichneten Speisepilz. – Nach Tyler (1971) gibt es in Nordamerika Zwischenformen zwischen dem Narzissengelben Wulstling und dem Pantherpilz; diese Formen enthalten geringe Mengen der Giftstoffe Ibotensäure und Muszimol, welche beim Pantherpilz reichlicher vorkommen und beim Narzissengelben Wulstling fehlen.

Vorkommen: Mai bis November im Nadel- und Mischwald, hauptsächlich in Kiefernwäldern auf Sandboden, doch auch in thermophilen Laubwäldern. Ziemlich häufig in Süd- und Mitteleuropa, selten in Skandinavien, fehlt in höheren Gebirgslagen.

Verwechslungen: Vom Gelben Knollenblätterpilz (*A. citrina*, Nr. 4) durch Knollenform und mangelnden Geruch unterschieden; nach Abfallen der vergänglichen Manschette kann *A. gemmáta* für einen Streifling (Nr. 12–14) gehalten werden. Vgl. auch Bd. III/5.

Synonyme: *Amanitópsis adnáta* (W. G. Smith 1871) Sacc. 1887, *Amanita junquillea* Quél. 1876.

10. Narzissengelber Wulstling, *Amaníta gemmáta.* Nat. Gr.

11. Porphyrbrauner Wulstling

Giftig

Amanita porphýria ALB. & SCHW. 1805 : FR. 1821

Kennzeichen: braungraue Hutfarbe, spärliche graue, dünnhäutige Hüllreste, kantige Knolle.

Hut: braungrau mit Stich ins Porphyrrötliche oder Violettbräunliche, im Gebirge auch braunschwarz, mit spärlichen bräunlichen, bleigrauen bis violettgrauen, aufklebenden, kaum sich abhebenden, häutig-warzigen Hüllresten, doch meist ohne sie. Glockig, dann ausgebreitet, Rand glatt, dünnfleischig, 6–8 cm breit. Huthaut feucht, trocken glänzend-seidig, mit schwer sichtbaren, radialen Fasern.

Blätter: weißlich, weich, frei oder angeheftet, ziemlich schmal, engstehend.

Stiel: erst weiß, wird über dem Ring blaß und seidig, unter dem Ring grauviolett, mitunter durch Schüppchen gemasert. Ziemlich schmächtig, 6–9 cm hoch, 0,6–0,8 cm dick, bald hohl. Ring (Manschette) dünn, zuerst weiß und abstehend, bald angeklebt, unterseits grau oder violettgrau, recht vergänglich.

Knolle: kann stark kugelig anschwellen, bis 3 cm, ist immer gekennzeichnet durch einen wulstigen Saum, der wie ein Halsband die Knolle umschließt, oder durch eine häutige, violettgraue Scheide.

Fleisch: weiß, unter der Huthaut violett, meist nach Kartoffelkeller riechend und mit unangenehm rettichartigem Geschmack.

Sporen: farblos, kugelig, 8–10µm, amyloid. Sporenstaub weiß.

Wert: Schwach giftig (enthält Bufotenin, vgl. S. 77).

Vorkommen: Juli bis Oktober im Nadel- und Mischwald, unter Kiefer, Fichte und Lärche; streng an saure Böden gebunden, daher nur über Sand, Sandstein, Tonschiefer, Gneis, Diabas, Torf u. a., nicht über Kalkgestein, Mergel, Löß. Vom Flachland bis in die Kammlagen der Mittelgebirge verbreitet (mit Ausnahme der Kalkgebiete), in den Alpen und Nordeuropa bis an die Baumgrenze vordringend.

Anmerkungen: Die hier abgebildete Form ist der im Flachland häufige Typus mit schmächtigem Wuchs und „beschnittener" Hülle an der Stielbasis. Im Gebirge kommen kräftigere Formen vor, und es gibt „bescheidete" Formen mit weißer, abstehender oder anliegender Hülle um die Stielknolle.

Synonym: *Amanita recutita* (FR. 1838) GILL. 1874.

11. Porphyrbrauner Wulstling, *Amaníta porphýria.* Nat. Gr.

12. Fuchsiger Streifling

Eßbar (roh giftig)

Amaníta fúlva Fr. 1815

Kennzeichen: stark geriefter Hutrand, meist ohne Hüllreste; Stiel schlank, hohl, Basis mit Scheide, aber nicht knollig. Keine Manschette.

Hut: orangefuchsig, gelbbraun, schließlich rotbraun, anfangs klebrig und glänzend, später mattglänzend, kahl und glatt, meist ohne Hüllreste, 3,5–11 cm breit. Rand stumpf, anfangs weißlich, dann gleichfarben, stark kammartig gerieft, stumpf.

Blätter: weiß, schmal bis schwach bauchig, angeheftet, gedrängt, mit fein gekerbter Schneide.

Stiel: hell fuchsig, trocken, angedrückt-faserschuppig, undeutlich genattert, 8–19 cm lang, 6–18 mm dick, schlank, allmählich nach oben verjüngt, hohl, nicht beringt. Stielspitze weißlich, fein gerieft und flaumig; Basis nicht knollig, mit häutiger, eng anliegender, weit am Stiel heraufreichender Scheide; diese ist cremeweiß mit fuchsigen oder weinrötlichen Flecken.

Fleisch: weiß, zerbrechlich, ohne besonderen Geruch und Geschmack, verfärbt sich mit Phenol weinrot.

Sporen: farblos, kugelig, 9–13 µm, nicht amyloid, Sporenstaub weiß.

Wert: eßbar, jedoch roh unbekömmlich.

Vorkommen: Juli bis Oktober in Laubwäldern und Zwischenmooren, im Gebirge auch im reinen Nadelwald, im Flachland hauptsächlich unter Birke; nur auf sauren Böden. Häufig.

Synonyme: *Agáricus fúlvus* Schaeff. 1774, non DC. 1815: Fr. 1821 (= Nr. 69); *Amaníta vagináta* var. *fúlva* (Fr.) Pil. 1952; *Amanitópsis fúlva* (Fr.) Fayod 1889.

13. Grauer Streifling, Bleigrauer Scheidenstreifling

Eßbar (roh giftig)

Amaníta vagináta (Bull. 1782: Fr. 1821) Vitt. 1826

Kennzeichen: Wie der Fuchsige Streifling (Nr. 12), jedoch Hut bleigrau, bläulichgrau oder hellgrau, selten weiß. Stiel und Hüllreste hellgrau. Sporen kugelig.

Wert: eßbar, jedoch roh unbekömmlich.

Vorkommen: Laubwald auf saurem und neutralem Boden, besonders unter Rotbuche. Zerstreut, gebietsweise häufig.

Synonyme: *Amanitópsis vagináta* (Bull.: Fr.) Roze 1876; *Amaníta vagináta* var. *plúmbea* (Schaeff. 1774).

Anmerkung: Die Gruppe der Streiflinge umfaßt mehrere, hauptsächlich durch Hutfarbe und Sporenform unterschiedene Arten, vgl. Übersicht in Bd. III. Noch ungeklärt ist z. B. eine stattliche Art mit silbergrauem Hut und kurz ellipsoiden Sporen unter Kiefern auf warmen Sandstandorten. Auch der Narzissengelbe Wulstling (Nr. 10) kann gelegentlich ohne Ring vorkommen, unterscheidet sich aber von den Streiflingen durch deutlich knollige Stielbasis.

12. Fuchsiger Streifling, *Amaníta fúlva.* Nat. Gr.
13. Grauer Streifling, *Amaníta vagináta.* Nat. Gr.

14. Riesen-Streifling, Doppeltbescheideter Wulstling

Eßbar

Amaníta stranguláta (Fr. 1838) Sᴀᴄᴄ. *1887*

Kennzeichen: prächtige, große Art, kenntlich an den erst weißlichen, zuletzt grauschwärzlichen Hutwarzen, dem gebänderten Stiel, der in verschiedener Höhe doppelt bis dreifach bescheidet ist.

Hut: gelbbraun, ockerbräunlich, graubraun bis kastanienbraun, nach dem gestreiften, schließlich kammförmig gefurchten Rande hin ausgeblaßt. Oberhaut schwach klebrig. Die auf ihr befindliche Hüllhaut zerfällt in dicke Schollen und dichte, dicke, eckige, unregelmäßige, kleine oder größere, leicht lösbare Warzen, die anfangs weißlich, später grau bis grauschwarz und gleichmäßig auf der Oberhaut verteilt sind. Hut zuerst walzig-glockig, dann ausgebreitet, schließlich in der Mitte niedergedrückt mit hochgezogenem Rande, 8–20 (bis 25) cm breit, ziemlich fleischig, bes. in der Mitte.

Blätter: weiß, nach dem Stiel zu öfter bräunlich, 12 mm breit, am Rand meist abgerundet und breiter als hinten, gedrängt frei.

Stiel: weißlich, am Stielgrunde grau, braungrau bis grauschwarz, mit dichten, feinen, flokkigen, aschgrauen Schüppchen besetzt, die eine bänderartige Zeichnung geben, groß und kräftig, 15–25 (bis 30) cm lang, 2–3,5 cm dick, nach oben zu verjüngt, unten ohne Knolle, ausgestopft, bald hohl. An Stelle der Scheide trägt der Stiel im unteren Teil in verschiedener Höhe (gleichsam in verschiedenen Stockwerken) zerrissene dicke Gürtel (durch die ein falscher Ring vorgetäuscht wird), die nach oben in breitere Schuppen aufgebrochen sind. Der Stiel steckt bis zum zweiten Gürtel tief in der Erde und ist im Bilde absichtlich gehoben. Eine Ring oder eine Manschette fehlen.

Fleisch: weiß, unveränderlich, brüchig, zart, geruch- und geschmacklos.

Sporen: kugelig, 10–12,5 μm, nicht amyloid, Sporenstaub weiß.

Wert: eßbar.

Vorkommen: Ende Juni bis Oktober im Laub- und Mischwald, unter Rot- und Weißbuche, Eiche, Linde, auf sauren und kalkhaltigen Böden. Im Flachland und Mittelgebirge sehr zerstreut, nirgends häufig.

Synonyme: *Amaníta inauráta* Sᴇᴄʀ. 1833 (ungültiger Name), *Amanitópsis stranguláta* (Fʀ. Rᴏᴢᴇ in Kᴀʀsᴛ. 1879, *A. inauráta* (Sᴇᴄʀ.) Bᴏᴜᴅ. 1907.

Anmerkung: Die Hülle ist aus kugeligen Zellen (Sphärozyten) zusammengesetzt und daher brüchig. Der Riesen-Streifling unterscheidet sich dadurch vom Grauen Streifling und mehreren anderen grauen bis graubraunen Arten, deren Velum aus Hyphen besteht.

14. Riesen-Streifling, *Amaníta stranguláta.* 2/3 nat. Gr.

15. Ansehnlicher Scheidling

Eßbar

Volvariélla speciósa (Fr. 1818 : Fr 1821) Sing. 1951

Kennzeichen: schmutzigweißer bis graurußiger großer Hut mit weißlichen Blättern, die bei der Sporenreife durch die Sporen fleischrötlich gefärbt werden; Stiel ringlos, am Grunde mit weißer, lappiger, zerrissener Scheide.

Hut: weißlich bis schmutzigweiß, in der Mitte auch weißgrau bis rußig, oder der ganze Hut graurußig, zuerst glockig, dann ausgebreitet, später flach gewölbt, meist recht groß, 5–12 cm breit, fleischig. Oberhaut anfangs klebrig, glatt und ohne filzig-wolligen Belag; Rand glatt oder fein gerieft.

Blätter: zuerst weiß, dann leicht gelblich, im vollentwickelten Zustand schmutzigrosa-fleischrot, zuletzt bräunlich, 10–15 mm breit, bauchig, ganz frei.

Stiel: weißlich, zottig rauh, schließlich kahl und glatt, voll, seidenglänzend, 10 bis 15 cm hoch, 1–3 cm breit, nach oben verjüngt; Stielende unten schwach knollig und von einer weißen, unregelmäßig lappigen, zerrissenen, schlaffen, mehrere cm hoch reichenden häutigen Scheide umgeben, die in der Jugend den ganzen Pilz einhüllt, aber bei Stielstreckung reißt.

Fleisch: weiß, elastisch, Geruch und Geschmack ausgesprochen rettichartig.

Sporen: ellipsoid, 12–18 × 7–9 μm. Sporenstaub fleischrosa.

Wert: eßbar; galt früher als giftig.

Vorkommen: Mai bis November auf Äckern, in Gärten und Friedhöfen, besonders auf gedüngtem Boden, oft in großen Mengen. Verbreitet.

Synonyme: *Volvária speciósa* (Fr.: Fr.) Kumm. 1871, *V. gloiocéphala* (DC. 1815 : Fr. 1821) Gill. 1874. *Volvariélla speciósa* var. *gloicephala* (DC. : Fr.) Sing. 1951. *Amaníta incarnáta* (Batsch 1783) Pers. 1801 var. *laévis* Alb. & Schw. 1805.

Anmerkung: Die Hutfarbe ist sehr veränderlich. Die Exemplare mit weißem bzw. bläulichgrauem bis rußbraunem Hut wurden früher für verschiedene Arten oder Varietäten gehalten, können sich jedoch nach Beobachtungen von H. Schwöbel und M. Herrmann aus dem gleichen Myzel entwickeln. Im Sommer sind weiße, im Spätherbst graubraue Exemplare vorherrschend. Vgl. Mykol. Mitt. 17 (1973): 19–20.
Eine Übersicht der Scheidlinge (*Volvariélla*-Arten) findet sich in Bd. III.

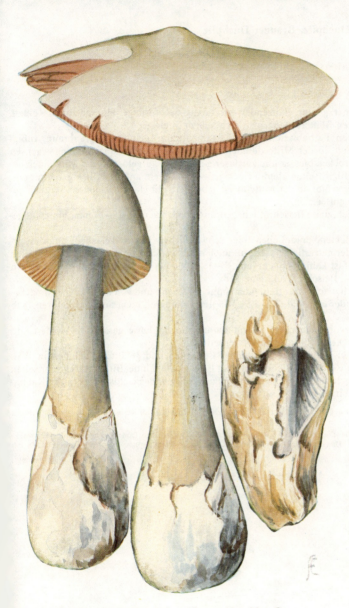

15. Ansehnlicher Scheidling, *Volvariélla speciósa.* Nat. Gr.

16. Rehbrauner Dachpilz, Brauner Dachpilz

Eßbar

Plúteus atricapíllus (BATSCH 1786) SING.

Kennzeichen: brauner, glatter, glänzender, abschüssig-dachförmiger Hut mit zuerst weißen, im Alter fleischroten Blättern, langem, gleichdickem Stiel.

Hut: braun in allen Farbabweichungen: kastanienbraun, gelbbraun, graubraun, rußigbraun, schwarzbraun, in der Mitte dunkler, schwärzlich, feucht glänzend, eingewachsen faserig, geglättet, trocken blasser und zartfaserig-schuppig aufgelöst, in der Mitte auch geflockt oder flockigfilzig, selten überall flockig, 5–12 cm breit, anfangs glockig, dann breitglockig oder flachgewölbt, in der Mitte meist gebuckelt, mit glattem, dünnem, seltener gerieftem Rande, weichfleischig.

Blätter: erst weißlich, dann fleischrötlich, gedrängt, breit bauchig, 10–15 mm, hinten abgerundet, ganz frei.

Stiel: mit angedrückten, bräunlichen oder schwärzlichen Fasern versehen, auch eingewachsen faserig oder netzartig gefasert, oft auch oben weißlich flockig-schuppig, zuweilen auch streifig oder fast kahl, 5–10 cm lang, ¾–1½ cm dick, meist gleichmäßig, doch auch nach oben verjüngt, fleischig, voll, ohne Ring.

Fleisch: weiß, weich, nach Kartoffeln oder süßlich riechend und von mildem Geschmack.

Sporen: eiförmig oder ellipsoid, 7,2–9,5×5–6 µm, zyanophil, nicht amyloid. Sporenstaub fleischrosa.

Wert: eßbar und wohlschmeckend; kann schon früh im Jahre gesammelt werden und wächst auch in trockenen, pilzarmen Wetterperioden.

Vorkommen: Mai bis November an Laubholzstümpfen und gefällten Stämmen in Wäldern, besonders an Rotbuche, Eiche, ferner an Erle, Esche, Linde, Birke, Hasel, sehr selten an Nadelholz; einzeln oder in kleinen Gruppen. Häufig vom Flachland bis in die Kammlagen der Mittelgebirge.

Synonyme: *Agáricus plúteus* PERS. 1801 : FR. 1821, *Plúteus cervínus* (SCHAEFF. 1774) KUMM. 1871; non *Agáricus cervinus* HOFFM. 1789 : FR. 1821.

Verwechslung: Eine ähnliche, an Nadelholz vorkommende Art mit schwärzlichen Lamellenschneiden, der Schwarzschneidige Dachpilz, *Plúteus atromarginátus* (KONR.) KÜHNER, ist gleichfalls eßbar. Er ist rechts unten und in Bd. III/46 abgebildet.

.

16. Rehbrauner Dachpilz, *Plúteus atricapillus.* Nat. Gr.

17. Zweisporiger Egerling, Zucht-Champignon

Eßbar

Agáricus bísporus (LGE. 1926) IMBACH 1946

Kennzeichen: blaßbrauner Hut, dicker, abwärts angewachsener Ring, rötendes Fleisch, zweisporige Basidien und rundliche Sporen.

Hut: blaß- bis schmutzigbräunlich, mit weißlicher Randzone. Oberhaut in kleine, angedrückte oder breitere Schuppen zerreißend, so daß der weiße Untergrund zum Vorschein kommt, Scheitel zusammenhängend bräunlich. Hutform kegelig-glockig bis abgeflacht, zuletzt in der Mitte etwas niedergedrückt, Rand lange eingerollt, am Rande meist zackig überragt von blassen Velumresten, nur mittelgroß, selten über 10 cm, oft recht dickfleischig und fest.

Blätter: fleischrosa bis fleischgrau, an der Schneide weißlich gewimpert, gedrängter und weniger breit als beim Feldegerling (Nr. 18).

Stiel: weiß, glatt, kahl und gleichmäßig dick, eher kürzer als der Hut breit, ausgestopft oder etwas hohl. Basis nicht knollig verdickt, aber mit Myzelsträngen locker auf der Bodenfläche aufsitzend, so daß der Pilz leicht herausgedreht werden kann, 3–6 cm hoch und 1–2 cm dick. Der Schleier hat im geschlossenen Zustand auf der Oberseite zwei dicke Wülste rings um den Stiel und hinterläßt einen dicken, aber schmalen kantigen Ring, der nicht mit der Stielspitze, sondern mit der Stielbasis häutig verwachsen und darum abwärts abziehbar ist. Diese untere Schicht wird von dem Velum universale gebildet. Die obere Schicht des Ringes stammt aus dem Velum partiale und ist durch die Blätter gerieft.

Fleisch: weiß, frisch mehr oder weniger fleischrötlich bis rosa, auf Druck oft mehr fuchsig anlaufend, aber ananch einiger Zeit wieder sich entfärbend. Es ist saftig, nicht hart, riecht frisch nach Holz und reagiert mit Anilin blutrot.

Sporen: rundlich bis eiförmig, 5,5–7,5 × 4,9–5,5 µm, in der Größe sehr variabel, dunkelbraun. Die Basidien sind zweisporig. Die Schneide der Blätter sisit dicht besetzt mit sterilen, keulenförmigen, basidienähnlichen Zellen.

Wert: guter Speisepilz. Von dieser Art stammen die meisten Sorten der Zuchtchampignons ab. Während der Wildtyp immer braun ist, sind die Kulturformen oft weiß oder strohgelb gefärbt. In der DDR sind die Sorten „Schneeköpfchen" (weiß), „Blondine" (strohgelb) und „Bräunling" (braunhütig) im Angebot. Die früher verbreitete Annahme, daß der Zuchtchampignon vom Wiesen-Egerling abstamme und sich von diesem nur durch die 2sporigen Basidien unterscheide, trifft nicht zu. Der Wiesen-Egerling (Nr. 18) unterscheidet sich vom Zweisporigen Egerling durch zahlreiche Merkmale und hat auch abweichende Standortansprüche; er ist nicht in Kultur.

Vorkommen: Mai bis November auf Äckern, Müllplätzen, an Wegrändern und in Frühbeetkästen, immer auf stark gedüngtem Boden, nur ausnahmsweise auf Wiesen.

Synonyme: *Psallióta bispora* (LGE.) MOELL. & J. SCHFF. 1938, *P. horténsis* var. *bispora* LGE. 1926, *Agáricus horténsis* (CKE. 1883/91) PIL. 1951, non PERS. 1801 : FR. 1821, *A. campéstris* subsp. *horténsis* (CKE.) KONR.& MAUBL. 1927, *A. brunnéscens* PECK 1900, teste MALLOCH, Mycologia **68** (1976): 910–919.

Anmerkung: Die Egerlinge oder Champignons (Gattung *Agáricus*) bilden eine Gattung mit zahlreichen, oft schwierig unterscheidbaren Arten. Mit Ausnahme der schwach giftigen Karbol-Egerlinge (Nr. 27, 28) und des oft übelriechenden Steppen-Egerlings (*A. bernárdii* QUÉL., Bd. IV/8) sind alle Arten eßbar. Eine ausführliche Darstellung der Gattung folgt in Bd. IV.

17. **Zweisporiger Egerling,** *Agáricus bísporus.* Nat. Gr.

18. Wiesen-Egerling, Wiesenchampignon

Eßbar

Agáricus campéstris L. 1753

Kennzeichen: weißlicher bis gelbbräunlicher Hut, breite, zuerst schön rosa, dann braunschwarze Blätter, weißliches, bei Bruch sich rosa färbendes Fleisch, ohne Anisgeruch.
Hut: weiß, alt auch bräunlich, oft mit angepreßten bräunlichen Schuppen, auch angedrückt faserig, seidig, mit ziemlich dicker, leicht abziehbarer Oberhaut, jung kugelig, dann gewölbt bis verflacht, 5–12 cm breit, dickfleischig.
Blätter: jung rosa bis fleischrot, zuletzt dunkelschokoladebraun, fast schwarz, oft etwas feucht, bes. im Alter, breit, dicht stehend, frei, nicht angewachsen.
Stiel: weißlich, seidig glatt, am Grunde öfter schmutzigbräunlich oder gelblich, 5 bis 8 cm lang, 1–2 cm dick, voll, trägt einen weißen, dünnen, am Rande zerrissenen, einfachen, im Alter leicht vergänglichen Ring.
Fleisch: weiß, bei Bruch schwach fleischrötlich anlaufend, trocken, häufig weißbleibend, zart. Schwacher, nicht anisartiger Geruch, frisch geerntet pflaumenartig oder nach frisch gesägtem Holz; angenehm würziger Geschmack.
Sporen: eiförmig-ellipsoid, 7–10 × 5–6 µm, rotbraun, glatt. Maße können beträchtlich schwanken.
Wert: eßbar. Ein geschätzter Speise- und Marktpilz.
Vorkommen: Juli bis Oktober auf Wiesen und Weiden, oft in riesigen Mengen, an trockenen und feuchten Standorten, auch an Übergängen zu Salzwiesen. Bildet Hexenringe.
Synonym: *Psallióta campéstris* (L.) Quél. 1872.
Anmerkung: Von den zahlreichen, noch ungenügend abgegrenzten Formen ist die var. *squamulósus* (Rea 1932) Pil. 1951, mit kleinerem, stärker geschupptem Hut, in Bd. IV/1 abgebildet.

19. Stadt-Egerling, Scheiden-Egerling, Strumpfband-Egerling

Eßbar

Agáricus bitórquis (Quél. 1883) Sacc. 1887

Kennzeichen: weißer, auffallend abgeflachter und breiter, hartfleischiger Champignon mit doppeltem, strumpfbandartigem Ring.
Hut: weißlich bis schmutzig-gelblich, manchmal gilbend, ganz jung mit dünner Hüllhaut. Dickfleischig, hart, Rand breit und lange eingerollt. 3–15 cm breit, 2,5 cm dick.
Blätter: fleischrosa bis schokoladebraun, an Scheide etwas weißlich geflockt, schmal.
Stiel: weiß, unten ausspitzend, dick und hart. Die Gesamthülle (Velum universale) ist mit der Teilhülle (Schleier, Velum partiale) so verwachsen, daß die Steilbasis mit einer unten eng anliegenden und fest angeklebten, oben freien, dünnhäutigen Scheide oder Gamasche umgeben ist, an die oben, von einem schmalen Bündchen überragt, der Ring wie ein Plisseekrägelchen angenäht ist. Nicht selten aber hängt der ganze oberseits geriefte Ring am Hutrand. Der Ring wird erst spät sichtbar, da der Rand lange eingerollt bleibt. Die Gamasche läßt oft 1–2 Gürtel an ihrem unteren Ende erkennen, an denen die Hüllhaut abgerissen ist.
Fleisch: weiß, etwas fleischrot anlaufend; es kann nachdunkeln. Angenehm holzartiger Geruch und nußartiger Geschmack. Anilin färbt es intensiv blutrot.
Sporen: rundlich, 4–6 × 4–5 µm.
Wert: ausgezeichneter Speisepilz, neuerdings auch gewerbsmäßig angebaut. In der DDR ist die Sorte „Sommerfreude" in Kultur.
Vorkommen: Mai bis Anfang November, besonders in den Sommermonaten, auf aufge-
Fortsetzung Seite 390

18. Wiesen-Egerling, *Agáricus campéstris.* 1/2 nat. Gr.

19. Stadt-Egerling, *Agáricus bitórquis.* 2/3 nat. Gr.

20. Breitschuppiger Egerling, Wollfuß-Egerling

Eßbar

Agáricus lánipes (Moell. & J. Schff. 1938) Sing. 1951

Kennzeichen: mittelgroßer, bräunlicher, breitschuppiger Hut, rosa aufblühende Blätter, flockig gestiefelter Stiel, schwach blutrot anlaufendes Fleisch, gilbende, anisartig riechende Knolle, größte Sporen im Vergleich zum Wald-Egerling.

Hut: von Jugend an dunkelbräunlich und bald breitgeschuppt, in der Mitte oft scheibenförmig niedergedrückt, halbkugelig gewölbt bis verflacht, ziemlich fleischig und fest, doch nicht hart, bis 10 cm breit.

Blätter: jung rosa, auf Berührung stärker rötend, schließlich schokoladebraun, an der Schneide etwas weißlich flockig.

Stiel: nur an der Spitze und Ringoberseite anfangs weiß, glattfaserig und gerieft, unter dem Ring bräunlichflockig bis braunfilzig gegürtelt, über der Knolle oft mit einem fast häutigen, braunen Velumgürtel; mit rundlicher, fast abgesetzter, oft chromgelb anlaufender Knolle; Stiel im ganzen nicht länger als der Hut breit. – Ring aufwärts angewachsen, sitzt etwa in der Mitte zwischen Stielspitze und Knolle, einfach, unterseits wollig filzig und braun.

Fleisch: selten rein weiß, bald graubräunlich, ganz frisch in der Stielspitze rein rosa, meist nur fuchsrot anlaufend. Es riecht an der geriebenen Stielbasis frisch nach Mandeln, bald aber dumpf.

Sporen: meist ellipsoid, seltener fast rundlich, $6-7 \times 4-5$ µm, purpurbraun.

Wert: eßbar und schmackhaft.

Vorkommen: Juli bis Oktober im Laub- und Nadelwald, meist einzeln. Stellenweise häufig (z. B. um Berlin), sonst zerstreut.

Synonym: *Psallióta lánipes* Moell. & J. Schff. 1938.

21. Wald-Egerling, Waldchampignon, Kleiner Blut-Egerling

Eßbar

Agáricus silváticus Schaeff. 1774

Kennzeichen: schwächlicher, kaum mittelgroßer, schlankstieliger Pilz mit blassem, zimtbraunem, kurzfaserig-kleinschuppigem Hut, nie rosa aufblühenden Blättern, fast kahlem, auch auf der Ringunterseite weißem Stiel, stark karminrot anlaufendem Fleisch und kleinen, schmalen Sporen.

Hut: dunkel- bis zimtbräunlich, mehr kurzfaserig als schuppig, dünnfleischig, 4–8 cm breit.

Blätter: erst blaß graurötlich, dann schokoladebraun.

Stiel: fast gleichmäßig weiß und kahl, auch auf der Ringunterseite, beim Reiben blutfleckig von durchschlagender Fleischfarbe (später bräunlich werdend). Stiel schlank und dünn, viel länger als der Hut breit, mit hochsitzendem, breit abstehendem Ring und keulig verdickter oder abgerundet knolliger, von weißem Myzel überzogener Basis, oft büschelig verwachsen.

Fleisch: weiß, aber frisch beim Durchschneiden sofort stark lachsrot anlaufend, riecht gerieben holzartig, daneben noch spezifisch wie eine ausgelöschte Kerze.

Sporen: klein, eiförmig, purpurbraunschwarz, $5-6 \times 3-4$ µm.

Wert: Eßbar, wenig ergiebig.

Vorkommen: Juli bis Oktober im Nadel- und Laubwald, besonders unter Fichten, auf sauren und kalkhaltigen Böden.

Fortsetzung Seite 390

20. **Breitschuppiger Egerling,** *Agáricus lánipes.* 3/4 nat. Gr.

21. **Wald-Egerling,** *Agáricus silváticus.* 1/2 nat. Gr.

22. Blut-Egerling, Großer Wald-Egerling

Eßbar

Agáricus lángei (MOELL. 1950) MOELL. 1952

Kennzeichen: stark rötendes Fleisch, langer, schlanker, weißer Stiel ohne Knolle, großsporig.

Hut: bräunlich, dicht mit helleren oder dunkleren rotbraunen Schuppen und Fasern bedeckt, lange oval-kegelig, dann glockig, zuletzt flach ausgebreitet, oft mit Buckel 4–15 cm.

Blätter: jung schön rosa, dann braun, schließlich schwarzbraun.

Stiel: weißlich, 5–20 (–25) cm hoch, 1–3 cm dick, bei Verletzung sofort blutrot anlaufend, mit großem hängendem, auf der Unterseite meist braunschuppigem Ring, Stielgrund nicht keulig verdickt.

Fleisch: weiß, beim Durchschneiden sofort blutrot anlaufend, mit holzartigem Geruch.

Sporen: schmal, walzenförmig, 7–9 × 3,5–4 (–5) µm, purpurbraun.

Wert: guter Speisepilz.

Vorkommen: Juli bis Oktober vorwiegend im Fichtenwald, doch auch im Laubwald auf nährstoffreichem Boden, in kleinen Trupps.

Anmerkung: Dies ist *Psallióta haemorrhoidária* SCHULZER im Sinne von KONRAD & MAUBLANC, J. LANGE, PILÁT.

23. Weinrötlicher Egerling

Eßbar

Agáricus semótus FR. 1863

Hut: anfangs weißlich, bald mit lila Schüppchen in der Mitte, schließlich ganz mit purpurrötlichen, radikalen Fasern überzogen; zuerst glockig, dann flach, 3–5 cm, dünnfleischig, schließlich gelb, zuletzt schmutzig werdend.

Blätter: schmal, blaß, mit fleischrötlichem Schein, aber nie lebhaft rosa, später grau mit rosa Tönung, schwarzbraun.

Stiel: blaß, aufwärts verjüngt, mit gelbwerdender Knolle, 4–6 cm hoch, 0,6–0,8 cm dick, enghohl, mit sehr vergänglichem, hängendem, dünnhäutigem Ring, der dem Stiel anklebt, bzw. dem Hutrand ganz oder teilweise angeheftet ist.

Fleisch: meist stark nach Anis duftend.

Sporen: winzig kurz ellipsoid, 4–5 × 3 µm, glatt, purpurbräunlich.

Vorkommen: Juli bis Oktober im Nadelwald, meist selten.

Synonyme: *Psallióta semóta* (FR.) RICKEN 1915, *P. rubélla* (GILL. 1874) REA 1922, *P. amethýstina* (QUÉL. 1884) LGE. 1926, *P. pállens* (LGE 1926) REA 1932.

24. Rosablättriger Egerling

Eßbar

Agáricus rusiophýllus LASCH 1828

Hut: weiß oder gelblichweiß, rötlich überhaucht, mit fuchsbräunlichem Scheitel, zuerst glockig, dann stumpfbuckelig gewölbt, 2–4 cm, öfter mit anhängenden Schleierresten, dünnfleischig, gebrechlich.

Stiel: weiß, mit gelblichem Schein, fast faserig, mit recht vergänglichem, hängendem Ring, 4–6 cm hoch, 1/2 cm dick, aufwärts verjüngt, hohl, leicht knollig.

Fortsetzung Seite 391

22

23

24

22. Blut-Egerling, *Agáricus lángei.* Nat. Gr.
23. Weinrötlicher Egerling, *Agáricus semótus.* Nat. Gr.
24. Rosablättriger Egerling, *Agáricus rusiophýllus.* Nat. Gr.

25. Weißer Anis-Egerling, Schaf-Egerling

Eßbar

Agáricus arvénsis SCHAEFF. 1774

Kennzeichen: weißer, glatter, gelbfleckender Hut, schmale, zuerst blaßgraue, zuletzt (sehr spät) schwarzbraune Blätter, zweischichtiger Ring; anisartig riechendes, zartes Fleisch.
Hut: jung zunächst weiß oder gelblich getönt, bei Berührung, bes. auf Druck, gelbfleckig, später vor allem in der Mitte hell- oder schmutziggelblich, bes. beim Trocknen gelbwerdend, seidig glänzend, glattfaserig oder leicht flockig, zuletzt feinschuppig, kugelig, dann flach gewölbt oder etwas gebuckelt, 8–15 cm breit, fleischig.
Blätter: blaßgelblich bis weißlichgrau, lange blaß bleibend, bes., solange sie noch vom Schleier bedeckt sind. Sie verfärben sich allmählich rosagrau-graubräunlich mit rötlichem Einschlag und zuletzt schwarzbraun, nie rosa; schmal, sehr dichtstehend, frei.
Stiel: ebenfalls weiß, oft gelblich gefleckt, glatt, schlank, aber kräftig, anfangs voll, später schmal-hohl, auf Druck gelbfleckig, 5–15 cm hoch, 1–3 cm dick, nach unten etwas verdickt bis schwachknollig, mit kräftigem, zweischichtigem, unterseits strahlig gespaltenem, flockig-schuppig aufgelöstem Ring.
Fleisch: weiß, unter der Oberhaut öfter hellgelb, im Stielgrunde hellgelb oder schwach fuchsig. Angenehmer anis- oder mandelartiger Geruch, manchmal aber nur sehr schwach, vorzüglicher, nußartiger Geschmack, auch roh.
Sporen: eiförmig, 6–8 × 4,5–5,5 µm, purpurbraun.
Wert: vorzüglicher Speisepilz.
Vorkommen: (Mai –) Juli bis Oktober in Laub- und Nadelwäldern, Parkanlagen, Gärten (besonders an lichten Standorten), auf Wiesen und Weiden, auf Sand- und Kalkboden, Mergel, Basalt u. a. An stark organisch gedüngten Standorten gegenüber dem Rissig-schuppigen Egerling *(A. fissurátus,* Bd. IV/S. 103) zurücktretend. Bildet mitunter Hexenringe. Häufig vom Flachland bis in höhere Gebirgslagen: in der DDR bis 750 m ü. M. (TÄUSCHER), in der Schweiz bis 1900 m ü. M. (FAVRE) nachgewiesen.

Synonyme: *Agáricus exquisitus* VITT. 1835, *Psallióta arvénsis* (SCHAEFF.) KUMM. 1871.

Pseudonym: *Psallióta cretácea* (BULL. 1788: FR. 1821) KUMM 1871 sensu RICKEN 1915 (sensu FRIES = nomen dubium).

Anmerkung: *Psallióta arvénsis* sensu RICKEN 1915 ist *A. silvicola* (Nr. 26 b); *A. arvénsis* sensu COOKE 1881/1891 ist *A. nivéscens* (MOELL.) MOELL.

Alle Anis-Egerlinge geben eine positive „Schäffer-Reaktion": Mit einem Glasstab wird eine Spur von Anilinöl über die Huthaut gezogen und mit einer Spur konz. Salpetersäure gekreuzt, die Kreuzung der Linien wird intensiv orange (nicht so bei den giftigen Karbol-Egerlingen!).

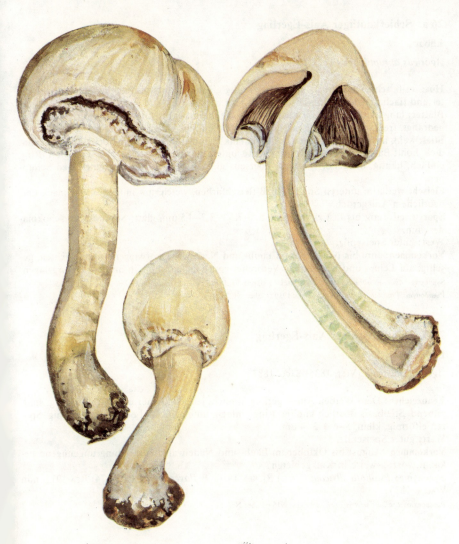

25. **Weißer Anis-Egerling,** *Agáricus arvénsis.* 1/2 nat. Gr.

26 a. Schiefknolliger Anis-Egerling

Eßbar

Agáricus abruptibúlbus PECK 1905

Hut: weiß, schwach gilbend, glatt, stark seidig glänzend, anfangs kugelig, dann ausgebreitet und flach gewölbt, dünnfleischig, 6–12 cm breit.
Blätter: lang blaß, dann graurötlich (niemals lebhaft rosa), schließlich schwarzbraun, sehr gedrängt, frei. Schneide blaß, steril (ohne Basidien, mit blasigen Zystiden).
Stiel: weiß, im Alter schwärzend, kahl, schlank zylindrisch, 10–12 cm hoch und 10–20 mm dick, hohl; Basis in eine schiefe, gerandete, unterseits abgeflachte Knolle verbreitert. Ring einfach, häutig, hängend, weißlich, oberseits glatt, unterseits mit konzentrischen Schuppen.
Fleisch: weiß, im unteren Stielteil blaß fleischfarben, weich, mit mildem Geschmack und deutlichem Anisgeruch.
Sporen: eiförmig bis fast zylindrisch, 5,5–7,5 × 3,7–4,5 µm, glatt; Sporenstaub schokoladebraun.
Wert: guter Speisepilz.
Vorkommen: Juni bis November im Laub- und Nadelwald, vorwiegend unter Fichten, gesellig, auf Lehm- und Kalkboden. Verbreitet vom Flachland bis in mittlere Gebirgslagen.
Synonyme: *Agáricus abrúptus* (PECK 1895) PECK 1900, non FR. 1857; *Psallióta abruptibúlba* (PECK) KAUFFM. 1915.
Pseudonym: *Psallióta silvícola* sensu LANGE 1939 (s. aber Nr. 26 b).

26 b. Dünnfleischiger Anis-Egerling

Eßbar

Agáricus silvícola (VITT. 1835) SACC. 1887

Kennzeichen: Dem Weißen Anis-Egerling ähnlich, jedoch kleiner und dünnfleischig, stark gilbend. Stielbasis deutlich knollig. Ring einfach, unterseits kahl oder fein schuppig. Sporen eiförmig, klein, 5–6 × 3–4 µm.
Wert: guter Speisepilz.
Vorkommen: August bis Oktober im Laub- und Nadelwald. Verbreitung ungenügend bekannt, vorzugsweise in Kalkgebieten?
Synonyme: *Psallióta silvicola* (VITT.) RICKEN 1920, *P. flavéscens* (GILL. 1874) REA 1912, non WALLR. 1833.
Pseudonym: *Psallióta arvénsis* sensu RICKEN 1915 (s. aber Nr. 25).

26a. Schiefknolliger Anis-Egerling, *Agáricus abruptibúlbus.* Nat. Gr.

26b. Dünnfleischiger Anis-Egerling, *Agáricus silvícola.* Nat. Gr.

27. Karbol-Egerling, Tinten-Egerling, Weißer Giftchampignon

Giftig

Agáricus xanthodérmus Genevier 1876

Kennzeichen: Tintengeruch, satt chromgelbe Anlauffarbe des Fleisches, bes. in der Stielbasis, die schön rosafarbigen Blätter und die negative Anilinreaktion.

Hut: abgeplattet-kugelig bis glockig oder abgeflacht, nicht bes. fleischig, 8–16 cm breit.

Blätter: schön rosa aufblühend, vorher oder nachher wieder blaß, schließlich schokoladebraun, ziemlich schmal.

Stiel: reinweiß, kahl, oft stark glänzend, schlank, mit meist deutlich abgesetzter, rundlicher, immer stark chromgelb anlaufender Knolle. Über die Knolle ist der Stiel meist gleichmäßig dick, seltener stark verjüngt, röhrig und hohl. Der Ring ist an seiner Kante oft gelbfleckig und ziemlich dick, sogar zweispaltig und auf der Unterseite schuppig, am Stiel dünn und aufwärts abziehbar.

Fleisch: weiß, beim Aufschneiden augenblicklich satt chromgelb verfärbend, am stärksten in der Knolle. Nach dem Verblassen läßt sich das Gelbwerden durch Reiben wieder hervorrufen, bes. an der Oberhaut, manchmal geht es schl. in Purpur über. Das Fleisch riecht unangenehm, ziemlich eindeutig nach Eisengallustinte oder nach Karbol, am stärksten beim Kochen, wobei widerliche Düfte aus dem Kochtopf strömen; es schmeckt widerlich. Huthaut wie Fleisch zeigen mit Lauge und mit Anilin eine satt organgechromgelbe Reaktion wie bei keinem anderen Egerling.

Sporen: klein, 5–6 (–7) ×3–4 µm.

Wert: hat verschiedentlich heftige, wenn auch nicht lebensgefährliche Vergiftungen hervorgerufen; überdies wegen seines Geschmackes ungenießbar.

Vorkommen: Ende Mai bis Oktober in Parkanlagen, Gärten, Gebüschen, auf Komposthaufen, an Wegrändern, selten auf Wiesen. Liebt nährstoffreichen und kalkhaltigen Boden. Häufig im Flach- und Hügelland.

Synonym: *Psallióta xanthodérma* (Genevier) Richon & Roze 1888.

28. Perlhuhn-Egerling

Giftig

Agáricus placómyces Peck 1876

Kennzeichen: Ähnlich dem Karbol-Egerling, jedoch Hut weiß bis grau, mit rauchgrauen, graubraunen oder schwärzlichen Schüppchen dicht besetzt. Karbolgeruch schwach, kann gänzlich fehlen.

Wert: giftig wie der Karbol-Egerling.

Vorkommen: wie Karbol-Egerling, jedoch seltener.

Synonyme: *Psallióta placómyces* (Peck) P. Henn. 1900, *P. meleágris* J. Schff! 1925, *Agáricus meleágris* (J. Schff.) Imbach 1946, non *A. meleágris* Sow. 1815; *A. xanthodérmus* var. *terricolor* Moeller 1952.

28a. Rebhuhn-Egerling

Giftig

Agáricus phaeolepidótus (Moeller 1952) Moeller 1952

Kennzeichen: Ähnlich dem Karbol-Egerling, jedoch Hut ton- oder zimtbraun mit rötlichbraunen Schüppchen, Geruch sehr schwach, beim Trocknen angenehm.

Fortsetzung Seite 391

27. Karbol-Egerling, *Agáricus xanthodérmus.* Nat. Gr.
28. Perlhuhn-Egerling, *Agáricus placómyces.* Nat. Gr.
28a. Rebhuhn-Egerling, *Agáricus phaeolepidótus.* Nat. Gr.

29. Riesen-Schirmpilz, Parasol

Eßbar

Macrolepióta procéra (Scop. 1772: Fr. 1821) Sing. 1948

Kennzeichen: unser stattlichster Blätterpilz, einem aufgespannten Schirm gleichend, mit bräunlich geschupptem Hut, bräunlichem Buckel, langem, schuppig-gegürteltem Stiel, derbem, verschiebbarem Ring und stets weißem Fleisch. Junge Pilze ähneln einem Paukenschlegel.

Hut: anfangs eiförmig, glatt gleichmäßig hellbraun. Beim Aufschirmen reißen die Oberhaut und die Unterhaut in breite, sparrig abstehende Schuppen, zwischen denen das weiße Fleisch zum Vorschein kommt, nur die Mitte bleibt glatt braun. Der Hut wird schließlich fast flach, 10–30 cm breit.

Blätter: weiß, weich, gedrängt, bauchig, breit, vom Stiel durch eine Rinne getrennt.

Stiel: ursprünglich dem Hut fast gleich gefärbt. Bei der Streckung reißt die Stielrinde in Gürtel und Schuppen auf (natternartig). Der Stiel kann fast 40 cm Länge erreichen. Er verdickt sich am Grunde allmählich ohne Absatz doppelt bis dreifach zu einer blasseren, von filzigem Myzel überzogenen Knolle. An der Stelle, wo ursprünglich der Hutrand dem Stiel anlag, bleibt ein derber, dickhäutiger, doppelt fetzig gerandeter Ring, der durch eine dünnere, scheidenförmige Haut am Stiel befestigt ist, sich aber an dieser Stelle leicht löst, so daß der Ring dann verschiebbar ist. Der Stiel ist hohl, im Alter ziemlich hart, ins Hutfleisch wie eingesenkt und leicht herauszulösen.

Fleisch: weiß, unveränderlich, zart, zuerst saftig, später im Hut weich, im Stiel „holzig"-zäh. Es riecht angenehm, schmeckt nußartig.

Sporen: ellipsoid, glatt, sehr groß, $15-20 \times 10-13$ µm, dextrinoid, zyanophil und in Kresylblau metachromatisch. Hyphen mit Schnallen.

Wert: jung ein guter Speisepilz, besonders schmackhaft als Schnitzel gebacken oder gebraten. Der Stiel wird bald holzig und ungenießbar. Im Alter ist der Pilz geschmacklos. Nach H. Lohwag ist er roh giftig.

Vorkommen: Juli bis November in lichten Wäldern, an Waldrändern, in Gärten, an Böschungen, auf Sand-, Lehm- und Kalkboden, einzeln oder in kleinen Trupps. Häufig.

Verwechslung: Die viel kleineren Schirmlinge (Gattung *Lepióta*) enthalten auch einige giftige Arten, Nr. 33 und 34. Man achte auf den beweglichen Ring des Riesen-Schirmpilzes!

Synonyme: *Lepióta rhacódes* (Vitt.) Quél. 1872, *Leucocóprinus rhacódes* (Vitt.) Pat. 1900.

29. Riesen-Schirmpilz, *Macrolepióta procéra*. 1/2 nat. Gr.

30. Safran-Schirmpilz, Rötender Schirmpilz

Eßbar

Macrolepióta rhacódes (Vitt. 1835) Sing. 1948

Kennzeichen: dem Riesenschirmpilz sehr ähnlich, aber kleiner, hat glatten Stiel, rotflekkende Blätter, orangerot anlaufendes Fleisch.

Hut: jung braun, kugelig, dann halbkugelig bis glockig ausgebreitet, bis 18 cm breit. Oft glaubt man auf den ersten Blick, braune Waldchampignons vor sich zu haben, doch sind die Blätter weiß (statt braun wie bei einem Champignon). Die Oberhaut bricht bald in breite, regelmäßige, ringförmig angeordente, dachziegelartige Schuppen auf, die filzig-faserig und sparrig sind.

Blätter: weiß, oft mit rötlicher Schneide und Basis, bei Berührung rötlich anlaufend und schwach vom Stiel abgesetzt.

Stiel: weiß, durch Berührung oder im Alter rotbräunlich, kahl und glatt, höchstens feinfaserig, seidig glänzend, sonst wie beim Riesenschirmpilz, nur kürzer, 12–23 cm, hohl, mit verschiebbarem, wattig-schwammigem Ring und am Grunde meist mit zäher, zwiebelförmiger Knolle.

Fleisch: weiß, im Bruch orangegelb bis lachs- oder mohrrübenrot anlaufend. Jung saftig, später zäh, riecht und schmeckt angenehm.

Sporen: kleiner als beim Parasol, 9–12×6–7 µm, farblos.

Wert: Jung eßbar und schmackhaft, besonders gebraten. Ältere Pilze schmecken fade.

Vorkommen: Juli bis November hauptsächlich im Nadelwald (Fichte, Kiefer), seltener im Laubwald und ort oft größer; auf Sand- und Lehmböden und Silikategestein, häufig und oft sehr zahlreich. Hennig fand im Main-Auenwald einen schön ausgebildeten Hexenring von 6 m Durchmesser, mit 400 Fruchtkörpern.

Synonyme: *Lepióta rhacódes* (Vitt.) Quél. 1872, *Leucocóprinus rhacódes* (Vitt.) Pat. 1900.

Verwechslung: In Gärten, Parkanlagen, auf Wiesen, Komposterde u. dgl. kommt eine größere, fleischigere Varietät mit auffallend großer, oft markant gerandeter Stielknolle sowie schwächer und langsamer rötendem Fleisch vor; der Hut ist konzentrisch geschuppt und wirkt fast weiß: *M. rhacódes* var. *horténsis* Pil. 1951 [*M. oliviéri* (Barla 1886) S. Wasser 1980, *M. bohêmica* Wichanský 1961.]. Sie soll nach Pilat gleichfalls eßbar sein; Angaben über Vergiftungen mit diesem **Garten-Schirmpilz** beruhen nach M. Bon auf Verwechslung mit dem **Gift-Schirmpilz,** *M. venenáta* M. Bon 1979. Dieser hat einen braunen Hut mit radial zerschlitzten, nicht konzentrischen Schuppen, einen einfachen Ring am Stiel sowie eine kleinere, sehr schmal gerandete Knolle (Bd. III/16). Auf Kompost, Silage, Ruderstellen.

Der viel kleinere, nur unter Fichten wachsende **Jungfern-Schirmpilz,** *M. puelláris* (Bd. III/15) hat weiß bleibendes Fleisch und ist eßbar.

Eine Gegenüberstellung aller hier genannten Arten mit Farbfotos gibt F. Bellù in Boll. gruppo micol. Bresadola **25** (1982): 100–119.

30. Safran-Schirmpilz, *Marcrolepióta rhacódes.* Nat. Gr.

31. Kegelschuppiger Schirmling

Ungenießbar

Lepióta áspera (Pers. 1793: Fr. 1821) Quél. 1886

Kennzeichen: rostbräunlicher, größerer Hut mit spitzkegeligen Schuppen, zwischen denen bei älteren Pilzen der weiße, seidige Untergrund hervorkommt. Stiel mit breitem, oben warzig gesäumtem, unten wollig-schuppigem Ring. Starker, widerlicher Geruch. Blätter gegabelt.

Hut: rostbraun, mit spitzkegeligem, sparrigen, aufgerichteten, filzigen, fast konzentrisch angeordneten Schuppen, zwischen denen die aufgerissene, weiße bis weißgelbliche, seidige Oberhaut hervortritt; nach dem Rande zu liegen die Schuppen der Haut stärker an und sind heller gefärbt, in seltenen Fällen ist die Oberhaut fast glatt oder nur mit spärlichen Wärzchen besetzt. Mitunter hat der Pilz große Ähnlichkeit mit einem Waldchampignon. Anfangs ist der Hut kegelig-glockig, dann halbkugelig, 6–12 cm hoch, schließlich flach ausgebreitet und schwach gebuckelt, 6–15 cm breit, am Rande lange eingebogen, ziemlich dickfleischig.

Blätter: weiß, im Alter bräunlich, ziemlich schmal, 3–8 mm breit, besonders engstehend, an der Schneide unregelmäßig fein gekerbt und gewellt, hinten abgerundet, frei, häufig gegabelt.

Stiel: bräunlich, nach oben ausblassend, so daß er an der Spitze weiß erscheint, 5 bis 12 cm lang, 1–2 cm dick, am Grunde mitunter knollig angeschwollen. Zwischen dem Hutrand und dem Stiel ist anfangs ein eigentümlicher, weißlicher, später bräunlicher Schleier ausgespannt. Er ist oben häutig, gegen den Stiel hin lockerer und watteartig. Später zerreißt er und hinterläßt vom Hutrande herabhängende Fetzen und am Stiel einen breiten, häutigen, unterseits bräunlichen, hängenden Ring, der aber mitunter verschwinden kann. Unter dem Ring ist der Stiel anfangs wollig-schuppig bis faserig, am Grunde rostbräunlich geschuppt oder am Rande der Knolle mit einem dicken, zusammenhängenden Gürtel und des öfteren mit noch einem oder zwei zerrissenen, daruntersitzenden Gürteln versehen. Über dem Ring ist der Stiel seidig-faserig, anfangs durch die zuerst anliegenden Blätter fein gestrichelt, ganz oben schwach flockig. Zuerst ist er voll, bald aber enghohl, innen längsfädig-locker seidig bekleidet. Am Grunde trägt er oft dicke Myzelstränge.

Fleisch: weiß, weich-elastisch, etwas bräunend. Geruch widerlich leuchtgasartig (wie *L. cristáta*), Geschmack unangenehm.

Sporen: farblos 7–9 × 2,5–3,5μm, zylindrisch. Sporenstaub weiß.

Wert: wegen seines widerlichen Geschmackes ungenießbar.

Vorkommen: August bis Oktober in Wäldern, Parkanlagen, Gärten und Friedhöfen, auf humusreichen Böden, einzeln oder scharenweise. Häufig in wärmeren Gebieten, sonst ziemlich selten.

Synonyme: *Lepióta acutesquamósa* (Weinm. 1824) Gill. 1974, incl. var. *furcáta* Kühner 1936 und f. *gigantéa* Pil. 1955; *L. friésii* (Lasch 1828) Quel. 1872; *Cystolepióta áspera* (Pers.: Fr.) Knudsen 1978.

Pseudonym: *Lepióta híspida* (Lasch) Gill. sensu Ricken 1915. Zur Nomenklatur und Abgrenzung der Art vgl. H. Knudsen in Bot. Tidsskrift **75** (1980): 121–155; dort auch weitere Synonymik.

Verwechslung: Mehrere ähnliche Arten haben normale, nicht gegabelte Blätter (s. Bd. III). Mitunter hat der Kegelschuppige Schirmling große Ähnlichkeit mit dem Wald-Egerling (Nr. 21, 22), von dem er sich durch die weiß bleibenden, gegabelten Blätter und den Geruch unterscheidet.

31. Kegelschuppiger Schirmling, *Lepióta áspera*. Nat. Gr.

32. Kamm-Schirmling, Stink-Schirmling

Ungenießbar

Lepióta cristáta (Bolt. 1788: Fr. 1821) Kumm. 1871

Kennzeichen: kleiner, schmächtiger Pilz mit weißlichem Hut und dichtstehenden gelb- bis rostbräunlichen Schüppchen.

Hut: jung von einer zusammenhängenden, dunkel- bis hellbräunlichen oder röstbräunlichen Oberhaut bedeckt, die später in Schuppen aufreißt bis auf einen braunen Buckel, so daß auf seidig-längsfädigem Grunde zierliche, körnige, bräunliche Schuppen sitzen; kegelig glockig, schl. flach, 2–6 cm breit, dünnfleischig.

Blätter: weiß, gedrängt, fast bauchig, an der Schneide flockig, frei.

Stiel: dünn, weiß, nach unten oft gelblich bis rostbräunlich, seidig-faserig, röhrig. 5–6 cm lang, 0,5–1 cm dick, mit einem häutigen, vergänglichen Ring als Rest eines dünnen Schleiers, am Grunde meist knollig verdickt.

Fleisch: weiß, zuletzt unten im Stiel rostbräunlich.

Geruch: widerlich leuchtgasartig (ähnlich dem Kartoffelbovist und Birnen-Stäubling).

Sporen: patronen- und keilförmig, 6–8 × 3–3,5 μm, glatt, dextrinoid und zyanophil. Sporenstaub weiß.

Vorkommen: Juni bis Oktober in Wäldern, Anlagen, Gärten, an Wegrändern und auf Schutt, gesellig, vom Flachland bis ins Hochgebirge sehr häufig.

33. Fleischbräunlicher Schirmling

Giftig

Lepióta brúnneoincarnáta Chodat & Martin 1889

Kennzeichen: Mittelgroßer, breitschuppiger Schirmling, Stiel mit mehreren Schuppengürteln und undeutlichem Ring.

Hut: auf blaßrosa Grund mit feinen dunkelbraunen Schuppen, Scheitel mit dunkel braunroter bis schwärzlicher Kalotte, ziemlich fleischig, gewölbt-niedergedrückt, 3–7 cm breit.

Blätter: cremeweiß, gedrängt, frei.

Stiel: zylindrisch, von der Basis her weinrot überlaufen, sonst weißlich, unterhalb der Mitte mit schmalem, braunem, gürtelartigem Ring und darunter mit Gürteln brauner Schüppchen.

Fleisch: weiß, stark obstartig riechend.

Sporen: eiförmig, 6,5–9 × 4–5,5 μm. Sporenstaub weiß.

Vorkommen: Juli bis Oktober auf fetten Wiesen, an Waldrändern auf nacktem, humusreichem Boden. Selten. Die abgebildeten Exemplare wurden von J. Schäffer in Potsdam gefunden und von ihm gemalt. Nach M. Bon (1981) stellen die rechten Figuren von Bild 33 die Art *Lepiota josserándii* M. Bon & Boiffard 1974 dar.

32. Kamm-Schirmling,
Lepióta cristáta. Nat. Gr.

33. Fleischbräunlicher Schirmling, *Lepióta brúnneoincarnáta.* 3/2 nat. Gr.

34. Fleischrötlicher Schirmling

Giftig

Lepióta helvéola BRES. 1881

Kennzeichen: Hut fleischrosa, ockerrosa, ziegelrot, mit feinen angedrückten Schuppen, 1,5–5 cm breit. Stiel weißlich bis rosa mit tiefsitzendem, flüchtigem, weißem, gürtelartigem Ring, darunter spärlich flockig. Fast geruchlos, Sporen eiförmig 6,5–8 × 3,5–4,5 µm.

Vorkommen: Wiesen, Waldlichtungen, grasige Wegränder, bes. im südlichen Mitteleuropa und Mittelmeergebiet. Vermutlich war es diese Art, welche 1930 in Lyon schwere, z. T. tödliche Vergiftungen hervorgerufen hat, die den durch den Grünen Knollenblätterpilz verursachten ähnlich waren.

Synonym: ? *L. scobinélla* (FR. 1838) GILL. 1874.

35. Amiant-Körnchenschirmling

Eßbar

Cystodérma amiánthinum (SCOP. 1772) FAYOD 1889

Kennzeichen: kleiner, zierlicher Pilz mit ockergelbem, körnig-schuppigem Hut und gekörntem Stiel.

Hut: meist ockergelb oder hellockergelb, flockig-körnig, in der Mitte strahlig gerunzelt, anfangs gewölbt, später verflacht, 2–5 cm breit, schwachfleischig.

Blätter: erst weiß, später ockergelblich, gedrängt, etwas ausgerandet, angewachsen.

Stiel: ockergelb, schlank, 4–6 cm lang, 0,2–0,5 cm dick, mit einem aufsteigenden, zerrissenen, körnig-schuppigen Ring, unterhalb desselben schuppig, oberhalb blaß, zartflockig bepudert und zartfaserig, erst voll, später röhrig.

Fleisch: gelblich, im Hut weich, im Stiel derber, fast knorpelig, seidig-faserig, gerieben nach Scheunenstaub riechend.

Sporen: ellipsoid, 5,3–6,3 × 4 µm, amyloid, Sporenstaub weiß.

Wert: eßbar, doch wegen seiner Kleinheit fast bedeutungslos.

Vorkommen: September bis November in Moospolstern, besonders in Nadelwäldern (Kiefer, Fichte) auf Kalk- und Silikatboden, auch in Moosrasen auf Trockenrasen und in Erlenbrüchen, häufig vom Flachland bis in die alpine Stufe der Hochgebirge.

Anmerkung: Von dieser veränderlichen Art werden folgende, vom Typus abweichende Formen unterschieden:
f. *rugosoreticulátum* (LORINSER 1879) SMITH & SING. 1945: Hut ockergelb, netzartig gerunzelt.
f. *olitáceum* SING. 1945: Hut anfangs oliv getönt, später ockerfarben.
f. *álbum* (MRE. in REA 1922) SMITH & SING. 1945: Fruchtkörper ganz weiß oder weißlich. Von REA, LOCQUIN und HEINEMANN & THOEN als Varietät bewertet. Einige ähnliche Arten sind in Bd. III beschrieben. Amiant ist ein blaß grünlichgraues, faseriges Mineral (Hornblendeasbest) mit starkem, seidigem Glanz. Sein Name kommt vom griech. amiantos = makellos.

34. Fleischrötlicher Schirmling, *Lepióta helvéola*. 3/2 nat. Gr.

35. Amiant-Körnchenschirmling, *Cystodérma amiánthinum*. Nat. Gr.

36. Rotbrauner Schleimschirmling

Eßbar

Limacélla gliodérma (Fr. 1852) Mre. 1937

Hut: fleischrötlichbraun, fuchsig bis kastanienbraun, 3–6 cm breit, erst schleimig, dann nur noch schwach klebrig, glatt und kahl, glänzend, dünnfleischig. Hutrand stumpf, im Alter gerieft. Huthaut ganz abziehbar.

Blätter: cremeweiß, mitunter ockerrötlich überlaufen, gedrängt, sehr tief ausgebuchtet bis frei.

Stiel: blaß rosa, isabellfarben, mit undeutlichem wollig-flockigem Ring, darunter fleischfarben bis fuchsig flockig-überfasert, Flocken oft gürtelartig angeordnet.

Fleisch: weiß bis rosabräunlich, weich und zerbrechlich, Geruch und Geschmack stark mehlartig oder wie frische Gurken.

Sporen: kugelig, fein rauh, 4–5 μm Durchmesser, farblos, inamyloid, zyanophil. Sporenstaub weiß.

Vorkommen: Juli bis Oktober in humosen Laub- und Fichtenwäldern, in Gärten, auch in Gewächshäusern; ziemlich selten.

Synonym: *Lepióta gliodérma* (Fr.) Gill. 1874.

Pseudonym: *Limacélla delicáta* (Fr. 1821) Earle 1909 sensu Pilát 1959, Horak 1968 u.a., non Fr. 1821.

Anmerkung: *Lepióta gliodérma* sensu Ricken 1915 ist *Limacélla roseofloccosa* Hora 1960. – Bild 36 wurde in früheren Auflagen dieses Bandes irrtümlich als *Cystodérma cinnabárinum*, später als *Tricholóma auránntium* gedeutet; eine überzeugende Interpretation im Sinne von *L. gliodérma* verdanken wir H. Dörfelt; vgl. dazu das Bild der gleichen Art bei Cetto, Der große Pilzführer, Bd. II/414!

36. Rotbrauner Schleimschirmling, *Limacélla gliodérma.* Nat. Gr.

37. Schopf-Tintling, Spargelpilz

Jung eßbar

Cóprinus comátus (MÜLL. 1780: FR. 1821) S. F. GRAY 1821

Kennzeichen: walzenförmiger, weißer Hut mit sparrig, abstehenden, bräunlichen Schuppen (Hüllreste), zuerst weißen, dann vom Hutrand aus rosa und endlich schwarz werdenden, nach Sporenreife tintenartig zerfließenden Blättern.

Hut: weiß, nach dem Rande zu schl. schwach rosa bis schwärzlich, erst glatt, beinahe seidig, mit bräunlichem, haubenförmigem Scheitel. Oberhaut bald in breite, weiche, faserige, schl. bräunliche, sparrig abstehende Schuppen zerschlitzt. Rand anfangs gegen den Stiel hin gebogen und mit ihm durch einen schmalen Ring verbunden; später reißt der Rand ein und rollt sich nach außen spiralig auf. Hut geschlossen 6–13 cm hoch, 3–6 cm dick.

Blätter: dünn, engstehend, weiß, frei, nicht am Stiel festgewachsen, allmählich vom Rand aus rosa, dann bräunlich, zuletzt schwarz, schl. samt dem Hut zu einer langsam herabtropfenden tintenartigen Flüssigkeit zerfließend.

Stiel: weiß, schlank, zartfaserig, am Grunde schwach knollig verdickt und voll, 10 bis 20 cm lang, 1–3 cm dick (deshalb auch Spargelpilz genannt), trägt einen beweglichen, dauerhaften Ring.

Fleisch: weiß, weich, hart, mit angenehmem Geruch und Geschmack.

Sporen: schwarz, eiförmig, 10–14 × 6–8 µm.

Wert: schmackhaft, solange die Blätter weiß sind. Sofort zubereiten, da er schnell verdirbt! Bes. geeignet zur Herstellung von Pilzextrakt.

Werden die Pilzhüte jung abgeschnitten, solange sie noch geschlossen sind, gehen sie nicht in Autolyse über, d. h., sie lösen sich nicht auf. In diesem Zustand sind die Pilze versandfähig; daher sind Anbauversuche mit dem Schopf-Tintling (s. S. 117) sinnvoll.

Vorkommen: Mai bis November auf gedüngten Rasenflächen, in Gärten, auf Schuttplätzen und aufgefülltem Boden, in Laubwäldern auf fettem Boden, truppweise in großer Zahl, häufig vom Flachland bis ins Gebirge (im Erzgebirge bis 800 m, in den Alpen bis 2000 m ü. M. registriert. Im hohen Norden Europas noch in den Grünanlagen von Murmansk.

Anmerkung: Eine Form mit kürzerem, eiförmigem Hut ist *Cóprinus comátus* f. *ovátus* (SCHAEFF. 1774 ex FR. 1821) KÜHNER & ROMAGN. 1933. – Eine Form mit fast kugeligem Hut, f. *sphaerocéphalus* LGE. 1939, wurde in Dänemark bekannt. – Eine Riesenform mit bis zu 45 cm langen und 3 cm dicken Stielen wurde als *C. gigantéus* RITZ 1911 aus den Berner Alpen beschrieben.

Ähnliche Arten sind der Specht-Tintling, *C. picáceus* (BULL : FR.) S. F. GRAY (Bd. IV/294), mit auffallend schwarzweiß geschecktem Hut in Buchenwäldern, und der Ring-Tintling, *C. sterquilinus* (FR.) FR. kleiner als Schopf-T. und mit riesigen Sporen (Bd. IV/293), sowie die viel kleinere Hasenpfote, *C. lagópus* (FR.) FR., mit haarigem Stiel im Laubwald (Bd. IV/295); als Speisepilze sämtlich bedeutungslos.

37. Schopf-Tintling, *Cóprinus comátus.* Nat. Gr.

38. Grauer Tintling, Falten-Tintling, Knoten-Tintling

Jung eßbar, jedoch nach Alkoholgenuß giftig

Cóprinus atramentárius (BULL. 1783: FR. 1821) FR. 1838

Kennzeichen: Büschelig-rasig wachsende Pilze mit grauen, kahlen Hüten und weißen Stielen mit kantig abgesetzter Basis. Hutrand faltig.

Hut: aschgrau bis graubräunlich, anfangs am Scheitel und öfter auch seitlich weit hinab mit feinen angedrückten, bräunlichen, kleieartigen, leicht abwischbaren Schuppen (Hüllresten) besetzt; außerdem schmutzig-glimmerig bereift, später fast kahl, nur noch am Scheitel schuppig-fleckig. Anfangs ei-, dann glockenförmig, meist mehr oder weniger tief längsfaltig oder faltig gerippt, am Rande ungleich wellig geschweift, öfter etwas gelappt, zuletzt kegelförmig ausgebreitet, am Rande zerschlitzt und nach oben gewendet, aber nicht zurückgerollt, vor der Reife schwachfleischig, 4–10 cm breit.

Blätter: erst weißgrau, dann rosabraun, schl. schwarz, sehr gedrängt, bauchig, an der Schneide flockig, an der Fläche oft narbig-rauh, frei. Werden allmählich feucht und zerfließen endlich nebst dem dünnen Hutfleisch zu einem schwarzbraunen, tintenartigen Brei.

Stiel: weiß, glatt, zartfaserig, schwach glänzend, ziemlich fest, erst voll, später hohl; aufwärts meist verjüngt, 6–15 cm lang, $^{3}/_{4}$–$1^{1}/_{2}$ cm dick, ringlos, unten jedoch, wo der Hutrand anfangs anlag, mit einer ringförmigen, knotenartigen Anschwellung versehen, die sich im Alter verwächst; am Grunde fast spindelförmig ausgezogen.

Fleisch: weiß, dünn, fast geruchlos, mild schmeckend.

Sporen: braun, halbdurchsichtig, ellipsoid, 9–10 × 5–6 µm, glatt.

Wert: im Jugendzustand eßbar, so lange die Blätter noch weiß sind. Am besten verwendet man ihn als Suppenpilz. Es ist dringend darauf zu achten, daß vor und nach dem Genuß dieses Pilzes kein Alkohol genossen werden darf (siehe Abschnitt III B, S. 79f.)!

Vorkommen: Mai bis November in Laubwäldern, Gärten, an Weg- und Straßenrändern, Schuttplätzen, meist im Umkreis von Baumstümpfen (Esche, Pappel, Roßkastanie u. a.) oder auf vergrabenem Holz, nie unmittelbar auf Mist; in dichten Büscheln. Im Flachland sehr häufig, im Gebirge seltener. In Gewächshäusern kommt er auch im Winter vor.

Anmerkung: Der Rauhsporige Tintling, *C. alopécia* LASCH (Bd. IV/296), eine große, am Fuße von Laubbäumen mehr einzeln vorkommende Art, unterscheidet sich durch den anfangs silberig behaarten Hut und deutlich warzige Sporen. Er ist giftig!

Mehrere kleinere graue Arten, wie der Struppige Tintling, *C. cinéreus* (SCHAEFF. : FR.) S. F. GRAY (Bd. IV/299) und der Warmhaus-Tintling *C. radiátus* (BOLT.: FR.) S. F. GRAY wachsen auf Mist und Komposthaufen und sind ungenießbar.

38. Grauer Tintling, *Cóprinus atramentárius.* Nat. Gr.

39. Glimmer-Tintling

Eßbar, jedoch nach Alkoholgenuß giftig

Cóprinus micáceus (BULL. 1785: FR. 1821) FR. 1838

Kennzeichen: kleine gelbbraune Hüte, anfangs mit glimmerig glitzernden Schüppchen bestreut, büscheliges Wachstum an Baumstümpfen.

Hut: gelbbraun mit brauner Mitte, feucht dunkler erscheinend, anfangs mit glimmerig glitzernden Körnchen bestreut (mit der Lupe betrachtet bei schrägfallendem Licht) und mit sehr flüchtigen, kleiigen, weißlichen bis bräunlichen Flöckchen bedeckt, bisweilen anfangs sogar mit dem Stiele durch einen flockigen, leicht vergänglichen Schleier verbunden, aber bald kahl, erst gerieft, dann bis zum breiten Scheitel faltig gefurcht, endlich zerschlitzt. Anfangs eiförmig-glockig, dann glockig oder kegelig-glockig, schl. am Rande etwas geschweift, 2–4 cm, seltener bis 5 cm breit; häutig, nur am Scheitel schwachfleischig. Bei trockenem Wetter ausblassend und welkend, bei nasser Witterung feucht werdend und zerfließend.

Blätter: erst weißlich oder gelblichweiß, dann graulich bis braun, zuletzt schwarz, an der Schneide bisweilen weiß, sehr gedrängt, 3–6 mm breit, nach beiden Enden verschmälert, abgerundet angeheftet. Bei feuchtem Wetter zerfließen sie leicht, bei trockenem nur allmählich.

Stiel: weiß, anfangs feinflockig bestäubt, bald kahl, seidenfädig glatt, glänzend, bisweilen anfangs in der Mitte (ähnlich wie beim Falten-Tintling) fast knotig angeschwollen, röhrighohl, aufwärts schwach verjüngt, durch Druck gegen benachbarte Stiele manchmal kantig, 5–10 oder auch bis 15 cm lang und 3–5$^1/_2$ mm dick.

Sporen: braun, mitraförmig (d. h. eiförmig mit breit gestutztem Ende und Spitzchen an der Basis), 4,5–10 × 4–6 μm; Sporenstaub dunkelbraun.

Wert: Im Jugendzustand ein schmackhafter Suppenpilz, soll jedoch bei Alkoholgenuß die gleichen Wirkungen hervorrufen wie der Graue Tintling (Nr. 39).

Vorkommen: Mai bis November in Laubwäldern und Gärten an Laubholzstümpfen und modernen Stämmen, an Pfählen und Baumwurzeln, an Rotbuche, Esche, Erle, Ulme, Pappel, Roßkastanie u. a. Im Flach- und Hügelland sehr häufig am gleichen Baumstumpf mehrmals im Jahr fruktifizierend.

Anmerkung: Sehr ähnlich, aber mehr einzeln wachsend und mit eiförmig-ellipsoiden Sporen: Strahlfüßiger Tintling, *C. rádians* DESM., und Weiden-Tintling, *C. truncórum* (SCHAEFF.) FR.
Der Gesäte Tintling, *C. disseminátus* (PERS:: FR.) S. F. GRAY, hat viel kleinere Hüte und zerfließt nicht. Er wächst in vielköpfigen Rasen neben Baumstümpfen (Bd. IV/307).
Alle hier genannten Arten sind als Speisepilze bedeutungslos.

39. Glimmer-Tintling, *Cóprinus micáceus.* 2/3 nat. Gr.

40. Wäßriger Mürbling, Weißstieliges Stockschwämmchen

Eßbar

Psathyrélla hydróphila (Bull. 1791) Mre. 1938

Kennzeichen: in Büscheln, zart, sehr zerbrechlich, braune Hüte mit zuerst bräunlichen, dann schokoladenfarbenen Blättern und weißen Stielen.

Hut: dunkelbraun oder olivbraun, wenn durchfeuchtet, trocken dagegen graugelblich, meist stark durchwässert, sehr gebrechlich, Rand durchscheinend gerieft, in der Jugend mit sehr vergänglichem, bald verschwindendem, zuerst blassem Schleier, der öfter als purpurbrauner Randsaum oder in bräunlichen Fetzen am Rande zurückbleibt (von Rickeü deshalb „Zartestbehangener Saumpilz" genannt), zuerst halbkugelig, dann gewölbt, 2–4 cm breit, runzelig, dünnfleischig.

Blätter: zuerst weißlich, dann blaßbräunlich, zuletzt braunschwärzlich, öfter mit weißer Schneide, sehr engstehend, breit angewachsen.

Stiel: weißlich, seidig glänzend, oft wellig-uneben, kurz oder länger, 4–10 cm, röhrig-hohl, am Grunde zottig.

Fleisch: durchfeuchtet rußbraun, trocken blaß, mild.

Sporen: braunpurpurn, klein, ellipsoid, glatt, 5–6 × 2–3 μ, Staub umberbraun. Lamellenschneide und -fläche mit Zystiden.

Wert: als Suppenpilz verwertbar und im Herbst durch sein häufiges Vorkommen ergiebig, doch mitunter nicht bekömmlich.

Vorkommen: Mitte August bis Mitte November in Laubwäldern an Stümpfen (besonders Rotbuche), in dichten Gruppen, häufig.

Synonyme: *Hypholóma hydróphilum* (Bull.) Quél. 1872, *Drosóphila hydróphila* (Bull.) Quél. 1886.

Pseudonyme: *Hypholóma appendiculátum* (Bull. 1788) Quél. 1872 sensu Quélet, Konrad & Maublanc; *Drosóphila appendiculáta* (Bull.) Quél. 1886 sensu Quélet, Kühner & Romagnesi; *Psathyrélla appendiculáta* (Bull.) Mos. 1953 sensu Moser, non Bulliard 1788 (zweifelhafte Art).

40. **Wäßriger Mürbling, Weißstieliges Stockschwämmchen,** *Psathyrélla hydróphila*. Nat. Gr.

41. Lilablättriger Mürbling, Zarter Saumpilz

Eßbar

Psathyrélla candolleána (FR. 1818 : FR. 1821) MRE. 1938

Kennzeichen: in Gruppen wachsend, sehr gebrechlich, trocken tonweißliche, durchfeuchtet gelbbräunliche Hüte mit violetten Blättern, sehr dünnfleischig, Rand von weißen Flocken behangen.

Hut: weißlich bis tongelblich, Mitte hellockergelblich, feucht gelbbräunlich, am Rande mit sehr vergänglichen, weißen, dünnen Schleierresten behangen (Reste eines flockig-häutigen, nur in der Jugend vorhandenen Schleiers, der zwischen Rand und Stiel gespannt war), glanzlos, zart, brüchig, erst kugelig, dann flach-gewölbt, 1−6 cm breit, oft stark radial gerunzelt.

Blätter: zuerst blaß, dann schmutzig graurosa-lila, schließlich purpurbraun, dichtstehend, schmal angewachsen.

Stiel: weiß, schwach faserig, röhrig-hohl, 4−9 cm dick, sehr brüchig, oben leicht gestreift.

Fleisch: weiß, zart, mürbe, geruchlos, mild.

Sporen: unter dem Mikroskop rötlichbraun, schmal, ellipsoid, 6−8 × 4−5 μm, glatt. Sporenstaub hell schokoladenbraun. Lamellenschneide mit Zystiden.

Wert: vorzüglicher Suppenpilz.

Vorkommen: Mai bis September in Laubwäldern, Erlenbrüchen, Quellmooren, Weiden-Faulbaum-Gebüschen, an Baumstümpfen (Rotbuche Eiche, Erle und auf verrottetem Laub), gesellig bis büschelig. Häufig vom Flachland bis in mittlere Gebirgslagen.

Synonyme: *Hyphólóma candolleánum* (FR. : FR.) QUÉL. 1872, *Drosóphila candolleána* (FR. : FR.) QUÉL. 1886, *Psathyrélla egénula* (BERK. & BR. 1861) MOS. 1953.

41. Lilablättriger Mürbling, *Psathyrélla candolleána.* Nat. Gr.

42. Grünspan-Träuschling

Eßbar

Stropháría aeruginósa (Curtis 1778:Fr. 1821) Quél. 1872

Kennzeichen: Hut mit grünspanfärbigem, dickem Schleim, weißflockigem Rand, Blätter grauviolett.

Hut: jung und bei feuchtem Wetter mit blaugrünem oder spangrünem, dickem, klebrigem Schleim überzogen, in den bisweilen oberflächliche, vergängliche, weiße Schüppchen eingesenkt sind, trocken glänzend, nach Verschwinden des Schleimes kahl und dann z. T. oder gänzlich gelblich oder ockergelb, am Rande mit weiflockigen Schleierresten mehr oder weniger besetzt, ziemlich dünnfleischig, mit leicht abziehbarer, zäher Oberhaut, anfangs glockig, dann flachgewölbt, zuletzt vertieft und nach oben umgeschlagen, 2–7 cm breit.

Blätter: erst blaß, dann rötlichgrau, endlich purpurbraun, an der Schneide weißflockig, feingekerbt, ziemlich gedrängt, weich, am Stiel breit angewachsen.

Stiel: blaßbläulich oder blaßgrünlich, im Alter bräunlich, hohl, gleichmäßig dick, 5–8 cm lang, ½–1 cm dick, über die Mitte mit abstehendem, schmalem, schuppig-häutigem, dauerhaften Ring, der oft ganz fehlt. Die Reste des anfänglich zwischen Hut und Stiel ausgespannten Schleiers bleiben am klebrigen Hutrande hängen. Stiel unterhalb des Ringes mit weißlichen Schuppen und Flocken bedeckt oder faserig, anfangs schleimig und klebrig, über dem Ring kahl.

Fleisch: weißlich, weich, mit schwach rettichartigem Geruch und Geschmack.

Sporen: eiförmig-ellipsoid, 7–8,3 × 4–5 μm, glatt. Staub schokoladebraun mit violettem Ton.

Wert: eßbar, besonders als Suppenpilz. Haut abziehen!

Vorkommen: August bis November im Nadelwald, an modrigem Holz, über Kalk- und Silikatgestein, häufig vom Flachland bis ins Hochgebirge.

Synonyme: *Geóphila aeruginósa* (Curtis : Fr.) Quél. 1886, *Stropháría cyánea* (Bolt. 1820) Tuomikoski 1953 (sensu Bolton, non Tuomikoski, Moser), *Psallióta viridula* (Schaeff. 1774) Schroet. 1889.

43. Graublättriger Schwefelkopf, Rauchblättriger Schwefelkopf

Eßbar

Hypholóma capnoides (Fr. 1815 : Fr. 1821) Kumm. 1871

Kennzeichen: büschelig verwachsene, gelbliche Fruchtkörper mit rauchgrünen Blättern, an Nadelholz.

Hut: orange gelbbräunlich, mattgelb bis bräunlichgelb, in der Randzone oft wässerig durchzogen und hier anfangs von Hüllresten zart seidigweiß bekleidet, mit erst weißen, dann dunkelbraunen Schleierresten behangen, dünnfleischig, erst gewölbt, dann verflacht, öfter stumpf gebuckelt, 2–6, manchmal bis 11 cm breit.

Blätter: erst blaßgelblich, dann bald hell-, nebel- oder violettlichgrau, mohn- bis aschgrau, hierauf rauchgraupurpurn, kaum gedrängt bis ziemlich locker gestellt.

Stiel: meist gekrümmt, unten rostbraun, nach oben weißlich oder schwach hellgelb, am oberen Ende seidig-glatt, angedrückt glattfaserig, öfter auch schwach flockig, immer hohl.

Fleisch: gelblichweiß, unten im Stiel rostbraun, mit angenehmem Geruch und mildem Geschmack.

Sporen: länglich-ellipsoid, 8–9 × 4–5 μm, glatt.

Wert: vorzüglicher Speisepilz.

Fortsetzung Seite 391

198

42. Grünspan-Träuschling, *Strophária aeruginósa.* 1/2 nat. Gr.

43. Graublättriger Schwefelkopf,
Hypholóma capnoides. Nat. Gr.

44. Grünblättriger Schwefelkopf

Giftig

Hypholóma capnoídes (Fr. 1815 : Fr. 1821) Kumm. 1871

Kennzeichen: schwefelgelber Hut und Stiel, grünliche Blätter, schokoladebrauner Sporenstaub, bitterer Geschmack.

Hut: schwefelgelb, in der Mitte mehr orange-fuchsig, zuerst glockig, dann ausgebreitet mit stumpfem Buckel, 3–7 cm breit, dünnfleischig, zuerst durch einen gelben, faserighäutigen, flüchtigen Schleier geschlossen, von dem oft ein gewebeartiger Saum am Rande hängenbleibt.

Blätter: zuerst schwefelgelb, bald grün, schl. grünbraunschwärzlich, oft etwas durchfeuchtet, sehr gedrängt und schmal, ausgebuchtet-breit angewachsen.

Stiel: schwefelgelb, später rostfaserig, am Grunde büschelig verwachsen, gleichmäßig dick, 5–10 cm hoch, 0,5 cm breit.

Fleisch: schwefelgelb, im Stiel etwas bräunlich, mit dumpfem Geruch und sehr bitterem Geschmack.

Sporen: ellipsoid, glatt, 6–8 × 4 µm. Staub schokoladebraun.

Wert: Nach Erfahrungen von Vasilkov, Lohwag u. a. stark giftig, u. U. tödlich (s. Mykol. Mitteilungsblatt 11 [1967]: 45).

Vorkommen: Mai bis November an Laub- und Nadelholzstümpfen und Wurzeln, bes. an Kiefer, Rotbuche, ferner an Weißbuche, Birke, Weide, Eiche, Ulme u. a., in großen Mengen. Sehr häufig.

Synonyme: *Naematolóma fasciculáre* (Huds. :Fr.) Karst. 1871, *Geóphila fasciculáris* (Huds.:Fr.) Quél. 1886, *Dryóphila fasciculáris* Huds.:Fr.) Quél. 1888.

45. Ziegelroter Schwefelkopf

Bedingt eßbar

Hypholóma sublaterítium (Fr. 1838) Quél. 1873

Kennzeichen: büschelige, ziegelrote und rotgefleckte Fruchtkörper an Laubholzstümpfen.

Hut: anfangs flachgewölbt, am Rande eingebogen, schl. ausgebreitet, stumpf, 5 bis 12 cm breit, ziegelrot, bes. in der Mitte oft rötlichbraun gefleckt, in der Jugend mit dem Stiel durch einen sehr ausgeprägten, gelblichweißen, dicken, gewebeartigen Schleier verbunden, dessen Reste den Rand später als Behang umsäumen, zuletzt ganz kahl, glatt, trocken, dickfleischig.

Blätter: olivgrün bis grau, schl. olivpurpurbraun, an der Schneide blaßflockig, gedrängt, am Stiel ausgebuchtet angewachsen.

Stiel: meist gekrümmt, oben blaßgelb, Mitte braungelb, unten braun, faserig.

Fleisch: ziemlich derb, gelblichweiß, schwach bitter, geruchlos. Nach Abziehen der Oberhaut fast mild.

Sporen: ellipsoid-eiförmig, 6–7 × 3–4 µm, glatt. Sporenstaub olivpurpurbraun.

Wert: eßbar, wenn mild, jedoch oft mehr oder weniger bitter schmeckend; Abbrühen wird dringend empfohlen!

Vorkommen: August bis November, seltener bis Januar, im Laubwald an Stümpfen (besonders Eiche, Rotbuche), büschelig wachsend. Häufig. Örtlich (z. B. Rheinland, Westfalen) auch im April/Mai.

Synonyme: *Naematolóma sublaterítium* (Fr.) Karst. 1879, *Geóphila sublateritia* (Fr.) Quél. 1886, *Dryóphila sublateritia* (Fr.) Quél. 1888, *Hypholóma laterítium* (Schaeff. 1774: Fr. 1821) Kumm. 1871, non *Agáricus* („tribus" *Galéra*) *lateritius* Fr. 1821.

44. Grünblättriger Schwefelkopf,
Hypholóma fasciculáre. 1/2 nat. Gr.

5. Ziegelroter Schwefelkopf,
Hypholóma sublaterítium. 1/2 nat. Gr.

46. Tannen-Flämmling, Samtschuppiger Flämmling

Ungenießbar

Gymnopilus sapineus (Fr. 1821) Mre. 1937

Kennzeichen: bitterer, mittelgroßer Nadelwaldflämmling mit goldgelbfuchsigem, schuppig-filzigem Hut, lebhaft fuchsroten Blättern, sattgelbem Fleisch.
Hut: auf gelbem Grund orangefuchsig gefasert oder geflammt, selten auch zimtbraun, samtig bis feinfilzig, nur feucht schwach glänzend, manchmal wie von graubräunlichem Reif überhaucht oder mit flüchtigen Flöckchen besetzt, glockig-gewölbt-verflacht, im Alter rissig werdend, 6–10 cm breit.
Blätter: blaßgelblich, bald lebhaft fuchsig, ziemlich breit.
Stiel: gelbbräunlich, sonst bald fuchs- bis rostfaserig, am Grunde oft weißlich, mit vergänglichem, weißlichem, angedrückt faserig-fädigem Schleiergürtel, dünn, auch dick, voll und fest.
Fleisch: gelb, mit Eisenvitriol sattgrün, etwas weich, aber zählich, sehr bitter, frisch geruchlos, später immer stärker einen feinen kuchenartigen Geruch entwickelnd, der unbestimmt an Mandeln, Zimt oder Kokos erinnert.
Sporen: rauhlich, 8 × 5 µm, Staub zimtfuchsig.
Vorkommen: Juli bis Oktober im Nadelwald, an Stümpfen büschelig, auf Holzstückchen mehr einzeln, besonders an Fichte. Häufig in den Mittel- und Hochgebirgen und Nordeuropa.

Synonyme: *Flámmula sapinea* (Fr.) Kumm. 1871, *Fulvidula sapinea* (Fr.) Quél. 1886.

Anmerkung: Der Geflecktblättrige Flämmling, *G. pénetrans* (Fr.) Murr, sehr ähnlich, jedoch mit kahlem Hut, an Kiefernstümpfen und -hölzchen im Flachland, ist gleichfalls ungenießbar (Bd. IV/90).

47. Reifpilz, Zigeuner, Runzel-Schüppling

Eßbar

Rozítes caperátus (Pers. 1801: Fr. 1821) Karst. 1879

Kennzeichen: strohgelber, runzliger Hut, anfangs graulila überhaucht, durch weiße, silbrige Schüppchen bereift (Rest einer allgemeinen Hülle). Stiel mit deutlichem Ring, zuerst lehmgelbe, dann rostbraune Blätter, ziemlich brüchig.
Hut: anfangs graugelblich mit einer blaßviolettlichen Hülle, später semmelgelb, in der Mitte mehlig bereift, am Rande zuerst mit einem kurzen Hautsaum behangen, 6–12 cm breit, eiförmig bis halbkugelig, später ausgebreitet, oft mit nach oben gebogenem Rande, gegen den Rand hin meist grubig gerunzelt oder strahlig gerippt, in der Mitte ziemlich fleischig. Im Alter zerrissen und zerlumpt.
Blätter: erst blaßlehmfarbig, später durch die Sporen rostbraun, an der Schneide weißlich und gekerbt, eng, breit, öfter krauswellig.
Stiel: weißlich, seidig, später feinfaserig gestreift, 7–12 cm lang, mit blaßgelblichem, häutigem, erst abstehendem, dann hängendem, im Alter oft zerrissenem Ring.
Fleisch: weißlich, unter der Huthaut gelbrötlich, im oberen Teil des Stieles oft schwach lila, insgesamt meist wäßrig durchzogen. Es riecht schwach, angenehm und schmeckt mild
Sporen: ockergelb, mandelförmig, warzigrauh, 11–14 × 7–9 µm. Staub gelbbraun.
Wert: vorzüglicher Speisepilz, sehr ergiebig und leicht kenntlich.
Vorkommen: In Nadel- und örtlich auch in Laubwäldern, unter Kiefer, Fichte, Rotbuche nur auf sauren Böden (Sand, Silikatgestein). Häufig an entsprechenden Standorten in Mittel- und Nordeuropa, im Hochgebirge bis über die Baumgrenze vorkommend (dort mit Zwergbirke assoziiert).

Synonyme: *Pholióta caperáta* (Pers,: Fr.) Kumm. 1871, *Cortinárius caperátus* (Pers.: Fr.) Fr. 1838.

46. Tannen-Flämmling,
Gymnopílus sapíneus. Nat. Gr.

47. Reifpilz, Zigeuner,
Rozítes caperátus. 1/2 nat. Gr.

48. Stockschwämmchen

Eßbar

Kuehnerómyces mutábilis (SCHAEFF. 1774: FR. 1821) SING. & SMITH 1946

Kennzeichen: büschelig an Stümpfen, bräunlichgelbe Hüte mit hellerer Mitte, dunkler Randzone, zimtfarbigen Blättern sowie schuppigem Stiel mit kleinem Ring.

Hut: im durchwässerten Zustand horn- bis rotbraun, trocken honig-ockergelb, am Rande oft noch dunkler gezont, da er vom Scheitel zu trocknen beginnt; erst gewölbt, dann ausgebreitet mit gebuckelter Mitte, 2–10 cm breit, schwach fleischig mit dünnem Rand; Blätter am Hutrand durchscheinend; Oberhaut feucht, fettig glänzend, glatt und kahl, seltener mit vergänglichen Schüppchen bedeckt.

Die Zweifarbigkeit des Hutes (scharf begrenzte, dunklere, durchfeuchtete Randzone von wechselnder Breite) wird als „hygrophan" bezeichnet; die gleiche Eigenschaft haben auch Nr. 40, Nr. 61, Nr. 99, Nr. 101 u. a.

Blätter: blaß, schließlich zimt- bis rostbraun, gedrängt, dünn, breit angewachsen und am Stiel etwas herablaufend.

Stiel: über dem häutigen oder flockig-schuppigen, schließlich verschwindenden bräunlichen Ring blaß, kahl, fast gerieft, unter dem Ring dunkelrostbraun, oft fast schwärzlich und mit kleinen, braunen, sparrig abstehenden, flockigen Schuppen bedeckt, gleich dick, 5–8 cm hoch, $^1/_2$–$^3/_4$ cm dick, unten büschelig verwachsen und gekrümmt aufsteigend, voll, dann hohl, zäh.

Fleisch: im Hut blaß, im Stiel rostbraun; es schmeckt mild und riecht angenehm würzig, nach frisch gesägtem Holz.

Sporen: oval, 6–8 × 3–4,5 µm, glatt, mit Keimporus, Staub rotbraun, bedeckt oft die tieferstehenden Hüte der Büschel.

Wert: ausgezeichneter, beliebter Speisepilz von kräftigem, würzigem Geschmack, besonders für Suppen geeignet. Die Stiele sind zäh.

Vorkommen: Mai bis November im Laub- und Nadelwald an Stümpfen, besonders an Rotbuche, Birke, Erle, Linde, Weide und Fichte, seltener an Esche, Ulme, Eiche, Weißbuche, Pappel, Hasel, Roßkastanie u. a.; auch am Fuße lebender Bäume und Sträucher in Parkanlagen. Häufig vom Flachland bis in höhere Gebirgslagen.

Synonyme: *Pholióta mutábilis* (SCHAEFF.: FR.) KUMM. 1871, *Galerina mutábilis* (SCHAEFF.: FR.) ORTON 1960.

Verwechslung: Zwei weitere, sehr seltene *Kuehnerómyces*-Arten haben nicht die sparrigen Schüppchen auf dem Stiel. – Der giftige Nadelholz-Häubling, *Galerina margináta* (BATSCH) KÜHNER (Bd. IV/212) hat glatten Stiel, warzige Sporen und wächst vorwiegend an Nadelholz, besonders im Gebirge. Das sog. Weißstielige Stockschwämmchen, *Psathyrélla hydróphila* (Nr. 40) hat einen weißen Stiel ohne Ring, dunkelbraune Blätter und ebensolchen Sporenstaub, und ist sehr zerbrechlich.

Anmerkung: Das Stockschwämmchen kann von Liebhabern angebaut werden. Näheres hierüber s. S. 102–105.

48. Stockschwämmchen,
Kuehnerómyces mutábilis. Nat. Gr.

49. Gemeiner Fälbling, Tongrauer Fälbling, Kleiner Rettich-Fälbling

roh giftig

Hebelóma crustulinifórme (BULL. 1786) QUÉL. 1872

Kennzeichen: Falber, schmieriger Hut mit tonfarbigen, tränenden Blättern und Rettichgeruch.
Hut: fahl, gelbbräunlich, Mitte dunkler, kahl, schmierig, glänzend, gewölbt-verflacht, 6–10 cm breit, fleischig.
Blätter: tonfarbig, schl. wässerig-zimtbraun, an der Schneide weißflockig, oft von Tränen dicht beperlt, ausgebuchtet.
Stiel: weißlich, glänzend, faserig, an der Spitze weißflockig-kleiig, bis 9 cm hoch und 2 cm dick, meist voll und fest.
Fleisch: weißlich, mit rettichartigem Geruch und schwach bitterem Geschmack.
Sporen: länglich-mandelförmig, 8,5–13 × 5–6,5 μm, glatt oder punktiert. Sporenstaub milchkaffeebraun.
Wert: nach PILÁT roh stark giftig. Abgekocht eßbar (HENNIG), jedoch wenig schmackhaft.
Vorkommen: Mai bis Oktober im Laubwald und in Gärten, bes. unter Rotbuche, Birke und Weide, auf sauren und neutralen Böden, oft in Mengen, kann Hexenringe bilden. Überall häufig.

Anmerkung: Eine kleine Form mit höchstens 3,5 cm breitem Hut, var. *minus* CKE., wurde von BOHUS in Ungarn in Wäldern auf saurem Boden beobachtet. Der Ockerweiße Fälbling, *H. ochroálbidum* BOHUS 1972, hat einen weißlichen, am Scheitel hell ockerfarbenen Hut und nur schwachen Rettichgeruch. Er wächst unter Pappeln auf Sandböden der Ungarischen Tiefebene und ist eßbar. Weitere Fälblinge werden in Bd. IV vorgestellt.

50. Heide-Schleimfuß, Kastanienbrauner Schleimfuß, Brotpilz

Eßbar

Cortinárius mucósus (BULL. 1791: FR. 1821) KICKX 1867

Kennzeichen: rotbraun, schmierig; Blätter erst hellbräunlich, dann rotbräunlich, nicht violett. Stiel weiß, teilweise mit violettem Schleim und einer braunen Gürtelzone.
Hut: gelblichbräunlich bis rotbräunlich, in der Mitte dunkler, sehr schleimig-schmierig, trocken glänzend, glatt, 4–8 cm breit.
Blätter: anfangs blaß, dann rostbräunlich mit feingekerbter Schneide, ziemlich eng, angewachsen oder mit Zahn herablaufend.
Stiel: weißlich, im unteren und mittleren Teil mit weißlichem oder hellviolettem Schleim überzogen (Schleimfuß), im oberen Teil mit einem rotbraunen Gürtel, dem Rest eines weißfädigen, durchsichtigen, glasigen Schleiers zwischen Hutrand und Stiel, der später durch die braunen Sporen gefärbt wird.
Fleisch: holzgelb, geruchlos, mild.
Sporen: rostbräunlich, mandelförmig, höckerig-rauh, 12–15 × 6–7 μm, Staub rostbraun.
Wert: wohlschmeckend, als Mischpilz sehr brauchbar; da dieser „Kastanienbraune Schleimfuß" die Farbe frischgebackenen Brotes hat, wird er oft „Brotpilz" genannt.
Vorkommen: August bis Oktober in Kiefernwäldern auf Sandboden, oft massenhaft; häufig in den Sand- und Sandsteingebieten.

Synonym: *Myxácium mucósum* (BULL.: FR.) DE LANESSAN 1883.

Verwechslung: Der stark bittere Gallen-Schleimfuß, *C. vibrátilis* (FR.) FR. (Bd. IV/142) hat viel blassere Hutfarbe und schmächtige Gestalt; ungenießbar.

49. Gemeiner Fälbling, *Hebelóma crustulinifórme.* Nat. Gr.

50. Heide-Schleimfuß, *Cortinárius mucósus.* 2/3 nat. Gr.

51. Semmelbrauner Schleimkopf

Eßbar

Cortinárius várius (Schaeff. 1774: Fr. 1821) Fr. 1838

Kennzeichen: fleischiger Pilz mit gelb- bis kastanienbraunem, schleimigem Hut, satt violetten Blättern und keulenförmigem Stiel. Geruch schimmelartig.

Hut: semmelbraun bis rostbräunlich, am Rande mehr semmelgelb, in der Mitte mehr rotbraun, erst halbkugelig, später abgeflacht ausgebreitet, glatt, erst eingerollt und faserig behangen, später wellig verbogen, schmierig, schwach glänzend bis fast matt, etwas gestreift, kahl, 5–8 cm, derbfleischig.

Blätter: in der Jugend schön violett, lange so bleibend, manchmal sich überhaupt nicht verändernd, schl. blaßlila-bräunlich bis hellzimtbräunlich, eng, ausgebuchtet angewachsen, dünn. Schneide wellig-gekerbt.

Stiel: erst weiß, später blaß ockerbräunlich, keulig, nach oben verjüngt, 1–1,5 cm dick, nach unten zwiebelig verdickt bis 2,5 cm, leicht flockig, bisweilen untern etwas zottig, 5–8 cm lang, voll.

Fleisch: weißlich, nicht violett, im Stiel später grauend, an den Rändern blaßgelb, fest, mit schwach staubartigem Geruch (wie *Penicíllium*) und mildsüßlichem Geschmack.

Sporen: mandelförmig, feinwarzig, 10–12,5 × 5,5–6 µm, hell rostbraun. Sporenstaub rostbraun.

Wert: guter Speisepilz, leicht kenntlich.

Vorkommen: Juli bis Oktober im Kiefern- und Fichtenwald, nur auf Kalk- und Tonboden, dort zahlreich auftretend. Häufig in den Kalkgebieten des Berg- und Hügellandes, sonst selten.

Synonym: *Phlegmácium várium* (Schaeff.: Fr.) Wünsche 1877.

Anmerkung: Die Gattung **Schleierling** *(Cortinárius)* ist mit über 500 Arten die artenreichste und schwierigste Blätterpilzgattung in Europa. Sie ist besonders reich vertreten in den Kalkgebieten. Eine ausführliche Darstellung folgt in Bd. IV.
Hier werden nur Beispiele für die Untergattungen vorgestellt:
Untergattung Schleimfuß *(Myxácium)*: Hut und Stiel schleimig (Nr. 50).
Untergattung Schleimkopf *(Phlegmácium)*: Hut schleimig, Stiel trocken (Nr. 51).
Untergattung Dickfuß *(Sericeócybe)*: Hut und Stiel trocken, nicht hygrophan (Nr. 52).
Untergattung Wasserkopf, Gürtelfuß *(Telamónia)*: Hut und Stiel trocken, Hut hygrophan (Nr. 53, 55).
Alle Schleierlinge haben rostbraunen Sporenstaub, und die meisten haben einen spinnwebartigen Schleier (Cortina) an der Stielspitze.

51. Semmelbrauner Schleimkopf, *Cortinárius várius.* Nat. Gr.

52. Lila Dickfuß, Safranfleischiger Dickfuß

Schwach giftig

Cortinárius tráganus (Fr. 1818: Fr. 1821) Fr. 1838

Kennzeichen: violetter, trockener Hut und Stiel, braune Blätter und braunes Fleisch, süßlicher, karbidartiger Geruch und bitterer Geschmack.

Hut: violett, bis lila, schl. verblassend-lehmfarbenbräunlich oder ledergelb bis rostbraun, seidig glänzend, trocken, nicht schmierig, mit fast filzigem, behangenem Rand und bronzefarbenen, häutigen Velumresten und Flöckchen in der Mitte, später oft stark schuppig zerreißend, bei Trockenheit selbst sternförmig einreißend, halbkugelig mit eingebogenem Rand bis verflacht, derb, 5–12 cm breit.

Blätter: auch anfangs nicht reinviolett, höchstens von einem dunklen Braun, in das etwas Violett eingemischt ist, oft safranokergelb und heller überstäubt, an Schneide heller und fransig gekerbt, mäßig dicht, hinten breit angewachsen, selbst etwas herablaufend, aber auch ausgebuchtet, dicklich.

Stiel: oberhalb der Cortina lange sattviolett, abwärts bald schmutzig, blaß vom derben stiefelnden Velum, das oft mehrere abstehende Gürtel hinterläßt. Der Haarschleier (Cortina) ist violett. Der Stiel ist zwiebelig-knollig, dick und derb, 5–9 cm hoch, 1,5 bis 2 cm dick, fest und schwammig-voll.

Fleisch: höchstens in der Rinde der Stielspitze violettlich, sonst von Anfang an braungelb bis rötlichgelb. Der Geruch hat etwas angenehm Süßliches, an den Wohlriechenden Gürtelfuß, *Cortinárius tórvus* (Bd. IV/130), erinnernd, daneben einen unangenehmen, karbidartigen Einschlag. Jung stark bitterer Geschmack, aber die Zunge stumpf macht.

Sporen: ellipsoid, meist 8 × 5 µm, feinwarzig punktiert, Staub rostbraun.

Wert: schmeckt widerlich und erregt Erbrechen.

Vorkommen: Juli bis November im Fichtenwald (nach Moser auch im Laubwald) auf saurem Boden über Silikatgestein. Sehr häufig in den Gebirgen, selten im Flachland Mitteleuropas.

Synonyme: *Inolóma tráganum* (Fr.) Wünsche 1877, *Phlegmácium tráganum* (Fr.) Mos. 1955

Verwechslung: Der Weißviolette Dickfuß, *Cortinárius albovioláceus* (Pers.:Fr.) Fr. unterscheidet sich durch die im Jugendzustand blaß violetten Blätter, weißlichviolette Hut- und Stielfarbe und weißliches, geruchloses Fleisch. Häufig im Laub- und Nadelwald auf sauren Böden, auch im Flachland (Bd. IV/190).

Anmerkung: Moser bezeichnet den Geruch des Lila Dickfußes als azetylenartig. Er erwähnt jedoch auch Varietäten mit angenehm fruchtartigem Geruch.

52. Lila Dickfuß, *Cortinárius tráganus.* Nat. Gr.

53. Geschmückter Gürtelfuß

Eßbar

Cortinárius armillátus (Fr. 1817:Fr. 1821) Fr. 1838

Kennzeichen: großer, ziegelrotbräunlicher Hut, sStiel mit mehreren schrägen, zinnoberrötlichen Gürteln geschmückt.

Hut: fuchsig, rostbräunlich, faserschuppig auflösend bis rostfaserig, Rand zuerst rötlich, feinfilzig schuppig, anfangs glockenförmig, gegen den dünnen Rand hin fast eingeknickt umgebogen, später ausgebreitet, in der Mitte flachgebuckelt, am Rande geschweift, 6–15 cm breit, fleischig, nicht wäßrig, mit dem Stiel anfangs durch einen weißen, z. T. rötlichen, spinnfädigen, sehr flüchtigen Haarschleier verbunden.

Blätter: erst hellockerbraun, schl. dunkelzimtbraun, voneinander entfernt, sehr breit (7–17 mm), an der Schneide oft etwas gewellt, am Stiel leicht ausgerandet angewachsen.

Stiel: anfangs oben lilafleischrötlich, abwärts fleischfarbenbräunlich oder graunbräunlich, später ockerbraun, rot- oder graubraun, faserig, infolge Zerreißens der lebhaftroten, häutigen äußeren Hülle mit 1–5 zinnoberroten, meist schräg anliegenden Gürteln geschmückt oder zinnoberrot geschuppt, an der Knolle weißlich zottig, voll, keulenförmig oder schlank keulenförmig, am Grunde knollig verdickt, 7–16, mitunter bis 20 cm lang und etwa 1–1³/₄ cm, am Grunde 2–4 cm dick.

Fleisch: erst gelbrötlichweiß bis blaßbräunlich, mild, geruchlos.

Sporen: fast ellipsoid, warzig, 7–12 × 5 1/2–6 1/2 μm, Staub zimtbraun.

Wert: eßbar, von mäßiger Geschmacksqualität (Mischpilz).

Vorkommen: Juli bis Oktober in Wäldern, stets unter Birken, auf sauren und anmoorigen Böden, gesellig. Meist häufig vom Flachland bis in mittlere Gebirgslagen; in den Kalkgebieten (z. B. um Prag) selten.

Synonym: *Telamónia armilláta* (Fr.:Fr.) Wünsche 1879.

Anmerkung: Eine Varietät mit gelben bis gelbbraunen Velumgürteln ist *C. armillátus* var. *luteoornátus* Mos. 1965, unter Birken im Bergwald von Tirol.

Eine sehr ähnliche Art mit etwas kleineren Fruchtkörpern, mehr braunroten Gürteln und kleineren, fast rundlichen Sporen (6,5–8 × 5–6,6 μm), *Cortinárius haematochélis* (Bull.:Fr.) Fr., kommt unter Fichten in den Alpen und in Skandinavien vor. Sie ist gleichfalls an saure Böden gebunden.

53. Geschmückter Gürtelfuß, *Cortinárius armillátus.* Nat. Gr.

54. Blutblättriger Hautkopf

Ungenießbar

Dermócybe semisanguínea (Fr. 1821) Mos. 1953

Hut: oliv- bis umberbraun, kahl bis fein schuppig, 2–6 cm breit, dünnfleischig, trocken.
Blätter: blutrot, später durch die Sporen zimtbraun, gedrängt, ausgebuchtet.
Stiel: schlank, trocken, lebhaft gelb, Basis oft mit lachsrotem Filz, sonst kahl.
Fleisch: gelb, Geschmack herb, rettichartig.
Sporen: ellipsoid, feinwarzig, 6–8 × 4–5 μm, Sporenstaub rostbraun.
Vorkommen: August bis Oktober im Nadelwald, unter Kiefern und Fichten, auf Sand- und Moorboden, oft massenhaft. Häufig.
Synonym: *Cortinárius semisanguíneus* (Fr.) Gill. 1874.

54 a. Gelbblättriger Hautkopf

Ungenießbar

Dermócybe crócea (Schaeff. 1774) Mos. 1974

Kennzeichen: wie der Blutblättrige Hautkopf, jedoch Blätter zitronen- bis olivlichgelb, schließlich rostbraun; Stiel gelb.
Vorkommen: September bis November unter Kiefern auf Sandboden, häufig.
Anmerkung: Der giftige Orangefuchsige Rauhkopf, *Cortinárius orellánus* Fr. (Bd. IV/98) hat zimtbraune, entfernt stehende Blätter und hellgelben Stiel; in Laubwäldern.

55. Aprikosen-Wasserkopf

Eßbar

Cortinárius armeníacus (Schaeff. 1774 : Fr. 1821) Fr. 1838

Kennzeichen: orangegelber Hut mit weißem, unten aufgeblasenem Stiel, in Nadelwäldern.
Hut: ockergelb, orangegelb, bräunlichgelb, zimtbraun, in feuchtem Zustand fuchsigbraun, trocken ledergelb, am Rande blaßgelb bis weißlich, seidig, anfangs gewölbt, ziemlich regelmäßig oder verbogen, gegen den Rand hin fast eingeknickt-umgebogen, am Saume eingerollt, schl. ausgebreitet, höckerig, in der Mitte breit und stumpf gebuckelt, 3–8 cm breit, mit dem Stiel durch einen weißen, einfachen, sehr flüchtigen Haarschleier verbunden, dann nur noch am Rande seidig, bald kahl, nicht klebrig, glatt, schwach oder deutlich glänzend, starr, ziemlich fleischig, am Rande dünn.
Blätter: erst blaßockerfarben, dann schön ockergelb oder ockerbräunlich, endlich hellzimtbraun, gedrängt, ziemlich breit, dünn, am Stiel leicht abgerundet, stumpf oder schwach buchtig angewachsen.
Stiel: schneeweiß, durch die Hülle angedrückt seidig und seidig-faserig, dadurch fast gestiefelt, glatt, meist bauchig, manchmal sehr angeschwollen, nach oben verjüngt, mitunter aber auch (bes. zwischen Moos) schlank, gleichmäßig dünn und verbogen. Gewöhnlich 3–5 cm hoch, 1/2–1 1/4 cm dick, oben schwach flockig, häufig auch durch weiße oder durch die Sporen braunbestäubte Haarschleierreste gürtelartig behangen, voll, außen starr, innen weich.
Fleisch: weiß bis schwach gelblichweiß, im Hut gelblich, im Stiel weiß, mit stark süßlichem Geruch, teils an Aprikosen, teils an den Echten Pfifferling erinnernd, und süßli

Fortsetzung Seite 391

54. Blutblättriger Hautkopf, *Dermócybe semisanguínea.* Nat. Gr.
54a. Gelbblättriger Hautkopf, *Dermócybe crócea.* Nat. Gr.
55. Aprikosen-Wasserkopf, *Cortinárius armeníacus.* Nat. Gr.

56. Kegeliger Rißpilz

Giftig

Inócybe fastigiáta (Schaeff. 1774) Quél. 1872

Kennzeichen: gelbbräunlicher, kegeliger, geschweifter Hut mit langem Stiel und olivbräunlichen Blättern.
Hut: gelbbräunlich, längsfaserig, sehr rissig, kegelig, schl. fast ausgebreitet, mit auffallendem dunklerem Buckel, 4–8 cm, oft ungleichmäßig, dünnfleischig. Rand zerrissen, geschweift, gelappt und aufgebogen, mit bald verschwindendem blassem, faserigem Schleier (Cortina).
Blätter: erst blaß, dann olivgelb bis olivbräunlich, mit weißflockiger Schneide.
Stiel: blaßbräunlich, faserig, oben weißflockig, 6–10 cm hoch.
Fleisch: weiß, mit starkem Spermageruch, doch auch geruchlos.
Sporen: groß, ellipsoid, 10–12 × 6–8 µm. Staub schmutzigbräunlich.
Zystiden: nur an Lamellenschneide, dünnwandig, ohne Kristalle.
Vorkommen: Juni bis Oktober im Laub- und Nadelwald, besonders in Buchenwäldern auf Kalk- und neutralem Boden, häufig. S. auch Bd. IV/45.

57. Ziegelroter Rißpilz, Ziegelroter Faserkopf

Giftig

Inócybe patouillárdii Bres. 1903

Kennzeichen: weißlich, zuletzt ziegelrötlich bis braunrötlich, längsfaserig, rissig. Rand eingespalten, Blätter weißlich, dann erdgrau, süßlicher Geruch.
Hut: anfangs weißlich, wird allmählich blaßstrohgelblich, schl. stellenweise, dann überall ziegelrötlich, bes. an Druckstellen und beim Liegen, zuletzt, wenn überständig, braunrötlich oder fuchsrot; jung kegelig mit eingerolltem Rande, dann glockig, im Alter flach ausgebreitet, 3–9 cm breit, trocken, etwas glänzend, längsfaserig.
Blätter: anfänglich weiß, bald graugelblich, dann erdbraun und zuletzt olivbraun, an der Schneide weiß, an Druckstellen rötlich gefleckt, gedrängt, 3–7 mm breit, am Stiel zuerst angeheftet, dann frei.
Stiel: weiß, später rosa bis ziegelrot, 6–7 cm lang, 0,5–1 cm dick, gekrümmt, gleichmäßig dick, faserig bis feingestreift, derb, voll, oft schwach knollig.
Fleisch: weiß, schwach rötlich anlaufend, mit mildem, zuletzt widerlich werdendem Geschmack und süßlich spirituösem Geruch.
Sporen: nierenförmig, 10–12 × 6–7 µm, Staub ockerbräunlich.
Zystiden: nur an Lamellenschneide, dünnwandig, ohne Kristalle.
Wert: sehr giftig, hat schon mehrfach Todesfälle verursacht. Vgl. S. 70.
Vorkommen: Mai bis Juli im Laub- und Nadelwald, in Anlagen und Gärten, besonders unter Rotbuche, Eiche, Linde und Fichte, über Kalkgestein (Muschelkalk, Wiesenkalk, Kreide, Löß u. dgl.), auf Mauerschutt, an mit Kalk geschotterten Waldwegen, gesellig. Ungleichmäßig verbreitet im Flach- und Hügelland, selten höher als 500 m ü. M. (bei Schöneck/Vogtland noch in 650 m Höhe).

Verwechslung: Ungeübte Sammler können jüngere, noch nicht gerötete Exemplare für Egerlinge (Nr. 17–28) oder den Maipilz (Nr. 79) halten, die mitunter an den gleichen Stellen vorkommen.

Synonym: *Inócybe lateraria* Ricken in Soehner 1920.

Anmerkung: Die Gattung Rißpilz *(Inócybe)* ist in Europa mit etwa 140, meist kleineren und schwer unterscheidbaren Arten vertreten (vgl. Bd. IV). Die meisten enthalten Muskarin und sind giftig. Der Pilzfreund sollte sich daher die Gattungsmerkmale einprägen: kegelförmiger und gebuckelter, stark radialrissiger oder faserschuppiger Hut, graubrauner Sporenstaub, Geruch meist charakteristisch nach Sperma.

216

56. Kegeliger Rißpilz, *Inócybe fastigiáta.* Nat. Gr.

57. Ziegelroter Rißpilz, *Inócybe patouillárdii.* 2/3 nat. Gr.

58. Seidiger Rißpilz, Erdblättriger Faserkopf

Giftig

Inócybe geophýlla (Sow. 1799 : Fr. 1821) Kumm. 1871

Kennzeichen: kleiner, weißlicher, gelblicher oder violetter Pilz mit erdgrauen Blättern.
Hut: zuerst weißlich, später Mitte bräunlich, schl. ganz und gar hellockergelb, mit anliegenden, seidigen, eingewachsenen Fasern, seidig glänzend, kaum rissig, erst kegelig, schl. ausgebreitet, mit kleinem Buckel, 2–4 cm breit, in der Jugend meist durch einen deutlichen, weißen, seidigfädigen Schleier mit dem Stiel verbunden, dünnfleischig.
Blätter: erst weißlich, später blaßgrau, an der Schneide weißlich gewimpert, schl. erdgrau bis gelbbräunlich, gedrängt, am Stiel angeheftet.
Stiel: meist weißlich, aber auch in der Farbe der Huthaut, seidig-faserig, gleichmäßig dick, etwas verbogen, 4–6 cm lang, 2–4 mm dick.
Fleisch: weiß, unveränderlich, mit widerlichem Geruch und Geschmack wie Sperma.
Sporen: fast ellipsoid, mandelförmig, an einer Seite abgeflacht, 8–10 × 4–6 µm, glatt.
Zystiden: an Lamellenfläche und -schneide, mit Kristallschopf.
Wert: giftig, enthält Muskarin.
Vorkommen: Mai bis November in Laub- und Nadelwäldern auf nährstoffreichen sauren und kalkhaltigen Böden, auch in Erlenbrücken, in Parkanlagen. Häufig vom Flachland bis an die Waldgrenze im Hochgebirge.

Anmerkung: Eine Varietät mit satt violettem Hut, var. *lilacína* Gill. 1874, ist gleichfalls häufig (Abb. in Bd. IV/58 a).

59. Mehlpilz, Mehl-Räsling

Eßbar

Clitopílus prúnulus (Scop. 1772 : Fr. 1821) Kumm. 1871

Kennzeichen: weißer, pfifferlingsförmiger Hut, weiße, leicht rosa verfärbende, herablaufende Blätter, intensiver Mehlgeruch.
Hut: schneeweiß bis weißgrau, bes. in der Mitte graulich, zart filzig bereift, trocken glanzlos, feucht etwas klebrig, regelmäßig gewölbt mit eingerolltem Rand, später vertieft und unregelmäßig geschweift, 3–6 (–12) cm breit, fleischig.
Blätter: weiß, dann fleischrosa, wenig dicht, schmal öfter gekräuselt und queradrig, weit am Stiel herablaufend und dabei maschig verästelt.
Stiel: weißlich, faserig gerieft, oben mehlig bestäubt, am Grunde weißfilzig, 3–6 cm hoch, ³/₄–2 cm dick, oft exzentrisch und allmählich verbreitert in den Hut übergehend, voll.
Fleisch: weiß, weich und zart, fast unangenehm stark nach Mehl oder Nudelteig riechend mit mildem Geschmack.
Sporen: spidel- oder fast zitronenförmig, längs gefurcht, 10–14 × 5–6 µm. Staub rosa.
Wert: ein guter Speisepilz, zum Schmoren, Braten und Trocknen geeignet.
Vorkommen: Juli bis Anfang November im Laub- und Nadelwald, besonders an lichten Stellen, auf Schneisen und Waldwiesen, auf sauren und auf kalkhaltigen Böden. Häufig vom Flachland bis in mittlere Gebirgslagen.

Synonyme: *Paxillópsis prúnulus* (Scop. : Fr.) Lge. 1936, *Clitopilus orcélla* (Bull. 1792 : Fr. 1821) Kumm. 1871.

Verwechslung: Der giftige Bleiweiße Trichterling, *Clitócybe phyllóphila* (Nr. 90) unterscheidet sich durch erdartigen Geruch und nur sehr wenig herablaufende Blätter; seine Sporen sind kleiner und fast kugelig.

Anmerkung: Starker Mehlgeruch ist vielen Pilzarten eigen, darunter auch dem giftigen Riesen-Rötling (Nr. 60) und dem Tiger-Ritterling (Nr. 74).

218

58. Seidiger Rißpilz, *Inócybe geophýlla.* Nat. Gr.

59. Mehlpilz, *Clitopílus prúnulus.* Nat. Gr.

60. Riesen-Rötling, Gift-Rötling

Giftig

Entolóma sinuátum (Bull. 1787 : Fr. 1821) Kumm. 1871

Kennzeichen: blasser, gelblicher bis lederbräunlicher, nicht hygrophaner, dickfleischiger Hut mit dunkleren eingewachsenen Fasern, hellgelben, zuletzt rosafarbigen Blättern und rosafarbigen Sporen; Mehlgeruch und -geschmack.

Hut: elfenbein-weißlich, hellgraubräunlich, blaßlilagrau, lederockerfarben, kahl und glatt, aber auch gefleckt bis getropft, eingewachsen netzfaserig, seidig glänzend mit dünner, abziehbarer Haut, gewölbt, dann verflacht, mit zuerst eingebogenem, dann welligem, dünnem Rand, in der Mitte dick- und derbfleischig, 5–17 cm breit.

Blätter: zuerst weißlich, schmal, dann lange hellgelblich, später fleischrosa, bis 15 mm breit, gleichbreit eingewachsen bis tief ausgebuchtet, im Grunde etwas dicklich, ein wenig starr, queradrig, wenig gedrängt.

Stiel: weiß, faserig, gerillt, glänzend, an Spitze bereift, seltener in ganzer Länge kleinschuppig, am Grunde weißfilzig, fest und mit schwammigem Mark gefüllt, später hohl, 4–12 cm hoch, sehr verschieden dick, meist 2–3 cm, doch auch zwischen $^1/_2$ und 6 cm schwankend.

Fleisch: weißglänzend, nach Mehl und daneben noch eigentümlich drogenartig riechend; sehr wohlschmeckend!

Sporen: ziemlich regelmäßig fünf- bis seckseckig, oft mit abgerundeten Ecken, 8–10 × 7–8 μm. Staub fleischrötlich.

Wert: giftig. Verursachte z. B. 1969 in der DDR 115 Vergiftungsfälle.

Vorkommen: Juli bis Oktober in Laubwäldern auf schweren Lehm- und Kalkböden. Oft in Hexenringen. Nur gebietsweise häufig, z. B. in Frankreich, Thüringen, Südmähren, sonst zerstreut, im Norden der DDR und in höheren Gebirgslagen fehlend.

Synonyme: *Rhodophýllus sinuátus* (Bull. : Fr.) Sing. 1951; *Entolóma lividum* (Bull. 1788) Quél. 1872; *Rhodophýllus lividus* (Bull.) Quél. 1886.

Verwechslung: Man vergleiche die Graukappe, *Lepista nebuláris* (Bd. I/94), die weißen Sporenstaub und etwas herablaufende Blätter hat; sie tritt erst im Spätherbst auf.

60. Riesen-Rötling, *Entolóma sinuátum*. Nat. Gr.

61. Schild-Rötling

Eßbar, roh giftig

Entolóma clypeátum (L. 1755) Kumm. 1871

Kennzeichen: bräunliche bis graugelbliche hygrophane Hüte mit schmutzig fleischroten Blättern, schwacher Mehlgeruch.

Hut: in der Farbe recht schwankend, bald heller, bald dunkler, braun oder rußigbraun, doch auch graubräunlich oder trocken blaßbräunlich, fast grau oder graugelb, meist faserig gestreift oder geflammt, 5–12 cm breit, erst glockig, dann flach ausgebreitet, aber mit leichtem Buckel (Schild), kahl, trocken, mit durchwässerter, durchscheinender Oberhaut, doch schwach seidig glänzend, dünnfleischig, mit wellig geschweiftem Rande.

Blätter: erst blaß, dann durch den Sporenstaub fleischrosa, mit gekerbter oder unregelmäßig buchtiger Schneide, 7–15 mm breit, abgerundet-angewachsen.

Stiel: weißlich, an der Spitze schwach bereift, bei Druck gilbend, nach oben schwach verjüngt, schwach wurzelnd, 7–10 cm lang, 1–2 cm dick, faserig-filzig überkleidet.

Fleisch: weiß, mit schwach mehlartigem Geruch und Geschmack.

Sporen: etwa ellipsoid, stumpfeckig (im Umriß meist 7eckig), $8,8-11,4 \times 7,5-10$ µm, nicht amyloid, azyanophil. Sporenstaub fleischrosa.

Wert: guter Speisepilz, doch nur vom Kenner zu sammeln. Nach Lohwag und Thellung ist er roh giftig.

Vorkommen: Mai und Juni in Gärten, Anlagen, Gebüschen und Laubwäldern, stets unter Rosengewächsen, besonders Pflaumenbaum, Schlehe, Weißdorn, Birn- und Vogelbeerbaum (*Prúnus-, Cratægus-, Pýrus-* und *Sórbus*-Arten), gesellig, im Flach- und Hügelland meist häufig.

Synonym: *Rhodophýllus clypeátus* (L.) Quél. 1886.

Verwechslung: Weitere im Frühling unter Rosengewächsen wachsende Rötlinge sind in Bd. III/49, 50 und 53 beschrieben; vgl. auch Schwöbel in Westfälische Pilzbriefe 2 (1960): 65–73. Eine Verwechslung mit diesen Arten ist ungefährlich. Giftig ist jedoch der kleinere, dunkelbraune Frühlings-Rötling, *Entolóma vérnum* Lundell (Bd. III/51), der gleichfalls im Frühling, jedoch unter Nadelbäumen wächst. Der giftige Riesen-Rötling E. *sinuátum* (Bd. I/60), wächst von Juli bis Oktober in Laubwäldern und ist nicht an Rosengewächse gebunden; er hat auffallend gelbliche Blätter, und sein Hut ist nicht durchwässert (nicht hygrophan).

61. Schild-Rötling, *Entolóma clypeátum.* Nat. Gr.

62. Violetter Rötelritterling

Eßbar, roh giftig

Lepista núda (BULL. 1789 : FR. 1821) CKE. 1871

Kennzeichen: einer unserer schönsten und farbenprächtigsten Pilze; jung in allen Teilen schön violett gefärbt, Oberhaut später bräunlich verfärbend.

Hut: zuerst schön violett lila oder bräunlich lila, nimmt dann allmählich die braunen Töne an, die das Bild zeigt, kann sich aber noch stärker entfärben; kahl und glatt, manchmal stark durchfeuchtet, glockig gewölbt, schl. flach oder vertieft, mit lang eingerolltem, dünnem, anfangs oft fein weißzottig gesäumten, dann nacktem und scharfem Rand, 8–15 cm breit und dickfleischig.

Blätter: violett, zuletzt lilabräunlich (im Bilde schon verblichen), fast gedrängt, am Stiel abgerundet und leicht vom Hut ablösbar, mit kürzeren untermischt.

Stiel: zuerst schön violett, seltener stärker weißlich verblaßt, an der Spitze flockig aufgerauht, sonst glattfaserig oder gerillt, knorpelig berindet, am Grund mit violettem oder lilabraunem Myzelfilz bedeckt (das Myzel im Erdboden ist auch lila), 5–7 cm (–12 cm) hoch und 1 $^1/_2$–2 $^1/_2$ cm dick, wellig-faserig, ausgestopft.

Fleisch: zuerst ganz, später nur noch in der oberen Stielrinde schön violett, im Inneren blaß und etwas wässerig, weich und zart, mit angenehmem, feinem Aroma nach Keks, oft nicht viel anders als der Veilchenritterling. Beim Zerreiben entströmt ihm auch der erfrischend säuerliche Holzgeruch des Waldfreund-Rüblings.

Sporen: ellipsoid, 6–8 × 4–5 μm, rauhlich. Sporenstaub fleischrötlich.

Wert: eßbar und wohlschmeckend, auch zum Konservieren in Essig geeignet. Roh ist er jedoch giftig (enthält Hämolysine nach SARTORY & MAIRE).

Vorkommen: Juli bis November (in milden Wintern bis Januar) im Laub- und Nadelwald und auf Wiesen, in Gärten, nicht selten Hexenringe bildend. Tritt besonders in regenreichen Jahren im Spätherbst als Massenpilz auf und kann dann tonnenweise geerntet werden. Typischer Streuzersetzer, der den hellbräunlichen „Weißfäulehumus" bildet. Vom Flachland bis ins Hochgebirge überall häufig.

Synonyme: *Tricholóma núdum* (BULL. : FR.) KUMM. 1871, *Rhodopaxillus núdus* (BULL.: FR.) MRE. 1913.

Verwechslung: Vgl. Lila Dickfuß (Nr. 52), mit bräunlichem Fleisch, schwach giftig.

63. Lilastieliger Rötelritterling, Maskierter Rötelritterling, Zweifarbiger Rötelritterling

Eßbar

Lepista personáta (FR. 1818: FR. 1821) CKE. 1871

Kennzeichen: großer, kräftiger, oft riesiger Pilz mit hellem Hut, lilafarbigem, kurzem, dickem, faserigem Stiel.

Hut: blaßgrau, falb, blaßbräunlichgelb, höchstens mit blaßlila Schein, Rand jung eingerollt, weißlich bis blaßbräunlich.

Blätter: weißlich bis blaßgrau, höchstens mit lila Schein, dicht gedrängt, ausgebuchtet.

Stiel: Außenhaut schön lilaviolett, innen grau, dick, kräftig, am Grunde verdickt, voll.

Fleisch: weißlich, angenehm riechend.

Sporen: 8–10 × 5–6 μm, feinwarzig.

Vorkommen: Oktober und November (in milden Wintern bis Januar) auf Wiesen und Weiden, in Gärten, seltener in feuchtem Laubwald, in regenreichen Jahren oft massenhaft z. T. in Hexenringen auftretend; z. B. wurde im nassen Spätherbst 1974 auf einer 6 km

Fortsetzung Seite 391

62. Violetter Rötelritterling, *Lepísta núda.* 1/2 nat. Gr.
63. Lilastieliger Rötelritterling, *Lepísta personáta.* 1/2 nat. Gr.

64. Frost-Rasling, Buchele

Eßbar

Lyophýllum fumósum (PERS. 1801 : FR. 1821) ORTON 1960

Kennzeichen: unregelmäßig verbogene, dunkelbraune Hüte mit speckig-seidigem Glanz, weißblasse, später rötlich überhauchte Blätter, weiße, glatte, büschelig zusammengewachsene Stiele.

Hut: schwarzbraun, dunkel graubraun, durchwässert halbdurchsichtig, seidig-glänzend, trocken heller, leicht radialstreifig, kahl, glatt, gebuckelt bis verflacht, oft exzentrisch, mit dünnem, zuerst eingebogenem, wellig-gelapptem Rand, in der Mitte allmählich verbreitert, in den Stiel verdickt übergehend, 5–15 cm breit.

Blätter: schmutzig weißlich, durchwässert mit rötlichem Schein, dünn, dicht, abgerundet oder am Stiel herablaufend.

Stiel: weiß, leicht seidig glänzend, mitunter exzentrisch, gleichdick, faserig, voll. Stielbasen knollenartig miteinander verwachsen.

Fleisch: weißlich, mit angenehmem Geschmack; Geruch deutlich mehlartig.

Sporen: kugelig, farblos, 5–7 μm Durchmesser,. Sporenstaub weiß.

Vorkommen: September bis Anfang Dezember in Laubwäldern, Parkanlagen und Gärten, auf humusreichem Boden und Komposterde. Gebietsweise häufig.

Synonyme: *Lyophýllum cineráscens* (BULL. 1789) KONR. & MAUBL. 1948, *L. conglobátum* (VITT. 1835) MOS. 1953, *Tricholóma conglobátum* (VITT.) RICKEN 1915.

65. Büschel-Rasling

Eßbar

Lyophýllum decástes (FR. 1818 : FR. 1821) SING. 1951

Kennzeichen: Ähnlich dem Frost-Rasling, jedoch meist geruchlos und Hutoberseite heller: tonbraun, ockerbraun, rötlichbraun. Stielbasen büschelig-rasig, jedoch nicht knollig verwachsen.

Sporen: kugelig bis ellipsoid, 5–6 x× 4μm. Sporenstaub weiß.

Wert: ausgezeichneter Speisepilz, wie der Frost-Rasling.

Vorkommen: September bis November an grasigen Weg- und Straßenrändern, grasige Laubwälder; zerstreut.

Synonyme: *Clitócybe aggregáta* (SCHAEFF. 1774) GILL. 1874; *Tricholóma aggregátum* (SCHAEFF.) COST. & DUFOUR 1891; *Lyophýllum aggregátum* (SCHAEFF.) KÜHNER 1938; *Tricholóma molýbdinum* (FR. 1821) RICKEN 1915 sensu FRIES, non RICKEN.

64. Frost-Rasling, *Lyophýllum fumósum.* Nat. Gr.
65. Büschel-Rasling, *Lyophýllum decástes.* 1/2 nat. Gr.

66. Grünling, Echter Ritterling

Eßbar

Tricholóma equéstre (L. 1753) Kumm. 1871

Kennzeichen: olivgelbgrauer Hut, erdige Oberhaut, leuchtendgelbe Blätter, schwefelgelber Stiel, schwacher Mehlgeruch.

Hut: grüngrau bis braungelb, mit etwas klebriger Oberhaut, durch anhaftende Sandkörner und Kiefernnadeln verschmutzt, zuerst mit stark eingebogenem Rande, 5 bis 10 cm breit, in der Mitte dickfleischig mit stumpfem Buckel.

Blätter: lebhaft schwefelgelb, doch auch blaßgelblich weiß, bes. im Spätherbst, eng, um den Stiel herum tief ausgebuchtet wie bei den meisten Ritterlingen (ein „Burggraben", der den Stiel umgibt).

Stiel: schwefelgelb, seltener gelblichweiß, glatt oder schwach faserschuppig, voll, 4 bis 6 cm lang, 1–2 cm dick, tief in die Erde eingesenkt.

Fleisch: blaßgelb bis weißlich, mit schwach mehlartigem Geruch und mildem Geschmack.

Sporen: 6–8 × 3,5–5µm. Staub weiß.

Wert: wohlschmeckender, bekannter Speisepilz. Die Haut ist möglichst abzuziehen, um die Erde und den erdigen Geschmack zu beseitigen. Beim Kochen färbt sich das gelbliche Fleisch grünlich. Viel in warmem Wasser waschen.

Vorkommen: Ende September bis November im Kiefernwald auf trockenen Standorten, besonders auf Sandboden, ferner über Quarzit, Gneis, Diabas, selbst über Kalkgestein (Favre). Oft halb versteckt unter Nadeln oder im Sande, bes. auf Sandwegen. Gebietsweise häufig vom Flachland bis in höhere Gebirgslagen (Schweiz 1650 m, Favre).

Anmerkung: Die hier abgebildete mitteleuropäische Rasse des Grünlings gehört zu subsp. *pinastréti* (Alb. & Schw. 1805) Fr. 1838 (= T. *equéstre* sensu Bresadola 1927 u. a.). Die nordische Rasse subsp. *equéstre* ist viel stattlicher; vgl. Neuhoff in Z. Pilzk. **28** (1962): 53–57.

Pseudonym: *Tricholóma flavóvirens* (Pers. 1800 : Fr. 1821) Lundell 1942 sensu Lundell, Singer, Orton, Moser u. a., non Persoon, nec Fries (d. i. T. *singeri* Kuthan 1982 = T. *malúvium* sensu Bres.).

67. Schwefel-Ritterling, Schwefelgelber Ritterling

Ungenießbar, roh giftig

Tricholóma sulphúreum (Bull. 1783 : Fr. 1821) Kumm. 1871

Kennzeichen: Doppelgänger des Grünlings, zu erkennen am widerlichen Geruch, entferntstehenden, dicken Blättern, sattgelbem Fleisch und schmächtigerem Wuchs.

Hut: schwefelgelb bis fuchsig, trocken nicht schmierig, seidig, fein geschuppt oder kahl, dünnfleischig, 3–9 cm breit.

Blätter: lebhaft schwefelgelb, entferntstehend, dick, etwas spröde, hinten abgerundet oder ausgebuchtet, mit Zahn angeheftet.

Stiel: schwefelgelb, mit fuchsig werdenden Fasern, schlank, ziemlich gleich dick oder unten etwas ausspitzend, 5–10 cm lang, $^1/_2$–1 cm dick, voll, später auch hohl.

Fleisch: lebhaft schwefelgelb oder grünlichgelb, mit widerlich leuchtgas- oder karbidartigem Geruch.

Sporen: ellipsoid-zitronenförmig, 9–12 × 5–6 µm, Staub weiß.

Wert: ungenießbar wegen seines widerlichen Geruchs und Geschmacks. Roh giftig, enthält Hämolysine nach Sarotory & Maire.

Vorkommen: Juli bis Oktober in Laubwäldern (Buchen-, Eichen- Birkenwald), im Hochgebirge auch im Fichtenwald, auf sauren, neutralen und Kalkböden, häufig vom Flachland bis ins Hochgebirge (Schweiz etwa 2000 m ü. M., Favre).

Synonym: *Tricholóma bufónium* (Pers. 1801 : Fr. 1821) Kumm. 1871.

66. Grünling,
Tricholóma equéstre. Nat. Gr.

67. Schwefel-Ritterling,
Tricholóma sulphúreum. Nat. Gr.

68. Grüngelber Ritterling, Gelbbräunlicher Ritterling

Eßbar

Tricholóma sejúnctum (Sow. 1799 : Fr. 1821) Quél. 1872

Kennzeichen: grüngelblicher oder gelblbräunlicher, radial-faseriger Hut, weiße Blätter, weicher Stiel und Mehlgeruch.

Hut: olivgelb, öfter in der Mitte dunkelbräunlich, nach dem grüngelben Rand zu ausstrahlende braune Fasern, an den Grünen Knollenblätterpilz erinnernd; trocken glänzend, feucht-klebrig, radialfaserig; glockig-gebuckelt-verflacht, oft verbogen oder eingeknickt, dickfleischig, 4–10 cm breit.

Blätter: weiß, blaß oder wäßrig-graulich, an der Schneide vom Rand her manchmal etwas gelblich, oft sehr breit, hinten ausgebuchtet.

Stiel: weiß manchmal leicht grüngelblich getönt, meist kahl und glatt mit eingewachsenen, oft etwas verdrehten Fasern, bauchig oder spindelig, verlängert, 5–8 cm lang, 1–2,5 cm dick, fleischig-voll.

Fleisch: weiß und fest, mit angenehm mehlartigem Geruch und Geschmack.

Sporen: rundlich-ellipsoid, 5–7 x× 4–5 µm, Staub weiß.

Wert: eßbar und schmackhaft (Hennig, vgl. auch Šebek in Mykol. Mitteilungsblatt **10** (1966): 36–39).

Vorkommen: September und Oktober im Kiefernwald auf armem Sandboden, gewöhnlich mit anderen Ritterlingen vergesellschaftet. Gebietsweise häufig (z. B. um Berlin, Łeba-Nehrung).

Verwechslung: Eine sehr ähnliche, bisher nicht unterschiedene Art ist der Bittere Ritterling, *Tricholóma zvárae* Vel. 1920. Er unterscheidet sich durch schmächtigen Wuchs, mehr braune Hutfarbe und den bitteren Geschmack. Unter Eichen und Rotbuchen, auch auf Kalkboden (z. B. Böhmen, Thüringen, Frankreich). Giftig! – In der Hutfarbe täuschend ähnlich ist der tödlich giftige Grüne Knollenblätterpilz, *Amaníta phalloides* (Nr. 1).

69. Gelbblättriger Ritterling

Eßbar, roh giftig

Tricholóma fúlvum (DC. 1815 : Fr. 1821) Sacc. 1915

Kennzeichen: schmieriger, braungelber Hut, gelbe Blätter, langer Stiel, gelbliches Fleisch.

Hut: fuchsig braun bis braungelb, in der Mitte oft dunkler, schmierig, feinschuppig-faserig, unter der Lupe netzig-faserig, seltener kahl, am Rande schl. rippig, anfangs kegelig gewölbt, dann gebuckelt ausgebreitet oder auch verflacht, 5–10 cm breit.

Blätter: blaßgelb, später rotbräunlich gefleckt, öfter auch rotbräunlich gerandet, gedrängt, hinten abgerundet oder ausgebuchtet.

Stiel: gleich dick oder etwas bauchig, oft gekrümmt, am Grunde verjüngt, 7–15 cm lang, ¾–2 cm dick, dem Hute gleichgefärbt oder blasser, anfangs schmierig, faserig, am oberen Ende nackt, bald hohl.

Fleisch: im Stiel durchweg oder am Rande gelb, im Hute blaßgelb, schwach nach Gurken oder Mehl riechend und mild schmeckend.

Sporen: 5–7 × 3–4 µm, eiförmig.

Wert: mittelmäßiger Speisepilz, der längere Zeit gekocht werden muß.

Vorkommen: August bis Oktober unter Birken, vorwiegend auf sauren und moorigen Böden, häufig.

Synonyme: *Tricholóma nictitans* (Fr. 1821) Gill. 1874, *T. flavobrúnneum* (Fr. 1818) Kumm. 1871.

68. Grüngelber Ritterling, *Tricholóma sejúnctum.* 1/3 nat. Gr.

69. Gelbblättriger Ritterling, *Tricholóma fúlvum.* Nat. Gr.

70. Fastberingter Ritterling

Ungenießbar

Tricholóma bátschii GULDEN 1969

Kennzeichen: Hut rotbraun, schmierig, radialfaserig. Weiße Stielspitze scharf, fast ringartig abgesetzt.

Hut: kastanienbraun mit rotbrauner Tönung; flachgewölbt, ohne Buckel, 5–15 cm breit, nicht schuppig. Huthaut mit dunkler, eingewachsener Faserung.

Blätter: erst weißlich, im Alter blaßfleischrötlich mit leicht grauen Tönen; an den Schneiden braunfleckend.

Stiel: mit aufsteigender, rotbrauner bis fuchsiger Bestiefelung. Beim Aufschirmen zerreißt die Beschleierung, verbleibt aber oben am Stiel als dunkler gefärbter Abschluß der Bestiefelung, mitunter sogar als ringartig erhabene Zone kenntlich; 4–7 (–10) × 1–2,5 cm, gedrungen, wurzelartig ausspitzend.

Fleisch: Geschmack anfangs mehlartig, bald unangenehm bitter, Geruch mehlartig.

Sporen: farblos, ellipsoid, klein, 5–5,5 × 3–4 µm, etwas breiter als bei *T. albobrúnneum*.

Vorkommen: September, Oktober unter Nadelbäumen (Kiefer, Fichte), ausschließlich auf Kalkboden, z. B. im Thüringer Becken und nördlichen Harzvorland.

Anmerkung: Siehe auch Bd. III/211. Der ähnliche, gleichfalls ungenießbare oder giftige Weißbraune Ritterling, *Tricholóma albobrúnneum* (Bd. III/210) hat einen unberingten Stiel mit unscharf abgegrenzter weißer Spitze und wächst unter Kiefern auf Sandboden.

Synonym: *Tricholóma subannulátum* (BATSCH 1786) BRES. 1927, non *T. subannulátum* (PECK) ZELLER 1922.

Pseudonym: *Tricholóma robústum* sensu RICKEN 1915.

71. Getropfter Ritterling

Giftig

Tricholóma pessúndatum (FR. 1821) QUÉL. 1872

Kennzeichen: derber Pilz mit schmierigen, nicht faserigem, aber getropftem, rotbraunem Hut, sehr gedrängten, rostig getüpfelten Blättern, ungezontem Stiel, häufig mit bitterem Geschmack, Mehlgeruch.

Hut: fuchsig braun bis rotbraun, klebrig, nur stellenweise (an Druckstellen) mit erkennbarer dunklerer Faserung, sonst kahl und glatt, oft mit tropfenförmigen dunkleren oder helleren Vertiefungen, die sogar in Zonen rings am Rand herum angeordnet sein können. Groß, derbfleischig, bis 15 cm breit, mit anfangs eingebogenem, oft sehr verbogenem, selten gerieftem Rand.

Blätter: weiß bis blaß, oft stark rostrot getüpfelt, gedrängt und hinten ausgebuchtet oder abgerundet.

Stiel: weiß, wird aber von unten herauf rost- bis fuchsbraun, ohne daß die weißbleibende Spitze sich abgrenzt, kahl oder etwas flockig-schuppig, wenig faserig, sehr kräftig, kurz oder länger, 2–11 cm lang, 1–3 cm dick, fest, voll.

Fleisch: weiß, mit mehlartigem Geruch und unterschiedlichem, teils bitterem, teils mildem Geschmack.

Sporen: länglich-rundlich, 4–6 × 3–4 µm, groß. Staub weiß.

Wert: Nach NEUHOFF giftig, verursacht heftige Darmstörungen.

Vorkommen: im Oktober in Kiefernwäldern auf armen Sandböden, oft in großen Mengen und mit anderen Ritterlings-Arten vergesellschaftet; im Flachland der DDR selten, in Polen gebietsweise häufig.

Fortsetzung Seite 391

70. Fastberingter Ritterling, *Tricholóma subannulátum.* Nat. Gr.

J. Schff.

71. Getropfter Ritterling,
Tricholóma pessúndatum. 1/2 nat. Gr.

72. Riesen-Ritterling, Hartpilz

Eßbar, minderwertig

Tricholóma colóssus (FR. 1838) QUÉL. 1872

Kennzeichen: derbfleischiger, dicker Ritterling mit rötendem Fleisch (deswegen auch Fleischpilz genannt) und fast wulstartig gegürteltem Stiel, der zuerst durch einen fädigen Schleier (Cortina) mit dem Hutrand verbunden ist.

Hut: fuchsigrotbraun bis fast ziegelrot, oft mit großen, graubraun ausgeblaßten Platten oder mehr falb mit fuchsigen Flecken, nur an Druckstellen faserig, aber oft mit Striemen. Oberhaut etwas schmierig, glänzend, abziehbar, kahl, glatt, nur am Rand flaumigfilzig. Zuerst ist der Hut kugelig, it eingerolltem, dem Absatz der Stielknolle anliegendem Rand, dann gewölbt, dick und hartfleischig, 8–20 cm breit und 2–5 cm dick.

Blätter: blaß, oft fuchsig gefleckt, an der Schneide weißlich, unter der Lupe samtig verbrämt, ziemlich gedrängt, schmal und hinten abgerundet.

Stiel: erst knollig, dann walzenförmig, an der Spitze weiß und kleiig-flockig, gegürtelt bis zu einer wulstartigen Verdickung, an der ursprünglich der Hutrand anlag und mit der oft auch durch feine, flaumig-bärtige Fasern verbunden ist. Immer bleibt eine scharfe, gürtelartige Grenze, unterhalb der der Stiel die Farbe des Hutes aufweist und oft knollenartig verdickt ist. Am Grunde ist er durch weiße Myzelfäden mit der Erde versponnen. Meist ist er kurz, bleibt in der Erde stecken, ist 5–7 (–10) cm hoch, 2–5 cm dick, voll und hart.

Fleisch: zuerst weiß, auf Schnitt oder im Alter langsam lachs-ziegelrot anlaufend, sehr hart und geruchlos, mit nußartig mildem, bei größeren Proben öfter deutlich bitterlichem Geschmack.

Sporen: oval bis birnenförmig, 6–10 × 4–7 μm. Staub weiß.

Wert: gilt als eßbar, ist aber wegen seiner Härte schwer verdaulich und nicht jedem bekömmlich. Es sind Verdauungsstörungen nach seinem Genuß bekanntgeworden. Man tut gut, ihn stark zu zerkleinern.

Vorkommen: September bis November im Kiefernwald auf trockenen Sandböden, stellenweise zahlreich und mit anderen Ritterlingsarten vergesellschaftet. Selten, nur gebietsweise häufiger (so früher in der Mark Brandenburg); von NÜESCH unter Krummholzkiefern in der Schweiz noch in 1880 m ü. M. festgestellt.

Synonym: *Armillária colóssus* (FR.) BOUD. 1905/10.

Anmerkung: Eine ausführliche Darstellung der Ritterlinge findet sich in Bd. III. Man vergleiche insbesondere die gleichfalls rotbraunen, jedoch giftigen Arten, deren Fleisch nicht rötet: Halsband-Ritterling, *Trocholóma focále* (FR.) RIKKEN, Bd. III/205, und Getropfter Ritterling, *T. pessúndatum* (FR.) QUÉL., Bd. I/71.
Einem rotbraunen Ritterling ähnlich ist auch der Purpur-Schneckling, *Hygróphorus rússula* (SCHAEFF.: FR.) QUÉL. (Bd. I/134).

72. Riesen-Ritterling, *Tricholóma colóssus.* 1/2 nat. Gr.

73. Schuppiger Ritterling

Eßbar, wenn mild

Tricholóma imbricátum (FR. 1815 : FR. 1821) KUMM. 1871

Kennzeichen: brauner Hut mit trockener, kleinschuppiger Oberhaut, langer, häufig hohler Stiel, ohne Mehlgeruch.

Hut: braun, etwa dattelbraun (selten am Rande oliv), trocken, nie schmierig, mit filziger bis kleinschuppiger, zerreißender Oberhaut, anfangs mit flaumigem, eingebogenem Rand und glatter, herausgebuckelter, derbfleischiger Mitte, 3–7 (–10) cm breit.

Blätter: weißlichblaß, oft rostfleckig, gedrängt, abgerundet.

Stiel: weißlichblaß, später bräunlich, braunfaserig, mit braunen Druckstellen, etwas flokkig mit weiß bereifter, aber nicht scharf abgegrenzter Spitze, meist schlank und gleich dick, 6–10 cm hoch und 1–1¹/₂ cm dick (doch auch kurz und bauchig, 4 cm lang und 2,5 cm dick), ohne Spur eines Schleiers, voll (im Alter aber hohl, oft sehr madig).

Fleisch: weiß, später vom Stielgrund aus etwas bräunend, geruchlos, bald mild, bald mehr oder weniger bitter, bes. im Nachgeschmack.

Sporen: länglich-rundlich, 5–8 × 4–5 µm groß. Staub weiß.

Wert: Nur mildschmeckende Formen dürfen gesammelt und in geringen Mengen nur als Mischpilze verwendet werden. Seltsamerweise ist in der Literatur das Vorkommen bitterer Formen, die wir in der Mark Brandenburg meist finden, nicht verzeichnet.

Vorkommen: September bis November unter Kiefern auf Sand- und Kalkboden, zerstreut vom Flachland bis in hohe Gebirgslagen, in den Alpen noch in 2350 m Höhe ü. M. unter Krummholzkiefern *(Pínus múgo)* vorkommend (FAVRE).

Synonym: *Gyróphila imbricáta* (FR. : FR.) QUÉL. 1886.

Anmerkung: Der gröber geschuppte und hohlstielige Zottige Ritterling, *Tricholóma vaccínum* (PERS.: FR.) KUMM., wächst unter Fichten und ist ungenießbar (Bd. III/207).

73. Schuppiger Ritterling, *Tricholóma imbricátum.* 3/4 nat. Gr.

74. Tiger-Ritterling

Giftig

Tricholóma pardolátum HERINK & KOTL. 1967

Kennzeichen: dickstieliger, faserschuppiger Ritterling mit silbergrauem, schuppigfilzigem Hut und gelblichen, tränenden Blättern.

Hut: auf silbergrauer (bläulichgrauer) Grundlage dunkler bis braungrau (sepia) filzig gefasert und geschuppt, auf Druck oft stärker gebräunt, trocken, halbkugelig-glockig mit eingerolltem, oft wellig-faltigem, filzigem Rand, später ausgebreitet mit stumpfer oder leicht niedergedrückter Mitte, 5–10 cm breit, nur in der Mitte dickfleischig.

Blätter: blaß mit grüngelblicher, etwas schmutziger Tönung, oft breit und etwas dick, gedrängt, hinten abgerundet ausgebuchtet, ein wenig starr, oft Tränen an der Blattschneide ausscheidend.

Stiel: weißlichblaß, am Grund innen und außen mitunter rostfleckig werdend, feinfaserig bis geringfügig flockig punktiert, an der Spitze oft mit Wasserperlen besetzt, derb, knollig-bauchig bis keulig, 3–8 cm hoch, 1,5–3,5 cm dick, fest, voll.

Fleisch: weißlich, aber unter der Oberhaut grau durchgefärbt, im Stielgrund oft rostgelblich.

Geruch: stark mehlartig.

Geschmack: mild.

Sporen: oval, 8–10 ×6–7 µm groß, feinkörnig, Sporenstaub weiß.

Wert: giftig, verursacht heftige, sehr unangenehme Darmstörungen; von ähnlicher Wirkung wie der Riesen-Rötling (Nr. 60).

Vorkommen: August bis Oktober im Laub- und Nadelwald (unter Tanne, Fichte, Rot- und Weißbuche, Eiche), nur auf kalkhaltigen Böden, gruppenweise. Zerstreut im südlichen Mitteleuropa in den Kalkgebieten (u. a. Kalkalpen, Böhmischer und Mährischer Karst, Thüringer Becken); in der Slowakei bis 1150 m ü. M.

Synonym: *Tricholóma tigrinum* (SCHAEFF. 1774) KUMM. 1871 sensu BARLA, BRESADOLA, RICKEN u. a., non FR. 1838 (= *Hygróphorus marzúolus,* Bd. III/255); *T. párdinum* (PERS. 1801 ex SECR. 1833) QUÉL. 1873 sensu KÜHNER & ROMAGNESI, PILÁT u. a., non PERS. (= nomen dubium). Vgl. HERINK & KOTLABA, Česká Mykol. **21** (1967): 1–11.

Verwechslung: Andere graue Ritterlinge (Nr. 75–79, und vgl. Übersicht in Bd. III) sind weniger kompakt, haben nicht die tränende Stielspitze und überwiegend keinen Mehlgeruch und -geschmack.

74. Tiger-Ritterling, *Tricholóma pardolátum.* Nat. Gr.

75. Schwarzfaseriger Ritterling, Schnee-Ritterling

Eßbar

Tricholóma portentósum (FR. 1821) QUÉL. 1873

Kennzeichen: dunkle, radiale Faserung auf grünlichgrauem Grund, grünlicher Anflug a**
Blättern und Stiel, schwärzlich durchgefärbtes Hutfleisch, Mehlgeruch.

Hut: hell, dunkelgrauer oder aschgrauer Untergrund mit gelblichen, grünlichen, bräun**
chen oder selbst violettlichen Abtönungen und sich stark abhebenden dunkleren, fa
schwarzen, etwas erhabenen strahligen Fasern oder Strähnen. Oberhaut kahl, glatt, a
fangs feucht schmierig, trocken glänzend, abziehbar. Rand dünn, zuerst eingebogen. Hu
mitte gebuckelt bis vertieft, Hutbreite bis 12 cm.

Blätter: weiß, oft etwas wässerig, alt gelblich-grünlich angehaucht, bauchig-geschwei**
hinten ausgebuchtet und mit Zahn angewachsen, dicklich, aber mit dünner Schneide.

Stiel: weißlich, oft etwas wässerig und gelblich oder grünlich getönt, kahl oder schwac
flockig, seidig glänzend, etwas faserig, 6–10 cm lang, 1–2 cm dick, gerade oder geboge
Beim Durchbrechen und Aufspalten rollen sich die Spaltstücke allmählich spiralig auf.

Fleisch: weißlich, oft etwas wässerig grau, unter der Huthaut meist tief durchgefärbt, za**
und weich, in der oberen Stielrinde oft gelbgrünlich. Geruch und Geschmack schwac
mehlartig.

Sporen: länglich-rundlich, 5–6 × 4–5 µm. Staub weiß.

Wert: Sehr guter Speisepilz. Oberhaut abziehen!

Vorkommen: September bis Dezember im Kiefernwald, selten unter Rotbuchen, besonde
auf Sandboden, doch auch über Muschelkalk u. a., gebietsweise sehr häufig, oft in große
Trupps.

Anmerkung: eine Abart mit blassem, teilweise schwefelgelblichem Hut ist var. *leucoxánthum* GILL. J. LANGE bildet sie a**
Dänemark ab.

76. Erd-Ritterling, Graublättriger Ritterling

Eßbar

Tricholóma térreum (SCHAEFF. 1774) KUMM. 1871

Kennzeichen: hell- bis dunkelgrauer, dichtfilziger, trockener Hut, graue Blätter, sehr ze
brechlich.

Hut: graubraun bis mäusegrau, jung bis zum Rand mit geschlossener, schwarzgrauer Fil
schicht überzogen, später erst gegen den Rand faserschuppig aufgelöst, dazu oft hellgra**
spinnwebartig übersponnen, dünnfleischig, anfangs glocken- oder kegelförmig, dann au
gebreitet, bleibt meist in der Mitte spitz gebuckelt, 5–8 cm breit.

Blätter: erst weißlichgrau, dann blaß-aschgrau, gegen den Hutrand später dunkler gra
oft gekerbt und etwas queradrig, ausgerandet und zahnartig am Stiele herablaufend, zier
lich eng.

Stiel: jung weißlich, dann blaßgrau, mitunter schuppig, an der Spitze mehlig-faserig, vo
zuletzt fast hohl, schlank, mit spinnwebigen Schleierresten, 4–8 cm hoch, 1 bis $1^1/_2$ c
dick.

Fleisch: weißgrau bis grau, im Hut stärker grau, geruchlos oder mit erdigem Geruch ur
mildem Geschmack.

Sporen: breit ellipsoid, 5–8 × 4–5 µm. Sporenstaub weiß.

Wert: eßbar als Mischpilz.

Vorkommen: August bis November unter Kiefern in Wäldern, Feldgehölzen und Parkanl
gen, auf Sand-, Lehm- und Kalkboden, sehr gesellig. Häufig.

Fortsetzung Seite 392

240

75. Schwarzfaseriger Ritterling, *Tricholóma portentósum.* 1/2 nat. Gr.

76. Erd-Ritterling, *Tricholóma térreum.* Nat. Gr.

77. Brennender Ritterling

Schwach giftig

Tricholóma virgátum (Fr. 1818 : Fr. 1821) Kumm. 1871

Kennzeichen: grauer, schwarzfaseriger, spitzgebuckelter Hut, bitterer, nach längerem Kauen brennend kratzender Geschmack.
Hut: aschgrau bis fast lilagrau, glattfaserig durch dunklere Fäserchen (anklingend an den Grauen Ritterling), schl. glänzend, zuerst kegelig, dann ausgebreitet mit spitzem Buckel, 4–8 cm breit.
Blätter: blaßgrau, später grau werdend, Schneiden schwarz oder schwarz punktiert.
Stiel: schlank, weißlich, nicht geschuppt, gleich dick, am Grund wie abgebissen, neigt dazu, verwaschene rötliche Flecke zu bekommen.
Fleisch: fast geruchlos oder erdartig. Geschmack bitter und kratzend, dann fast pfefferartig brennend.
Sporen: auffallend groß, 6,5–7,5 × 5–6 µm, Blätter mit keuligen, herausragenden Randzellen an der Schneide.
Vorkommen: September bis Oktober im Nadelwald, besonders auf sauren Böden, im Flachland und Gebirge.

Anmerkung: In Buchenwäldern wächst eine ähnliche Art (nach Pilát nur Varietät) mit faserschuppigem, graubraunem bis schwärzlichem nur stumpf gebuckeltem Hut und schwarz punktierter Schneide der Blätter (Lamellen), Geschmack gleichfalls erst bitter, dann scharf: der Schärfliche Ritterling, *Tricholóma sciódes* (Secr. 1833) Martin 1919. Er ist ungenießbar.

78. Gilbender Ritterling, Silber-Ritterling

Eßbar

Tricholóma argyráceum (Bull. 1789) Gill. 1874

Kennzeichen: ein grauer, filzig-faserschuppiger Ritterling mit zuerst reinweißen, im Alter und bes. am Rande gilbenden Blättern und auffallendem Mehlgeschmack.
Hut: jung grau-rußig, feinfaserig-schuppig, am Rande faserig-schuppig auf blaßgelbem Grunde, ähnelt dem Erdritterling, ist aber blasser, mit dünnem, oft eingerissenem, im Alter oft zitronenfleckig werdendem Rand, schwach bis spitz gebuckelt, später flach, 2–8 cm breit.
Blätter: blaß im Alter, bes. am Rande gilbend und fast zitronengelb bis grünlich (häufig erst nach längerem Liegen), aber nicht grau werdend, dicht gedrängt.
Stiel: fast weiß, seidig-faserig, jung mit flüchtigen Schleierfäden.
Fleisch: weiß, kaum graulich, Geruch und Geschmack stets nach Mehl.
Sporen: 5–6 × 3–4 µm, ellipsoid. Sporenstaub weiß.
Wert: eßbar, recht wohlschmeckend.
Vorkommen: Mai bis November in Wäldern, Parkanlagen und Gärten, unter Laub- und Nadelbäumen vieler Art, auf neutralen und Kalkböden, oft in großer Zahl. Häufig vom Flachland bis in die alpine Stufe der Hochgebirge; von Favre in der Schweiz noch in 2 650 m Höhe Ü. M. angetroffen.

Synonyme: *Tricholóma scalpturátum* (Fr. 1838) Quél. 1872. *T. chrysites* (Fr. 1838) Gill. 1874.

77. **Brennender Ritterling,** *Tricholóma virgátum.* Nat. Gr.
78. **Gilbender Ritterling,** *Tricholóma argyráceum.* Nat. Gr.

79. Maipilz, Mai-Schönkopf, Mai-Ritterling

Eßbar

Calócybe gambósa (Fr. 1821) Sing. 1951

Kennzeichen: ein weißlicher Ritterling mit Mehlgeruch, im Mai und Juni.
Hut: cremeweiß bis lederfarben, gewölbt mit eingerolltem Rand, später flach oder wellig verbogen, glatt, kahl und trocken, festfleischig, 3−17 cm breit.
Blätter: cremeweiß, schmal und sehr gedrängt, ausgebuchtet oder abgerundet-angewachsen, dünn, nicht gegabelt.
Stiel: gelblichweiß, faserig gestreift, voll, später ausgestopft, 4−8,5 × 1−3 cm.
Fleisch: weiß, fest, Geruch und Geschmack stark mehlartig oder nach frischen Gurken.
Sporen: ellipsoid, glatt, 4−7 × 2−3,5 μm. Sporenstaub weiß.
Wert: geschätzter Speisepilz in einer noch pilzarmen Jahreszeit.
Vorkommen: Mai und Juni im Laubwald, auf Waldwiesen und Trockenrasen, in Gärten, unter Weißdornhecken, seltener im Kiefernforst, zahlreich, oft auffällige Hexenringe bildend. Bevorzugt neutrale und Kalkböden (Auelehm, Mergel, Muschelkalk u. dgl.). Häufig vom Flachland bis in die alpine Höhenstufe, in der Schweiz noch bei 2 400 m (Favr).

Synonyme: *Tricholóma gambósum* (Fr.) Kumm. 1871, *T. gravéolens* (Pers. 1801 : Fr. 1821) Kumm. 1871, *T. geórgii* (L. 1753) Quél. 1872, *T. albéllum* (Dc. 1815) Kumm. 1871.

Verwechslung: Zur gleichen Jahreszeit und oft am gleichen Fundort wächst der stark giftige Ziegelrote Rißpilz, *Inócybe patouillárdii* Bres. (Nr. 57)!

80. Seifen-Ritterling

Schwach giftig

Tricholóma saponáceum (Fr. 1830) Kumm. 1871

Kennzeichen: in allen seinen vielen Formen immer kenntlich an seinem Waschküchengeruch, seinen breiten, entfernten Blättern und am rötenden Fleisch.
Hut: in schwärzlichen, rauchgrauen, grünlichen, bräunlichen, grauen und weißlichen Abtönungen, bald glatt, kahl und schmierig glänzend, bald wie bereift, feinschuppig oder faserig-aufgelöst oder tief rissig-schuppig zerklüftet, mit glattem, nacktem, stark verbogenem, oft dünnfleischigem Rand und glockig-gebuckelter bis abgeflachter, oft dickfleischiger Mitte, 6−10 cm breit.
Blätter: blaß, meist grüngelblich und etwas wässerig, querstreifig trocknend, oft sehr breit, hinten stark ausgebuchtet, entfernt, dick und starr.
Stiel: blaß oder etwas dem Hut gleichfarbig getönt, wird oft ein wenig rötlich, fein bereift bald kahl, aber auch schwärzlich geschuppt, sehr verschieden geformt, oft bauchig b spindelförmig-wurzelnd, 5−8 cm lang, 1¹/₂−2¹/₂ cm dick, voll, später etwas hohl.
Fleisch: weiß oder blaß, läuft manchmal an Bruchstellen rötlich an und nimmt schl. bes im Stielgrund eine fleisch- oder kupferrötliche Tönung an, manchmal erst nach mehrerer Stunden. Geschmack seltener mehlartig und oft etwas bitterlich, Geruch aber immer eigen artig waschküchenähnlich.
Sporen: abgerundet ellipsoid, 5−6 × 3−4 μm. Staub weiß.
Wert: in größeren Mengen genossen erzeugt er Übelkeit und Erbrechen, in geringe Menge als Mischpilz ist er nach Hennig harmlos, aber wenig schmackhaft. Roh giftig (en hält nach Sartory & Maire Hämolysine).
Vorkommen: September bis November in Laub- und Nadelwald, auf sauren und kalkhalt gen Böden. Häufig vom Flachland bis in höhere Gebirgslagen.

79. Maipilz, *Calócybe gambósa.* 1/2 nat. Gr.

80. Seifen-Ritterling, *Tricholóma saponáceum.* Nat. Gr.

81. Rötlicher Holzritterling

Jung eßbar, minderwertig

Tricholomópsis rútilans (SCHAEFF. 1774 : FR. 1821) SING. 1939

Kennzeichen: großer, auf Baumstümpfen wachsender Ritterling mit prächtigem, purpurrötlichem, feinschuppigem Hut und Stiel und leuchtend gelben Blättern.

Hut: anfangs mit einem dichten, purpurroten Filz bedeckt, später infolge durchbrechender Fleischfarbe auf gelbem Grund purpurfilzig bis felderig-schuppig, durch die Sonne ausgeblaßt, rotgelb und schl. gelblich oder braungelb, fleischig, mit dünnem eingerolltem Rand, gewölbt, dann verflacht, mit stumpfem Buckel und geradem Rand, 5–20 cm und darüber breit.

Blätter: gelb, mit dicken, goldgelben, zottigen Schneiden, die mit Büscheln strohgelber, keuliger Zellen dicht besetzt sind und dadurch feinfilzig werden, gedrängt, hinten abgerundet.

Stiel: wie der Hut auf gelbem Grund rötlichfilzig bis schuppig-flockig, bei Trockenheit nur gelb, fest und voll, später auch hohl, 5–14 cm hoch, 1–2 (bis 5) cm dick.

Fleisch: gelblich, ± blasser oder satter getönt, fest, saftig, im Alter wäßrig-weich, im Geschmack mild, aber mit etwas eigenartigem, dumpfem Geruch.

Sporen: ellipsoid, 6–9 × 4–6 µm, farblos im Gegensatz zu den gelben Blättern, Staub weiß.

Wert: Wegen seines dumpfen Geschmackes ist er lediglich als Mischpilz zu genießen. Nur kleine bis mittelgroße Hüte sind zu sammeln, deren Oberhaut zu entfernen ist. Ältere Exemplare erzeugen bei empfindlichen Personen öfter Übelkeit und Erbrechen.

Vorkommen: Ende Juni bis November im Nadelwald an Stümpfen von Kiefer, Fichte u. a. Koniferen, sehr selten an Laubholz. Häufig vom Flachland bis ins Hochgebirge.

Synonyme: *Tricholóma rútilans* (SCHAEFF. : FR.) KUMM. 1871, *Pleurótus rútilans* (SCHAEFF. : FR.) PIL. 1935, *Tricholóma variegátum* (SCOP. 1772) GILL. 1874.

81. Rötlicher Holzritterling, *Tricholomópsis rútilans.* Nat. Gr.

82. Schwarzweißer Weichritterling

Eßbar

Melanoleúca melaleúca (PERS. 1801 : FR. 1821) MURR. 1911

Kennzeichen: kleiner, schwarzbrauner Hut mit auffallend weißen Blättern, weißem Fleisch. Stiel länger als Hutbreite.

Hut: rußigbraun, olivbraun bis schwarzbraun, mitunter ganz schwarz, wenn durchwässert, trocken etwas verblassend, graulich, auch mit rötlichem Einschlag, im Alter weich, aber zäh-elastisch, dünnfleischig, meist klein, 4–7 cm breit.

Blätter: oft reinweiß, seltener etwas schmutzig getönt, gedrängt und weich, hinten meist buchtig abgerundet.

Stiel: weißlich, öfter rußig gestreift, biegsam, schlank, mitunter dicht weißflaumig, an Spitze weißflockig, am Grund verdickt und von weißem Myzel bedeckt, wattig ausgestopft oder leicht hohl, 5–15 cm hoch.

Fleisch: weiß, seltener im Stiel von unten herauf dunkelbraun, weich. Schwacher, angenehmer Geruch, süßlicher Geschmack.

Sporen: ellipsoid, 7–9 × 4,2–5 µm, rauh, in Jodlösung blauend, Staub weiß.

Vorkommen: April bis Oktober auf Rasen, an Wegen, aber auch im Laub- und Nadelwald. Häufig.

Synonyme: *Tricholoma melaleúcum* (PERS. : FR.) KUMM. 1871, *T. stridulum* (FR. 1838) BRES. 1928, *Melanoleúca vulgáris* PAT. 1900.

83. Kurzstieliger Weichritterling

Eßbar

Melanoleúca brévipes (BULL. 1790 : FR. 1821) PAT. 1900

Kennzeichen: mittelgroßer, graubräunlicher Hut mit kurzem fingerdickem, meist innen und auch außen schwarzbraunem Stiel.

Hut: meist sehr dunkel, rauchbraun oder braungrau bis braunschwarz mit schwärzlichem Buckel, kaum durchfeuchtet, wenig aufhellend, feucht zuerst schwach glänzend und nicht bereift, trocken verblassend und glänzend, gewölbt oder etwas gebuckelt bis flach oder auch verbogen-niedergedrückt, 5–10 cm breit, ziemlich fleischig, starr. Der äußere Rand überragt etwas die Blätter und ist gering eingerollt.

Blätter: weiß, sehr gedrängt, manchmal mit dunkleren Queradern, ausgebuchtet, angewachsen oder hakig herablaufend.

Stiel: meist dunkelgraubraun wie der Hut, auch im Längsschnitt, oder mehr gelbbraun, am Grund meist mit weißem Myzel und an der Spitze weißflockig, stets kurz, 2–4 cm hoch, 1–1¹/₂ cm breit, faserfleischig und faserig berindet.

Fleisch: meist schmutzigbräunlich, im Stielgrund fast braunschwarz, im Hut blasser, schmutzigweißlich bis bräunlichgrau, weich, Geruch und Geschmack wie bei der vorigen Art.

Sporen: ellipsoid, 7–9 × 4,5–5 µm, rauh, in Jodlösung blauend.

Vorkommen: Mai bis Dezember in Rasen, an Wegrändern, auf Schutt- und Ascheplätzen, in großer Zahl. Sehr häufig.

Synonym: *Tricholóma brévipes* (BULL. : FR.) KUMM. 1871.

82. Schwarzweißer Weichritterling, *Melanoleúca melaleúca*. Nat. Gr.

83. Kurzstieliger Weichritterling, *Melanoleúca brévipes*. Nat. Gr.

84. Riesen-Krempentrichterling

Eßbar

Aspropaxillus gigantéus (Sow. 1798 : Fr. 1821) Kühner & Mre. 1934

Kennzeichen: großer bis riesiger Hut, rahmweiß bis lederblaß, trichterförmig, stets ungebuckelt, runzlig-geriefter Rand, meist in Kreisen wachsend.

Hut: weißlich bis schmutzig gelblich. Die Farbe entwickelt sich umgekehrt wie bei dem Mönchskopf (nächstes Bild), wird mit dem Alter oder durch Berührung schmutzig ledergelblich oder bräunlich ohne die schönere, rötelfalbe Tönung des Umstehenden. Im Alter gelegentlich mit schmutzigbraunen Striemen anzutreffen, selten auch tropfig gefleckt, 15–30, sogar bis 40 cm breit. Oberhaut zuerst kahl und glatt, matt wie Wildleder, später auch etwas aufreißend, abziehbar. Hut am Rande zuerst stark eingerollt und etwas flaumig, dann kahl, oft wellig verbogen, gewölbt, nie gebuckelt, dann flach niedergedrückt, dickfleischig.

Blätter: jung weißlich, im Alter schmutzig ledergelblich, ziemlich dünn, schmal und dichtstehend, oft gegabelt, später breiter, laufen oft schwächer, doch auch stark herab, lassen sich leicht ablösen.

Stiel: glatt und kahl, wird aber im Alter etwas rissigfaserig gebräunt, nie langgestreckt, gedrungen, auch bauchig-knollig, oft fast ebenso dick wie lang 3–8 × 2–5 cm, voll und hart.

Fleisch: weißlich, derb und etwas zäh, im Alter weich, etwas wässerig und schmutzend, Geruch frisch nach dumpfem Mehl, aber offenbar nur flüchtig, sonst wie der Gelbbraune Trichterling (Nr. 86), im Alter dumpf; die Blätter sowie der ganze Pilz entwickeln Spuren von Blausäure, daher auch Bittermandelgeruch.

Sporen: ellipsoid, 6–7 × 3,5–4,5 µm, glatt, schwach amyloid, Staub weiß.

Wert: ergiebiger, etwas zäher, von manchen geschätzter, lohnender Speisepilz, als Gemüse, gebraten oder getrocknet verwertbar. Für empfindliche Personen ist Abkochung anzuraten.

Vorkommen: Juli bis September auf Wiesen, Waldlichtungen, Rasenflächen. Nur stellenweise häufig, besonders in den Mittelgebirgen; in der DDR auch im Gebiet der Mittelelbe.

Der Riesen-Krempentrichterling bildet oft auffällige Hexenringe, die bei ungestörter Vegetationsentwicklung Durchmesser bis zu 40 m erreichen können, und deren jährlicher Zuwachs bis zu 80 cm betragen kann (Münch 1917, Oppermann & Kawe 1954). Derartige Ringe wurden z. B. im Saarland, im Solling und bei Dessau beobachtet.

Die Hexenringe üben einen starken Einfluß auf die Vegetation aus, die in einer 50–100 cm breiten „nekrotischen Zone" abgetötet wird – wahrscheinlich durch die wasserabstoßenden Eigenschaften des verdichteten Myzels –, während beiderseits dieser Zone das Pflanzenwachstum durch Anreicherung des Bodens mit Stickstoff auffällig gefördert wird. Die Pilze fruktifizieren ausschließlich im Bereich der „nekrotischen Zone".

Synonyme: *Clitócybe gigantéa* (Sow. : Fr.) Quél. 1872, *Paxillus gigantéus* (Sow. : Fr.) Quél. 1874, *Leucopaxillus gigantéus* (Sow. : Fr.) Sing. 1939, *L. cándidus* (Bres. 1882) Sing. 1943.

84. Riesen-Krempentrichterling, *Aspropaxíllus gigantéus.* 1/2 nat. Gr.

85. Mönchskopf, Falber Riesen-Trichterling

Jung eßbar

Clitócybe geótropa (BULL. 1791) QUÉL. 1872

Kennzeichen: weißgelber bis ledergelber, jung lederfalber bis fleischrötlicher, im Alter aus der Ferne weißlich wirkender Hut mit Buckel, mit schlankem Stiel. Fleisch mit aromatischem Geruch.

Hut: jung ein kleiner braungelber Kopf, dann zunächst noch fleischrötlich bis lederfalb und schl. immer heller werdend, zuerst kegelig-glockig, mit stark und lange eingerolltem Rande, später in der Mitte verflacht, breit niedergedrückt oder flach trichterförmig, meist noch mit derbem, brustwarzenartigem Buckel. Oberhaut feucht glanzlos, trocken fast glänzend und feinseidig überreift oder feinfelderig-rissig, auch flockig punktiert, am Rande flaumig, später kahl und glatt, 10–20 (–30) cm breit, dabei nicht dick, am Rande sogar in breiter Zone recht dünnfleischig, im Alter manchmal breit gerieft.

Blätter: weißlich bis falbblaß, lederfarben bis bräunlich, dichtstehend, herablaufend, am Hutrande mit vielen kürzeren Blättern untermischt.

Stiel: in Farbe dem Hut ähnlich, falbbräunlich, oft etwas faserig, am Grund vom Myzel stark weißfilzig, immer kräftig, fest und voll, abwärts etwas keulig verdickt, 6–10 (–15) cm hoch, 1,3–5 cm dick.

Fleisch: im Hut blaß, im Stiel weißlich, elastisch-zäh, immer trocken, beim Kauen knorpelig, mild, Geruch süßlich aromatisch, auch nach Bittermandelöl (wie der Nelken-Schwindling).

Sporen: farblos, rundlich, 6–7 × 5–6 µm, glatt, aber körnig gefüllt, Sporenstaub weiß.

Wert: jung eßbar. Die nur langsam verrottenden Fruchtkörper werden jedoch allmählich zäh und geschmacklos, sie sind auch nicht zum Trocknen geeignet.

Vorkommen: September bis November im Laub- und Nadelwald, unter Gebüschen und auf Waldwiesen, auf neutralem und kalkhaltigem Boden, gebietsweise häufig vom Flachland bis in höhere Gebirgslagen. Auch diese Art kann Hexenringe bilden (vgl. Nr. 84). In Frankreich beobachtete BECKER einen Ring, dessen Alter 1944 auf ca. 700 Jahre berechnet wurde!

Synonyme: *Clitócybe máxima* (FL. WETT. 1799/1802) KUMM. 1871; *C. subinvolúta* (BATSCH 1789) SACC. 1887 sensu LANGE, sehr wahrscheinlich auch im originalen Sinne von BATSCH, so daß *C. subinvolúta* aus Prioritätsgründen der korrekte wissenschaftliche Name des Mönchskopfes wäre.

85. Mönchskopf, *Clitócybe geótropa.* 1/2 nat. Gr.

86. Gelbbrauner Trichterling

Eßbar

Clitócybe gibba (PERS. 1801 : FR. 1821) KUMM. 1871

Kennzeichen: blaßockerbräunlicher Trichterling mit scharfem, oft flattrigem und feinfilzigem Rand, weit herablaufenden Blättern und dem angenehmen Geruch des Nelken-Schwindlings nach bitteren Mandeln.

Hut: blaßockerbräunlich, eingewachsen seidig, gegen den Rand von aufgelockerten Fäden auch feinflockig-filzig und oft zierlich eingefaßt, gebuckelt, gewölbt mit eingerolltem Rand, schl. trichterförmig mit scharf abstechendem, oft sehr verbogen flattrigem, dünnem Rand und kleinem Buckel in der Tiefe des Trichters, in der Mitte fleischig, bis 8 cm breit.

Blätter: weiß, gedrängt und weit sichelförmig herablaufend, manchmal gegabelt.

Fleisch: weiß, etwas durchwässert, zäh und weich, im Stiel fast wergartig, mild und mit zartem, angenehmem Geruch nach Kuchengewürz, oft auch nach bitteren Mandeln, an dem man den Pilz am sichersten wiedererkennt.

Stiel: ockergelblich, dem Hut fast gleich gefärbt, feinseidig bis faserig, zäh, elastisch ausgestopft, am Grunde etwas verdickt, weißfilzig oder zottig und mit Erde behaftet.

Sporen: birnförmig, 5–7 × 3–4 µm, Staub gelblichweiß.

Wert: eßbar, doch im Stiel etwas zäh, nur Mischpilz.

Vorkommen: Juni bis November im Laub- und Nadelwald (bes. an lichten Stellen, an Wegrändern), gesellig, mitunter massenhaft. Häufig vom Flachland bis ins Hochgebirge.

Synonym: *Clitócybe infundibulifórmis* (SCHAEFF. 1774) QUÉL. 1872.

Verwechslung: Mehrere weitere braune bis fuchsrote Trichterlinge mit abweichendem Geruch sind gleichfalls eßbar. Vgl. Nr. 88 und Bd. III/172–177!

87. Keulenfuß-Trichterling

Eßbar; jedoch nach Alkoholgenuß giftig

Clitócybe clávipes (PERS. 1801 : FR. 1821) KUMM. 1871

Kennzeichen: mittelgroßer, graubräunlicher Trichterling mit nach unten keulig angeschwollenem, weichem Stiel und schwammigem Fleisch.

Hut: graubraun, rauchbraun, gelblichgrau, oft ausblassend, am Rand auch weißlich, doch nicht hygrophan, kahl und nackt, gebuckelt, weichfleischig, mit sehr dünnem Rand, 4–7 cm breit.

Blätter: erst gelblich-weiß, dann gelblich, herablaufend, wenig gedrängt, mit kürzeren und gegabelten untermischt.

Stiel: fast gleichfarbig wie der Hut, faserig, am Grund weißfilzig und keulig angeschwollen, weichschwammig ausgestopft und meist stark wasserhaltig (ausdrücken!). 4–8 cm lang, unten 1–2 cm dick.

Fleisch: wenn trocken weiß, bei feuchtem Wetter sehr wäßrig, dann wäßrig-grau. Geruch angenehm süßlich, an Zimt erinnernd, Geschmack mild.

Sporen: ellipsoid, 6–7 × 3–5 µm. Staub weiß.

Wert: als Mischpilz brauchbar, ruft jedoch in Verbindung mit Alkohol die gleichen Vergiftungserscheinungen hervor wie der Graue Tintling (S. 79f. und S. 190), daher Vorsicht!

Vorkommen: Juli bis November im Laub- und Nadelwald, auf saurem und kalkhaltigem Boden, einzeln oder gesellig, Häufig vom Flachland bis ins Hochgebirge.

86. Gelbbrauner Trichterling, *Clitócybe gíbba.* Nat. Gr.

87. Keulenfuß-Trichterling, *Clitócybe clávipes.* 2/3 nat. Gr.

88. Fuchsiger Röteltrichterling

Eßbar in geringen Mengen

Lepísta fláccida (Sow. 1799 : Fr. 1821) Pat. 1887

Kennzeichen: in allen Teilen fuchsrot, gedrängte, sichelförmige Blätter, rasiger, unregelmäßiger Wuchs, herbsäuerlicher Geruch und Geschmack, kleine runde, rauhliche Sporen.
Hut: rotbraun, später blasser oder matt rötlichgelb, oft etwas glänzend, manchmal dunkler getropft, kahl und glatt, 5–10 cm breit, in Wuchs und Aussehen äußerst wechselnd, bei büscheligem Wachstum meist unregelmäßig verbogen, in der Mitte genabelt bis trichterförmig, am Rand lange eingerollt, schl. abstehend-flatterig und dünnfleischig, zäh, elastisch, im Alter weich und zerbrechlich.
Blätter: erst blaßweißlich, später blaßrötlichgelb, schl. fuchsigrot, einfach oder z. T. gegabelt, stark sichelförmig, weit herablaufend, gedrängt, dünn, weich, meist schmal.
Stiel: gleichfarbig, oft faserig berindet, von unten herauf mit einem weißlichen, zottig-filzigen Myzel dich überwuchert und mit Fremdkörpern verfilzt, meist kurz, 2–5 cm lang, sehr ungleichmäßig dick, voll oder hohl, elastisch, etwas starr, nicht immer zentral gestielt.
Fleisch: blaßrotbräunlich, Geruch und Geschmack herbsäuerlich, frisch holzartig, etwas streng und bitterlich. Natronlauge färbt Fleisch wie Haut satt zitronengelb.
Sporen: farblos, kurzellipsoid, feinwarzig, (3,3–) 4,0–4,7 × 3–3,5 µm, farblos. Staub weiß.
Wert: scharf gebraten von angenehmem, aromatischem, leicht bitterlichem Geschmack. Nach Erfahrungen in der ČSSR kann er jedoch, in größeren Mengen genossen, Verdauungsstörungen verursachen.
Vorkommen: August bis November im Laub- und Nadelwald, meist in gedrängten, büscheligen Rasen, auch in Bögen und Hexenringen. Überall häufig.
Synonyme: *Clitócybe fláccida* (Sow. Fr.) Kumm. 1871, *C. invérsa* (Scop. 1772) Quél. 1872.

89. Rinnigbereifter Trichterling, Wiesen-Trichterling

Giftig

Clitócybe rivulósa (Pers. 1801 : Fr. 1821) Kumm. 1871

Kennzeichen: kleiner, weißlich wirkender Pilz mit blaßfleischrötlich-bräunlichem, weiß bereiftem, konzentrisch-rinnigem Hut, außerhalb des Waldes wachsend.
Hut: fleischbräunlich, wenn feucht, sonst fleischrötlich bis schmutzig hellockergelblich verblassend, dann falbgetönt mit weißlicher, abwischbarer Scheinbereifung, zuerst gewölbt, dann flach, zuletzt niedergedrückt, kreiselförmig, mit dünnem, eingebogenem, dann lappig-kräuseligem Rand, 1,5–5 cm breit. Oberhaut bald in Rinnen zerklüftet, wodurch die fleischbräunliche Farbe den weißlichen Belag übertönt.
Blätter: weißlich, dichtstehend, herablaufend oder nur angewachsen.
Stiel: weißlich, bis blaßrötlich, kurz, zäh, voll, oft gebogen, feinfilzig, etwas faserig.
Fleisch: weißlich, unter der Haut schwach blaßrötlich, bes. im Stiel zäh, milder Geschmack, säuerlicher Geruch.
Sporen: ellipsoid, 4,5 × 3 µm, glatt. Staub weiß.
Wert: stark giftige Art mit erheblichem Muskaringehalt wie bei *Cl. dealbáta* (N. 92) und *Cl. phyllóphila* (Nr. 90).
Vorkommen: Juli bis Oktober auf Wiesen, Weiden, Dünen, Böschungen und Wegrändern, truppenweise und in Ringen häufig.
Verwechslung: Man hüte sich beim Sammeln vom Nelken-Schwindlingen (Nr. 101) und Mehlpilzen (Nr. 59) vo Verwechslungen mit dieser Art!

256

88. Fuchsiger Röteltrichterling, *Lepísta fláccida.* Nat. Gr.

89. Rinnigbereifter Trichterling, *Clitócybe rivulósa.* Nat. Gr.

90. Bleiweißer Trichterling

Giftig

Clitócybe phyllóphila (Fr. 1821) Kumm. 1871

Kennzeichen: mittelgroßer elfenbeinweißer Trichterling mit firnartiger Bereifung auf wäßrigem oder falbrötlichem Grund, schwach herablaufenden Blättern, süßlichem Geruch und kleinen Sporen.

Hut: trocken, weißgelblich bis reinweiß, durchfeuchtet hellbräunlich, gefleckt; auf dem wässerigen Fleisch eine dünne, trockene, abwischbare Oberhautschicht, die wie feiner firnisartiger oder glasierter Reif wirkt, Oberhaut sonst wie Handschuhleder, trocken glänzend; 5–8 cm breit, dünn, doch mitunter auch dickfleischig.

Blätter: weiß, dichtstehend, meist wenig herablaufend.

Stiel: weiß, 3–6 cm lang, am Grunde flockig-striegelig.

Fleisch: wässerigweiß, mild, Geruch süßlich-erdartig.

Sporen: blaßcremerötlich, klein, fast kugelig, 4–5 × 3–4 µm. Sporenstaub cremefarben bis blaß rosa.

Wert: Giftig, enthält Muskarin wie Nr. 89 und 92.

Vorkommen: Ende September bis Dezember im Laub- und Nadelwald, zahlreich und gesellig auftretend, mitunter Hexenringe bildend. Allgemein häufig.

Synonyme: *Clitócybe fláccida* (Sow. : Fr.) Kumm. 1871, *C. invérsa* (Scop. 1772) Quél. 1872.

Anmerkung: Eine in trockenen Nadelwäldern vorkommende, mehr dünnfleischige und dünnstielige Form ist *C. phyllóphila* var. *ténuis* Harmaja 1969 (Bild Nr. 91).

90. Bleiweißer Trichterling, *Clitócybe phyllóphila*. Nat. Gr.
91. Dünner Bleiweißer Trichterling, *Clitócybe phyllóphila* var. *ténuis*. Nat. Gr.

92. Feld-Trichterling

Giftig

Clitócybe dealbáta (Sow. 1799 : Fr. 1821) Kumm. 1871

Kennzeichen: Ähnlich dem Rinnigbereiften Trichterling (Nr. 89). Hut lederfarben, weiß bereift, mit eingerolltem Rand. Beim Trocknen werden Hut und Stiel lila getönt und die Blätter rosa. Geruch mehlartig.
Vorkommen: Dünen, Trockenrasen, Wegränder, häufig.
Synonym: *Clitócybe rivulósa* subsp. *dealbáta* (Sow. : Fr.) Konr. & Maubl. 1937. Nach Harmaja 1969 mit *C. rivulósa* (Nr. 89) identisch.

93. Treibhaus-Trichterling

Giftverdächtig

Clitócybe augeána (Mont. 1856) Sacc.

Kennzeichen: Hut weiß bis schwach ledergelb, seidig, gewölbt, niedergedrückt bis unregelmäßig trichterförmig oder lappig, 2–7 cm breit. Blätter und Stiel weiß. Geruch mehlartig. Sporen 3,5–6 × 2,5–4 µm.
Vorkommen: In Gewächshäusern und auf Champignonbeeten, büschelig wachsend. Selten. In der DDR bisher nicht nachgewiesen. Nach Gramss (briefl.) dürfte er in der kommerziellen Champignonkultur als Konkurrenzpilz keine Chance mehr haben. Neuerdings in der südlichen BRD (bis Saarland und Coburg), der Schweiz und Österreich mehrfach auf Misthaufen und Schafmist aufgetreten: vgl. Krieglsteiner in Z. Mykol. **49** (1983): 74–75.
Wert: nach Hennig eßbar, doch wegen seiner engen Verwandtschaft mit den giftigen Arten verdächtig, besser zu meiden.
Synonym: *Clitócybe dealbáta* (Sow.: Fr.) Kumm. var. *fimícola* Pass.

92

93

92. Feld-Trichterling, *Clitócybe dealbáta.* Nat. Gr.

93. Treibhaus-Trichterling, *Clitócybe augeána.* Nat. Gr.

94. Graukappe, Nebelgrauer Trichterling, Herbstblattl

Bedingt eßbar

Lepísta nebuláris (Batsch 1789 : Fr. 1821) Harmaja 1974

Kennzeichen: großer, auffallender Pilz des Herbstwaldes mit nebelgrauem Hut, oft mit grauweißlichem Reif bedeckt, mit schwach herablaufenden Blättern, dickem Stiel und aufdringlichem Geruch.

Hut: feucht dunkelgrau, bräunlichgrau bis gelblichgrau, trocken hell-aschgrau, oft fast weiß, kahl und glatt, bekommt schl., bes. beim Liegen, einen schimmelartigen, filzigen, weißen, abwischbaren Überzug von herauswuchernden Hyphen, in den oft Fremdkörper einwachsen. Jung stark gewölbt mit eingerolltem Rand, später verflacht bis trichterförmig vertieft mit verbogenem Rande, groß und derb, 6−18 cm breit, in der Mitte dickfleischig.

Blätter: blaßgelblich, schmal, sehr dichtstehend und kurz herablaufend, einen flachen Trichter bildend.

Stiel: weißlich bis hellgrau, oft faserig gerillt oder ebenfalls bereift, am Grund durch wattig wucherndes Myzel stark mit Erde oder Pflanzenresten verwachsen, bald kurz und dick, bald schlanker, bes. nach unten verstärkt, 5−10 cm hoch und $1^1/_2$−4 cm dick, voll, doch locker-markig, seltener mit Hohlraum.

Fleisch: jung weiß und fest, später weich. Geruch aufdringlich süßlich-würzig, für manchen unangenehm. Ähnlich, aber weniger aufdringlich, riecht der Violette Rötelritterling (Nr. 62).

Sporen: ellipsoid, 6−7 × 3 μm. Staub weiß.

Wert: eßbarer, ergiebiger Speisepilz, doch nicht immer bekömmlich, wenn unvermischt verzehrt. Abbrühen anzuraten! Über seine Schmackhaftigkeit läßt sich streiten. Nach M. Herrmann ist er roh giftig.

Vorkommen: September bis November im Laub- und Nadelwald, unter Fichten, Kiefern, Lärchen, Rotbuchen u. a., gesellig, in Gruppen oder Ringen. Sehr häufig Typischer Streu- und Rohhumuszersetzer, bildet wie viele Trichterlinge, Rüblinge, Schwindlinge u. a. den hellbräunlichen Weißfäulehumus.

Anmerkung: Eine fast weiße Form ist *L. nebuláris* var. *álba* Bataille 1911 (= *Clitócybe cerussáta* sensu Ricken).

Synonyme: *Clitócybe nebuláris* (Batsch : Fr.) Kumm. 1871; *C. stenophýlla* Karst. 1881; *Agáricus nimbátus* Batsch 1786?

95. Grüner Anis-Trichterling

Eßbar

Clitócybe odóra (Bull. 1791 : Fr. 1821) Kumm. 1871

Kennzeichen: größerer bläulichgrüner bis graugelblicher Trichterling, starker Anisgeruch.

Hut: erst bläulichgrün, später graugrün, am Rande sowie im Alter gelbgraulich verblassend oder blaßgrau bis weißlich, durchwässert nicht dunkler, feucht, kahl, glatt, glockig gewölbt bis verflacht, mit zuerst eingerolltem, zuletzt aufgebogenem geschweiftem Rand, starr, fleischig, bis 8 cm und darüber.

Blätter: etwas blasser als der Hut, meergrünlich, weißlich, aber auch graugelblich, breit, wenig gedrängt, breit angewachsen oder etwas am Stiel herablaufend.

Stiel: blaßgraugrünlich, fast kahl, faserfleischig, am Grunde weißfilzig, mit weißlichem Myzel der Unterlage aufsitzend, 4−7 cm hoch, $^1/_2$−1 cm dick, kurz, ungleich dick, fast keulig, elastisch, ausgestopft, später hohl.

Fleisch: ebenfalls blaßgrünlich, Geruch schon von weitem nach Anis, Geschmack angenehm würzig.

94. Graukappe, *Lepista nebuláris.* 1/2 nat. Gr.

95. Grüner Anis-Trichterling, *Clitócybe odóra.* Nat. Gr.

96. Möhrling, Hartpilz, Doppelring-Trichterling

Eßbar

Catathelásma imperiále (QUÉL. 1872) SING. 1941

Kennzeichen: prächtiger, derbfleischiger, bräunlicher Pilz mit auffallendem Doppelring, meist tief in den Boden eingesenkt.

Hut: hell- bis dunkelbraun, durch die Reste einer allgemeinen Hülle bes. in der Mitte anfangs fleckig-schuppig, durch die Reste der inneren Hülle am Hutrande anfangs faserig, sonst kahl und glatt, sehr derb, dickfleischig, am Rande zuerst stark eingerollt, später flach, erst polsterförmig gewölbt, geschweift, dann in der Mitte vertieft, am Rande immer noch etwas eingerollt, 8–15 cm breit.

Blätter: erst weißlich, später gelblich, an Druckstellen gelbfleckig, zuweilen an der Schneide schwärzlich, ziemlich gedrängt, verhältnismäßig schmal, am Stiel ziemlich weit, doch ungleichmäßig herablaufend.

Stiel: weiß bis blaßockergelblich, glatt oder querrissig, derb, voll, in der Jugend bauchig oder kugelförmig, so daß der Pilz oft die Gestalt eines Kolisel hat, später gesteckt, walzenförmig, am Grunde meist verjüngt, 7–13 cm lang, 3–4 cm dick. Trägt oben zwei aufsteigende, eigentümliche Ringe. Der untere Ring stellt sich als ein schmaler, freier, leistenförmiger Saum der allgemeinen Hülle dar, die mit dem Stiel verwachsen ist, ursprünglich den ganzen Pilz einhüllt, bei der Entwicklung zerreißt, auf dem Hut fleckenförmige Reste zurückläßt und am Stiel querrissig wird. Diese Hülle ist zweifarbig, am Hut braun, am Stiel weiß. Der obere Ring entsteht aus der inneren Hülle, die ursprünglich den schneckenförmig gewundenen Hohlraum zwischen dem Stiel und eingerollten Hut als einfasriges Gewebe ausfüllt, später etwa $^1/_2$–$1^1/_2$ cm über dem unteren Ring einen zweiten, häufig-faserigen, zerfetzten, vergänglichen Ring bildet und teilweise am Hutrande eine Zeitlang als Behang erscheint.

Fleisch: saftig, reinweiß, hart, Geruch und Geschmack angenehm nach Mehl oder frischen Gurken, doch ist der Nachgeschmack etwas herb und kratzend.

Sporen: recht groß, länglich-ellipsoid, 11–13 × 5–6 µm, amyloid.

Wert: guter Speisepilz, nur ist das Fleisch etwas hart, eignet sich, in Essig eingelegt, zu Pilzsalat.

Vorkommen: August bis Oktober in trockenen Nadelwäldern, nur auf Kalkboden, dort bisweilen in großer Menge. Gebietsweise verbreitet, z. B. in den Kalkalpen, Bayern, Slowakei, Südpolen, Mittelschweden. In der DDR bei Bad Langensalza (HIRSCH).

Der Möhrling kann leicht übersehen werden, da er meist so tief im Boden steckt, daß nur der Hut hervorragt.

Synonyme: *Agáricus imperiális* FR. in LUND 1846, non BATSCH 1783 (= *Amanita muscária*!), *Armillária imperiális* (FR.) QUÉL. 1872; *Biannulária imperiális* (FR.) BECK 1922; *Clitócybe imperiális* (FR.) RICKEN 1915.

96. Möhrling, Hartpilz, *Catathelásma imperiále.* Nät. Gr.

97a. Honiggelber Hallimasch

Eßbar, jedoch roh giftig

Armilláira méllea (Vahl 1790 : Fr. 1821) Kumm. 1871 emend. Romagnesi 1970

Kennzeichen: großer, büschelig an Holz wachsender honigfarbener Pilz mit weißlichem, häutigem Ring und eigenartig zusammenziehendem Geschmack.

Hut: honiggelb bis olivgelb, oder satt oliv mit honigfarbener Randzone, später olivbraun bis dunkelrotbraun (es gibt auch eine Form mit bleigrauem Hut), sehr schwach hygrophan, klebrig und glänzend, fast kahl, nur mit wenigen winzigen rotbraunen bis schwärzlichen Haarschüppchen, 3–10 cm breit, schwach gebuckelt, fleischig. Hutrand anfangs stark eingebogen, dann gerade, scharf, nur im Alter durchscheinend gestreift. Huthaut kaum abziehbar.

Blätter: cremeweiß, dann fleischrötlich, graurötlich, gedrängt, ziemlich schmal (3–10 mm breit), kurz herablaufend; Schneiden gleichfarben, ganzrandig, kahl.

Stiel: blaß fleischrötlich, schließlich rotbraun bis schwärzlich, fast kahl, mattglänzend, trocken, an der Spitze fein gerippt, gewöhnlich sehr schlank und fast gerade, 8–16 cm lang, 0,4–1,3 cm dick, voll; Stielbasen spindelig verjüngt und dicht büschelig verwachsen.

Ring dicht unter der Stielspitze, häufig, waagerecht abstehend, gelblichweiß bis zitronengelb, nicht gerieft, unterseits mit weißen bis schwefelgelben Flöckchen.

Fleisch: weiß, im Hutrand auch rosa, unveränderlich, fast gummiartig elastisch, im Stiel zähfleischig; Geruch mehr oder weniger deutlich Camembert-artig, Geschmack erst mild, dann unangenehm zusammenziehend.

Sporen: eiförmig, glatt, 7,2–8,8 × 5,3–6,4 μm, farblos, nicht amyloid. Sporenstaub reinweiß bis blaß creme. Basidien 4sporig, ohne Schnallen; auch alle Hyphen ohne Schnallen an den Querwänden.

Wert: roh giftig (bewirkt heftige Verdauungsstörungen), geschmort oder gekocht jedoch ein guter, ergiebiger Speisepilz, der wegen seines massenhaften Vorkommens oft zentnerweise gesammelt werden kann. Auch zum Einlegen in Essig gut geeignet. Der adstringierende Geschmack des rohen Pilzes verliert sich beim Erhitzen völlig. Die Stiele müssen wegen ihrer Zähigkeit weggelassen werden (1 cm unter dem Hut abschneiden!).

Vorkommen: Juli bis November (hauptsächlich im Oktober) an Baumstümpfen, am Fuße toter und lebender Bäume, in Laubwäldern und Parkanlagen vorwiegend an Eiche und Rotbuche; besonders häufig in wärmeliebenden Eichenwäldern des Flach- und Hügellandes (Thüringern Becken!), im nördlichen Mitteleuropa ziemlich selten und durch verwandte Arten (bes. den Gelbschuppigen H., *Armilláira bulbósa* (Barla) Herink) ersetzt. Der Hallimasch befällt auch lebende Bäume; mit seinen schwärzlichen Rhizomorphen (harte, glänzende, verzweigte, dauerhafte Myzelstränge) kriecht er im Boden von Baum zu Baum und infiziert die Stämme durch die Borke hindurch. An geschädigten Stämmen findet man unter der abgehobenen Rinde dichtes Rhizomorphengeflecht; zwischen Holz und Rinde bilden sich auch weiße, fächerförmige Myzelhäute, welche im Dunkeln leuchten (Biolumineszenz, d. i. eine chemische Reaktion unter Mitwirkung des Enzyms Luziferase). – Auch die Rhizomorphen haben den für Hallimasch typischen adstringierenden Geschmack.

Synonyme: *Armillariélla méllea* (Vahl : Fr.) Karst. 1881, *Clitócybe méllea* (Vahl : Fr.) Ricken 1915.

97b. Dunkler Hallimasch, Braunschuppiger Hallimasch

Eßbar, jedoch roh giftig

Armilláira obscúra (Schaeff. 1774) Herink 1973

Hut: fleischrötlich braun, kastanienbraun, umberbraun, deutlich hygrophan, trocken blas-
Fortsetzung Seite 392

97a. Honiggelber Hallimasch, *Armillária méllea.* 1/2 nat. Gr.
97b. Dunkler Hallimasch, *Armillária obscúra.* 1/2 nat. Gr.

98. Fleischroter Bläuling, Rötlicher Lacktrichterling

Eßbar

Laccária laccáta (Scop. 1772: Fr. 1821) Berk. & Br. 1883

Kennzeichen: ein kleinerer Pilz mit rosabräunlichem, trockenem Hut und rosafarbenen, dicklichen, entfernten Blättern. Mikroskopisch festgelegt durch kugelige, feinstachelige Sporen.

Hut: fleischfarben, rosabräunlich, rötlichbraun, trocken, jung glatt und kahl, später feinschuppig aufbrechend, gewölbt, später niedergedrückt, 1–5 cm breit, sehr dünnfleischig. Rand scharf, gerade, durchscheinend gestreift, oft wellig bis gekräuselt.

Blätter: fleischrosa, schließlich von Sporen weiß bestäubt, dicklich, entfernt, mit Zwischenlamellen, selten gegabelt oder anastomosierend, am Stiel breit angewachsen oder schwach bis tief ausgebuchtet, selten herablaufend.

Stiel: rötlichbraun bis braunrot, faserig gestreift, schlank, steif oder verbogen, kahl, nur an der Basis mit weißem Myzelfilz, 2–8 cm hoch, 2–6 cm dick, ausgestopft bis enghohl.

Fleisch: weich, fleischrötlich, Geschmack mild, Geruch schwach würzig.

Sporen: kugelig, feinstachelig, farblos, 8–9 μm ∅. Sporenstaub weiß bis sehr blaß lila.

Wert: eßbar, aber geringwertig, Stiele zäh.

Vorkommen: Juni bis November im Laub- und Nadelwald, in Parkanlagen. Gesellig wachsend. Sehr häufig.

Synonyme: *Clitócybe laccáta* Scop. : Fr.) Kumm. 1871, *Russuliópsis laccáta* (Scop. : Fr.) Schroet. 1889.

98a. Zwerg-Bläuling

Eßbar

Laccária tórtilis (Bolt. 1788) Cke. 1884

Kennzeichen: winziger Bläuling, Hut kleiner als 2 cm, häutig, feucht rotbraun, trocken fleischrötlichbraun. Blätter fleischrosa, tief ausgebuchtet. Stiel bis 11 mm lang und bis 1,5 mm dick. Sporen kugelig, 10–16 μm ∅, mit 1–1,5 μm langen Stacheln besetzt. Basidien konstant 2sporig.

Vorkommen: an Waldwegen, in Parkrasen, nicht selten.

99. Violetter Bläuling, Amethystblauer Lacktrichterling

Eßbar

Laccária amethýstina (Huds. 1778) Cke. 1884

Kennzeichen: Hut hygrophan, feucht bräunlich violett bis intensiv amethystblau, trocken violettlich ockergrau, glatt und kahl, 2–6 cm breit. Blätter satt blauviolett, weiß bestäubt, ausgebuchtet bis kurz herablaufend. Stiel bis 8 cm lang, violett, später lilabräunlich, Basis mit blauviolettem Myzelfilz. Sporen annähernd kugelig, 8–10 μm ∅, kurzstachelig, farblos. Sporenstaub weiß. Basidien 4sporig.

Vorkommen: August bis Anfang November im Laubwald, auch an moorigen Standorten, besonders unter Rotbuche und Eiche, oft in großen Mengen, häufig.

Synonyme: *Laccária amethýstea* (Bull. 1792) Murrill 1914, *L. laccáta* var. *amethýstina* (Huds.) Rea 1901.

98. Fleischroter Bläuling, *Laccária laccáta.* Nat. Gr.

98a. Zwerg-Bläuling, *Laccária tórtilis.* Nat. Gr.

99. Violetter Bläuling, *Laccária amethýstina.* 2/3 nat. Gr.

100. Küchen-Schwindling, Knoblauchpilz

Eßbar

Marásmius scorodónius (Fr. 1821) Fr. 1838

Kennzeichen: pfenniggroßer, runzeliger, blaßrotbräunlicher Hut, dunkelrotbrauner, glänzender, dünner Stiel, starker Knoblauchgeruch.

Hut: hell-lederbräunlich, blaßrotbraun, bald ausblassend, wellig verbogen, kraus, flatterig, 1–3 cm breit, dünn, zäh.

Blätter: weißlich, trocken kraus, ziemlich entfernt und dick, am Grunde öfter aderig verbunden, verschmälert angewachsen.

Stiel: dunkelrotbraun oder braunschwarz, nach oben heller, glänzend, hornartig, zäh, 5 cm lang, bis 2 mm dick, röhrig.

Fleisch: blaß, zäh, mit starkem Knoblauchgeruch, der beim Einweichen bes. intensiv wird.

Sporen: 5–7 × 3–5 µm, an einem Ende ausspitzend, Staub weiß.

Wert: vorzüglicher Gewürzpilz, in Braten und Soßen hoch geschätzt. Nach längerem Regen kann man leicht für mehrere Jahre Vorrat sammeln.

Vorkommen: Juni bis November in lichten Kiefernwäldern, Schonungen, Trockenrasen, auf Dünen, an Grasresten und auf Nadelstreu, nach starken Regengüssen oft massenhaft. Häufig. Fault nicht leicht; bei Trockenheit schrumpft er wie alle Schwindlinge und wird dann meist übersehen; bei feuchter Witterung lebt er wieder auf.

Synonym: *Marásmius alliátus* (Schaeff. 1774) Quél.

Verwechslung: Weitere, z. T. gleichfalls nach Knoblauch riechende Schwindlinge sind in Bd. III abgebildet. Der N a d e l - S c h w i n d l i n g , *Micrómphale pérforans* (Hoffm. : Fr.) S. F. Gray wächst oft massenhaft auf Fichtennadelstreu. Er ist dem Küchen-Schwindling ähnlich, hat jedoch einen schwarzbraunen, glanzlosen Stiel und riecht unangenehm, nicht knoblauchartig (Bd. III/135).

101. Nelken-Schwindling

Eßbar

Marásmius oréades (Bolt. 1791 : Fr. 1821) Fr. 1838

Kennzeichen: blaßledergelber bis lederbräunlicher Hut, zäher Stiel, weitstehende, dickliche Blätter.

Hut: blaßgraugelb oder blaßockergelb, feucht blaßbraun, in der Mitte rotlichbräunlich, anfangs flachglockig, am Rande umgebogen, später flach ausgebreitet, wellig verbogen, 1–6 cm breit, zäh, elastisch, schwach fleischig, hygrophan, feucht fettig glänzend.

Blätter: weißlich, feucht dunkler, weitstehend, am Grunde oft aderig, dick, hinten abgerundet.

Stiel: blaß, unten weißzottig, schlank, steif, 4–10 cm hoch, 3–5 mm breit, voll, zäh.

Fleisch: blaß, Geruch angenehm, nach Bittermandelöl.

Sporen: 7–9 × 4–5 µm, tropfenförmig, nicht amyloid. Sporenstaub weiß.

Wert: vorzüglicher Suppenpilz, auch als Gemüse und getrocknet als Würze für Suppen und Soßen geeignet. Die zähen Stiele sind wegzulassen.

Vorkommen: Mai bis November auf Rasenflächen, Weiden, Trockenrasen, in lichten, grasigen Wäldern, sehr gesellig, oft in Reihen oder „Hexenringen", die eine auffällige blaugrüne Verfärbung der Gräser oder auch deren Absterben (nekrotische Zone) bewirken, ähnlich wie beim Riesen-Krempentrichterling (Nr. 84) beschrieben.

Synonyme: *Scórteus oréades* (Bolt. : Fr.) Earle 1909, *Marásmius caryophýlleus* (Schaeff. 1774) Schroet. 1889.

100. Küchen-Schwindling, *Marásmius scorodónius.* Nat. Gr.

101. Nelken-Schwindling, *Marásmius oréades.* 2/3 nat. Gr.

102. Waldfreund-Rübling

Eßbar

Collýbia dryóphila (BULL. 1789 : FR. 1821) KUMM. 1871

Kennzeichen: kleiner Rübling mit hellgelbbräunlichem bis fleischrötlich-ockerfarbigem, schnell verblassendem Hut, sehr engen Blättern (im Gegensatz zum Nelkenschwindling) und knorpelig-zähem Stiel, schwach säuerlichem Geruch (an frisch gesägtes Holz erinnernd).

Hut: fleischrötlich-gelblich, zimtrot oder fleischlila, trocken fast weißlich, glatt, kahl, glokkig, dann flach ausgebreitet mit oft verbogenem, scharfem, nur feucht leicht durchsichtig gerieftem Rand, dünnfleischig, biegsam 2–6 cm breit.

Blätter: blaß, gedrängt, schmal, mit Häkchen angewachsen.

Stiel: meist schön fuchsrot, glatt, kahl, schlank, 3–8 cm hoch, 0,2–0,5 cm dick, unten oft aufgeblasen und filzig, gerillt, zäh, röhrig.

Fleisch: blaß, wässrig, Geschmack mild, angenehm säuerlicher Geruch wie frisch gesägtes Holz.

Sporen: schmal-ellipsoid, 5–6 × 2–3 μm, Staub weiß.

Wert: eßbar, aber geringwertig. Die Stiele sind zäh.

Vorkommen: Mai bis November im Laub- und Nadelwald, in Bruchwäldern, auf Laub- und Nadelstreu, gesellig, oft in großen Mengen. Häufig.

Synonyme: *Marásmius dryóphilus* (BULL : FR.) KARST. 1889, *Collýbia aguósa* (BULL. 1780 : FR. 1821) KUMM. 1871.

Anmerkung: Das Fleisch des Waldfreund-Rüblings schrumpft bei Trockenheit und lebt bei feuchtem Wetter auf, wie bei den Schwindlingen (*Marásmius*-Arten). Die Art ist sehr veränderlich und kann den Pilzfreund narren; vgl. auch Bd. III/161.

103. Butter-Rübling, Kastanienbrauner Rübling

Eßbar

Collýbia butyrácea (BULL. 1791 : FR. 1821) KUMM. 1871

Kennzeichen: keuliger, unten aufgeblasener, hohler Stiel, rotbrauner, fettigglänzender Hut.

Hut: rotbraun, auch dunkler oder blasser, kahl, glatt, feucht und fettig glänzend, gewölbtausgebreitet, stumpf gebuckelt, 4–9 cm breit, dünnfleischig, weich.

Blätter: weiß oder wäßrigblaß mit gekerbter Schneide, gedrängt, breit, abgerundet, weich.

Stiel: ebenfalls rotbraun, bald kahl, fast glattfaserig, bald gerillt oder faserig-zottig, mit knorpeliger Rinde, am Grund weißfilzig und oft aufgeblasen-keulig, 4–8 cm hoch, 1–2 cm dick, schwammig, voll, stark durchwässert, zuletzt hohl.

Fleisch: weiß oder wäßrigblaß, weich in der Stielrinde, elastisch-zäh, fast geruchlos und mild.

Sporen: fast lanzettlich, 6–7 × 3–3,5 μm. Staub weiß.

Vorkommen: Juli bis November, in milden Wintern noch im Januar, hauptsächlich im Nadelwald auf sauren Böden, vom Flachland bis zur Waldgrenze meist häufig.

Anmerkung: Der Horngraue Rübling, *Collýbia aséma* (FR.) KUMM. unterscheidet sich vom Butter-R. durch den hornfarbenen, stark hygophanen Hut (Bd. III/160). Er ist ebenfalls eßbar.

102. Waldfreund-Rübling, *Collýbia dryóphila.* Nat. Gr.

103. Butter-Rübling, *Collýbia butyrácea.* Nat. Gr.

104. Gefleckter Rübling, Bitterer Rübling

Ungenießbar

Collýbia maculáta (Alb. & Schw. 1805 : Fr. 1821) Kumm. 1871

Kennzeichen: weißer, am Rande eingerollter Hut, bald mit kleinen oder größeren rotbraunen Flecken, mit auffallend engen Blättern, zähem, bitterem Fleisch.
Hut: erst weißlich, später roströtlich gefleckt. Zuerst stumpf gewölbt, am Rande stark eingerollt und zartfilzig, gesäumt, dann verflacht, öfter gewellt, meist 3–8, seltener bis 12 cm breit, kahl, glatt und fleischig.
Alte Hüte sind einfarbig rostocker, geraderandig und klebrig.
Blätter: erst weiß, später blaßgelblich, im Alter hell ocker, sehr gedrängt, schmal, an der Schneide gezähnelt, am Stiel abgerundet oder angeheftet.
Stiel: weiß oder weißlich, am Grund öfter roströtlich, 4–12 cm lang, 0,5–2 cm dick, schlank, walzenförmig oder bauchig angeschwollen, gerieft, nicht selten gedreht, knorpelig, faserig, hohl, nach unten verjüngt, oft mit einer am Ende wie abgebissenen, wurzelartigen Verlängerung versehen, seltener kurz und unten etwas dicker.
Fleisch: weiß und fest; Geruch meist streng nach frischem Holz, Geschmack unangenehm, stark bitter. Exemplare, die nach anhaltendem Regen gewachsen sind, haben oft einen angenehmen, fast obstartigen Geruch und nur einen schwach bitterlichen Geschmack.
Sporen: fast rundlich, 5–6 × 4–5 μm.
Sporenstaub: hell rötlichocker.·
Wert: ungenießbar wegen seiner Bitterkeit; er kann auch nicht durch irgendwelche Maßnahmen entbittert werden.
Vorkommen: Juni bis Anfang November vorwiegend im Nadelwald (Kiefer, Fichte, Lärche) auf sauren Böden, seltener in armen Buchenwäldern, auf Laubstreu und um Baumstümpfe herum, truppweise. Fast überall häufig vom Flachland bis ins Hochgebirge.

Synonyme: *Rhodocollýbia maculáta* (Alb. & Schw. : Fr.) Sing. 1939, *Lentinus densifólius* Heim & Remy.

Anmerkung: Eine Übersicht der Rüblinge und verwandter Gattungen wird in Bd. III gegeben.

04. Gefleckter Rübling, *Collýbia maculáta.* Nat. Gr.

105. Breitblatt, Breitblättriger Rübling

Giftig

Megacollýbia platyphýlla (Pers. 1796 : Fr. 1821) Kotl. & Pouz. 1972

Kennzeichen: großer Pilz mit graubrauner, faserig gestreifter Oberfläche, sehr breiten, grob gekerbten Blättern, meist an Laubholzstümpfen.

Hut: blaß graubraun, rauchbraun oder hellolivbräunlich, in der Mitte meist schwärzlicher, durch eingewachsene, seltener nur angedrückte Fasern gestreift, flockig, häufig gespalten und nach dem Rande zu zerrissen, 5–12 (bis 18) cm breit, anfangs glockig gewölbt, doch bald ausgebreitet, stumpf, dünnfleischig, zerbrechlich, feucht.

Blätter: erst wäßrigweiß, später trocken, dann weiß oder blaßgelblichweiß, grob gekerbt, dicht mit querlaufenden Runzellinien versehen, am Grunde querfaltig, sehr breit, 1–2 (bis 3) cm, bauchig, entfernt stehend, dicklich, nach der Schneide hin allmählich dünner, an der Schneide scharf, ausgebuchtet angewachsen, ähnlich wie bei den Ritterlingen, oder abgerundet und fast frei.

Stiel: erst weiß, später meist blaßrauchbraun, nur noch am Grunde weiß, oben weißlich oder blasser, walzenförmig, 5–10 (bis 15) cm lang, gerieft oder auch nur schwach rillig, etwas faserig, oben flockig bereift, öfter ganz kahl, ziemlich zäh, erst voll, schl. hohl, am Grunde abgestutzt und meist mit dicken (bis $1^1/_2$ mm breiten), weißen, verästelten Myzelsträngen (Rhizomorphen) besetzt, die sich mehrere Meter ausbreiten.

Fleisch: weiß, geruchlos, mild schmeckend.

Sporen: farblos, kurzellipsoid, glatt, 7–8 × 6–7 µm. Sporenstaub weiß.

Wert: giftig in rohem und gekochtem Zustand; vgl. R. D. Goos & C. R. Shoop in Mycologia 72 (1980): 433–435. Auch in der DDR ereignete sich 1981 ein Vergiftungsfall.

Vorkommen: Ende Mai bis Oktober, besonders im Sommer, in schattigen, mäßig feuchten bis moorigen Laubwäldern an stark vermoderten Stümpfen von Rotbuche, Birke, Erle, Eiche, selten an Nadelholz, einzeln oder in wenigen Exemplaren. Häufig vom Flachland bis in die Kammlagen der Mittelgebirge. Die schneeweißen, elastischen, zähen Myzelstränge durchziehen Waldboden und modriges Holz und verraten die Anwesenheit des Pilzes auch, wenn er nicht fruchtet.

Synonyme: *Collýbia platyphýlla* (Pers. : Fr.) Kumm. 1871, *Tricholomópsis platyphýlla* (Pers. : Fr.) Sing. 1939, *Oudemansiélla platyphýlla* (Pers. : Fr.) Mos. 1955, *Collýbia grammocéphala* (Bull. 1792) Quél. 1886.

Anmerkung: Im Gebirgs-Fichtenwald wächst an Nadelholzstümpfen eine ähnliche, jedoch kleinere Art, der Gestreifte Rübling, *Clitocýbula laceráta* (Soop) Métrod. Er unterscheidet sich vom Breitblatt durch breit angewachsene, nicht ausgebuchtete Blätter und amyloide Sporen.

105. Breitblatt, *Megacollýbia platyphýlla.* Nat. Gr.

106. Gemeiner Wurzelrübling, Wurzel-Schleimrübling

Eßbar

Xérula radicáta (RELHAN 1785 : FR. 1821) DÖRFELT 1975

Kennzeichen: graugelblicher bis braunrötlicher Hut mit auffallend langem Stiel, der tiefwurzelnd in der Erde steckt, bes. im Buchenwald.

Hut: graugelblich, ockergelblich, gelb- oder graubraun bis braun, selten weißlich oder weiß, 3–14 cm breit, zuerst glockig oder kegelig-glockig gewölbt, doch bald flach, aber in der Mitte gebuckelt, zuletzt am Rande nach oben gewendet, nach Regen oder Tau schleimig oder klebrig, mit zart gereiftem Rande, runzelig-grubig, seltener fast glatt, biegsam, dünnfleischig, Oberhaut leicht abziehbar.

Blätter: weißlich, an der Schneide öfter gelbbräunlich oder blaßrötlich, entferntstehend, bauchig, 1–2$^1/_2$ cm breit, an den Stiel kurzstreifig angewachsen, oft zahnförmig herablaufend oder fast frei, dicklich, bei kräftigem Wuchs am Grunde aderig verbunden.

Stiel: blasser als der Hut, oben weißlich, längsstreifig oder gefurcht, nach oben verjüngt, oft gedreht, 10–20 cm lang und $^1/_2$–1 cm, im unteren Teil mitunter bis 21/2 cm dick, abwärts in eine spindel- oder schlank rübenförmige, tief in den Boden eingesenkte, meist 10–15 cm, bisweilen aber über $^1/_2$ m lange wurzelartige und auch mit einem Wurzelfilz bekleidete Verlängerung ausgezogen, die sich bis zu einer Baumwurzel erstreckt. Die Stielrinde ist meist kahl, doch auch zartflockig-schuppig oder fein gefasert. Der ganze Stiel ist biegsam, erst voll, in der Mitte mit weißem Mark gefüllt, später engröhrig hohl und gibt durch seine große Länge dem Pilz ein eigenartiges Aussehen.

Fleisch: weiß, geruchlos, oder schwach obstartig riechend, mild.

Sporen: breitellipsoid, auffallend groß, 13–16 × 10–11 μm, glatt. Staub weiß.

Wert: Die Hüte sind eßbar, aber nur von geringem Wert, Stiele wegen ihrer Zähigkeit unbrauchbar.

Vorkommen: Ende Mai bis Oktober im Laubwald (besonders unter Rotbuche) auf faulenden Wurzeln, neben Baumstümpfen und am Fuße der Stämme, einzeln, besonders auf neutralen und kalkhaltigen Böden häufig, doch auch auf Sandböden nicht fehlend. Allgemein verbreitet vom Flachland bis in die Kammlagen der Mittelgebirge.

Synonyme: *Collýbia radicáta* (RELHAN : FR.) QUÉL. 1872, *Mucidula radicáta* (RELHAN : FR.) BOUSIER 1924, *Oudemansiélla radicáta* (RELHAN : FR.) SING. 1936; weitere Synonymik bei H. DÖRFELT in Feddes Repert. **90**: (1979): 363–388.

Anmerkung: Neben der braunhütigen Normalform gibt es blasse bis weiße Formen, welche DÖRFELT in Feddes Repert. **94** (1983): 43–85 provisorisch in 4 Varietäten gliedert, von denen 3 in Europa vorkommen:

1 Blattschneiden nicht verbreitert, Blätter weiß. Huthut mit relativ regelmäßigen Aushyphungen in der Schleimschicht, diese Hyphen an der Spitze verbreitert; nie trocken. Pseudorhiza wenig entwickelt. Buchenwald, Schweiz.
   X. radicáta var. *hygrophoroídes* (SING. & CLÇ. 1971) DÖRFELT 1981

1$^+$ Blattschneiden oft verbreitert, bes. vom Hutrand her. Huthaut aus relativ einheitlichen Zellen aufgebaut, schleimig, klebrig, selten trocken 2

2 Hut nicht hygrophan, braun, selten fast weiß oder fast schwarz. Blattschneiden oft gebräunt. Zystiden an den Blattflächen breit zylindrisch, ihr Scheitel abgerundet. Sporen ellipsoid.
   X. radicáta var. *radicáta*

2$^+$ Hut fast hygrophan, weiß bis weißbräunlich. Blattschneiden nicht gebräunt. Zystiden an den Blattflächen eingeschnürt, ihr Scheitel spatelförmig abgeflacht. Sporen kurzellipsoid. Buchenwald auf Kalk und Gips, südliche DDR.
   X. radicáta var. *álba* DÖRFELT 1983

106. Gemeiner Wurzelrübling, *Xérula radicáta.* 3/4 nat. Gr.

107. Winterpilz, Samtfuß-Rübling

Eßbar

Flammulína velútipes (CURTIS 1777 : FR. 1821) KARST. 1891

Kennzeichen: Rasen von honiggelben Hüten mit schwarzsamtigen Stielen an Baumstümpfen und lebenden Bäumen; im Spätherbst, Winter und Frühling.

Hut: honiggelb, in der Mitte meist fuchsig oder leichtbräunlich, manchmal rostgelb oder olivbräunlich, im Alter oft dunkelbraun, 3–12 cm breit, erst glockig, dann ausgebreitet, oft wellig-geschweift. Rand jung eingerollt, dann verflacht und durchscheinend gestreift. Hut bei feuchtem Wetter klebrig und glänzend, in der ersten Jugend flaumig oder zartfilzig, bald kahl, glatt, dünnfleischig.

Blätter: anfangs weiß, dann gelblichweiß, dicht samthaarig überzogen, entweder fast gleichmäßig dick oder zusammengedrückt, im unteren Teil oft verjüngt oder auch rübenförmig verdickt, manchmal gedreht, nicht selten aufsteigend verbogen, 3–10 cm lang, 1/4– 1/2 cm dick, sehr zäh, erst voll, bald hohl. Am Grunde geht er häufig in wurzelähnliche, zwischen Holz und Rinde oder, bei bodenständigen Formen, auch in der Erde lang hinkriechende Stränge über.

Fleisch: weiß oder blaßgelblich, erst zart, im Alter etwas zäh, mit roh schwach laugenartigem, in gekochtem Zustand angenehmerem, würzigem Geruch. Geschmack mild.

Sporen: zylindrisch, glatt, farblos, 7,4–9 x 3–5 µm, nicht amyloid, azyanophil. Sporenstaub hellgelb.

Wert: eßbar und wohlschmeckend, jedoch sind die Stiele nicht verwendbar. Liefert im Winter schmackhafte Gerichte und kann steifgefroren sogar unter dem Schnee gesammelt werden.

Vorkommen: September bis April, besonders in den Wintermonaten, in Laubwäldern, Gärten und Parkanlagen, an Laubholzstümpfen, besonders an Weide, Pappel, Ulme, Linde, Esche und Holunder, doch auch an vielen anderen Arten von Laubbäumen und Sträuchern (selten an lebenden Stämmen), ausnahmsweise an Fichte. Sehr häufig im Flachland, selten im Gebirge (in der Schweiz nach FAVRE bis 1350 m ü. M. vorkommend).

Synonyme: *Collýbia velútipes* (CURTIS : FR) KUMM. 1871, *C. eriocéphala* REA 1908.

Anmerkung: Die Art ist ziemlich variabel. Im Frühling und Sommer kommen Zwergformen mit höchstens 1,5 cm breiten Hüten vor (*f. pygmæa* R. SCHULZ 1927). – Aus den Auenwäldern bei Leipzig wurde die *f. macróspora* R. BUCH 1952 beschrieben mit 9–12 µm langen Sporen und bis 6 cm breiten Hüten.
In Halbtrockenrasen (Mesobromion-Gesellschaften) wächst an Hauhechel *(Onónis spinósa)* eine Art mit höchstens 2,5 cm breitem Hut und größeren (8,5–13 x 4,5–6 µm) Sporen: Der Hauhechel-Winterpilz, *Flammulína onónidis* ARNOLDS (*F. velútipes* var. *praténsis* SCHIEFERDECKER). Seine Fruchtkörper stehen einzeln, nicht büschelig. Bisher bei Detmold, Hildesheim und im Thüringer Becken beobachtet.

107. **Winterpilz,** *Flammulína velútipes.* Nat. Gr.

108. Rosablättriger Helmling

Eßbar, doch wenig lohnend

Mycéna galericuláta (Scop. 1772 : Fr. 1821) S. F. Gray 1821

Hut: graubraun, bräunlichgrau, gelblichgrau oder weißlich, in der Mitte meist dunkler, bis zum Buckel gestreift, erst kegelig-glockig, später ausgebreitet, 2–6(bis 8) cm breit, gefurcht oder runzelig, kahl.
Blätter: anfangs weiß, hellgrau oder grau, später blaßrosa, etwas entfernt stehend, bauchig, an den Seiten öfter queraderig, am Grunde runzelig oder aderig-blätterig verbunden.
Stiel: grau oder bräunlich, oben weißlich, schlank, 4–19 cm lang und 2–7 mm dick, meist rund, glatt, glänzend, am spindelförmigen, wurzelartigen unteren Ende weißstriegelhaarig, starr, zäh, hohl.
Fleisch: mit schwachem Geruch nach frischen Gurken und mehlartigem Geschmack.
Sporen: ellipsoid, 9–11 x 7–8 µm. Basidien zweisporig.
Vorkommen: Ende Mai bis Anfang Januar im Laubwald an Stümpfen von Erle, Birke, Rotbuche u. a., auch an lebenden Apfel- und Birnbäumen in Gärten. Häufig, Flachland bis Hochgebirge.
Synonym: *Mycéna rugósa* (Fr. 1838) Quel. 1872.

109. Geselliger Glöckchennabeling

Bedeutungslos

Xeromphálina campanélla (Batsch 1783 : Fr. 1821) Mre. 1934

Hut: rostgelb, feucht braunrot, glockenförmig, in der Mitte genabelt, 5–15 mm breit, dünnhäutig, durchscheinend gerieft, am Rande zierlich kerbig-gewellt.
Blätter: erst blaßgelb, dann rötlichgelb oder gelb, etwas entfernt stehend, bogenförmig, ziemlich schmal, stark queraderig verbunden, am Stiele ziemlich kurz herablaufend.
Stiel: braunrot, dünn, 1–2 1/2 cm hoch, 1 mm dick, am Grunde von gelben, rostgelben oder rostroten Haaren striegelig-zottig, anfangs voll, später röhrig-hohl.
Sporen: ellipsoid, innen abgeflacht, 6–7 × 3–4 µm.
Vorkommen: Juli bis Oktober im Nadelwald an Stümpfen von Kiefer, Fichte, Lärche meist in großen Herden. Häufig im Mittel- und Hochgebirge, selten im Flachland.
Synonyme: *Omphália campanélla* (Batsch : Fr.) Kumm. 1871, *Omphálina campanélla* (Batsch : Fr.) Quel. 1888. Vergleiche Heftel-Nabeling, *Rickenélla fíbula* (Bull.: Fr.) Raith., in Moospolstern, Hut orange (Bd. III/123).

110. Austern-Seitling, Austernpilz

Eßbar

Pleurótus ostreátus (Jacq. 1787 : Fr. 1821) Kumm. 1871

Kennzeichen: großer, muschelförmiger, meist kurzgestielter, dunkler Pilz, der an Laubholzstümpfen oder Bäumen in großen Büscheln wächst.
Hut: sehr veränderlich, von fast schwarzen bis bläulichen, violetten oder grünlichen bis aschgrauen Tönungen. Wächst etwas seitlich aus dem Stiel heraus und ist meist stark exzentrisch, muschelförmig, auch zungen- oder spatelförmig, glatt und kahl, 5–15 (bis 30) cm breit, mit dickem, weichem Fleisch.
Blätter: weißlich, gedrängt, am Stiel herablaufend und dabei maschig sich verästelnd.

Fortsetzung Seite 393

108. Rosablättriger Helmling,
Mycéna galericuláta. 1/2 nat. Gr.

109. Geselliger Glöckchennabeling,
Xeromphálina campanélla. Nat. Gr.

110. Austern-Seitling, *Pleurótus ostreátus.* 1/2 nat. Gr.

111. Edel-Reizker, Echter Reizker

Eßbar

Lactárius deliciósus (L. 1753) S. F. GRAY 1821

Kennzeichen: ziegelrötlicher, nicht zottiger Hut mit orangeroten, konzentrischen Zonen, orangerote Blätter, verletzt grünfleckend, karottenrote Milch, milder Geschmack.
Hut: ziegel- oder orangerot mit dunkleren, konzentrischen, im Alter grün verfärbenden Kreisen, kahl, glatt, anfangs gewölbt und genabelt, schl. breit trichterförmig, mit zuerst eingerolltem, schwach filzigem Rand.
Blätter: gelbrot, fast gedrängt, breit, etwas herablaufend, starr, zerbrechlich.
Stiel: dem Hut gleichfarbig, 3–9 cm lang, 1–2 cm dick, brüchig, bald hohl, alt sehr madig.
Fleisch: weißlich, erscheint aber durch die ausquellende Milch, bes. am Rande des Stieles lebhaft orangerot; die Milch verfärbt sich nicht; verblaßt aber. Das Fleisch ist locker und brüchig, riecht würzig, schmeckt angenehm mild, nach einiger Zeit herb.
Sporen: länglich-rund, 7–9 x 6–7 µm, kurz-stachelig, Staub blaßgelblich mit rötlichem Schein.
Wert: vorzüglicher Speisepilz mit vielseitiger Verwendungsmöglichkeit. Am wohlschmekkendsten ist er als Schnitzel gebraten (ungewaschen mit Mehl paniert), er schmeckt dann angenehm aromatisch bitterlich. Reizkersuppe ist bes. schmackhaft. In Essig eingelegt, schmecken junge Reizker vorzüglich.
Vorkommen: Juli bis November im Kiefernwald auf Sand- und Kalkböden, truppweise, gebietsweise häufig.

Verwechslung: Einige sehr ähnliche Arten mit gleichfalls roter Milch sind ebenfalls eßbar, z. B. der Kiefern-Reizker, *L. semisanguifluus* HEIM & LECLAIR (Bd. V/23), der Fichten-Reizker, *L. detérrimus* GRÖGER (wegen etwas bitteren Geschmacks minderwertig!) und der Blut-Reizker, *L. sanguifluus* PAULET : FR. (Bd. V/24).

112. Birken-Reizker, Falscher Reizker, Zotten-Reizker

Eßbar nach Vorbehandlung

Lactárius torminósus (SCHAEFF. 1774 : FR. 1821) S. F. GRAY 1821

Kennzeichen: weiße, scharfe Milch, dichtzottiger Rand.
Hut: fleischrot, oft ausgeblaßt, manchmal schmutzig blaßrötlich, meist heller oder dunkler gezont, anfangs flach mit stark eingerolltem, filzigem Rand, der mit weißen, striegeligen, filzigen Haaren dicht gesäumt ist, später ausgebreitet und etwas vertieft, 5–11 cm breit.
Blätter: blaßrötlich bis rosagelb, dünn, schmal, etwas herablaufend.
Stiel: blaßrosa, oft mit grubigen Flecken, gleichmäßig dick, im Alter hohl, 4–8 cm hoch, 1–3 cm dick.
Fleisch: weiß, unter der Haut rötlichweiß, sehr porös, locker und brüchig, mit scharfem, weißem Milchsaft, der bei Verletzung reichlich austritt. Geruch schwach obstartig.
Sporen: rundlich-eiförmig, farblos, 8–10 x 6–7 µm, gratig bestachelt. Staub blaß.
Wert: roh giftig, doch nach Vorbehandlung (Wässern, 20 Min. Abkochen mit Salzwasser und Abgießen) verwendbar. Ein Pilz, der in Nord- und Osteuropa viel gegessen wird. Bes. geeignet zum Einlegen in Essig. Ebenso können alle scharf schmeckenden Milchlinge zubereitet werden.
Vorkommen: August bis Oktober in Wäldern unter Birken, meist häufig, jedoch gebietsweise (z. B. im Norden der DDR) wesentlich seltener als der Flaumige Reizker, *L. pubéscens* (FR.) FR., der einen blassen, ungezonten Hut hat und gleichfalls unter Birken wächst (s. Bd. V/7).

111. Edel-Reizker, *Lactárius deliciósus.* 1/3 nat. Gr.

112. Birken-Reizker, *Lactárius torminósus.* 1/2 nat. Gr.

113. Rotbrauner Reizker, Braunroter Milchling, Paprikapilz

Eßbar nach Vorbehandlung

Lactárius rúfus (Scop. 1772: Fr. 1821) Fr. 1838

Kennzeichen: braunroter, glatter Hut mit kleinem, spitzem Buckel in der Mitte, scharfer, brennender Geschmack, weiße Milch; im Nadelwald.
Hut: rotbraun bis rostbraun, mattglänzend, trocken, ungezont, starr und brüchig, flach gewölbt, dann niedergedrückt und schl. trichterförmig, aber mit kleinem spitzem Buckel in der Mitte und anfangs eingerolltem Rand, 3–10 cm breit.
Blätter: erst blaßgelbrötlich, dann rotbräunlich, eng, am Stiel ein wenig herablaufend.
Stiel: hellbraun, glatt, am Grunde filzig, voll, im Alter oft hohl, starr, brüchig.
Fleisch: blaßrotbräunlich, enthält reichliche weiße Milch mit herbem, leicht harzigem Geschmack.
Geruch: schwach obstartig.
Geschmack: unerträglich brennend, etwas bitterlich-harzig.
Sporen: länglichrund, 8–9 × 6–7 μm, stachelig.
Wert: Die Pilze müssen kleingeschnitten und dann 12 Stunden gewässert werden. Neuhoff empfiehlt, danach die Pilze 10 Min. abzukochen und das Kochwasser wegzugießen, doch ist nach Erfahrung anderer Pilzfreunde das Abkochen nicht erforderlich. Verwendung wie andere Pilze, besonders geeignet zum Einlegen in Essig, zum Einsalzen.
Vorkommen: Juni bis Anfang November im Nadelwald (Kiefer, Fichte), in Hoch- und Zwischenmooren, auf sauren Böden, seltener auf oberflächlich entkalkten Kalkböden. Massenpilz, vom Flachland bis ins Hochgebirge meist häufig.

Verwechslung: weitere rotbraune Reizker- (Milchling-) Arten sind in Bd. V beschrieben, der eine ausführliche Darstellung der Gattung enthält.

114. Brätling

Eßbar

Lactárius volémus (Fr. 1821) Fr. 1838

Kennzeichen: orangebrauner Hut, derbes Fleisch, Heringsgeruch, reichlich milde, weiße Milch, die an der Luft schmutzigbraun wird.
Hut: orangebraun, gelbbraun, ungezont, trocken, glanzlos, kahl oder fast samtig, zuerst flach gewölbt, am Rande eingerollt, später niedergedrückt, oft rissig, verbogen, 5–10 (bis 16) cm breit.
Blätter: blaßgelb, bei Druck braunfleckig, mäßig dichtstehend, dicklich, starr; wenn verletzt, stark süße Milch absondernd.
Stiel: etwas blasser, zart bereift, fest und starr, voll, 4–10 cm hoch, 1–3 cm dick.
Fleisch: blaß, härtlich, mit weißer, an der Luft bald braunwerdender Milch. **Geruch:** schwach heringsartig. **Geschmack:** süßlich, dann widerlich.
Sporen: rundlich, 8–9 μm, stachelig.
Wert: schmackhaft, wenn paniert, kurz und schnell gebraten! Gekocht leimartig, unschmackhaft. Kann, mit Salz bestreut, auch roh genossen werden.
Vorkommen: Juli bis November im Laub- und Nadelwald, besonders auf kalkhaltigen Böden, nur gebietsweise häufig.

Vgl. Bd. V/54, wo auch die kleinere, dunklere var. *oedemátopus* (Scop. 1772) Neuhoff 1956 und die blasse var. *subrugátus* Neuhoff 1956 abgebildet sind.

113. Rotbrauner Reizker, *Lactárius rúfus.* Nat. Gr.

114. Brätling,
Lactárius volémus.
1/2 nat. Gr.

115. Bruch-Reizker, Filziger Milchling

Schwach giftig, als Gewürzpilz verwendbar

Lactárius hélvus (Fr. 1821) Fr. 1838

Kennzeichen: gelbrötlicher Hut, spärliche, wäßrige, farblose Milch, frisch schwach, getrocknet sehr stark nach Maggiwürze riechend; an feuchten Stellen im Nadelwald.
Hut: gelbrötlich bis graurötlich, schl. ledergelb, feinschuppig-filzig, in der Mitte körnigflockig, matt, nicht gezont, trocken, flach niedergedrückt bis trichterförmig, 5–16 cm breit.
Blätter: erst blaß, schl. rötlichockergelb, bestäubt, ziemlich eng, am Stiel wenig herablaufend.
Stiel: blaßrötlichgelb, bereift, unten zottig, 4–8 cm lang, 1–2 cm dick, voll, später hohl.
Fleisch: gelblichblaß, starr, brüchig, im Alter mürbe; spärliche, wäßrige Milch.
Geruch: frisch schwach, getrocknet stark nach Maggiwürze („Maggipilz") oder Liebstöckel riechend, Geschmack mild.
Sporen: länglich-rund, unvollständig netzmaschig, 7–9 × 6–7 µm.
Wert: getrocknet ein ausgezeichneter Gewürzpilz. Man zermahlt ihn zu Pulver und gibt etwas davon an Suppen und Soßen, denen es einen kräftigen, würzigen Geschmack verleiht. Als Gemüse genossen, wirkt er schädlich, erregt Übelkeit, Erbrechen und Schwindelanfälle.
Vorkommen: Juli bis Oktober in moorigen, torfmoosreichen Nadelwäldern, in Hoch- und Zwischenmooren, anscheinend im Flachland an Birke, im Gebirge an Fichte gebunden, nur auf sauren Böden, mitunter massenhaft. Häufig mit Ausnahme der Kalkgebiete.
Verwechslung: Der Kampfer-Milchling, *L. camphorátus* (Bull.: Fr.) Fr. hat ähnlichen Geruch, jedoch einen kleineren, rotbraunen, kahlen Hut und violettbraunen Stiel (Bd. V/43). Er ist gleichfalls als Gewürzpilz verwendbar.

116. Wolliger Milchling, Erdschieber

Ungenießbar

Lactárius velléreus (Fr. 1821) Fr. 1838

Kennzeichen: schmutzigweißer, schüsselförmiger, großer, derber Pilz, viel weiße Milch.
Hut: kalkweiß bis ockergelblich, anfangs wollig-flaumig, am Rand dichtwollig-filzig, später kahler, trocken, gewölbt, dann genabelt, schl. ausgebreitet mit schüsselförmiger Vertiefung, wellig geschweiftem, scharfem Rand, 10–25 cm breit, sehr starr, derbfleischig.
Blätter: weißlich, fleckig, entferntstehend, oft gegabelt, dick und starr, am Stiel etwas herablaufend.
Stiel: weiß, flaumig bis zartfilzig, später kahl, kurz, derb und voll, 2–6 cm hoch, 3 bis 5 cm dick.
Fleisch: weißlich, derb und hart, körnig, sehr scharf. Die reichliche weiße Milch ist jedoch, für sich genommen, mild.
Sporen: rundlich, zartstachelig, 9–12 × 7,5–10 µm.
Wert: In dünne Scheiben geschnitten und scharf gebraten, ist er nach dem Urteil mehrerer Pilzfreunde eßbar und wohlschmeckend. Nach allen anderen Zubereitungsmethoden ist er ungenießbar.
Vorkommen: August bis November im Laub- und Nadelwald, oft in Mengen. Vgl. Bd. V/3
Verwechslung: Der Blaublättrige Täubling, gleichfalls Erdschieber genannt, *Rússula délica* Fr. (Bd. V/67), dem Wolligen Milchling sehr ähnlich, jedoch ohne Milchsaft, ist wenig schmackhaft.

115. Bruch-Reizker, *Lactárius hélvus.* 1/3 nat. Gr.

116. Wolliger Milchling, *Lactárius velléreus.* 1/3 nat. Gr.

19   Handb. f. Pilzfr.; Bd. I, 5. Aufl.

117. Grasgrüner Täubling, Grüner Birken-Täubling

Eßbar

Rússula aeruginea LINDBLAD in FR. 1863

Kennzeichen: grüner, doch oft ausgeblaßter, sogar weißlicher Hut, gelbliche Blätter, weißer Stiel, geringe Schärfe im Fleisch, bes. in den Blättern.
Hut: grün bis graugrün, am Rande häufig heller, zuweilen gänzlich ausgeblaßt, dann fast weiß, etwas schmierig, 5–12 cm breit. Oberhaut bis zur Hälfte abziehbar.
Blätter: anfangs fast weiß, dann gelblich-weiß, zuletzt buttergelb, oft gegabelt oder am Grunde aderig verbunden.
Stiel: weiß, fest, voll, 5–8 cm lang, 1–2 cm dick, stets ohne Manschette und ohne Knolle, im Gegensatz zum Grünen Knollenblätterpilz.
Fleisch: weiß, bei jungen Pilzen ziemlich starr und fest, bei älteren mürbe und krümelig. geruchlos, im Geschmack mild, aber in den Blättern etwas scharf.
Sporen: fast kugelig, gelblich, 6–10 × 5–6,7 µm, kurzstachelig. Staub satt creme.
Wert: eßbar, jedoch roh giftig (bewirkt heftiges Erbrechen).
Vorkommen: Juli bis November im Lauf- und Nadelwald, meist unter Birke, auch unter Erle, Kiefer, Fichte. Häufig in Mittel- und Nordeuropa, seltener im Süden.
Pseudonym: *Rússula graminicolor* (SECR. 1833) QUÉL.1882 sensu QUÉLET, RICKEN, REA, non SECR. (illegitimer Name).

118. Grünschuppiger Täubling, Gefelderter Täubling

Eßbar

Rússula viréscens (SCHAEFF. 1774) FR. 1838

Kennzeichen: spangrüner Hut mit derber, schuppig-felderiger Oberhaut und blassen Blättern, starres Fleisch.
Hut: heller oder dunkler spangrün, manchmal aber gelblich oder weißlich verblaßt, zuerst kugelig, schl. ausgebreitet, mit trockener, schorfartiger, kleiig-warziger bis felderig-schuppiger Oberhaut, am Rande stumpf, oft breithöckerig gerippt, groß und ziemlich starr, 6–15 cm breit.
Blätter: blaß, etwas gabelig, fast entfernt, spröde, bröckelnd.
Stiel: weiß, jung bereift, kräftig, 3–9 cm lang, 2–2,5 cm dick, fest und voll, schl. krümelig.
Fleisch: weiß, starr, bröckelig, von mildem Geschmack und schwachem, süßlichem, beim Vergehen etwas heringsartigem Geruch.
Sporen: rundlich, blaß, 6–8,5 × 5–6,5 µm, punktiert bis kleinstachelig. Staub weißlich.
Wert: wohlschmeckend, gebraten wie roh als Salat schmackhaft, jung auch zum Sterilisieren und zum Einlegen in Essig geeignet. Nach ROMAGNESI der beste Speisepilz unter den Täublingen.
Vorkommen: Ende Juni bis Oktober, hauptsächlich im Hochsommer, im Laubwald, besonders unter Eichen, doch auch unter Rotbuche, Birke und (z. B. in der südlichen BRD) Tanne vorkommend, auf sauren und kalkhaltigen Böden, besonders an etwas trockenen Standorten häufig.
Anmerkung: Eine ausführliche Darstellung der Täublinge (Gattung *Rússula*) folgt in Bd. V.
Grüne Täublinge dürfen nicht mit dem tödlichen giftigen Grünen Knollenblätterpilz (Nr. 1) verwechselt werden!
Der Knollenblätterpilz hat biegsame Blätter, einen Ring (Manschette) am Stiel und eine knollige Stielbasis mit Scheide (Volva). Täublinge haben spröde-splitternde Blätter, die sofort wegbröckeln, wenn man mit dem Finger darüberstreicht; Täublinge haben keinen Ring am Stiel, keine knollige Stielbasis und keine Scheide.

117. Grasgrüner Täubling, *Rússula aerugínea.* 2/3 nat. Gr.

118. Grünschuppiger Täubling, *Rússula viréscens.* 1/2 nat. Gr.

119. Frauen-Täubling, Violettgrüner Täubling

Eßbar

Rússula cyanoxántha (SCHAEFF. 1774) FR. 1863

Kennzeichen: violettgrüner, großer, derber Täubling, mit weißen, weichen, biegsamen, verklebenden, nicht splitternden Blättern, dickem, kräftigem Stiel; meist im Buchenwald.

Hut: jung oft schiefergrau, später mehr violett- und grün-bunt gemischt oder auch einfarbig grün oder violett, meist durch eingewachsene dunkle Fasern radialaderig, schmierig, 6–18 cm breit, flach und niedergedrückt, in der Mitte auch vertieft, mit abziehbarer Oberhaut.

Blätter: reinweiß, im Alter etwas gilbend, oft etwas herablaufend, ziemlich gedrängt, dann locker, weich, speckig anzufühlen, viel weniger brüchig als bei den übrigen Täublingen.

Stiel: weiß, manchmal blaßlila überhaucht, walzig, 5–12 cm lang, 2–3 cm dick, voll und fest, oft wurzelnd.

Fleisch: weiß, geruchlos, mild und angenehm schmeckend.

Sporen: 7–10 × 7–8 µm, punktiert. Staub reinweiß.

Wert: sehr schmackhaft. In manchen Ländern (z. B. DDR) Marktpilz, da leicht kenntlich.

Vorkommen: Juli bis Oktober im Laub- und Nadelwald, besonders unter Rotbuchen und Eichen, auf Kalk- und Silikatboden. Verbreitet vom Flachland bis in höhere Gebirgslagen.

Anmerkung: Diese Art tritt nach ROMAGNESI in 2 Formen auf. Die typische Form (f. *cyanoxántha*) hat einen anfangs violetten Hut, der erst später mehr oder weniger grün wird. Die grüne Form (f. *pelteréaui* SING. 1925) hat von Anfang an rein grünen Hut, höchstens mit einigen violetten Flecken. In feuchten Laubwäldern auf tonhaltigen Böden. – Vgl. Bd. V/92.

120. Gelbweißer Täubling, Ockergelber Täubling, Zitronen-Täubling

Eßbar

Rússula ochroleúca (PERS. 1796) FR. 1838

Hut: ockergelb, oft graugrün überlaufen, auch blasser, altgold oder zitronenfarbig, matt, feucht schmierig-klebrig, Rand zuletzt gerieft bis höckerig gefurcht, Oberhaut halb abziehbar.

Blätter: weißlich, später gelblichweiß, leicht angegraut, im Alter grauweiß, runzelig.

Stiel: weiß, später gelblichweiß, runzelig, im Alter grau werdend.

Fleisch: weißlich, im Alter hellgrau, bes. unter der Stielrinde, mit Eisenvitriol in Graurosa übergehend. Geruch obstartig. Geschmack zuerst ziemlich scharf, bald nachlassend.

Sporen: blaß, warzig, ellipsoid, 9–11 × 8–9 µm. Staub fast weiß.

Wert: guter Speisepilz. Der schärfliche Geschmack verliert sich bei der Zubereitung (eventuell abbrühen). In einigen Gebirgsgegenden (z. B. Vogtland, ČSSR) herrschen schärfer schmeckende Formen vor, welche dort als ungenießbar gelten.

Vorkommen: Ende Juli bis November im Laub- und Nadelwald, Massenpilz in Eichen-Birkenwäldern, Kiefernforsten und natürlichen Fichtenwäldern auf saurem Boden, mehr vereinzelt auf neutralen Böden, fehlt auf Kalkböden. Vom Flachland bis in höhere Gebirgslagen meist sehr häufig. Siehe auch Bd. V/82.

119. Frauen-Täubling, *Rússula cyanoxántha.* 1/2 nat. Gr.

120. Gelbweißer Täubling,
Rússula ochroleúca. 1/2 nat. Gr.

121. Chromgelber Täubling, Gelber Graustiel-Täubling, Moor-Täubling
Eßbar

Rússula claroflàva GROVE 1888

Hut: leuchtend chromgelb, bis 10 cm breit, Rand zuletzt leicht streifig.
Blätter: zuerst blaß zitronengelb, dann bis ockergelb, graulich verfärbend.
Stiel: weißlich, grau verfärbend, Stielfleisch sogar schwärzend.
Fleisch: erst weiß, dann grauend, unter Huthaut gelb, geruchlos mit schwachem Honigge-
ruch, mild.
Sporen: ellipsoid, feinwarzig und netzig, 9–10 × 7,5 µm. Sporenstaub hell ocker.
Mitte Juni bis Anfang November in feuchten Laubwäldern, in Flach- und Zwischenmoo-
ren, unter Birke (besonders *Bétula pubéscens*, in Lappland *B. nána)*, Erle und Zitterpap-
pel, auf sauren Böden. Sehr häufig in Skandinavien, zerstreut in Mitteleuropa, fehlt in höheren Gebirgslagen (Vogtland bis 580 m, ČSSR bis 850 m ü. M.).
Synonyme: *Rússula cónstans* (KARST. 1889) ROMMELL 1891, *R. flàva* ROMELL 1891.

122. Orangeroter Graustiel-Täubling
Eßbar

Rússula decolórans (FR. 1821) FR. 1838

Kennzeichen: orangefarbener Hut, gelbliche angeheftete Blätter, grau werdendes Fleisch.
Hut: satt orangegelb, Scheitel ockerorange, glatt, klebrig-glänzend, anfangs fast kugelig,
dann gewölbt bis niedergedrückt, 4–9 cm, ziemlich dünnfleischig. Rand stumpf, alt etwas
höckerig gestreift. Huthaut $^2/_3$ abziehbar.
Blätter: hell gelblich, spröde-splitternd, gedrängt, ohne Zwischenlamellen, am Stiel ange-
heftet und z. T. miteinander verbunden (anastomosierend), zuletzt dunkelgrau anlaufend.
Schneide ganzrandig.
Stiel: weiß, dann streifig überlaufen, längs gerunzelt, kahl, trocken, keulenförmig bis fast
zylindrisch, 6–9 cm dick, locker ausgestopft.
Fleisch: weiß, in der Stielrinde und über den Blättern lachsrosa, schließlich aschgrau werdend, bröckelig. Geruch schwach obstig, Geschmack mild.
Sporen: ellipsoid, grobwarzig und etwas gratig, 9–11 × 7–9 µm. Sporenstaub hell ocker.
Vorkommen: Juli bis Anfang Oktober in trockenen und feuchten Kiefernwäldern, in Hoch-
und Zwischenmooren, nur auf sauren Böden. Im Norden der DDR und in Skandinavien
oft massenhaft auftretend, in Westeuropa selten, fehlt den Kalkgebieten. S. auch Bd. V/
105.
Anmerkung: Der an den gleichen Standorten oft zahlreich auftretende Apfel-Täubling, *Rússula paludósa* BRITZ.
(Bd. V/127) kann die gleiche Hutfarbe haben, unterscheidet sich aber leicht durch den scharfen Hutrand, die breit angewachsenen bis kurz herablaufenden Blätter und festeren Stiel; er wird nicht grau. Gleichfalls eßbar.

121. Chromgelber Täubling, *Rússula clarofláva.* 2/3 nat. Gr.

122. Orangeroter Graustiel-Täubling, *Rússula decolórans.* 2/3 nat. Gr.

123. Speise-Täubling, Fleischroter Täubling

Eßbar

Rússula vésca Fr. 1838

Kennzeichen: fleischrötliche, vom Rande 1–2 mm zurückgezogene Oberhaut, weißliche, oft rostfleckige, engstehende Blätter, am Grunde meist zugespitzter Stiel.

Hut: fleischrötlich bis bräunlich, häufig graufleckig ausgeblaßt, schmierig-glänzend oder trocken, matt und glanzlos, in der Mitte leicht flockig bereift, 6–10 cm breit, festfleischig, dick. Oberhaut läßt sich vom Hutfleisch nur bis zur Hälfte abziehen. Ist schwach gerieft, runzelig-adrig.

Blätter: weiß, eng, dünn, manchmal rostfleckig, nach dem Stiel zu gabelig.

Stiel: weiß, am Grunde verjüngt zugespitzt, manchmal etwas rostfleckig, fest, hart, kurz, 3–5 cm hoch, 1,5–2,5 cm dick.

Fleisch: weiß, fest, kernig, fast geruchlos, von nußartigem, süßlichem Geschmack.

Sporen: klein, 6–8 × 5–6 µm, fein punktiert. Staub weiß.

Wert: eßbar, einer der wohlschmeckendsten Täublinge, wird auch zum Rohessen empfohlen.

Vorkommen: Ende Juni bis Mitte September in Kiefern-, Eichen- und Buchenwäldern, auf sauren und kalkhaltigen Böden, jedoch nicht an moorigen Standorten. Häufig im Flach- und Hügelland, seltener in den Gebirgen. S. auch Bd. V/91.

Synonym: *Rússula mitis* Rea 1922.

124. Tränen-Täubling, Zitronenblättriger Täubling

Ungenießbar, roh giftig

Rússula sardónia Fr. 1838

Kennzeichen: Hut und Stiel purpurviolett, Blätter zitronengelb, oft tränend. Fleisch hart und sehr scharf.

Hut: trüb purpurrot, rötlichviolett, anfangs mit fast schwarzer Mitte, bei Kälte fleckig ausblassend, gewölbt bis niedergedrückt, oft gebuckelt, 5–10 cm breit. Huthaut nur wenig abziehbar.

Blätter: primel- und zitronengelb, schmal, bei feuchtem Wetter tränend (mit Tröpfchen besetzt).

Stiel: purpurn bis violett („Säufernase"), stellenweise weiß, fein bereift, schlank, vom Hut mit einem Knack abbrechend.

Fleisch: gelblichweiß, fest und starr. Geruch obstartig, Geschmack sofort brennend scharf.

Sporen: ellipsoid, feinwarzig und netzig, 7–9 × 6–7 µm; Sporenstaub cremefarben bis hell ocker.

Wert: wegen seiner unerträglichen Schärfe nahezu ungenießbar und roh giftig; nach Neuhoff zum Einlegen in Essig nach Vorbehandlung geeignet.

Vorkommen: Spätherbstpilz; September bis November in Kiefernwäldern und Zwischenmooren auf sauren Sand- und Torfböden, im Flachland häufig und oft massenhaft, in den Gebirgen selten und fehlend; an seiner Stelle tritt dort der Stachelbeer-Täubling (Nr. 126) auf. Auch unter Weymouthskiefer *(Pínus stróbus)*. S. auch Bd. V/154.

Synonyme: *Rússula driméia* Cke. 1881, *R. chrysodácryon* Sing. 1923.

123. Speise-Täubling, *Rússula vésca.* 3/4 nat. Gr.
124. Tränen-Täubling, *Rússula sardónia.* 2/3 nat. Gr.

125. Spei-Täubling, Kirschroter Täubling

Ungenießbar, roh giftig

Rússula emética (SCHAEFF. 1774 : FR. 1821) S. F. GRAY 1821

Kennzeichen: leuchtend rote, glänzende, abziehbare Huthaut, Stiel und Blätter rein weiß, Fleisch zerbrechlich und sehr scharf.
Hut: hellrot, leuchtend kirschrot, glänzend, klebrig, oft ausblassend, gewölbt, dann ausgebreitet und niedergedrückt, 4–10 cm breit, dünnfleischig. Huthaut fast gänzlich abziehbar.
Blätter: weiß mit gelblichem Schein, ziemlich entfernt, frei, in Stielnähe manchmal gegabelt, ganzrandig.
Stiel: weiß, seidig glänzend, fein gerunzelt, zylindrisch, 5–8 cm lang, 1–2 cm dick.
Fleisch: weiß, zerbrechlich. Geruch etwas fruchtartig, Geschmack sofort sehr scharf.
Sporen: ellipsoid, 9–11 × 7,5–8,5 µm, grobwarzig und fein netzig. Sporenstaub weiß.
Wert: wegen seiner Schärfe nur nach Wässern und Abkochen verwendbar (s. S. 42), roh giftig.
Vorkommen: Hoch- und Zwischenmoore, feuchte Kiefernwälder, nur auf sauren Böden, gesellig. Häufig in Ost- und Nordeuropa einschl. Norden der DDR, sonst spärlich bzw. durch andere, sehr ähnliche Arten vertreten (vgl. Bd. V/134–137).

Anmerkung: Eine häufige Varietät ist var. *silvéstris* SING. 1932, mit kleinerem, 2–6 cm breitem Hut, sehr entfernten, nicht gegabelten und bläulich getönten Blättern und kleineren, 8–9 µm langen Sporen. Im Laub- und Nadelwald auf sauren Böden (Bd. V/135).

126. Stachelbeer-Täubling

Ungenießbar·

Rússula quelétii FR. in QUÉL. 1872

Kennzeichen: Hut purpurviolett ähnlich dem Tränen-T. (Nr. 124), jedoch meist kleiner (2–7 cm), Blätter cremeweiß, nicht tränend, manchmal an Druckstellen grünlich. Stiel stachelbeerrot, bereift. Fleisch zerbrechlich, weiß. Geruch nach Apfel- oder Stachelbeerkompott, Geschmack scharf.
Sporen: kurz ellipsoid, warzig, 8–10 × 7–9 µm. Sporenstaub cremefarben.
Vorkommen: Fichten- und Tannenwälder, besonders auf Kalkboden, in Mitteleuropa hauptsächlich in den Gebirgen.
Ausführliche Beschreibung in Bd. V/153.

125. Spei-Täubling, *Rússula emética.* 2/3 nat. Gr.

126. Stachelbeer-Täubling, *Rússula quelétii.* 2/3 nat. Gr.

127. Gold-Täubling

Eßbar

Rússula auráta (With. 1796) Fr. 1838

Kennzeichen: Hut rot, orange und goldgelb; chromgelbe Farbe an Stiel, Blättern und unter Huthaut. Mild.
Hut: auf zitronen- bis goldgelbem Grunde schön scharlach- bis blutrot mit gelblicher Scheibe und Flecken, schmierig, glänzend, Rand zuerst glatt, zuletzt gerieft, scheibenförmig, 6–9 cm breit, fleischig, starr.
Blätter: lange blaßgelb, dann buttergelb, bei Sporenreife sattgelb, fast gedrängt, dicklich, queraderig, abgerundet frei, mit meist leuchtend chromgelber Schneide.
Stiel: weiß, oft lebhaft zitronengelb anlaufend, bes. an der Basis, zartrunzelig, 5 bis 8 cm hoch, 1,5–2,5 cm dick, erst fest, dann schwammig ausgestopft.
Fleisch: weiß, unter der Huthaut goldgelb durchgefärbt, fast starr, mild.
Sporen: länglich-rund, 9–11 × 7–8 µm, ockergelb, warzig. Staub dottergelb.
Wert: guter Speisepilz, aber bald recht bröckelig.
Vorkommen: Juni bis September in Eichen-, Buchen- und Nadelwäldern, nur auf Kalkboden, daher nur gebietsweise häufig, so in den Kalkalpen, Jura, Thüringer Becken, Skandinavien, ČSSR, Ungarn; fehlt im Norden der DDR (außer Rügen).

128. Purpurschwarzer Täubling

Eßbar

Rússula atropurpúrea (Krbh. 1845) Britz. 1893

Kennzeichen: Hut purpurviolett bis schwarz, Blätter gelblich, jedoch Sporenstaub weiß. Geringe Schärfe.
Hut: dunkelpurpurn bis blutrot, auch violettlich, Mitte fast schwarz, manchmal gelblich ausblassend, schmierig, trocken glänzend, erst kugelig, dann breit niedergedrückt, 4–12 cm breit, Rand zuerst eingebogen, ungerieft, später wellig-buchtig, ziemlich fest, starr, Oberhaut bis zur Hälfte abziehbar.
Blätter: blaß gelblich bis graulich, auch rostig gefleckt, durch die Sporen weiß bestäubt, recht mürbe.
Stiel: weiß, im Alter von unten her auch rostig anlaufend, grauend, stämmig, 3–6 cm hoch, 1–2 cm dick, voll, fest, starr, weniger brüchig.
Fleisch: weißlich, schl. grauend, mit α-Naphthol grauviolett verfärbend, Geruch schwach obstartig, Geschmack jung in den Lamellen scharf, doch Schärfe bald vergehend, im Stiel fast mild.
Sporen: rundlich, 8–9 × 8 µm, schwach warzig, Staub reinweiß.
Wert: eßbar.
Vorkommen: Juni bis Oktober im Laub- und Nadelwald, besonders unter Eichen und Rotbuchen auf sauren und neutralen Böden. Im Flach- und Hügelland verbreitet, doch nur gebietsweise häufig.
Anmerkung: Eine Varietät mit zitronengelbem Hut kommt in der ČSSR vor und wurde als *R. dissidens* Zvára beschrieben.

127

128

127. **Gold-Täubling,** *Rússula auráta.* Nat. Gr.
128. **Purpurschwarzer Täubling,** *Rússula atropurpúrea.* 3/4 nat. Gr.

129. Herings-Täubling

Eßbar

Rússula xerampélina (Schaeff. 1774) Fr. 1838

Kennzeichen: Hut blutrot mit purpurschwarzer, glanzloser Scheibe, butter- bis fast ocker-gelbe Blätter, rosapurpurn überhauchter, oft runzeliger, bei Berührung bräunender Stiel und deutlicher Geruch nach Heringslake.
Hut: meist purpur-blutrot, glanzlos, oft etwas feinkörnig, bis 12 cm breit, fleischig, Ober-haut nicht abziehbar.
Blätter: buttergelb, werden langsam ockergelblich, bräunen auf Druck.
Stiel: weißlich, rosapurpurn überhaucht, zuerst flockig, dann längsrunzelig, bei Berührung schmutzig-bräunlich anlaufend, 4–8 cm lang, 1,5–2 cm dick.
Fleisch: weiß, derb, im Stielinnern schwammig, an der Luft schmutzigbräunlich anlaufend, mit Eisenvitriol olivgrün. Es riecht nach Heringslake (Trimethylamin), doch manchmal erst nach längerer Zeit, Geschmack mild, nußartig, süßlich.
Der Stielquerschnitt färbt sich auf Druck schnell bräunlich.
Sporen: kurz ellipsoid, grobwarzig, 8–10 × 7–8,5 µm. Sporenstaub ocker.
Wert: wohlschmeckend; wird, da leicht erkennbar, stellenweise viel gesammelt. Der He-ringsgeruch verliert sich beim Kochen.
Vorkommen: September bis November in Kiefernwäldern (*Pinus sylvéstris, P. nígra, P. un-cináta)* auf Sandboden und Silikatgestein, seltener unter Fichte. Häufig vom Flachland bis in höhere Gebirgslagen.

Synonyme: *R. erýthropus* Peltereau 1908, *R. linnaéi* Fr. sensu Michael, Ricken u. a.

Anmerkung: In Laubwäldern und bei Weidensträuchern kommen mehrere nahe verwandte Arten mit gleichem Geruch und Braunverfärbung, jedoch mit abweichenden Hut- und Stielfarben vor; einige sind in Bd. V/107 ff. abgebildet. Der Name „xerampelina" für die typische Art bedeutet „wie trockenes Weinlaub gefärbt".

130. Rotstieliger Leder-Täubling

Eßbar

Rússula olivácea (Schaeff. 1774) Fr. 1838

Kennzeichen: Sehr großer Täubling mit trüb purpurrotem, glanzlosem Hut, rotem Stiel und dottergelben Blättern.
Hut: trüb purpur- oder weinrot, matt, fast samtig, am rand oft konzentrisch-wellig, mitun-ter auch olivgrün oder braun. Huthaut brüchig, schwer abziehbar. 6–20 cm breit.
Blätter: satt dotter-, später ockergelb, dicklich, abgerundet-angewachsen.
Stiel: kurz und dick, ausgestopft, meist rosa bis karminrot, runzelig-flockig.
Fleisch: gelblich, hart, verfärbt sich mit Phenol intensiv violett und mit Guajaktinktur blau. Mild, geruchlos.
Sporen: kurz ellipsoid, 8–11 × 7–9 µm, grobwarzig. Sporenstaub satt ockergelb.
Wert: vorzüglicher Speisepilz.
Vorkommen: August bis Oktober im Buchen-, Tannen- und Fichtenwald, auf Kalkboden oft massenhaft, seltener auf neutralen Böden (Moränen im Norden der DDR).

131. Brauner Leder-Täubling

Eßbar

Rússula íntegra (L. 1758) Fr. 1838
Fortsetzung Seite 393

129. **Herings-Täubling,** *Rússula xerampélina.* 1/2 nat. Gr.
130. **Rotstieliger Leder-Täubling,** *Rússula olivácea.* 1/4 nat. Gr.
131. **Brauner Leder-Täubling,** *Rússula íntegra.* 1/3 nat. Gr.

132. Granatroter Saftling

Eßbar

Hygrócybe punícea (Fr. 1821) Kumm. 1871

Kennzeichen: großer, dickstieliger, granatroter Saftling mit dicken, auseinanderstehenden, gelben Blättern, faserig gestreiftem Stiel und saftigem Fleisch.
Hut: scharlach-blutrot, bald auch gelbrot bis gelb, schmierig, glasig, glatt, glockig oder etwas kegelig, doch stumpf mit eingebogenem Rand, später ausgebreitet, geschweift, oft gelappt, meist viel größer als auf dem Bild, 5–12 cm breit, dünnfleischig, zerbrechlich.
Blätter: blaßgelb, später orangerot, dick und entferntstehend, 6–10 mm breit, bauchig, am Rande aderig verbunden.
Stiel: rot mit weißem Grund oder gelblich, faserig gerieft, oben meist flockig, oft etwas bauchig, 4–9 cm hoch, ¾–2½ cm dick, voll, später hohl, zerbrechlich.
Fleisch: anfangs innen weißlich, dann wie außen gefärbt, saftig, starr, ohne Geruch und Geschmack.
Sporen: 8–11 × 5–6 µm, farblos, länglich-ellipsoid. Staub weiß.
Wert: recht schmackhaft, als Gemüse und zu Suppen verwendbar. Der ausgekochte Saft ist rötlichgelb.
Vorkommen: August bis Oktober auf Wiesen, Triften, an grasigen Wegrändern. Im Gebirge häufig, sonst ziemlich selten.
Synonym: *Hygróphorus puniceus* (Fr.) Fr. 1838.
Anmerkung: Es gibt zahlreiche ähnlich bunt gefärbte, jedoch meist kleinere Saftling-Arten. Eine Übersicht der Gattung wird in Bd. III gegeben, wo auch viele weitere Arten abgebildet sind.

133. Kegeliger Saftling

Giftverdächtig

Hygrócybe cónica (Scop. 1772 : Fr. 1821) Kumm. 1871

Kennzeichen: der kegelige, orangerote Hut und das starke Schwarzwerden des ganzen Pilzes.
Hut: meist scharlachrot bis goldorange, verblassend, zuletzt etwas schwärzlich, kahl, feucht, aber nicht schmierig, trocken seidig glänzend, spitzkegelig, fast häufig, zerbrechlich, 2–6 cm breit, Rand allmählich aufspaltend, sich hochbiegend.
Blätter: blaß bis gelb, allmählich schwarz werdend, bauchig, breit, dick, entferntstehend, fast frei.
Stiel: schwefel- bis orangegelb, kahl, faserig gerillt und auch spaltend, oft gedreht, gleichmäßig dick, 5–10 × 0,4–1,2 cm, hohl.
Fleisch: in der Mitte weiß, am Rand orangegelb, im Alter etwas saftig, schwarzwerdend, dünn und zerbrechlich, mild und geruchlos.
Sporen: länglich-ellipsoid, farblos, glatt. Sporenstaub weiß.
Wert: giftverdächtig (Moser 1968); hat, wenn in Mengen genossen, schwache Vergiftungserscheinungen hervorgerufen.
Vorkommen: Juni bis Oktober auf ungedüngten Wiesen und Weiden, in Flachmooren, seltener in feuchten Laubwäldern; häufig, jedoch gebietweise infolge der Grünlanddüngung merklich zurückgegangen.

132. Granatroter Saftling, *Hygrócybe punícea.* 2/3 nat. Gr.

133. Kegeliger Saftling, *Hygrócybe cónica.* Nat. Gr.

134. Purpur-Schneckling

Eßbar

Hygróphorus rússula (SCHAEFF. 1774 : FR. 1821) QUÉL. 1886

Kennzeichen: ein ritterlingsähnlicher, schön purpurn gefärbter Schneckling mit eingerolltem Rande; unter Eichen und Buchen.

Hut: schmutzig purpurrot, fleischfarbenpurpurn, blaßrot verfärbend, bes. am Rande, gelblich-olivgrünlich-weißlich ausblassend, feinflockig-schuppig, etwas klebrig, trocken glänzend, stark gewölbt, dann polsterförmig, am Rande längere Zeit stark eingerollt und weißfilzig gesäumt, 5–12–15 cm breit.

Blätter: erst weiß, dann blaßgelblich oder schmutzigrot gefleckt, etwas voneinander entfernt, dick, 4–10 mm breit, am Stiel schwach buchtig bis kurz herablaufend angewachsen.

Stiel: weißlich, zum Teil schmutzigrötlich angelaufen oder rot gefleckt, meist gleichmäßig dick, 4–8 cm lang, $1^1/_2$–3 cm dick, trocken, faserig gestreift und faserig bis körnig weißflockig, bes. oben, voll, faserfleischig.

Fleisch: weiß, schwach rötlich durchzogen, seidig glänzend, an Druckstellen schmutzigrötlich bis bräunlich. Geschmack mild, süßlich, manchmal auch bitter, Geruch eigentümlich süßlich, schwach rettichartig.

Sporen: 5–7 × 4–5 μm, kurzellipsoid. Staub weiß.

Wert: schmackhafter, ergiebiger Speisepilz.

Vorkommen: August bis November in Laubwäldern (unter Rot- und Weißbuche, Eiche), besonders auf Kalk- und Lößboden, gesellig. Häufig nur in den wärmeren Gebieten (Thüringer Becken, Böhmischer Karst, Südmähren, z. T. Schweiz), fehlt in höheren Gebirgslagen, in Skandinavien, der nördlichen DDR, Sachsen, Westfalen u. a.

Synonyme: *Tricholóma rússula* (SCHAEFF. : FR.) GILL. 1874, *Limácium rússula* (SCHAEFF. : FR.) RICKEN 1915.

135. Frost-Schneckling, Gelbblättriger Schneckling

Eßbar

Hygróphorus hypothéjus (FR. 1818 : FR. 1821) FR. 1838

Kennzeichen: dunkelbrauner, mit dickem Schleim überzogener Hut, dicke, gelbe Blätter und gelber Stiel; im Spätherbst im Kiefernwald.

Hut: olivbraun, sehr schleimig, nach Abfließen oder Eintrocknen der ihn bedeckenden, dicken, olivbraunen Schleimschicht blaß, gelb oder rötlichgelb, anfangs gewölbt, oft fast kegelig-glockig, dann verflacht, schl. vertieft, behält jedoch in der Mitte meist einen Bukkel, 3–5, bisweilen auch 10 cm breit, faserig, dünnfleischig, elastisch. Oberhaut läßt sich bis zur Hälfte abziehen.

Blätter: erst weißlich, dann gelb bis dottergelb, im Alter orangerötlich, öfter orangerot gefleckt, entferntstehend, dicklich, angewachsen und herablaufend.

Stiel: gelb oder blaßgelb, schlank, gleichmäßig dick, mitunter auch abwärts etwas verjüngt, 3–7 cm lang, 5–7 cm dick, glatt, flüchtig beringt durch die Reste einer inneren, flokkigen Hülle, die mit der Schleimhülle verklebt ist, unter der Ringbekleidung schmierigschleimig, darüber trocken, voll.

Fleisch: weißlichgelb, unter der Huthaut gelb, fest, Geschmack angenehm süßlich.

Geruch: mitunter schwach, angenehm, fast obstartig.

Sporen: farblos, länglich-ellipsoid, 7–9 × 4–5 μm. Staub weiß.

Wert: vorzüglicher Suppenpilz, auch zu Pilzgemüse geeignet.

Fortsetzung Seite 393

306

134. Purpur-Schneckling, *Hygróphorus rússula.* 1/3 nat. Gr.

135. Frost-Schneckling,
Hygróphorus hypothéjus. 2/3 nat. Gr.

136. Großer Schmierling, Kuhmaul

Eßbar

Gomphidius glutinósus (SCHAEFF. 1774 : FR. 1821) FR. 1835

Kennzeichen: schmutziggraubrauner, sehr schmieriger großer Pilz von kreiselförmiger Gestalt mit zuerst weißen, dann schmutziggrauen, dicken, weitstehenden Blättern und gelbem Stielende.

Hut: lila- oder schmutziggraubräunlich, graulila, später blasser, aber am Rande mit violettem Schimmer, im Alter oft schwarzfleckig, sogar schwärzlich, mit dickem Schleim bedeckt, 5–12 cm breit. Hut und Stiel sind anfangs von einer schleimig-häutigen, gelatinösen, die Blätter überspannenden, durchsichtigen, schleierartigen Hülle überzogen, deren Schleimschicht sich nicht abziehen läßt.

Blätter: erst weißlich, dann schwarzfleckig und schl. schwärzlich, weich, dick, weitläufig gestellt, zäh, aber dehnbar, spaltbar, gegabelt und weit am Stiel herablaufend.

Stiel: weißlich, später graubräunlich, am Grunde lebhaft zitronen- bis chromgelb, 5–9 cm hoch, $1^1/_2$–$2^1/_2$ cm dick, ebenso wie der Hut mit dicker Schleimschicht überzogen, nach oben stark verdickt, am Ende der Blätter eingeschnürt, mit einem schleimigen, seidenfädigen Ringansatz – dem Schleierrest – besetzt, voll.

Fleisch: weiß, im Alter grau, weich und zart, in der Mitte des Stieles hellgelb, unten schön zitronen- bis chromgelb, selten rosa, geruchlos.

Sporen: sehr groß, 18–20 (–23) × 5–6 μm, spindelig, Staub schwarzbraun.

Wert: ein zarter, wohlschmeckender Speisepilz, der viel verkannt wird. Der schleimige Überzug stört etwas beim Sammeln; er ist bei der Zubereitung mit der Oberhaut zu entfernen.

Vorkommen: Juli bis Anfang November im Nadelwald, ausschließlich unter Fichten, auf Kalk- und Silikatböden, meist truppweise. Häufig im Berg- und Hügelland, in Skandinavien; ziemlich selten im Flachland der DDR (mit dem Anbau der Fichte eingeführt).

Synonyme: *Gómphus glutinósus* (SCHAEFF. : FR.) KUMM. 1871, *Leucogomphidius glutinósus* (SCHAEFF. : FR.) KOTL. & POUZ. 1972.

137. Kupferroter Gelbfuß

Eßbar

Chroogómphus rútilus (SCHAEFF. 1774 : FR. 1821) O. K. MILLER 1964

Kennzeichen: braunroter, fast kreiselförmiger Hut mit weit herablaufenden, rotbräunlichen Blättern und gelbbräunlichem Stiel.

Hut: braunrot, in der Mitte oft gebuckelt, 5–10 cm breit, klebrig, nicht schleimig, fleischig, Rand anfänglich durch einen faserigen Schleier mit dem Stiel verbunden.

Blätter: erst blaßgraugelblich, später dunkelpurpurbraun, durch die Sporen schwarz bestäubt.

Stiel: gelbbräunlich, unten safrangelb, nach oben verdickt, bis 10 cm lang, faserig, voll.

Fleisch: rhabarberfarbig, im Stielgrunde goldgelb, geruchlos.

Sporen: spindelförmig, 18–22 (–27) × 6–7 μm. Sporenstaub schwarzbraun.

Wert: Speisepilz von vorzüglichem Geschmack, geeignet als Gemüse, als Suppenpilz und zum Trocknen.

Vorkommen: Juli bis November im Kiefernwald auf Kalk-, Lehm-, Sand- und Torfböden, gesellig, häufig vom Flachland bis in die subalpinen Krummholzgebüsche *(Pinus múgo)*.

Synonyme: *Gomphidius rútilus* (SCHAEFF.: FR.) LUNDELL 1937, *Gomphidius viscidus* (L. 1758) FR. 1838, *Gómphus viscidus* (L.) KUMM. 1871.

136. Großer Schmierling, *Gomphídius glutinósus.* Nat. Gr.
137. Kupferroter Gelbfuß, *Chroogómphus rútilus.* Nat. Gr.

138. Echter Pfifferling, Eierschwamm

Eßbar

Cantharéllus cibárius Fr. 1821

Kennzeichen: eigelbe Farbe, gabelige, herablaufende Leisten (keine Blätter) auf der Unterseite, pfefferiger Geschmack.

Hut: dottergelb, öfter bräunlichgelb, oft auch blaßgelb bis fast weiß (Buchenwald), fleischig, anfangs mit eingerolltem, später wellig-buchtigem Rande, meist 3–5 cm breit.

Leisten: dottergelb, faltenförmig, nicht blattartig wie bei den Blätterpilzen, wiederholt gabelig veröstelt, meist aderig-netzig verbunden, am Stiel weit herablaufend.

Stiel: nach unten verfüngt, nach oben allmählich in den Hut verbreitet, 3–6 cm lang, 1–2 cm dick.

Fleisch: weißlichgelb, nach außen gelblich, fest, selten madig, angenehmer, schwach pfirsichartiger Geruch, langsam pfefferig werdender Geschmack.

Sporen: ellipsoid, 7–9 ×4–5 μm, Basidien sehr schlank, 50–75 μm lang und bis sechssporig. Staub blaß ockergelb.

Wert: beliebter Marktpilz, haltbar, im Geschmack recht angenehm, doch von geringem Nährwert, mit viel unverdaulicher Rohsubstanz. Vitamin D ist in ihm nachgewiesen. Der scharfe Geschmack verschwindet bei der Zubereitung. Zum Trocknen nicht geeignet, aber zum Einwecken.

Vorkommen: Juni bis November im Laub- und Nadelwald (unter Rotbuche, Eiche, Kiefer, Fichte), auf Silikat- und Kalkboden, besonders an nährstoffarmen, ausgehagerten Standorten; nicht in Mooren. Gebietsweise Massenpilz, anderwärts ziemlich selten oder selten geworden (durch Eutrophierung der Landschaft?); verbreitet vom Flachland bis ins Hochgebirge.

Synonym: *Agáricus cantharéllus* L. 1753.

Anmerkung: Eine vielgestaltige Art. Im Laubwald herrschen größere, hellere, im Nadelwald kleine, dunkelgelbe Formen vor. Eine Varietät mit lilafilziger Hutoberseite, *C. cibárius* var *amethýsteus* Quel. 1882, kommt in den Mittelgebirgen vor.

139. Falscher Pfifferling

Eßbar, aber geringwertig

Hygrophorópsis aurantíaca (Wulfen 1788 : Fr. 1821) Mre. 1929

Kennzeichen: Vom Echten Pfifferling durch satt orangerote, dichtstehende Blätter und dünnfleischigen Hut unterschieden.

Hut: orangerot, auch fuchsig oder purpurn überlaufen, fein filzig, trocken, glanzlos, niedergedrückt mit eingerolltem Rand, 3–6 cm breit, dünnfleischig.

Blätter: lebhaft orangerot, manchmal fast zinnoberrot, dünn und schmal, wiederholt gegabelt, weit herablaufend.

Stiel: orangegelb, schlank und biegsam, glatt und kahl.

Fleisch: weich und biegsam, Geruch und Geschmack angenehm.

Sporen: ellipsoid, farblos, 5,5–7 × 4–4,5 μm, zyanophil. Sporenstaub weiß.

Wert: eßbar, aber minderwertig, wenig schmackhaft und wenig nahrhaft. Nach Hennig kann er bei magenschwachen Personen Verdauungsstörungen hervorrufen.

Vorkommen: August bis November im Nadelwald (unter Fichte, Kiefer, Lärche), zahlreich und gesellig auf der Nadelstreu, einzeln an Hölzern und Stümpfen. Sehr häufig vom Flachland bis in die Kammlagen der Mittelgebirge.

Synonyme: *Cantharéllus aurantiacus* (Wulfen): Fr. 1821, *Clitócybe aurantiaca* (Wulfen : Fr.) Studer 1900.

138. Echter Pfifferling, *Cantharéllus cibárius.* Nat. Gr.

139. Falscher Pfifferling,
Hygrophorópsis aurantíaca. Nat. Gr.

140. Kahler Krempling, Empfindlicher Krempling

Unverträglich, roh giftig

Paxíllus involútus (BATSCH 1786: FR. 1821) FR. 1838

Kennzeichen: Brauner Hut mit filzigem, anfangs stark eingerolltem Rand. Blätter bräunlichgelb, Druckstellen rotbraun.

Hut: olivbräunlich bis gelbbräunlich, rostgelb, am Rande stark eingerollt, später verbogen, 6–15 cm breit, sehr empfindlich, an Druckstellen sofort dunkelfleckig, filzigzottig, später kahl, bei feuchtem Wetter sehr schleimig, trocken etwas glänzend.

Blätter: holzgelb, olivocker, zuletzt schmutzigbraun, bei Druck braunfleckig, gedrängt stehend, oft gabelig, herablaufend und dabei mitunter netzartig-maschig, fast porenartig verbunden, lassen sich miteinander zusammenhängend leicht ablösen (wie die Röhren der Röhrlinge).

Stiel: schmutziggelblich oder rostbraun, 4–5 cm lang, 1–2 cm dick, voll, glatt und kahl.

Fleisch: gelblich bis bräunlich, langsam rotbraun anlaufend. Geruch und Geschmack säuerlich.

Sporen: länglich-eiförmig, ellipsoid, glatt, 8–11 × 5–6,7 µm, gelbbräunlich. Sporenstaub graubraun. Blätter mit braunen Zystiden.

Wert: roh stark giftig, hat jedoch auch in geschmortem Zustand schwere, vereinzelt sogar tödliche Erkrankungen hervorgerufen, die wahrscheinlich auf Allergie gegen ein Eiweiß dieses Pilzes zurückzuführen sind (vgl. S. 81 f.). Der Kahle Krempling ist daher in der DDR und einigen anderen Ländern nicht im Handel zugelassen. Andererseits wird er in manchen Gebieten in großen Mengen gegessen, z. B. in Moskau gehört er zu den wichtigsten Marktpilzen – allerdings ist es dort üblich, den Pilz wenigstens 30 Min. zu schmoren bzw. zu braten, was allen Kremplingfreunden dringend angeraten sei. Keineswegs ist er zum Grillen geeignet.

Vorkommen: Juli bis Oktober im Laub- und Nadelwald, in Mooren, in Anlagen und Gärten, doch immer unter Bäumen, mit denen er Mykorrhiza von graubrauner Farbe bildet (LAIHO 1970): Eiche, Birke, Erle, Kiefer, Fichte u. a.; vorwiegend auf sauren, doch auch auf neutralen und kalkhaltigen Böden. Überall häufig, bes. in trockenen Sommern.

Verwechslung: Der Tannen-Reizker oder Mordschwamm, *Lactárius túrpis* (WEINM.) FR., oft am gleichen Standort, hat dunkel olivbraunen, schleimigen Hut und weißen Milchsaft. Eßbar nach Vorbehandlung (Bd. V/29).

141. Samtfuß-Krempling

Eßbar, aber geringwertig

Paxíllus atrotomentósus (BATSCH 1783: FR. 1821) FR. 1838

Kennzeichen: rostbrauner, derber, großer Pilz mit dickem, samtigem Stiel; an Baumstümpfen.

Hut: rostbraun, staubig-samtig oder dunkelbraun-filzig, schl. kahl und körnig-rissig, trocken, anfangs gewölbt, dann flach-trichterförmig, muschelförmig, oft exzentrisch (seitlich) gestielt, 7–18, selten bis 30 cm breit, dickfleischig, derb, am Rande anfangs stark eingerollt (umgekrempelt).

Blätter: gelblich, an Druckstellen braunfleckig, gedrängt, hinten gabelig verästelt und queraderig verbunden, am Stiel kurz herablaufend.

Stiel: derb, kurz, 3–6 cm lang, $1^1/_2$–$4^1/_2$ cm dick, meist mit einem dichten, dunkelbraunen oder braunschwarzen samtigen Filz, öfter wurzelartig verlängert, voll.

Fleisch: weißlich bis blaßgelblich, schwammig-weich, bei Regenwetter sehr wasserhaltig. Geruch säuerlich-dumpfig, Geschmack im Alter widerlich, etwas bitter.

Fortsetzung Seite 393

140. Kahler Krempling, *Paxíllus involútus.* 1/2 nat. Gr.

141. Samtfuß-Krempling, *Paxíllus atrotomentósus.* 1/2 nat. Gr.

142. Hohlfuß-Röhrling

Eßbar

Boletinus cávipes (KLOTZSCH in FR. 1835) KALCHBR. 1867

Kennzeichen: gelbbräunlicher bis zimtbrauner Hut mit radiär-lamellig angeordneten, grüngelblichen Röhren, hohler Stiel; unter Lärchen.

Hut: gelbfuchsig bis zimtbräunlich, manchmal auch orangegelb, filzig-haarig, trocken, kegelig-glockig, später abgeflacht, in der Mitte meist mit stumpfem Buckel, 6–10 cm breit, Rand scharf, dünn, mit Schleierresten.

Röhren: erst gelb, dann grünlichgelb, auffallend weit und zusammengesetzt, durch Querwände in der Tiefe weiter geteilt, verlaufen strahlenförmig, fast lamellenartig und weit am Stiel herab, schwer ablösbar.

Stiel: gelbbräunlich, kurz, 4–8 cm lang, 1–1^1/$_2$ cm dick, mit schmutzigweißlichem, filzigflockigem Ring (Rest eines Schleiers, der in der Jugend zwischen Hutrand und Stiel gespannt war). Der Stiel ist von Anfang an hohl, ein wichtiges Erkennungszeichen.

Fleisch: blaßgelb, weich-elastisch, im Stiel weiß, in der Basis rötend, Geschmack mild, im Alter unangenehm kratzend, Geruch unwesentlich.

Sporen: ellipsoid-spindelig, 7–10 × 3–4 µm, blaßgelblich, glatt. Staub gelbgrün.

Vorkommen: Juni bis November im Nadelwald unter Lärchen, häufig in den Mittel- und Hochgebirgen; im Flachland sehr zerstreut (mit dem Anbau der Lärche in jüngerer Zeit eingeführt), gebietsweise fehlend.

Synonyme: *Bolétus cávipes* KLOTZSCH in FR. 1835, *Suillus cávipes* (KLOTZSCH) A. H. SMITH & THIERS 1964, *Bolétus ampliporus* PECK 1874.

Anmerkung: Eine nicht seltene Abart mit goldgelbem Hut ist *B. cávipes* var. *aúreus* ROLLAND 1888.

143. Grauer Lärchen-Röhrling

Eßbar

Suillus víscidus (FR. & HÖK 1835) S. RAUSCHERT 1975

Kennzeichen: hellgrauer Röhrling mit grauen Röhren; unter Lärchen.

Hut: blaß grauweißlich, schl. schmutziggelblich, auch graubräunlich, schmierig-schleimig, mit angewachsenen, feinen Schuppen, anfangs halbkugelig, später gewölbt und schl. flach ausgebreitet, fast grubig uneben, weichfleischig, 4–9, auch bis 12 cm breit, Rand oft mit zerrissenen Schleierresten behangen und anfänglich mit dem Stiel durch einen weißlichen, weißlichgrauen bis blaßgelblichen Schleier verbunden, Oberhaut leicht abziehbar.

Röhren: erst grauweiß, dann graubräunlich, weit, zusammengesetzt, am Stiel mehr oder weniger weit herablaufend und öfter in eine feine, weitmaschige Netzzeichnung übergehend. Röhrenmündungen anfangs weißlich-hellgrau, dann dunkler und schmutzigbräunlich, bei Druck olivbräunlich.

Stiel: anfangs grauweißlich, dann blaßgrau-gelblich, im Alter hellbräunlich und schmierig, 6–8 cm hoch, 1^1/$_2$–2 cm dick, mit einem weißen, später grau werdenden, häutigen, vergänglichen Ring. Unter diesem ist der Stiel mit rostbraunen Höckerchen, Schüppchen und Fasern überzogen; an der Basis ist er meist keulig verdickt.

Fleisch: weiß, kaum anlaufend, bisweilen bläulichgrau verfärbend, bes. über den Röhren, unten im Stiel gelblich bis schmutziggelbbräunlich, ohne besonderen, manchmal jedoch mit obstartigem Geruch und Geschmack.

Sporen: ellipsoid-spindelig, 9–12 × 4–5 µm, blaßgelb. Sporenstaub haselnußbraun.

Vorkommen: Mai bis Oktober im Nadelwald unter Lärchen, nur auf kalkhaltigen Böden; verbreitet im Hügelland und in den Gebirgen, selten im Flachland.

Fortsetzung Seite 394

142. Hohlfuß-Röhrling, *Boletínus cávipes.* 3/4 nat. Gr.

143. Grauer Lärchen-Röhrling, *Suíllus víscidus.* 3/4 nat. Gr.

144. Gold-Röhrling, Goldgelber Lärchen-Röhrling

Eßbar

Suíllus flávus (With. 1776) Sing. 1945

Kennzeichen: Röhrling mit goldgelbem, schleimigem Hut, beringtem Stiel, nicht blauend. Nur unter Lärchen.

Hut: goldgelb mit gelbraunem, klebrigem Schleim, wenn abgewaschen zitronengelb, feucht schleimig, trocken glänzend, erst halbkugelig, später verflacht, 5–12 cm breit, Oberhaut leicht abziehbar.

Röhren: anfangs gelb, dann bräunlichgelb bis graugelb, erst eng, schl. ziemlich weit und eckig, um den Stiel herum graugelb bis weißlichgrau, an ihm etwas herablaufend.

Poren: gelb, später olivbraun, bei Druck rotbräunlich, verfärbend.

Stiel: goldgelb, 6–10 cm lang, 1–2 cm dick, fest, elastisch, im unteren Teil braunfaserig bis flockig, in der Jugend mit dem Hutrand durch einen weißlichen, häutigfädigen Schleier verbunden, der als häutiger, weißlicher oder weißgelblicher Ring später am Stiel zurückbleibt.

Fleisch: im Hut zitronengelblich, später gelblich weiß, sehr weich, im Stiel bei Schnitt und Bruch schwach rosa bis bräunlich anlaufend, angenehmer Geruch und Geschmack.

Sporen: länglich-ellipsoid, 7–10 × 3–4 µm, gelblich. Staub gelblichbraun.

Wert: ein guter, wohlschmeckender Speisepilz.

Vorkommen: Juni bis November im Nadelwald, in Parkanlagen, auf Friedhöfen, stets unter Lärchen, auf sauren und auf kalkhaltigen Böden. Häufig vom Flachland bis ins Hochgebirge. Auch außerhalb des natürlichen Verbreitungsgebiets der Lärche allgemein eingebürgert, z. B. auf dem Territorium der DDR seit mehr als 100 Jahren.

Synonyme: *Bolétus flávus* With. 1776, *B. élegans* Schum. 1801, *Suíllus élegans* (Schum.) Snell 1944, *Bolétus grevíllei* Klotzsch 1832, *Suíllus grevíllei* (Klotzsch) Sing. 1945, *Bolétus clintoniánus* Peck 1842.

Anmerkung: Die strenge Bindung vieler Röhrlinge an bestimmte Baumgattungen ist durch Symbiose mit den Wurzeln (Ektomykorrhiza, vgl. Bd. IV, S. 24–39) bedingt. Gerade der Gold-Röhrling mit seiner auffälligen Bindung an Lärche gehört zu den klassischen Objekten der Mykorrhizaforschung. Es gibt noch mehrere weitere an Lärchen gebundene Röhrlinge der Gattungen *Suíllus* und *Boletínus* (vgl. Nr. 142, 143 und Bd. II/22). Die Wirtschaftsspezifität ist bei den Schleim- und Rauhfußröhrlingen (Gattungen *Suíllus, Boletínus, Leccínum*) besonders eng spezialisiert, weniger streng z. B. bei den Filzröhrlingen (Gattung *Xerócomus*).

144. Gold-Röhrling, *Suíllus flávus.* Nat. Gr.

145. Butterpilz, Butter-Röhrling

Eßbar

Suillus lúteus (L. 1753) S. F. GRAY 1821

Kennzeichen: Röhrling mit braunem, gemasertem Hut, Stiel mit braun punktierter Spitze und mit weißem bis violettbraunem, schleimig-häutigem Ring.

Hut: braungelb bis braun, mitunter gefleckt oder geflammt, trocken glänzend, doch erst mit einem dicken Schleim überzogen, der in der Jugend den ganzen Hut als Hülle umgibt, anfangs halbkugelig, dann flach gewölbt, 5–10 cm breit, dick- und weichfleischig, Oberhaut leicht abziehbar.

Röhren: erst hellgelb, butterfarbig, später gelb bis schmutzigolivgelb.

Stiel: meist kurz, 3–6 cm hoch, mit großem, auffallendem, häutigem Ring (als Rest eines dicken, weißen Schleiers, der vom Hutrande zum Stiel gespannt war). Über dem Ring gelb gefärbt mit braunen Pünktchen, unter dem Ring schl. bräunlich.

Fleisch: gelblichweiß bis weiß, sehr zart und weich, saftig, obstartiger Geruch, angenehmer, etwas säuerlicher Geschmack, oft madig.

Sporen: länglich-ellipsoid, 8–10 × 3–4 µm, gelbbraun. Staub olivockerbraun.

Wert: ausgezeichneter, wohlschmeckender Pilz, etwas weichlich, bes. zum Braten geeignet, sehr standorttreu, erscheint immer wieder an denselben Stellen, leider durch häufigen Madenbefall im Wert gemindert. Man ziehe schon im Walde die schleimige Haut ab und zerschneide ihn, um ihn auf Madenfraß zu untersuchen!

Vorkommen: Juli bis November (in südlichen Ländern auch im Frühjahr) im Nadelwald unter Kiefern *(Pínus sylvéstris, P. nígra, P. halepénsis, P. cémbra* u. a.), im Hochgebirge unter Krummholz *(Pínus múgo);* auf Silikat- (Sand-) und Kalkböden, auch auf Serpentingestein, jedoch nicht in Mooren. Vom Flachland bis in die subalpine Höhenstufe verbreitet, gebietsweise häufig.

Synonyme: *Bolétus lúteus* L. 1753, *Ixócomus lúteus* (L.) QUÉL. 1888.

146. Schmerling, Körnchen-Röhrling

Eßbar

Suíllus granulátus (L. 1753) O. K. 1898

Kennzeichen: gelbbräunlicher, schleimiger Röhrling ohne Ring.

Hut: braungelb bis rötlichgelb, später ockergelb, anfangs mit einem dicken, klebrigen, allmählich verschwindenden Schleim überzogen und dadurch sehr schmierig (Name), trocken glänzend und glatt, jung halbkugelig, später flach gewölbt, 5–10 cm breit, Rand anfangs eingebogen, Oberhaut leicht abziehbar.

Röhren: erst hellgelb, später olivgelb bis trübocker, Mündungen anfangs sehr klein und rundlich, später größer und rundlich-eckig; sie sondern in der Jugend und bei feuchtem Wetter milchigweiße Tropfen ab.

Stiel: hellgelb, ziemlich kurz, fest, voll, ohne Ring, oben mit körnigem, weißgelblichen, später bräunenden Wärzchen besät und mit einzelnen, milchigen Tröpfchen besetzt.

Fleisch: anfangs weiß bis hellgelb, im Stiel gelblich, jung zart und fest, später schwammig. Obstartiger Geruch, wohlschmeckend.

Sporen: ellipsoid-spindelförmig, 8–10 × 3–3¹/₂ µm, gelblich. Staub olivbraun.

Vorkommen: Mai bis Oktober unter 2nadligen Kiefern *(Pínus sylvéstris, P. nígra, P. múgo),* auf Sand- und Kalkböden, besonders an sonnigen Standorten (an Schneisen und Waldwe-

Fortsetzung Seite 394

318

145. Butterpilz,
Suillus lúteus. 3/4 nat. Gr.

146. Schmerling, *Suillus granulátus.* 3/4 nat. Gr.

147. Sand-Röhrling, Hirsepilz

Eßbar

Suíllus variegátus (Sw. 1810 : Fr. 1821) O. K. 1898

Kennzeichen: semmelfarbiger, kurzgestielter Hut, mit vielen flockigen Schüppchen (wie Sandkörner) bedeckt, die später verschwinden; Fleisch blauend. Röhren olivbraun.

Hut: anfänglich gelblichgrau bis braungelblich und dichtfilzig, dann bräunlich bis ockergelb, semmelfarbig, mit vergänglichen, büschelig haarigen Schüppchen besetzt, trocken, bei feuchtem Wetter schleimig; anfangs halbkugelig mit eingerolltem Rand, später flach ausgebreitet mit scharfem Rande, 6–12 (bis 15) cm breit, 2–2 $^1/_2$ cm dick, Oberhaut nicht abziehbar.

Röhren: zuerst olivbräunlich, dann grünlichgelb, zuletzt schmutzig olivgrün, bei Druck dunkler als beim Butter-R., vom Fleisch schwerer zu trennen, bis 1 $^1/_2$ cm lang, meist breit am Stiel ausgewachsen. Mündungen in der Jugend sehr fein, später mittelweit und erweitert bis 1 mm, ungleich, anfänglich graugelblich, dann mehr grünlich und schl. olivbräunlich.

Stiel: bräunlich-orangegelb, zylindrisch, glatt, fest, 3–8 cm lang, 2–3 cm breit.

Fleisch: anfangs hellgelb, dann gelb bis orangegelb, am Grunde des Stieles auch rhabarbergelb. Beim Durchschneiden läuft es, wenn nicht zu trocken, meist schwach bläulich an, verbleicht dann aber wieder. Geruch nicht hervortretend, Geschmack mild.

Sporen: ellipsoid-spindelig, 7–10 × 5–7 μm, blaßgelb. Sporenstaub olivbräunlich.

Wert: eßbar im Jugendzustand, wenn die Hüte noch fest sind.

Vorkommen: Juni bis November unter Kiefern und Spirken *(Pinus sylvéstris, P. múgo)* in Wäldern, Heiden, Hoch- und Zwischenmooren, subalpinen Krummholzgebüschen. Vorwiegend auf saurem Boden, örtlich auch über Kalk. Vom Flachland bis ins Hochgebirge verbreitet, oft Massenpilz.

Synonyme: *Bolétus variegátus* Sw. : Fr. 1821, *Ixócomus variegátus* (Sw. : Fr.) Quél. 1888.

148. Kuh-Röhrling, Kuhpilz

Eßbar

Suíllus bovínus (L. 1753) O. K. 1898

Kennzeichen: kuhrötlich-bräunlicher Hut, mit am Stiel herablaufenden, gelblich-grünen, sehr weiten, eckigen Röhren; der ganze Pilz gummiartig biegsam.

Hut: anfangs gelbrötlich, dann kuhrötlichbräunlich, manchmal auch dunkler in vielen Farbabstufungen, anfangs am Rande eingerollt, später flach ausgebreitet, niedergedrückt, oft wellig verbogen und mit scharfem Rande, klebrig und glänzend, bei feuchtem Wetter mit schmierigem Schleim, 3–8 (bis 12) cm breit, dünnfleischig.

Röhren: zuerst graugelblich, dann olivgelblich bis olivbräunlich, ziemlich kurz, bis 1 cm lang, aus zwei bis vier kürzeren zusammengesetzt, am Stiel breit angewachsen und herablaufend, vom Hutfleisch schwer trennbar. Mündungen in der Jugend klein, später weit, in der Tiefe durch Scheidewände mehrteilig, eckig, in der Farbe wie die Röhren, doch mit rostbräunlichem Anflug.

Stiel: wie der Hut gefärbt, am Grunde häufig trübrot, kurz, gleichmäßig dick, meist 3–6 cm lang, $^1/_2$–1 $^1/_2$ cm breit, elastisch, zäh, voll, am Grunde oft zu mehreren zusammengewachsen.

Fleisch: weißlich, im Stiel bräunlich, weich, gummiartig elastisch, im Hut manchmal blauend. Geschmack mild.

Sporen: ellipsoid, 7–10 × 3–4 μm, gelblich. Sporenstaub olivbräunlich.

Wert: wenig schmackhaft, fade, gummiartig-zäh; nur junge Exemplare sind als Füllsel ver-

Fortsetzung Seite 394

147. Sand-Röhrling,
Suillus variegátus. 1/2 nat. Gr.

148. Kuh-Röhrling,
Suillus bovínus. 1/2 nat. Gr.

149. Rotfuß-Röhrling, Rotfüßchen

Eßbar

Xerócomus chrysénteron (BULL. 1780) QUÉL. 1888

Kennzeichen: mittelgroßer, rissig-felderiger Hut mit grünlichgelben, an Druckstellen blaufleckigen Röhren und meist rötlichem Stiel, Fleisch im Alter schwammig.
Hut: bräunlich in verschiedenen Abtönungen, rissig-felderig zerklüftet, in den Rissen rötlich, zuerst halbkugelig, dann gewölbt, 3–7 cm breit. Oberhaut anfänglich zart samtig, dann kahl und trocken. An Schneckenfraßstellen ist das Fleisch meist purpurrot.
Röhren: blaßgelb, später grünlichgelb und olivgrün, an Druckstellen schmutziggrün bis blau, ³/₄–1 cm lang. Mündungen ziemlich groß und eckig.
Stiel: gelb bis braungelb, meist nur der untere Teil rötlich, doch kann auch der ganze Stiel oder nur der obere Teil rot gefärbt sein, öfter an Druckstellen blaufleckig, schlank, mitunter gekrümmt, nach unten zugespitzt, 3–6 cm lang, ³/₄–1 ¹/₂ cm breit, fest und voll. Manchmal zeigt der Stiel ein sehr feines, weit herabreichendes, rotes Maschennetz.
Fleisch: gelb, blaßgelblich, schl. gelbweiß, unter der Oberhaut purpurrot, im Stielgrunde trübrot. Bei Bruch läuft das gelbe Fleisch meist blau und danach purpurrot, das blaßgelbe oder weißliche meist schwach blau oder rötlich an; es riecht angenehm und schmeckt mild.
Sporen: ellipsoid bis spindelförmig, 10–15 × 5–7 µm, hell olivbraun. Staub olivbraun.
Wert: junge Pilze sind fest und schmackhaft, ältere schwammig und geringwertig; geeignet für Mischgerichte.
Vorkommen: Juli bis November im Laub- und Nadelwald, häufig, allgemein verbreitet.
Synonym: *Bolétus chrysénteron* BULL 1780.

150. Filziger Röhrling, Ziegenlippe

Eßbar

Xerócomus subtomentósus (L. 1753) QUÉL. 1888

Kennzeichen: mittelgroßer, erst olivgrüner, dann brauner, filziger Hut, leuchtend gelbe, nicht blauende Röhren, schlanker, bräunlich gestreifter Stiel.
Hut: anfangs olivgrün, graugrün, filzig (fühlt sich wie Wildleder an), später zimt- bis umberbraun, meist nicht rissig; trocken, glanzlos, flach gewölbt, 3–10 cm breit. Oberhaut nicht abziehbar. Hutrand stumpf.
Röhren: leuchtend gelb, im Alter grünlichgelb bis bräunlichgelb, verfärben sich an Druckstellen nicht, nur durchfeuchtete Röhren werden dort schmutzigblau; bis 1¹/₂ cm lang, lassen sich leicht ablösen, am Stiel meist angewachsen. Die Röhrenmündungen sind weit, eckig, manchmal gezähnt und schön goldgelb.
Stiel: gelbbräunlich, auch rotbräunlich, feinkörnig-rauh oder filzig-flockig, mitunter teilweise weitmaschig-netzig, verhältnismäßig dünn und schlank, nach unten verjüngt, 6–10 cm lang, 1 ¹/₂–2 cm breit; Stielbasis mit auffälligem goldgelbem Myzel.
Fleisch: fast weiß, im Stiel gelblich, unter der Huthaut schwach rötlich, unveränderlich, selten schwach blauend und dann bald wieder ausbleichend, zart, saftig, mild, im Alter schwammig, mit würzigem Geruch.
Sporen: spindelig, 12–14 × 5 µm, blaßgelb. Staub hellockerbraun bis olivbraun.
Wert: eßbar, doch nur junge Exemplare sind gute Speisepilze.

Fortsetzung Seite 394

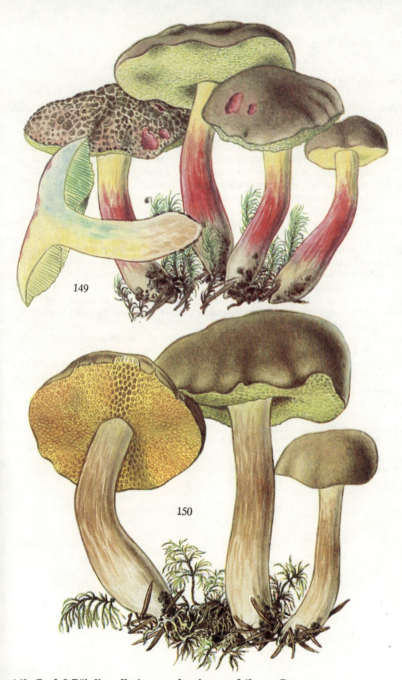

149. Rotfuß-Röhrling, *Xerócomus chrysénteron.* 2/3 nat. Gr.
150. Ziegenlippe, *Xerócomus subtomentósus.* 2/3 nat. Gr.

151. Maronen-Röhrling, Braunhäuptchen

Eßbar

Xerócomus bádius (Fr. 1821) Kühner ex Gilb. 1926

Kennzeichen: kleiner Vetter des Steilpilzes mit kastanienbraunem Hut, grünlichgelben, bei Druck grünlichblau verfärbenden Röhren, braunem, ungenetztem Stiel und bläulich anlaufendem Fleisch.

Hut: dunkelbraun, kastanienbraun, später etwas heller, lederbräunlich, anfangs feinfilzig-samtig, vor allem an trockenen Standorten, später, bes. nach Regen, kahl und glatt mit matter Oberfläche, doch an feuchten Standorten etwas klebrig und mehr rotbräunlich, derbfleischig, zuerst halbkugelig, dann polsterförmig verflacht, 5–12 cm breit.

Röhren: erst blaßgelb, dann gelbgrünlich, zuletzt schmutzig olivgrünlich, bei starker Trockenheit und im Alter graugrünlich, auf Fingerdruck blaugrün verfärbend, 1 bis 1 ¹/₂ cm lang, um den Stiel buchtig-vertieft. Die Mündungen sind zuerst fein, später mittelweit, eckig.

Stiel: gelblichbraun, anfangs hellbraun oder rotbraun bereift, zuerst etwas bauchig, dann gleichmäßig gestreckt, später öfter faserig-streifig, aber niemals genetzt (im Gegensatz zum Steinpilz), auch kahl und glatt, voll, 5–9 cm lang, 1–2 cm dick, oft gekrümmt.

Fleisch: weiß bis blaßgelblich, bei Druck schwach, mitunter auch lebhaft blau verfärbend (doch tritt die Verfärbung nicht immer ein), aber später wieder blaß werdend, zart, saftig, anfangs fest, später schwammig, mit erfrischendem Geruch und angenehmem Geschmack.

Sporen: ellipsoid-spindelförmig, 12–15 × 4–5 µm, gelbbräunlich. Staub olivbräunlich.

Wert: guter Speisepilz, dem Steinpilze geschmacklich fast gleichwertig und kann wie dieser auf jede Art zubereitet werden; gut geeignet zum Trocknen.

Vorkommen: Juni bis November im Nadel- und Laubwald, besonders unter Kiefern und Fichten, doch auch unter Rotbuche, Eiche, Edelkastanie, oft in großer Anzahl. Vorwiegend auf sauren Böden (Sand, Lehm, Silikatgestein). Vom Flachland bis ins Hochgebirge verbreitet und meist sehr häufig.

Synonyme: *Bolétus bádius* (Fr.) Fr. 1828, *B. castáneus* var. *bádius* Fr. 1821, *B. vaccinus* Fr. 1838, *B. túmidus* Fr. 1874.

Anmerkung: Fruchtkörper des Maronen-Röhrlings, der Ziegenlippe, des Rotfuß-Röhrlings und anderer Filzröhrlinge, aber auch des Steinpilzes, des Kahlen Kremplings, der Wurzeltrüffeln (*Rhizopógon*, Bd. II/181–183) und der Schleimtrüffeln (*Melanogáster*, Bd. II/192–193) werden oft von einem weißen, später goldgelben Schimmelpilz befallen, der sie rasch zerstört und ungenießbar macht. Es handelt sich um den Goldschimmel, *Apiócrea chrysospérma* (Tul.) Syd., einen Askomyzeten mit dem Konidienstadium *Sepedónium chrysospérmum* (Bull.) Fr.

151. Maronen-Röhrling, *Xerócomus bádius.* 1/2 nat. Gr.

152. Gallenröhrling

Ungenießbar

Tylopilus félleus (BULL. 1787 : FR. 1821) KARST. 1881

Kennzeichen: steinpilzähnlicher Röhrling mit bräunlichem, filzigem Hut, zuerst weißlichen, dann zart rosa gefärbten Röhren, bräunlichem, grobgenetztem Stiel und in der Regel bitterem Fleisch.

Hut: hell- bis dunkelbräunlich, sehr feinfilzig, dann kahl, bei Trockenheit feinfelderig-zerrissen, anfangs fast halbkugelig, dann polsterförmig gewölbt, 4–12–15 cm breit, dickfleischig, Oberhaut nicht abziehbar.

Röhren: zuerst auffallend weiß und eng, dann blaß- oder graurosa, an Druckstellen rostig, bei älteren Hüten polsterförmig vorgewölbt, um den Stiel herum eingebuchtet, leicht vom Fleisch ablösbar.

Stiel: oliv- oder ockerbräunlich mit blaßgelblichem bis bräunlichem, stark ausgeprägtem, großmaschigem Netz, das bei Berührung dunkelbraun wird.

Fleisch: weiß, fest, im Alter etwas schwammig, im Stiel etwas faserig, Geruch pilzartig, Geschmack fast immer bitter, doch kommen auch nur schwach bittere Exemplare vor. Die Bitterkeit kann meist schon durch Belecken der Oberhaut oder einer Schnittfläche festgestellt werden.

Sporen: spindelförmig, 10–15 × 4–6 µm, fast farblos. Staub rosa.

Wert: wegen seiner Bitterkeit ungenießbar. In geringeren Mengen nicht giftig, in größeren Mengen, die wohl nur selten genossen werden, kann er Darmstörungen hervorrufen. Nach zweimaligem Abkochen sowie beim Trocknen verschwindet die Bitterkeit.

Vorkommen: Juni bis Oktober, vorwiegend im Kiefern- und Fichtenwald, doch auch in Buchen- und Eichen-Birkenwäldern auf saurem Boden, seltener über Kalkgestein. Vom Flachland bis in die Kammlagen der Mittelgebirge meist häufig, jedoch in höheren Gebirgslagen fehlend (Tatra bis 1160 m, KUBIČKA 1964).

Synonyme: *Bolétus félleus* BULL. 1787 : FR. 1821, *B. alutárius* FR. 1838, *Tylopilus alutárius* (FR.) P. HENN. 1900.

Anmerkung: Eine bemerkenswerte Varietät ist *T. félleus* var. *alutárius* (FR. 1838) KARST. 1882: Hut heller gefärbt, Stiel schwächer genetzt, Fleisch mild, nicht bitter. In Skandinavien und der ČSSR beobachtet, nach SINGER überall vorkommend. Eßbar! *T. félleus* var. *fuscéscens* KARST. 1882 fällt auf durch gelben Stiel und blauendes Fleisch; in Finnland und Belgien beobachtet.

Verwechslung: Junge Gallenröhrlinge zeigen täuschende Ähnlichkeit mit jungen Steinpilzen, doch haben sie bräunliche Stiele (Steinpilz dann noch weiß). Ältere Exemplare kann der Pilzfreund an folgenden Merkmalen leicht unterscheiden:

	Gallenröhrling	Steinpilz
Stiel	braunes, grobes Netz	weißes, feines Netz
	auf weißlichem Grund	auf braunem Grund
Röhrenfutter	schmutzig rosa werdend	gelbgrünlich werdend

Ein einziger Gallenröhrling kann ein ganzes Pilzgericht verderben!

152. Gallenröhrling, *Tylopílus félleus.* 2/3 nat. Gr.

153. Echter Steinpilz, Herrenpilz

Eßbar

Bolétus edúlis Bull. 1781 : Fr. 1821

Kennzeichen: hell- bis dunkelbrauner oder rotbrauner Hut, erst weiße, dann gelblichgrüne bis olivgrüne Röhren, jung knolliger, dann walzenförmiger, genetzter, dickfleischiger, kräftiger Stiel; oft recht groß.

Hut: erst weißlich, dann hellbraun bis dunkelbraun, feinrunzelig, matt, bei feuchtem Wetter sowie im Alter schmierig, anfangs fast kugelig, später dick polsterförmig gewölbt, bis 20 cm breit, auch darüber, Oberhaut glatt, wenig abziehbar.

Röhren: erst weiß, dann grüngelblich, schl. olivgrün, 1–3 cm lang, vom Hutfleisch leicht lösbar, um den Stiel stark verkürzt, frei bis halbfrei, mit zunächst sehr kleinen, weißen, rundlichen Mündungen.

Stiel: grauweißlich oder graubräunlich, erst dickknollig, dann keulenförmig, wenigstens in der oberen Hälfte stets mit weißem oder hellbräunlichem, erhabenem, im Alter verwischendem Netz, 7–15 cm hoch, 3–6 cm dick.

Fleisch: weiß und fest, später schwammig, unter der Oberhaut rötlichbraun.

Sporen: spindelförmig, 14–18 × 4–5(7) µm, gelbgrün. Staub dunkeloliv.

Wert: sehr geschätzt, von vorzüglichem Geschmack, doch weichlich-schlüpfrig; vielseitig zu verwenden zum Schmoren, Braten, Einlegen und Trocknen.

Vorkommen: Juli bis Oktober im Nadelwald unter Kiefern und Fichten, einzeln oder in Gruppen. Häufig in den Gebirgen, zerstreut im Flach- und Hügelland.

Synonyme: *Tubiporus edúlis* (Bull. : Fr.) Karst. 1881, *Bolétus bulbósus* Schaeff. 1774

Anmerkung: „Der Steinpilz", in Form und Farbe vielgestaltig, ist nach heutiger Kenntnis eine Sammelart, die mehrere schwer unterscheidbare und z. T. noch unzureichend abgegrenzte Arten und Unterarten umfaßt. Wassilkow (1966) gliederte den Steinpilz-Komplex in 18 Formen, Singer (1967) in 2 Arten, eine davon mit 5 Unterarten, Watling (1970) in 4 Arten, eine davon mit 5 nicht benannten Unterarten, während Pilát & Dermek (1974) 8 Arten, aber keine Unterarten unterscheiden.

Die typische Art bzw. Unterart, *B. edúlis* subsp. *edúlis*, ist auf unserer Tafel dargestellt. Sie wächst unter Koniferen, hat einen nuß- bis umberbraunen Hut mit weißer Randlinie, spindelig-bauchigem Stiel mit ziemlich grobem, langmaschigem, bis unter die Stielmitte hinabreichendem Netz; die Poren sind erst elfenbeinweiß, dann olivgrün.

Eine im Norden der DDR häufige Laubwaldform auf sauren Böden (subsp. „B" Watling ?) hat gelb- bis haselnußbraunen Hut mit hellerer Randzone, schlank keulenförmigen bis zylindrischen Stiel mit sehr feinem, nur $^1/_4$ bis $^1/_2$ der Stiellänge hinabreichendem Netz; die Poren sind gelblich weiß, dann lange zitronengelb, schließlich olivgrün.

Gut charakterisierte Sippen, die heute fast allgemein als Arten anerkannt werden, sind Nr. 154, 155 und Bd. II/23.

Verwechslung: Man vergleiche unbedingt den stark bitteren Gallenröhrling, *Tylopilus félleus* (Nr. 152).

153. Echter Steinpilz, *Bolétus edúlis.* 1/2 nat. Gr.

154. Sommer-Steinpilz, Eichen-Steinpilz

Eßbar

Bolétus reticulátus SCHAEFF. 1774

Kennzeichen: ein Steinpilz mit filzigem, schorfig-körnigem, hellbraunem oder graugelbem Hut, der oft feldrig-rissig wird, Stiel mit grobem, weit hinabreichendem Netz. Geruch nach Kumarin.

Hut: blaßbräunlich bis nußbräunlich, oft graubräunlich bis ockergrau, bei trockenem Wetter feinfilzig bis körnig, unter der Lupe niemals glatt, oft stark zerrissen und zerklüftet, bei feuchtem Wetter etwas schmierig, erst halbkugelig, dann polsterförmig, zuletzt vertieft und genabelt, fleischig, 6–20 cm, sogar bis 30 cm breit.

Röhren: zuerst fast weiß, später gelbgrünlich, fast frei oder buchtig angewachsen, recht lang.

Poren: zuerst weiß bis weißgrau, schl. schön gelbgrün, am Hutrand mitunter rosarötlich, klein.

Stiel: blaßgrau bis hellbräunlich, knollig-bauchig, später keulig bis walzig, schlanker als beim typischen Steinpilz, bis in die untere Hälfte mit einem Netz von gestreckten Maschen aus erhabenen, hellen, weißlichen Adern überzogen, fest und voll.

Fleisch: weiß, unter der Oberhaut leicht hellbräunlich, dick, weich, locker, mit süßlichem Geschmack und angenehmem Geruch, beim Trocknen kumarinartig.

Sporen: spindelig, 14–17 × 4,5–5,5 μm, hell-olivgelb. Staub helloliv, heller als beim typischen Steinpilz.

Vorkommen: Mai bis September im Laubwald und Parkanlagen unter Eiche, nach einigen Autoren auch unter Rotbuche, nach PILÁT & DERMEK sogar in reinem Nadelwald. Häufig in West-, Süd- und im südlichen Mitteleuropa, zerstreut auch weiter nördlich bis Stockholm; fehlt in höheren Gebirgslagen. Eine gute Darstellung gibt JAHN (Westfäl. Pilzbriefe **1** (1958): 68–71).

Synonyme: *Bolétus edúlis* BULL.: FR. subsp. *reticulátus* (SCHAEFF.) KONR. & MAUBL. 1937, *B. aestivális* „PAULET" ex FR. 1838. – *B. aestivális* sensu FRIES 1846, REA, KALLENBACH ist *B. féchtneri* VEL. 1922 (Bd. II/3).

155. Bronze-Röhrling, Schwarzhütiger Steinpilz

Eßbar

Bolétus aéreus BULL. 1788: FR. 1821

Kennzeichen: dunkelbrauner, dem Maronen-Röhrling ähnlich gefärbter Steinpilz mit samtiger Oberhaut und braun genetztem Stiel.

Hut: dunkelbraun, bronzefarbig, schokoladenfarben bis schwarz, trocken, feinsamtig, halbkugelig, dann gewölbt, 10–15 cm breit, derbfleischig.

Röhren: erst weißlich, dann gelblich bis gelbbräunlich, fein, nicht frei, am Stiel angewachsen.

Poren: erst weiß, dann gelbbräunlich bis rotbräunlich.

Stiel: ganz jung blaßgelblich, dann rotbräunlich, in der oberen Hälfte bis zur Spitze mit einer feinen braunen Netzzeichnung, zuerst knollig, dann dickwalzig, kräftig, fest.

Fleisch: weiß, unter der Oberhaut fein graubraun gezont, fester als beim Steinpilz, nußartiger Geschmack und angenehmer Geruch, beim Trocknen kumarinartig.

Sporen: spindelförmig, 12–15 × 4–5 μm, blaß gelbbräunlich.

Vorkommen: Mai bis Oktober im Laubwald unter Rotbuche, Eiche und Edelkastanie; wärmeliebende Art Südeuropas; in Mitteleuropa in den wärmsten Gebieten (u. a. Südslowa-

Fortsetzung Seite 394

154. Sommer-Steinpilz,
Bolétus reticulátus. 1/2 nat. Gr.

155. Bronze-Röhrling,
Bolétus aéreus. 1/3 nat. Gr.

156. Fahler Röhrling

Eßbar

Bolétus impolítus FR. 1838

Kennzeichen: vom Steinpilz durch fahlen, körnigen Hut, blaßgelben, körnig-flockigen, ungenetzten Stiel und das blaßgelbliche Fleisch unterschieden.

Hut: graugelblich, lehmfarben bis blaßockerbräunlich, überreift, bei Berührung fuchsigbraun, zart seidenfilzig, dann feinfilzig-faserig, später glatter, stellenweise fein gekörnt oder zart runzelig, uneben, zuletzt kahl und zart geflammt, jung halbkugelig, später polsterartig gewölbt, auch flach ausgebreitet, manchmal unregelmäßig geformt, 5–20 cm breit, dickfleischig. Oberhaut nicht abziehbar.

Röhren: erst blaßgelblich, dann leuchtend gelb, zitronengelb bis goldgelb, dann olivgelb bis grünlichgelb, zuletzt olivgrünlich, bei Druck nicht verändernd, einfach, seltener zusammengesetzt, eine Einsenkung um den Stiel bildend. Mündungen sind anfangs sehr klein und eng, später höchstens mittelweit, rundlich bis eckig.

Stiel: gelblichweiß bis blaßgelb, im unteren Teil bräunlich-rötlich überhaucht und ebenso gefleckt, doch bisweilen auch im oberen Teil streifenförmig rotbräunlich gefärbt, meist aber dort gelbfleckig punktiert und körnig-filzig bis fleckig-schuppig, später mehr oder weniger faserig gestreift, ziemlich glatt und niemals genetzt, zuerst eiförmig, später mehr oder weniger bauchig, nach unten keulig verdickt, aber auch fast schlank, manchmal zylindrisch oder auch seitlich zusammengedrückt, auch halb in der Erde steckend, an der Basis abgerundet, 5–15 cm lang, 2–7 cm dick.

Fleisch: weißlich bis blaßgelb, über den Röhren und an der Stielrinde intensiver gelb gefärbt, unter der Hutoberhaut schwach gerötet, fest, bis $3^{1}/_{2}$ cm dick, unveränderlich, also nicht anlaufend; frisch schwach obstartig, säuerlich riechend und angenehm, erst süßlich, später säuerlich schmeckend; leicht faulend und dann mit starkem Verwesungsgeruch.

Sporen: länglich-ellipsoid, 12–14 × 4–6 μm, blaßgelb. Staub olivbraun.

Wert: einer der vorzüglichsten Speisepilze, von besonderem Wohlgeschmack, ergibt eine gelbliche Brühe mit Fleischbrühegeschmack. Dem Steinpilz mindestens ebenbürtig. Nach SINGER u. a. jedoch manchmal mit starkem Phenolgeruch.

Vorkommen: Juli bis Oktober in lichten Laubwäldern und Parkanlagen, besonders unter Eichen auf Lehm- und Kalkboden, ziemlich selten, nur örtlich häufiger (u. a. Südmähren, Mittelböhmen, Elbtal, Auenwälder bei Leipzig), sehr vereinzelt weiter nördlich, z. B. in Mecklenburg und Mittelschweden.

Synonyme: *Xerócomus impolitus* (FR.) QUÉL. 1888, *Bolétus obsónium* FR. 1838, *B. sápidus* HARZER 1842, *B. aquósus* KRBH. 1846, *B. aemílii* BARBIER 1915.

Verwechslung: Gelber Steinpilz, *Bolétus appendiculátus* SCHAEFF., mit braunem Hut, schwach blauendem Fleisch, Stiel mit feinem zitronengelbem Netz, ist gleichfalls eßbar (s. Bd. II/2).

156. Fahler Röhrling, *Bolétus impolítus.* 3/4 nat. Gr.

157. Flockenstieliger Hexen-Röhrling, Schusterpilz, Gauklerpilz

Eßbar, jedoch roh giftig

Bolétus erýthropus (FR. 1821) KRBH. 1821

Kennzeichen: samtiger, dunkelbrauner Hut mit roten Röhrenmündungen, gelbem, rotflokkigem Stiel und gelbem, beim Durchbrechen sofort blauendem Fleisch.

Hut: meist dunkelbraun, doch auch hellbraun oder olivbraun, oft auch braunschwarz oder grauschwarz, filzig bis samtig trocken, erst halbkugelig, dann polsterförmig gewölbt, 7–20 cm breit, Oberhaut nicht abziehbar.

Röhren: grünlichgelb, an Druckstellen sofort dunkelblau bis blauschwarz verfärbend, 1–2 cm lang. Die Mündungen sind eng, rundlich, mennigrot bis düsterrot.

Stiel: auf gelbem Untergrund oben orangerot, nach der Mitte zu rot bis purpurrot geschuppt oder flockig punktiert, aber am Grunde weniger rot, mehr gelbgrau oder gelbbräunlich, anfangs dickbauchig, dann keulig gestreckt, 5–12 cm lang, 2–4 cm dick, ebenfalls sehr empfindlich.

Fleisch: aprikosengelb, schön sattgelb, beim Durchschneiden sofort dunkelblau anlaufend, nach einiger Zeit wieder ausblassend und blaßgraublau werdend. Wer diese augenblickliche Verfärbung des Fleisches zum erstenmal sieht, ist so überrascht, daß er den Pilz fast unwillkürlich wiederholt zerbricht, um die seltsame Verfärbung mehrmals zu beobachten. Das Fleisch ist fest und derb, an Fraßstellen von Larven etwas gerötet, Geruch und Geschmack sind unwesentlich.

Sporen: ellipsoid-spindelig, 12–18 × 4–6 µm, grünlichgelb. Sporenstaub olivgrün.

Wert: ein sehr schmackhafter Speisepilz, der von vielen Pilzkennern höher geschätzt wird als der Steinpilz. Vom Genuß des rohen Pilzes ist abzuraten. Ausnahmsweise kann der Genuß auch Darmstörungen hervorrufen.

Vorkommen: Ende Mai bis Oktober im Laub- und Nadelwald, im Flachland besonders unter Eiche und Rotbuche, im Gebirge unter Fichte und Tanne, auf sauren und neutralen Böden, jedoch nicht in Mooren. Häufig in allen Höhenlagen mit Ausnahme der Kalkgebiete.

Synonyme: *Bolétus lúridus* var. *erýthropus* FR. 1821, *B. miniatóporus* SECR. 1833 (nomen illegit.), *B. luridiförmis* ROSTK. 1844, *B. praestigiátor* R. SCHULZ in MICHAEL 1927. – Nicht = *B. erýthropus* PERS. 1796 (siehe unten).

Ähnlich: Primelgelber Röhrling, Falscher Schwefel-Röhrling, *Bolétus junquílleus* (QUÉL. 1898) BOUD. 1905/10 (= *B. pseudosulphúreus* KALLENBACH 1923). Hut schwefelgelb, z. T. rötlich bis braun, Röhrenmündungen und Stiel gelb, Stiel flockig-punktiert. Fleisch und Röhren intensiv dunkelblau anlaufend wie beim Flockenstieligen Hexen-Röhrling, wahrscheinlich nur eine Farbmutante von diesem. Selten.

Glattstieliger Hexen-Röhrling, *Bolétus quelétii* SCHULZER 1885 (= *B. erýthropus* PERS. 1796, non KRBH. 1821). Hut kupfer-, ziegel-, purpurrot, Röhrenmündungen orange, Stiel weder flockig-punktiert noch genetzt, gelbbräunlich mit roter Basis, Fleisch schwach blauend. Selten in den wärmeren Gebieten, besonders auf Kalk.

Beide Arten sind vermutlich ebenfalls roh giftig.

Satanspilz, mit fast weißem Hut, s. Nr. 159.

157. **Flockenstieliger Hexen-Röhrling,** *Bolétus erýthropus.* 3/4 nat. Gr.

158. Netzstieliger Hexen-Röhrling

Eßbar, jedoch roh giftig

Bolétus lúridus SCHAEFF. 1774 : FR. 1821

Kennzeichen: Hutoberseite oliv oder orange, Röhrenmündungen rot, Stiel grob genetzt, Fleisch gelb, stark blau anlaufend.

Hut: wechselfarbig, olivgrün, olivbraun, orange, ziegelrot, selten karminrot oder zitronengelb, zuerst halbkugelig, dann polsterförmig, bis flach, 8–20 cm breit, dickfleischig, Oberhaut filzig, fühlt sich wie Wildleder an, im Alter kahl werdend, bei Regenwetter sehr schwach schmierig, nicht abziehbar.

Röhren: erst gelb, dann olivgrün, an Druckstellen grünlich und blau gefleckt, 1½ bis 2½ cm lang, an der Mündung erst prächtig orangerot, später bräunlichrot oder trüb purpurn bis trüb orangebräunlich, bei Berührung sofort blaugrau bis schwärzlichblau.

Stiel: im oberen Teil hellgelb bis orangegelb, abwärts purpurrot, entweder in seiner ganzen Länge oder nur teilweise mit einem weitmaschigen, gelblichen oder rotbräunlichen Netz bekleidet, zuerst knollig, dann keulenförmig gestreckt, mitunter bauchig oder auch schlank, am Grunde zugespitzt, sehr veränderlich, 5–13 cm lang, 2–5 cm dick. Wie die Röhren ist der derbe Stiel gegen Berührung und Druck empfindlich.

Fleisch: blaßgelblich, am Stielgrunde purpurrötlich, weiter aufwärts weinrötlich durchzogen, häufig auch über den Ansatzstellen der Röhren. Beim Durchbrechen wird das Fleisch intensiv blau, später aber allmählich rötlich-graublau. Geruch und Geschmack sind pilzartig, aber nicht stark ausgeprägt.

Sporen: ellipsoid-spindelig, 12–15 × 5–7 µm, gelblich, Staub olivbräunlich.

Wert: ein ausgezeichneter, schmackhafter Speisepilz, der von vielen Pilzfreunden ohne Einschränkung genossen wird, bei manchen Personen aber starke Verdauungsstörungen hervorruft. Vor dem Genuß des rohen Pilzes ist eindringlich zu warnen. Er muß längere Zeit geschmort werden. In Verbindung mit Alkohol giftig!

Vorkommen: Juni bis Oktober im Laub und Nadelwald, in Parkanlagen und unter Straßenbäumen, besonders unter Rotbuche, Linde, Eiche und gebietsweise unter Fichte, auf Lehm- und Kalkböden, einzeln oder gesellig. Im Flach- und Hügelland meist häufig, seltener in den Gebirgen, z. B. im Schweizer Nationalpark nur in niederen Lagen, dort bei Birke und Espe (FAVRE 1960).

Synonyme: *Tubiporus lúridus* (SCHAEFF. : FR.) KARST. 1881, *Bolétus rubeolárius* BULL., *B. sordárius* FR. 1838, *B. variicolor* GRAMBERG 1921 (non BERK. & BR. 1865) u. v. a.

Anmerkung: *Bolétus lúridus* var. *rúbriceps* MRE. 1937 mit lebhaft rotem bis purpurnem Hut wurde in Eichenwäldern von Katalonien, in der Slowakei u. a. gefunden.

PILAT & DERMEK (1974) unterschieden in Mitteleuropa 10 rotporige *Bolétus*-Arten, darunter 7 mit genetztem Stiel; einige davon sind selten und schwer zu unterscheiden. Vgl. Nr. 159 und Bd. II/5–7! Der Dickfuß-Röhrling (Nr. 160) hat einen rot genetzten Stiel, aber gelbe Poren.

158. Netzstieliger Hexen-Röhrling, *Bolétus lúridus.* 3/4 nat. Gr.

159. Satanspilz, Satans-Röhrling

Schwach giftig

Bolétus sátanas Lenz 1831

Kennzeichen: großer, blaßgrauer Hut, grüngelbliche Röhren, blut- bis orangerote Röhren-mündungen, kurzer, dickbauchiger, gelber und karminroter, teilweise genetzter, farben-prächtiger Stiel und schwach blauendes Fleisch.

Hut: blaßgraulich, weißlichgrau, olivgrau, an Schneckenfraßstellen gelb bis rötlich, pol-sterförmig gewölbt, 6 – 25 cm breit, dickfleischig, mit trockener, nicht abziehbarer, mitun-ter zerrissener Oberhaut.

Röhren: zunächst gelblich, dann grünlichgelb bis schmutzig olivgelb, bei Verletzung blau-grün, leicht ablösbar, verhältnismäßig kurz, im Alter aber bis 2,5 cm lang; an den Mündun-gen jung blaßgelb, dann rötlich überhaucht, blutrot mit orangegelber Randzone, im Alter schmutzig olivgrün, bei Druck grünblau.

Stiel: an der Spitze blaßgoldgelb, nach unten allmählich karminrötlich, am Grunde oliv-grau und gelblich, knollig bis dickbauchig, im Verhältnis zur Hutgröße kurz, 5 bis 12 cm hoch und ebenso dick, teilweise mit sehr feinem, karminrotem Adernetz bekleidet.

Fleisch: weißlich, über den Röhren und dem Hutrande schwach gelblichweiß, beim Durchschneiden bläulichweiß werdend, über den Röhren stärker bläulich, im Stiel schwach rötlich, im Stielgrunde mit gelblicher Zone. Fest und derb. Eigenartiger, im Alter widerlicher, etwas aasartiger, schwer zu beschreibender, aber typischer Geruch und schwach süßlicher, fast nußartiger Geschmack.

Sporen: ellipsoid-spindelig, 11 – 15 × 5 – 7 µm, gelblich. Staub olivgrüngelblich.

Wert: roh genossen wirkt er stark giftig, geschmort in größerer Menge gegessen verursacht er Darmstörungen. Er ist nicht so schlimm wie sein Ruf, aber ältere Exemplare sind wegen des üblen Geruches abzulehnen.

Vorkommen: Juli bis September im Laubwald, besonders unter Eiche, Weiß- und Rotbu-che, nur auf Kalk- und Tonböden. Gebietsweise häufig in Südeuropa und in den wärmsten Gegenden von Mitteleuropa (Südmähren, Mittelböhmen, Thüringer Becken, Oberrheinge-biet, Südengland), weiter nördlich sehr selten, u. a. auf Rügen, Usedom, sogar in Schwe-den.

Synonyme: *Bolétus sanguineus* Secr. 1833 (nomen illegit.), *B. fóetidus* Trog 1836, *Tubiporus sátanas* (Lenz) Ricken 1918.

Verwechslung: Der Purpur-Röhrling, *Bolétus rhodoxánthus* (Krbh.) Kallenbach (Bd. II/5) unterscheidet sich durch schlankeren, keulenförmigen Stiel und gelbes Fleisch, der Weinrote Purpur-Röhrling *B. le-gáliae* (Pil.) Pil. (= *B. lu-pinus* sensu Bres. = *B. satanoides* sensu Sing.) durch blaßgelbes, blaulanlaufendes Fleisch (Bd. II/6–7). Beide Arten ha-ben einen grauweißen, im Gegensatz zum Satanspilz oft rötlich überlaufenen Hut. – Der Ochsen-Röhrling, *B. toró-sus* Fr. (= *B. purpúreus* var. *xanthocyáneus* Ramain), hat einen zitronengelblichen, grau- bis apfelgrünen Hut mit roten Flecken und gelbes, intensiv blau anlaufendes Fleisch. Die 3 genannten Arten kommen selten im Laubwald im südlichen Mitteleuropa vor, der Purpur-Röhrling auch in Mecklenburg und Dänemark.

159. Satanspilz, *Bolétus sátanas.* 1/2 nat. Gr.

160. Dickfuß-Röhrling

Ungenießbar, roh giftig

Bóletus cálopus Fr. 1821

Kennzeichen: graubräunlicher Hut, gelbgrüne Röhren, farbenprächtiger Stiel mit rötlichem Netz.

Hut: graugelb bis graubräunlich, schwach filzig bis zart samtig, lederartig, trocken, öfter felderig-rissig, am Rande faserig-filzig, fast kugelig, allmählich mehr oder weniger polsterförmig gewölbt, 8 – 18 cm breit, dickfleischig. Hutrand ziemlich scharf und lange eingebogen.

Röhren: anfangs hellgelb, dann schmutzigolivgelb bis grünlich, an Druckstellen sofort grünblau, nach dem Stiel hin kürzer werdend, ausgebuchtet, schwer ablösbar. Mündung sehr fein, rundlich, grüngelb.

Stiel: in der oberen Hälfte gelb gefärbt, im unteren Teile rotfilzig, an der Basis bei älteren Pilzen sogar intensiv blutrot bis dunkelkarminrot, am Grunde zuweilen auch olivbraun; von einer oben gelben, unten roten, also den Grundfarben fast gleichfarbigen, erhabenen Netzzeichnung überzogen, die nach unten zu großmaschig wird und manchmal weniger deutlich ist. Bei älteren Exemplaren ist die Färbung ganz verblaßt, so daß der Stiel gelblichweiß erscheint. Sie verschwindet auch beim Berühren, wird schmutziggrün, mißfarben. Der Stiel ist 6–8 cm hoch, hart, zäh, 2 – 5 cm breit.

Fleisch: weißlich bis hellgelb, derb und fest, im Bruch bald grünbläulich anlaufend, aber sich bald wieder entfärbend, über den Röhren schön blau, im Stiele weißgelblich, aber später verblassend und grau werdend. Geruch unangenehm, etwas säuerlich, Geschmack zuerst süßlich, dann bitter, manchmal nur geringfügig.

Sporen: ellipsoid-spindelig, 12–16 × 4,5–5,5 µm, gelbocker-oliv.

Wert: wegen des bitteren Fleisches auch nach Abkochen nicht genießbar.

Vorkommen: Juli bis Oktober im Laub- und Nadelwald, besonders unter Fichte, Tanne und Rotbuche auf sauren Böden (Silikatgestein). Häufig im Hoch- und Mittelgebirge (Pyrenäen, Alpen, Karparten, Balkanhalbinsel, alle herzynischen Gebirge), in Südschweden und Großbritannien, sonst selten; fehlt im Flachland der DDR.

Synonyme: Bolétus páchypus Fr. 1821, Tubiporus páchypus (Fr.) Ricken 1918.

161. Pfeffer-Röhrling

Eßbar, Gewürzpilz

Bolétus piperátus Bull. 1784 : Fr. 1821

Kennzeichen: kleiner, gelbbrauner Hut, zimt- bis rotbraune Röhren.

Hut: gelblichbraun bis gelblichrot, flach gewölbt, polsterförmig, 2–6 cm breit, an feuchtem Standort und bei nassem Wetter klebrig, dagegen an trockenem Standort und bei trockenem Wetter glänzend, bisweilen mit rissig-schuppiger Oberhaut.

Röhren: orange bis rotbraun, am Stiel angewachsen, manchmal etwas herablaufend, weite, eckige Röhrenmündungen, gegen Hutrand kleiner und dicht gedrängt.

Stiel: ebenso gefärbt wie der Hut, nach unten zu jedoch hell- bis goldgelb, kurz, dünn, nur 0,5–1 cm breit, 4–7 cm lang.

Fleisch: gelblich, ziemlich dünn, sehr weich und saftig, im Stiel seidenartig und faserig, auffallend zitronengelb, ohne bestimmten Geruch, mit scharf pfefferartigem, brennendem Geschmack.

Sporen: spindelförmig, 9 – 11 × 3 – 4 µm. Staub gelblichbraun.

Fortsetzung Seite 394

340

160. Dickfuß-Röhrling, *Bolétus cálopus.* 1/3 nat. Gr.

161. Pfeffer-Röhrling, *Bolétus piperátus.* Nat. Gr.

162. Birkenpilz, Birken-Röhrling, Kapuziner-Röhrling

Eßbar

Leccinum secábrum (Bull. 1782 : Fr. 1821) S. F. Gray 1821

Kennzeichen: rötlichbrauner bis schwarzbrauner, feinfilziger Hut, relativ grob schwarzschuppiger Stiel, Stielbasis ocker bis ziegelrot überlaufen, Fleisch unveränderlich weiß.

Hut: bräunlich in allen Abstufungen von rotbraun bis graubraun, halbkugelig, dann polsterförmig, 3–12 cm breit, glatt, kahl und trocken, ziemlich dickfleischig, Huthaut wenig abziehbar.

Röhren: jung weißlich, später schmutzigweiß, hellgrau oder grau, an Druckstellen bräunlich, 1–2½ cm lang. Röhrenschicht nach unten gewölbt, läßt sich leicht vom Hutfleisch lösen und ist vom Stiel durch eine Ringfurche scharf abgesetzt, Mündungen eng, klein und rund.

Stiel: weißlich, aber mehr oder weniger mit faserigen, schwärzlichen oder grauen, sparrigen Schuppen besetzt, nach oben bisweilen längsstreifig netzig, voll, schlank, meist nach oben verschmälert, 8–15, selten bis 20 cm lang, unten 1–1½ cm dick, etwas brüchig, Stielfleisch im Alter ziemlich strähnig und holzig-zäh.

Fleisch: weiß, spätergrauweiß, beim Durchbrechen unveränderlich oder leicht grauend; in der Jugend fest, dann weich, zuletzt schwammig und bei Regenwetter sehr wasserhaltig. Geruch und Geschmack angenehm.

Sporen: spindelförmig, 13 – 18 × 5 – 6 µm, blaßgelblich. Staub olivbräunlich.

Wert: junge, feste Exemplare sind recht schmackhaft, ältere Pilze sehr weichlich und wässrig. Fleisch wird beim Schmoren grau bis grauschwarz und recht schleimig, Stiele älterer Pilze sind zäh und daher unbrauchbar.

Vorkommen: Juni bis Oktober in Wäldern, Heiden, Parkanlagen, stets unter Birken verschiedener (auch exotischer) Arten, besonders auf neutralen Böden. Verbreitet und meist häufig vom Flachland bis zur Walzgrenze, jedoch in Gebieten mit sauren und moorigen Böden fehlend oder jedenfalls seltener als der Rötende Birkenpilz (Nr. 163), der fast weißhütige Moor-Birkenpilz, *Leccínum hólopum* (Rostk.) Watl. u. a. Arten. Genauere Untersuchungen zur Verbreitung der Birkenpilz-Arten wären sehr erwünscht.

Synonyme: *Bolétus scáber* Bull. : Fr. 1821, *Krombhólzia scábra* (Bull. : Fr.) Karst.1881, *Táchypus scáber* (Bull. : Fr.) Romagn. 1939, *Bolétus leucophaeus* Pers. 1825.

Verwechslung: Der Birkenpilz i. e. S. unterscheidet sich von mehreren verwandten Arten (Nr. 163, II/12 u. 13) durch das unveränderliche weiße, ziemlich feste Fleisch und die nicht blaugrüne, sondern ocker oder rötlich verfärbte Stielbasis.

In der subarktischen Tundra wächst unter Zwergbirken (*Bétula nána, B. rotundifólia*) eine Art mit kleinerem (bis 5 cm), mehr gelbbraunem, felderig-rissigem Hut, *L. rotundifóliae* (Sing.) A. H. Smith, Thiers & Watling. Sie ist dort sehr häufig.

162. Birkenpilz, *Leccínum scábrum.* 2/3 nat. Gr.

162a. Rötender Birkenpilz

Eßbar

Leccinum oxydábile (SING. 1938) SING. 1947

Kennzeichen: grau- bis dunkelbrauner, feinfilziger bis kahler Hut, ziemlich grob schwarz-schuppiger Stiel mit grünblau gefärbter Basis, Fleisch im Stiel gelbgrün und grünblau durchzogen, lachsrosa anlaufend.

Hut: schwarzbraun, satt umberbraun, zum Rande hin mit hellen (creme) Flecken, leicht uneben-runzelig, anfangs fein filzig und glanzlos, später kahl und klebrig-glänzend, 4–15 cm breit, halbkugelig, dann gewölbt, stumpfrandig mit 1–3 mm überstehender Huthaut, fleischig.

Röhren: jung cremeweiß, dann blaß ocker, grau, Mündungen braunrötlich gefleckt oder überlaufen, eng, rund; Röhrenschicht 7–12 mm dick, am Stiel abgerundet-angewachsen.

Stiel: auf weißem bis graubräunlichem Grund grob faserschuppig oder zerissen-netzig, Schuppen punktförmig, braunschwarz. Stiel schlank keulenförmig. 10–17 cm lang, 1–2,5 cm dick, voll. Stielbasis bis zu 1/3 der Höhe großflächig grün und grünblau überlaufen.

Fleisch: weiß, in der unteren Stielhälfte gelbgrün und grünblau durchzogen, in der oberen Stielhälfte lachsrosa bis schmutzig weinrot anlaufend, im Hut unveränderlich, mit $FeSO_4$-Lösung grünlich (Hut) bis blau (oben im Stiel) anlaufend, ohne besonderen Geruch und Geschmack.

Sporen: spindelförmig, 13 – 21 × 5 – 6,7 µm (SINGER), Sporenstaub honigbräunlich.

Wert: eßbar.

Vorkommen: September und Oktober in Wäldern und Mooren, stets unter Birken (besonders *Bétula pubéscens*) auf saueren und moorigen Böden, gebietsweise häufig (z. B. im Flachland der DDR), vermutlich in ganz Mittel-, Nord- und Osteuropa verbreitet.

Synonyme: *Krombhólzia oxydábilis* SING. 1938, ? *Leccinum variicolor* WATL. 1969.

Anmerkung: Die Variationsbreite dieser Art ist noch ungenügend bekannt. WATLING beschränkt den Namen *L. oxydábile* auf eine dem Typus (vom Altai) entsprechende Form mit schwach rötendem Fleisch und nicht blaugrün verfärbter Stielbasis, während eine Form mit intensiv rosenrot (auch im Hut) und in der Stielbasis tief blaugrün verfärbtem Fleisch und weinrötlich fleckenden Röhrenmündungen als *L. variicolor* WATL. (Typus von Schottland) bezeichnet wird. Die von SINGER (1967), PILÁT & DERMEK (1974) und von uns (Exemplar von Gristow b. Greifswald) abgebildeten Formen stehen zwischen diesen Extremen; die Beschreibung von SINGER (1967) schließt beide Extreme ein. Weitere Sippen mit mehr oder weniger deutlich blaugrün, verfärbter Stielbasis sind:
Moor-Birkenpilz, *Leccinum hólopus* (ROSTK.) WATL.: Hut weißlich, Fleisch unveränderlich weiß, jedoch in der Stielbasis oft grünlich, selten tei¹weise blau. In *Sphagnum*-Mooren.
Meergrüner Birkenpilz, *Leccinum thalássinum* PIL. & DERMEK: Hut grau, graugrün, Fleisch unveränderlich weiß, jedoch unter der Huthaut rosa, Stielbasis innen und außen grün. Sandboden, Slowakei.
Buntfuß-Birkenpilz, *Leccinum sábrum* f. *colorátipes* (SING.) SING.: Hut braun wie der Birkenpilz (Nr. 162), Fleisch unveränderlich weiß oder leicht rötend, Stielbasis innen lebhaft zitronengelb und manchmal etwas blauend.
Alle genannten Arten und Formen wachsen unter Birken.

162a. Rötender Birkenpilz, *Leccinum oxydábile.* 2/3 nat. Gr.

163. Espen-Rotkappe, Espen-Rothäubchen

Eßbar, roh giftig

Leccinum rúfum (SCHAEFF. 1774) KREISEL (ined.)

Kennzeichen: derber Pilz mit orange- bis rostroter, filziger Huthaut, rotbraun geschupptem Stiel und weinrötlich, dann lila-schwärzlich anlaufendem Fleisch.

Hut: orangerot, rostrot, ziegel- bis braunrot, anfangs kugelig, dann breit polsterförmig gewölbt, 7–20 cm breit, filzig, trocken, bei feuchtem Wetter etwas schmierig, dickfleischig. Huthaut nicht abziehbar, am Hutrand etwa 4 mm breit überstehend und einen lappigen Saum bildend, der anfänglich dem Stiel eng anliegt, später aufreißt und herabhängt. Dieser Hutsaum ist ein Kennzeichen für alle Rotkappen-Arten und den Härtlichen Röhrling (Bd. II/12).

Röhren: anfangs weiß, später graugelblich, 20–35 mm lang, bei Berührung weinrötlich fleckend.

Stiel: auf weißlichem Grunde mit anfangs weißen, dann bräundenden, schließlich rotbraunen punktförmigen Schuppen, auch längs gestreift, lang zylindrisch, 8–20 cm lang, 1,5–6 cm dick, oben stark verjüngt, voll.

Fleisch: fest, weiß, langsam weinrot und danach lilaschwärzlich oder schieferblaugrau anlaufend. Geruch und Geschmack angenehm.

Sporen: länglich-ellipsoid bis spindelförmig, 14 – 16,5 × 4 – 5µm, Sporenstaub honig- bis olivbraun.

Wert: ausgezeichneter Speisepilz, der beim Schmoren schwarz wird. Nach dem Genuß roher Rotkappen sind Vergiftungen vorgekommen.

Vorkommen: Juni bis Oktober, ausschließlich unter Espen (*Pópulus trémula*) in Wäldern und Gebüschen, auch an moorigen Standorten. Auf Kalk- und Silikatboden häufig in Mittel- und Nordeuropa, in den Alpen bis 1500 m ü. M. (FAVRE).

Synonyme: *Bolétus rúfus* SCHAEFF. 1774, *B. versipéllis* auct. p.p., ? *Bolétus aurantíacus* BULL. 1784, ? *Leccinum aurantíacum* (BULL.) GILB. 1931, *Tráchypus aurantiacus* (BULL.) ROMAGN. 1939.

Anmerkung: Nach gegenwärtiger Auffassung (PILÁT & DERMEK 1974) unterscheidet man 7 Rotkappen-Arten, die alle streng auf bestimmte Begleitbäume (durch Ektomykorrhiza) spezialisiert sind. Außer der Espen-Rotkappe sind dies:
Birken-Rotkappe, *Leccinum versipélle* (FR.) SNELL (= *L. testaceóscabrum* SING.). Hut gelb-orange, Röhrenmündungen anfangs dunkelgrau, Stielschuppen schwärzlich. Unter Birken, verbreitet.
Eichen-Rotkappe, *L. quercinum* (PIL.) GREEN & WATL. Hut rostrot, kastanienbraun, Stielschuppen braunrot. Unter Eichen, zerstreut.
Weiden-Rotkappe, *L. salicola* WATL. Hut zimtfarben, Stielschuppen schwarzbraun. Kleine Art bei Kriechweide (*Sálix répens*), Schottland.
Fichten-Rotkappe, *L. piceinum* PIL. & DERMEK. Hut satt orangebraun, Stielschuppen bräunlich bis schwarzbraun. Unter Fichten, Thüringen, ČSSR.
Kiefern-Rotkappe, *L. vulpinum* WATL. Hut dunkel ziegelrot bis kastanienbraun, Stielschuppen braun bis schwarz, Fleisch kaum anlaufend. Unter Kiefern (*Pinus sylvéstris, P. múgo, P. cémbra*), Alpen, ČSSR, Finnland, Schottland.
Braune Rotkappe, Härtlicher Röhrling, *L. duriúsculum* (SCHULZER) SING. (= *L. aurantíacum* var. *decipiens* SING.). Hut braun, sonst wie Espen-Rotkappe. Unter Pappeln (*Pópulus álba, P. trémula*), zerstreut.
Die Birken-, Weiden-, Fichten- und Kiefern-Rotkappe haben meist eine blaugrün verfärbte Stielbasis.

163. Espen-Rotkappe, *Leccinum rúfum.* 2/3 nat. Gr.

164. Stubbelkopf

Ungenießbar

Strobilómyces flócopus (VAHL 1799: FR. 1821) KARST. 1879

Kennzeichen: ein Röhrling mit schwarzbraunen, abstehenden Schuppen, grauen Röhren, in der Jugend mit einem Schleier zwischen Hut und Stiel.

Hut: schwarzbraune bis graubraune Oberfläche mit einer dicken, filzig-flockigen, braunen Rinde überzogen, die später zerreißt und sich in dicke, breite, sparrig abstehende, fast schwarze Schuppen auflöst, deren Fasern nach der Spitze zu sich zusammenschließen. Die Schuppen sind dachziegelartig angeordnet, die Haut zwischen den Schuppen ist geflacht und ausgebreitet, 5–15, meist jedoch nur 6–7 cm breit. Der Hutrand ist anfangs eingerollt und mit dem Stiel durch einen weißlich-grauen bis schmutziggrauen, dicken, wollig-flockigen Schleier verbunden. Dieser zerreißt bald, bleibt aber als Ring am Stiel haften und hinterläßt einen flockig-fetzigen Behang am Hutrand.

Röhren: zuerst weißlichgrau, dann grau, zuletzt dunkelbräunlich, an Druckstellen geschwärzt, 1–3 cm lang, am Stiel angewachsen, etwas herablaufend, oft in das Stielnetz übergehend, um den Stiel herum etwas kürzer. Röhrenmündungen grau, weit, eckig, um den Stiel herum größer.

Stiel: zuerst grau, später schwarzbraun bis schwarz, fest, zäh, schlank, fast gleichmäßig dick, unten wenig stärker, meist etwas gebogen, gefurcht, 8–15 cm lang, 1–3 cm dick; über dem aufsteigenden, flockigen, schmutziggrauen, vergänglichen Ring heller gestreift und durch die filzig-wolligen Reste des Schleiers rauh unter dem Ring aschgrau bis bräunlichgrau, nach unten noch dunkler, an der Basis fast schwarz und flockig-filzig, im oberen Teil unter dem filzigen Belag oft häufig schwach und weitmaschig genetzt.

Fleisch: im Hut grauweißlich und weich, im Stiel im Jugendzustand ebenso gefärbt, später dunkler, zuletzt schwärzlich, bes. unten faserig und holzig, beim Zerbrechen zuerst lachsrot, dann allmählich grau bis schwärzlich verfärbend; mit eigenartigem, widerlich-erdigem Geruch und schlechtem Geschmack.

Sporen: fast kugelig bis eiförmig, 10–14 × 7–10 µm, braun, netzig, Sporenstaub schwarzbraun.

Wert: ungenießbar wegen seines unangenehmen Geschmacks, jedoch nicht giftig. Nach PILÁT ist er eßbar, aber von schlechterer Qualität als andere Röhrlinge, nach SINGÈR ein guter Speisepilz!

Vorkommen: Juli bis Oktober in schattigen Wäldern, im Gebirge meist unter Fichten und Tannen, im Flachland unter Rotbuchen, auf neutralen und sauren, jedoch nährstoffreichen Böden. Häufig im Hügel- und unteren Bergland Mitteleuropas (DDR bis 740 m ü. M.), sehr zerstreut im Flachland der DDR und Polens, fehlt in den Sandgebieten. Nördlich bis Schottland, Südschweden, Estnische SSR vorkommend.

Synonyme: Bolétus flóccopus VAHL : FR. 1821, *B. strobiláceus* SCOP. 1770 : FR. 1828, *Strobilómyces strobiláceus* (SCOP. : FR.) BERK. 1851.

164. Strubbelkopf, *Strobilómyces flóccopus.* Nat. Gr.

165. Schafeuter, Schafporling

Eßbar

Albatréllus ovínus (SCHAEFF. 1774 : FR. 1821) KOTL. & POUZ. 1957

Kennzeichen: graugelbliche, unregelmäßige, oft miteinander verwachsene Hüte mit kurzen, weißlichen, leicht grünlich angehauchten Röhren.

Hut: blaßgelblich, graugelblich oder blaßbräunlich, bei Einzelwuchs regelmäßig und fast kreisrund, 5–12 cm breit, glatt, später rissig bis felderig, fleischig, bei gedrängtem Wachstum verbogen und gelappt.

Röhren: anfangs weiß, später gelblich, häufig mit grünlichem Schimmer, kurz, 1 bis 3 mm lang, am Stiel herablaufend. Mündungen weiß, später gelblich, sehr fein, rundlich, schwer ablösbar.

Stiel: weiß, häufig seitlich, aber auch zentral gestellt, 3–5 cm lang, 1–3 cm dick, glatt und voll, aber ziemlich brüchig.

Fleisch: weiß, bei Druck öfter gelblich, derb, brüchig, im Bruch uneben und gezackt, Geruch und Geschmack pilzartig.

Sporen: rundlich, 4 × 3 µm, farblos, nicht amyloid. Sporenstaub weiß.

Wert: schmackhafter Pilz, jedoch mit härtlichem Fleisch, das zweckmäßigerweise stark zerkleinert und zu Bratlingen u. dgl. verarbeitet wird.

Vorkommen: Juli bis Oktober im Nadelwald (Fichte, Tanne, Kiefer) auf Kalk- und Silikatboden, oft gruppenweise miteinander verwachsen. Häufig in allen Hoch- und Mittelgebirgen, sehr zerstreut im Flachland der DDR und Polens, fehlt in NW-Europa, jedoch verbreitet in Skandinavien.

Synonyme: *Polýporus ovínus* (SCHAEFF.): FR. 1821, *Calóporus ovínus* (SCHAEFF. : FR.) QUÉL. 1888, *Scútiger ovínus* (SCHAEFF.: FR.) MURR. 1920.

166. Semmelpilz, Semmelporling

Eßbar

Albatréllus cónfluens (ALB. & SCHW. 1805 : FR. 1821) KOTL. & POUZ. 1957

Kennzeichen: Hüte semmelgelb bis rötlich, büschelig verwachsen mit gemeinsamem, verzweigtem Stiel. Röhren weißlich, kurz, nicht ablösbar.

Fruchtkörper: bilden oft ansehnliche Rasen von 10–30 cm Breite. Aus einem gemeinsamen verästelten Stiel wachsen etwa 5–12 Hüte hervor, die sich dachziegelartig übereinanderlegen wie große Lappen.

Hut: semmelfarbig bis rötlichgelb oder fleischgelb, ungleichmäßig, jung glatt, bei Trockenheit felderig zerrissen, 4–15 cm breit, derbfleischig; Oberhaut nicht abziehbar, Rand anfangs eingerollt.

Röhren: weiß, kurz, 1–2 mm lang, am Stiel herablaufend und schwer vom Fleisch zu trennen. Mündungen weiß, dann gelblich-blaßrötlich, klein, rundlich, oft fein zerschlitzt.

Stiel: strunkartig, ziemlich tief in der Erde steckend und sich in mehrere weiße, leicht gelblich werdende Einzelstiele teilend.

Fleisch: weiß, unveränderlich, jung zart und saftig, im Bruch glatt, später derb und trocken, manchmal mit Hohlräumen durchsetzt; Geruch unwesentlich, Geschmack etwas bitter.

Sporen: ellipsoid bis eiförmig, 5–6 × 3–4 µm, weißlich.

Wert: nur jung brauchbar, im Alter ziemlich zäh und bitter. Oberhaut und Röhren sind zu entfernen, da sie Bitterstoffe enthalten, beim Kochen und Einmachen nimmt das Fleisch eine hellrötliche Färbung an.

Fortsetzung Seite 395

350

165. Schafeuter,
Albatréllus ovínus. 2/3 nat. Gr.

166. Semmelpilz, *Albatréllus cónfluens.* 2/3 nat. Gr.

167. Schwefelporling

Jung eßbar, jedoch roh giftig

Laetíporus sulphúreus (BULL. 1788 : FR. 1821) MURR. 1920

Kennzeichen: vielhütige, orange- oder schwefelgelbe Rasen oder Knollen an lebenden Baumstämmen.

Hüte: die Hüte des oft riesengroßen Fruchtkörpers (bis 1 m) sind flach, fächerartig ausgebreitet, waagerecht abstehend, aber auch knollen-, keulen- oder polsterförmig. In der Jugend sind sie gelblichrot, dann hellgelb, schwefelgelb bis orangefarben, zuletzt verblassend, im Alter weißlich.

Röhren: schwefelgelb, kurz 2–4 mm lang; die gleichfarbigen Mündungen sind sehr fein und sondern jung gelbliche Tropfen ab.

Fleisch: blaßgelblich bis weiß, jung weich, saftig, käseartig, dann hart, zäh, trocken und brüchig werdend, leicht zu zerreiben und zu zerbröckeln, mit stark aromatischem Geruch und herbsäuerlichem Geschmack.

Sporen: rundlich-ellipsoid, 5–7 × 3,5–4,5 µm, farblos, Sporenstaub gelblichweiß.

Wert: Junge, saftige Fruchtkörper sind vorzüglich zu Pilzschnitzeln geeignet (in 5 mm dicke Scheiben schneiden, abbrühen und panieren!), auch zu Bratlingen u. dgl. verwendbar. Der Geschmack ist angenehm säuerlich. Ältere Fruchtkörper sind herb und zäh. Rohe Pilze können nach Erfahrungen von PIESCHEL (Mykol. Mitt. 8 [1964]: 69–77) schon in kleinen Mengen heftige Vergiftungen hervorrufen.

Vorkommen: Mai bis September in Wäldern, Parkanlagen und Gärten, an Landstraßen, an lebenden Stämmen besonders von Eiche, Weide, Robinie, Kirschbaum, Nußbaum und zahlreichen anderen Laubhölzern, in den Zentralalpen vorwiegend an Lärche und in der Taiga an Fichte; gelegentlich auch an Stümpfen oder scheinbar auf dem Erdboden über vergrabenem Holz. Zerstört das Kernholz, welches braunrot wird und würfelförmig zerfällt (Braunfäule). Häufig vom Flachland bis ins Hochgebirge (Schweiz 1950 m ü. M., FAVRE.)

In mehreren Varietäten nahezu weltweit verbreitet.

Synonyme: *Polýporus caudicinus* (SCOP. 1772) SCHROET. 1889, *P. sulphúreus* (BULL.) : FR. 1821, *Polýpilus sulphúreus* (BULL. : FR.) KARST. 1881, *Grifola sulphúrea* (BULL. : FR.) PIL. 1935.

Anmerkung: Die Fruchtkörper sind (wie viele Porlinge) in der Lage, Fremdkörper zu umwachsen und einzuschließen. – Eine knollenförmige, bovistartig wirkende **Nebenfruchtform** mit Konidienbildung, *Ptychogáster aurantíacus* PAT. 1885 [*Ceriómyces aurantíacus* (PAT.) SACC. 1888], wurde an Laubbäumen in Frankreich, Westfalen und Westberlin beobachtet, auch in Indien; vgl. H. KREISEL & al. in Feddes Repert. 94 (1983): 543–547.

168. Leberpilz, Ochsenzunge

Jung eßbar

Fistulína hepática SCHAEFF. 1774) : FR. 1821

Kennzeichen: dunkelblutroter, zungenförmiger Fruchtkörper, an Eichen.

Hut: erst orangefarbig, bald blutrot, später braunrot-leberfarbig, zuletzt dunkelbraun, zungen- bis nierenförmig oder leberartig gelappt, 10–30 cm breit, doch auch mehr, 3–6 cm dick, fleischig, saftig, fast stiellos, bei feuchtem Wetter dickschleimig, bei trockenem etwas klebrig.

Fruchtschicht: die Unterseite ähnelt äußerlich der eines Porlings. Sie besteht aus kurzen dichtgedrängten, ¹/₂–1 cm langen Röhrchen, die sehr dicht stehen, aber voneinander frei bleiben, nur mit dem Hutfleisch fest verwachsen und von ihm kaum trennbar sind. Jung ist die Fruchtschicht körnig-warzig, die Warzen entwickeln sich zu zapfenartigen Vorsprüngen, die sich zu walzenförmigen, anfangs vorn geschlossenen und erst bei Reife sich öff

Fortsetzung Seite 395

167. Schwefelporling, *Laetíporus sulphúreus.* 1/10 nat. Gr.

168. Leberpilz, *Fistulína hepática.* 1/3 nat. Gr.

169. Schuppiger Porling

Jung eßbar

Polýporus squamósus (HUDS. 1778) : FR. 1821

Kennzeichen: ockergelber, nierenförmiger, seitlich gestielter Hut mit braunen, angedrückten Schuppen und eingerolltem, glattem Rand. An Laubholz. Mehlgeruch.
Hut: blaßgelb, ockergelb, mit dunkelbraunen, angedrückten, meist stumpfen Schuppen, fächer- bis nierenförmig, 8–50 cm breit. Hutrand glatt, mehr oder weniger eingerollt.
Röhren: blaß gelblich, weit, eckig, meist ganzrandig, kurz, am Stiel weit herablaufend.
Stiel: anfangs zentral, aber bald stark exzentrisch bis seitenständig, blaßgelb, am Grunde schwarz, kahl, kurz und dick, 4–8 cm lang, 1,4–4 cm dick.
Fleisch: dich, weißlich, zähfleischig, getrocknet hart, aber hygroskopisch (Feuchtigkeit anziehend). Geschmack mild, Geruch stark nach Mehl oder frischen Gurken, getrocknet kräftig steinpilzartig.
Sporen: schief zylindrisch, farblos, glatt, $10,5–12,5 \times 4–5,3$ µm. Sporenstaub weiß. Hymenium ohne Zystiden, jedoch mit Hyphenpflöcken (vgl. Bd. VI).
Wert: junge Fruchtkörper können zu Brühe ausgekocht werden.
Vorkommen: Ende April bis Juli (alte Fruchtkörper bis zum Spätherbst) an lebenden Stämmen von Laubbäumen, besonders an Ahorn, Roßkastanie, Walnuß, Pappel, Weide und Ulme, seltener an Stümpfen, in Parkanlagen, Gärten, lichten Wäldern, häufig an Straßenbäumen. Verbreitet im Flach- und Hügelland.

Synonyme: *Melánopus squamósus* (HUDS. : FR.) PAT. 1887, *Polyporéllus squamósus* (HUDS. : FR.) KARST. 1889.

170. Flacher Lackporling

Ungenießbar

Ganodérma lipsiénse (BATSCH 1786) ATK. 1908

Kennzeichen: brettartig flacher, harter Porling mit grauem oder braunem, kahlem konzentrisch gefurchtem Hut. An Holz.
Fruchtkörper: weißlichgrau, bald rostbraun mit grauem Rande, glatt, mit starrer, braungrauer, brüchiger Rinde, die mit konzentrischen Furchen versehen ist, 10–40 cm breit und mehr, etwa 5 cm dick, stiellos am Baum sitzend, häufig mit braunem Sporenstaub bedeckt, halbkreis- bis nierenförmig, oben fast flach, mit dickerem, abgerundetem, weißem Rande.
Röhren: zimtbraun, sehr eng, in mehreren Schichten.
Poren: weiß, berührt braun, schl. rostbraun, sehr fein.
Substanz: rostbraun, zuerst weichfaserig und wergartig, später korkig-faserig, mit kräftigem, säuerlichem Geruch. In älteren Fruchtkörpern bekommt die Substanz weiße Flecken und wird schließlich ganz weiß.
Sporen: eiförmig, feinwarzig, braun mit hyaliner Hülle, $7–9,5 \times 5–6,2$ µm. Sporenstaub kakaobraun, oft reichlich auf und unter den Hüten abgelagert.
Vorkommen: ganzjährig in Wäldern an Stümpfen und lebenden Stämmen von Laubbäumen (Rotbuche, Linde, Pappel, Esche u. v. a.), selten an Koniferen. Bewirkt Weißfäule. Im Flachland und den Mittelgebirgen sehr häufig. In den Beskiden wurde 1961 ein Exemplar von 180 cm Breite und 96 kg Gewicht gesammelt (LAZEBNÍČEK 1962).

Synonyme: *Polýporus applanátus* (PERS. 1801) WALLR 1833, *Ganodérma applanátum* (PERS.) PAT. 1889, *Elfvingia applanáta* (PERS.) KARST. 1889, *E. lipsiénsis* (BATSCH) MURR. 1903, *Ganodérma leurophaéum* (MONT. 1856) PAT. 1889.

Pseudonym: *Ganodérma austrále* (FR. 1828) PAT. 1889 sensu FRIES 1874, non 1828.

Fortsetzung Seite 395

169. Schuppiger Porling,
Polýporus squamósus. 1/4 nat. Gr.

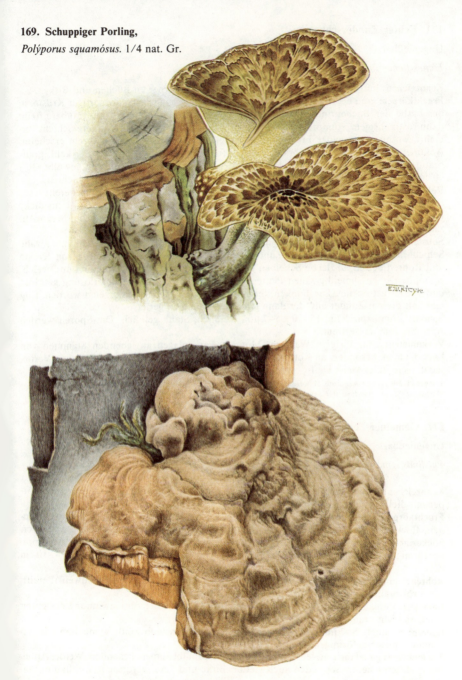

170. Flacher Lackporling, *Ganodérma lipsiénse.* 1/3 nat. Gr.

171. Echter Zunderschwamm

Ungenießbar

Fómes fomentárius (L. 1753) Fr. 1849

Kennzeichen: hutförmiger, grauer, ausdauernder Fruchtkörper an Buchen und Birken.
Fruchtkörper: grau bis rußiggrau, mit sehr harter, dicker, glanzloser, hornartiger Kruste, in der Farbe der Buchenrinde ähnlich, entfernt konzentrisch gefurcht, mit graubereiftem, dann rostfuchsigem, stumpfem Rande, der in jedem Jahr sich um eine weitere Schicht vermehrt, wodurch der ganze Fruchtkörper ungleichmäßig konzentrisch gefurcht erscheint. Anfangs ist dieser Randwulst braun und feinfilzig, im nächsten Jahr wird er kahl, graubraun und schließlich grau. Der Fruchtkörper ist huf- oder polsterförmig gewölbt, 10–30 cm breit und mehr. Die Unterseite ist flach, eben und trägt die Röhrenschichten.
Röhren: rostbraun, fest miteinander verwachsen, sehr hart. Mündungen grau bereift, sehr fein, rundlich, lange geschlossen. In jeder Vegetationsperiode wird eine $1/2$–1 cm dicke Röhrenschicht neu gebildet, so daß die gesamte Röhrensubstanz aus einer größeren Anzahl von Schichten bestehen kann, die zusammen 4–12 cm dick werden können.
Substanz: unter der harten Kruste liegt eine rostbraune, wergartige, weiche, aber zähe Schicht, aus der man früher den Zunder gewann. Die Zunderschicht wurde von Kruste und Röhren befreit, in flache Scheiben geschnitten, gekocht, dann getrocknet und weichgeklopft. Die geschmeidig-zähen Platten wurden schließlich mit Salpeterlösung getränkt und wieder getrocknet. Die Funken, die mit Stahl auf Feuersteinen erzeugt wurden, fing man mit diesem Zunder auf, der dann leicht ins Glimmen geriet.
Sporen: stumpfspindelig, 15–20 x 5–7 µm, weißlich, Staub gelblich. Die Sporen werden April bis Juni ausgestreut.
Vorkommen: ganzjährig in Wäldern, Mooren, Parkanlagen an lebenden Stämmen von Laubbäumen, besonders an Rotbuche, Birke, Erle und Ahorn, selten an Stümpfen. Verursacht Weißfäule. Meist häufig, jedoch im Rheingebiet und westlich davon sehr selten.
Synonyme: *Polýporus fomentárius* (L.) Fr. 1821, *Placódes fomentárius* (L.) Quél. 1886, *Ochróporus fomentárius* (L.) Schroet. 1888, *Ungulina fomentária* (L.) Pat. 1900, *Fómes inzéngae* (Ces. & de Not. 1861) Cke. 1885.

172. Gemeiner Feuerschwamm, Falscher Zunderschwamm

Ungenießbar

Phéllinus igniárius (L. 1753) Quél. 1886

Kennzeichen: braunschwärzlicher, flacher, konzentrisch gezonter, ausdauernder Fruchtkörper mit dickwulstiger Randzone; hauptsächlich an Weiden und Apfelbäumen.
Fruchtkörper: zuerst rostgelb, bald braunschwärzlich, glatt und glanzlos, durch einen dünnen, flockigen Überzug graulich, mit graubrauner bis schwarzbrauner, rissig-unebener, höckeriger, konzentrisch gefurchter Kruste; zuerst kugelig-knollig, später hut- oder polsterförmig, mit rostbrauner, dickwulstiger, rundlicher Randzone; 10–25 cm breit, 4–10 cm dick.
Röhren: dunkelrotbraun, holzhart, mehrschichtig. Mündungen zuerst grauweiß bereift, dann rostbraun, sehr fein, rundlich, lange geschlossen.
Substanz: dunkelrotbraun, zäh, hart, holzig, infolge ihrer Härte zur Gewinnung des guten Zunders nicht brauchbar.
Sporen: rundlich, 5–7 µm, farblos, nicht amyloid. Sporenstaub weiß. Hymenium mit rotbraunen, pfriemenförmigen Seten.
Vorkommen: ganzjährig an lebenden Stämmen von Laubbäumen, besonders Weide, Apfelbaum, Eberesche, in Schweden auch viel an Birke und Erle. Verursacht Weißfäule. Ver-

Fortsetzung Seite 395

171. Echter Zunderschwamm, *Fómes fomentárius.* 1/3 nat. Gr.

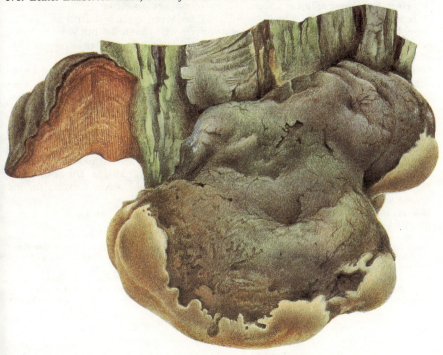

172. Gemeiner Feuerschwamm, *Phéllinus igniárius.* 1/3 nat. Gr.

173. Echter Hausschwamm

Ungenießbar, sehr schädlich

Sérpula lácrimans (WULF. 1781 : FR. 1821) SCHROET. 1889

Fruchtkörper: flache, weiße, später grau verfärbende, strahlig-faserige, seltener konsolförmige Platten, deren Mitte aus der gelbbraunen oder rostgelben Fruchtschicht besteht. Die **Fruchtschicht** setzt sich aus netzförmigen Maschen zusammen, die aus kleinen welligen, zahnartigen Leistchen oder Falten gebildet werden, wodurch die Oberfläche unregelmäßig vertieft erscheint. Sie bildet bei der Reife eine ungeheure Zahl von Sporen; aus diesen oder aus kleinsten Myzelteilchen entwickelt sich das Myzel in feuchten, dumpfen, stickigen, schlecht gelüfteten Räumen mit unbewegter Luft (beste Wachstumstemperatur 18–23 Grad) an und im Holz, sogar an trockenem Holz und zwischen Mauerwerk. – Auf dem Holz sind es zunächst lockere, watteartige Myzelflöckchen, die schnell größer werden und sich ausbreiten (3–8 mm je Tag). Sie entwickeln sich zu meterlangen flächigen Myzelhäuten. Bei ungehinderter Ausbildung werden es oft kreisförmige Platten, deren Rand aus weißer Myzelwolle gebildet wird, während in der Mitte schon die gelbbraune Fruchtschicht entsteht. Die Fruchtkörper, die bis zm 1 m² groß werden können und sich leicht von der Unterlage abheben lassen, sondern Tropfen einer klaren, später milchigen Flüssigkeit ab. Die Oberflächenmyzel, das aus feinen, gegen Berührung sehr empfindlichen Myzelfäden (3–7 µm breit) besteht, neigt zu Strangbildungen. Aus ihm entstehen dickere, anfangs gelbliche, später schmutziggraue, bindfadenartige Myzelstränge von 1–30 mm Durchmesser, die das Mauerwerk durchziehen, sich über weite Strecken ausbreiten und so von einer Nahrungsquelle zur anderen kommen, um sich erneut im Holz auszubreiten (Myzelhyphen dort 1,5–2 µm breit). – Während das Myzel zuerst watteartig ist, wird es später häutig und schichtig. Seine Farbe geht von rein weiß über hellrötlich sowie hellgelblich nach rauchgrau über. Frisches Myzel und junge Fruchtkörper riechen angenehm pilzartig, ältere oft nach Petroleum.

Sporen: bohnenförmig, ungleichseitig oval, 8–12 × 4,5–7 µm, glatt, gelbbraun, dickwandig, zyanophil. Sporenstaub rostbraun.

Vorkommen: In Gebäuden an Holz und Mauerwerk. Durch seine bleistiftdicken, mitunter bis 3 cm starken Myzelstränge, die eine sehr leistungsfähiges Wasserleitungssystem darstellen, kann er, von einem feuchten Herd ausgehend, auch in trockene Gebäudeteile vordringen und trockenes Holz zerstören. Das befallene Holz verfärbt sich braunrot, zerfällt würfelig und schließlich pulverig (Braunfäule). Allgemein häufig.

Wichtiger Hinweis: Der ständige Aufenthalt in vom Echten Hausschwamm befallenen Räumen ist, besonders bei stagnierender Luft, gesundheitsschädlich. Die gasförmigen Stoffwechselprodukte des Pilzes können Kopfschmerzen und Übelkeit hervorrufen, und der massenhaft produzierte Sporenstaub ist ein starkes Allergen.

Synonyme: *Merúlius lácrimans* (WULF.) : FR. 1821, *Gyrophá28na lácrimans* (WULF. : FR.) PAT. 1897, *Sérpula déstruens* (PERS. 1801) S. F. GRAY 1821, *Merúlius domésticus* FALCK 1906, ? *M. vastátor* TODE 1783 : FR. 1821.

Verwechslung: Der Wilde Hausschwamm, *Sérpula himantioides* (FR.) BOND., mit dünneren, stets ganz krustenförmigen Fruchtkörpern und nur bindfadenstarken Myzelsträngen, wächst an Stümpfen und Wurzeln von Fichte, Lärche, Kiefer in Wäldern, besonders in den Gebirgen und Nordeuropa, sehr zerstreut z. B. im Flachland der DDR. Die Zerstörungskraft soll geringer als beim Echten H. sein.

Der Kellerschwamm, *Conióphora puteána* (FR.) KARST. hat dünnere, ganz krustenförmige Fruchtkörper mit warzigem, nicht gefaltetem Hymenium, olivbraun mit breitem weißem Rand. An feuchtem Holz in Kellern, in Bergwerken, an lebendem und totem Holz im Wäldern und Gärten, allgemein häufig. Die Sporen sind größer als beim Hausschwamm, 9–15 ×6–10 µm.

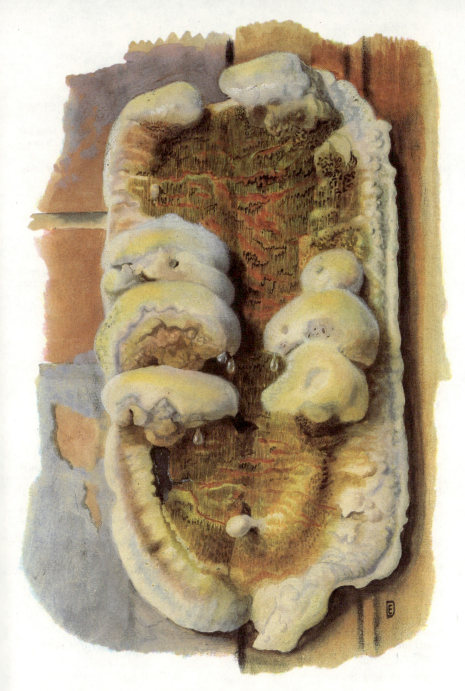

173. Echter Hausschwamm, *Sérpula lácrimans.* 1/5 nat. Gr.

174. Habichtspilz, Habichts-Stacheling, Rehpilz

Eßbar, roh giftig

Sárcodon imbricátus (L. 1753) Karst. 1881

Kennzeichen: Schwarzbrauner, runder Hut mit sparrigen, fast kreisförmig angeordneten Schuppen und an ein Rehfell erinnernden grauen Stacheln auf der Unterseite.
Hut: bräunlich bis umbrabraun, flach ausgebreitet, in der Mitte meist vertieft, jung am Rande eingerollt, 6–20 cm breit, oben mit schwarzbraunen, sparrigen, konzentrisch angeordneten dicken Schuppen bedeckt, die an ein Habichtsgefieder erinnern.
Stacheln: zuerst weißlich, dann grau, dichtgedrängt, am Stiel herablaufend, sehr brüchig, 5–12 mm lang, an ein Rehfell erinnernd.
Stiel: weißgrau oder bräunlich, ungleichmäßig dick, kurz 3–6, seltener bis 8 cm lang, 1–3 cm dick, derb, glatt, voll.
Fleisch: weißlich, später graubräunlich, fest und derb, mit würzigem Geruch und angenehmem Geschmack.
Sporen: rundlich, 7–8 × 5–5,5 µm, bräunlich, höckerig. Staub braun.
Wert: nur junge Pilze sind brauchbar, ältere sind zäh, bitter und madig. Der kräftige, würzige Geschmack macht sie bes. geeignet zur Bereitung von Pilzklopsen (gehackt!), Suppen und Pilzsülze. Abbrühen ist anzuraten! Aus getrockneten Habichtspilzen läßt sich ein zum Würzen von Suppen und Tunken vorzügliches Pilzpulver herstellen.
Vorkommen: August bis November in dürren Nadelwäldern (im Flachland besonders unter Kiefer, im Gebirge unter Fichte), auf Sand- und Kalkboden, meist gesellig, oft in Reihen oder Kreisen. In ganz Europa verbreitet, gebietsweise sehr häufig.

Synonyme: *Hýdnum imbricátum* L. 1753, *H. bádium* Pers. 1825, *Pháeodon imbricátus* (L. 1753) Schroet. 1888.

Verwechslung: Die bitteren Gallen-Stachelinge, *Sárcodon fénnicus* (Karst.) Karst. und *S. scabrósus* (Fr.) Karst., haben angedrückte Hutschuppen und eine innen und außen blau oder grün verfärbte Stielbasis. Ungenießbar (Bd. II/79).

175. Semmel-Stoppelpilz

Eßbar

Hýdnum repándum L. 1753

Kennzeichen: semmelgelber Hut, weiße bis gelbliche Stacheln; von oben wie ein Echter Pfifferling aussehend.
Hut: weißgelblich, semmelgelb, ockerfarbig bis orangerötlich, 5–12 cm breit, unregelmäßig gestaltet, flach gewölbt, auch trichterförmig vertieft, glatt, fettig anzufühlen. fleischig und zerbrechlich. Oberhaut nicht abziehbar. Nicht selten sind benachbarte Hüte und Stiele miteinander verwachsen.
Stacheln: gelblich oder weißlich, ungleich lang, spitz, weich, zerbrechlich, gedrängt stehend, am Stiel meist etwas herablaufend und vom Hutfleisch leicht zu lösen.
Stiel: meist blasser gefärbt als der Hut, nicht immer in der Mitte, kurz, 3–6 cm hoch, oft verbogen, ziemlich derb, voll.
Fleisch: weißlich oder gelblichweiß, im Hut ziemlich weich, im Stiel derber, brüchig; Geruch angenehm, Geschmack erst mild, dann brennend wie beim Pfifferling, im Alter etwas bitter.
Sporen: rundlich, 8–10 × 6–8 µm. Staub weiß.
Wert: jung wohlschmeckend, hält sich lange frisch. Alte Pilze sind bitter und nicht verwendbar.

Fortsetzung Seite 396

174. Habichtspilz, *Sárcodon imbricátus.* 1/2 nat. Gr.

175. Semmel-Stoppelpilz,
Hýdnum repándum. 1/2 nat. Gr.

176. Kammförmige Koralle

Eßbar

Clavulína cristáta (Holmsk. 1790 : Fr. 1821) Schroet. 1888

Fruchtkörper: reinweiß, später oben mehr weißlichgrau gefärbt, 3–10 cm hoch.
Stamm: sehr kurz, $^1/_2$–1 cm dick, weiß, sich sehr stark verästelnd.
Zweige: glatt, fleischig, mehr oder weniger zerbrechlich, nach oben verbreitert, zum Teil flachgedrückt, gedrängt, in kammförmig eingeschnittene, fein zerschlitzte, scharfe, zackige Spitzen endend.
Fleisch: weißlich, zäh, mit mildem, manchmal etwas bitterlich-dumpfigem Geschmack.
Sporen: eiförmig-kugelig, 7–10 × 6–9 µm. Staub weiß. Basidien zweisporig.
Vorkommen: August bis Oktober im Laub- und Nadelwald auf Erdboden. Häufig
Synonyme: *Clavária cristáta* (Holmsk.) : Fr. 1821, *Ramária cristáta* Holmsk. 1790, *R. coralloides* (Fr. 1821) Quél. 1888.

Anmerkung: Eine vielgestaltige Art. Corner (1950) unterscheidet nach Verzweigung und Farbe 3 Unterarten und 13 Varietäten in Europa.

177. Rötende Koralle

Jung eßbar

Ramária sangunea (Pers. 1799) Quél. 1888

Fruchtkörper: weißer, derber, fleischiger Strunk, korallenstockartig und sehr reich verzweigt, 7–14 cm hoch und 4–10 cm breit; Zweige hell primel- bis dottergelb, Spitzen gleichfarben oder etwas lebhafter gelb; alle Teile des Fruchtkörpers an Druckstellen oder Verletzungen (alt auch am Standort) stark rötend.
Fleisch: wäßrig milchweiß, zart marmoriert; Geruch unauffällig, Geschmack mild.
Sporen: 6,5–12,5 × 3,8–5,8 µm länglich-ellipsoid, warzig. Sporenstaub blaß ocker. Hyphen und Basidien ohne Schnallen.
Vorkommen: Juli bis Oktober in Buchenwäldern *(Fágus)*; Verbreitung ungenügend bekannt.
Pseudonym: *Ramária fláva* (Schaeff. 1774 : Fr. 1821) Quél. 1888 sensu auct. pro parte. – Die wirkliche Schwefelgelbe Koralle, *Ramária fláva*, rötet nirgends, hat größere Sporen und Hyphen mit Schnallen; in Buchen- und Fichtenwäldern auf Kalk- und Silikatboden zerstreut vom Flachland bis ins Hochgebirge. Vgl. R. H. Petersen in Amer. Journ. Bot. **63** (1976): 309–316 und E. Schild in Z. Mykol. **44** (1978): 171–178, wo obige Beschreibung entlehnt wurde.

178. Hahnenkamm, Rötliche Koralle, Bärentatze

Eßbar

Romária bótrytis (Pers. 1797 : Fr. 1821) Ricken 1918

Fruchtkörper: weißlicher, kurzer, dicker, fast knolliger, am Grunde häufig zugespitzter Strunk, 3–20 cm hoch und ebenso breit. Nach oben spaltet er sich in mehrere starke, meist etwas gebogene Äste, die sich immer feiner korallenartig verzweigen und aufrecht stehen. Die Hauptäste sind zuerst schmutzig-weißlich oder blaßgelblich. Nach oben zu stehen die Ästchen dicht gedrängt, sehr zahlreich. Sie sind kurzgestutzt, rötlich gefärbt, häufiger aber auch ausgeblaßt, im Alter braungelblich.
Fleisch: weißlich bis gelblich, in den Spitzen rötlich, zart, sehr brüchig, doch derb und saftig, nicht zäh; Geschmack mild.
Sporen: länglich-ellipsoid, fein längsgestreift, 12–20 × 3–6µm, Sporenstaub hellocker.

Fortsetzung Seite 396

362

176. Kammförmige Koralle,
Clavulína cristáta. 2/3 nat. Gr.

177. Rötende Koralle,
Ramária sanguínea. 1/2 nat. Gr.

178. Hahnenkamm, *Ramária bótrytis.* 1/3 nat. Gr.

179. Schweinsohr

Eßbar

Gómphus clavátus (Pers. 1796 : Fr. 1821) S. F. Gray 1821

Kennzeichen: kreiselförmiger, abgestutzt keuliger, voller, fleischiger Fruchtkörper.
Fruchtkörper: mit einem großen Pfifferling zu vergleichen, dessen Hut oben flach abgestutzt wurde, manchmal auch einseitig ausgezogen zu einem Ohr. Farbe der Oberseite anfangs violettpurpurn, dann fleischrötlich, schl. ockergrau oder lehmfarben bis grünlichgelb; Außenseite fleischfarbig violett, dann gelblich überhaucht, mit gabelig-verzweigten adrigen Leisten, die durch Querleisten netzartig verbunden sind und sich bis an das Stielende hinabziehen; bis 9 cm hoch, oben bis etwa 6 cm breit.
Fleisch: weiß, weich, zart.
Sporen: länglich-eiförmig, $10-12 \times 4-5$ µm, ocker- bis rostfarbig.
Wert: vorzüglicher Speisepilz von würzigem Geruch und Geschmack.
Vorkommen: August bis Oktober in schattigen Fichten-, Tannen- und Buchenwäldern, besonders auf Kalk- und neutralem Boden. Nur gebietsweise häufig (Kalkalpen, Jura, ČSSR, Mittelschweden, Südengland), sonst sehr zerstreut.
Synonyme: Cantharéllus clavátus (Pers.) : Fr. 1821, *Neurophýllum clavátum* (Pers. : Fr.) Pat. 1887.

180. Blasse Koralle, Bauchweh-Koralle

Giftig

Ramária pállida (Schaeff. 1774 emend. Bres. 1906) Ricken 1920

Kennzeichen: Korallenartig verzweigter, jung falbblasser bis schmutziggelblicher Fruchtkörper mit schwachlila gefärbten Endästchen, im Alter blaßocker, leicht bitterlicher Geschmack.
Fruchtkörper: blaß, graugelblich, fleischgelblich bis schmutziggelblich, milchkaffeefarbig, bis 12 cm hoch und 8 cm breit, reich verzweigt.
Strunk: gleichfarbig mit weißlichem Grunde, nicht sehr kräftig, Zweige wiederholt zweiteilig, ganz schwach längsrunzelig, in der Jugend mit leicht lila gefärbten, stumpfen Endästchen.
Fleisch: weißlich, nicht fest; Geruch schwach seifenartig, Geschmack roh schwach bitterlich, gekocht säuerlich bitter.
Sporen: länglich-eiförmig, $9-12 \times 4,5-5,5$ µm, blaßgelblich, feinwarzig.
Wert: schwach giftig, ruft starke Darmstörungen hervor und ist auch in Mischgerichten zu vermeiden; Giftgehalt schwankend, Todesfälle durch sie sind nicht bekannt.
Vorkommen: August, September in Eichen-, Buchen- und Fichtenwäldern, besonders auf Kalkboden, zerstreut in einigen Gebieten (Kalkalpen, Vogesen, Saarland, Thüringer Bekken, Böhmen, Mähren), sonst sehr selten.
Synonyme: Clavária pállida Schaeff. 1774 emend. Bres. 1906, non *C. pállida* Berk. & Curt. 1869 [d. i. *Ramariópsis kúnzei* (Fr.) Donk]; *Ramária mairei* Donk 1933.
Anmerkung: Gleichfalls schwach giftig ist die Schöne Koralle, *Ramária formósa* (Fr.) Quél., mit dreifarbigen Fruchtkörpern: lachsfarben, ockergelb mit zitronengelben Zweigenden. Juni bis Oktober im Laub- und Nadelwald, zerstreut bis häufig. Weitere Korallenpilze sind in Bd. II abgebildet.

179. Schweinsohr, *Gómphus clavátus.* 1/3 nat. Gr.
180. Blasse Koralle, *Ramária pállida.* 2/3 nat. Gr.

181. Herbst-Trompete, Toten-Trompete

Eßbar

Crateréllus cornucopioídes (L. 1753) Pers. 1825

Kennzeichen: dunkles Füllhorn von grauschwarzer bis schwarzer, doch auch brauner Färbung, tieftrichterförmig, außen runzelig; hauptsächlich in Buchenwäldern.

Fruchtkörper: innen in feuchtem Zustande schwärzlichbraun, trocken dagegen braungrau, später schwarzgrau bis schwarz, feinflockig, 5–12 (bis 15) cm hoch, 3–8 cm breit. trompetenartig, nach unten röhrig ausgezogen, bis zum Grunde hohl, im oberen Teil erweitert, am Rande umgeschlagen, später wellig verbogen und kraus. Außenseite anfangs olivgrünlich, dann bald graublau oder aschgrau, später durch die Sporen weißlich überhaucht, erst glatt, schwach runzelig-faltig, manchmal auch zart aderig gerunzelt, von der Fruchtschicht überzogen. Geruch schwach, Geschmack erdig, fade.

Sporen: ellipsoid, innen abgeflacht, 10–13 × 6–7 μm. Staub weiß. Basidien 2sporig.

Wert: eßbar, doch etwas zäh. Am besten trocknet man sie und benutzt sie als Ersatz von Lorcheln und Morcheln zum Frikassee. Nur junge, gute Pilze dürfen genommen werden. Aus ihnen gewonnenes Pilzmehl dient zum Würzen von Suppen und Tunken.

Vorkommen: August bis November in schattigen Laubwäldern, unter Rotbuche und Eiche, seltener im Nadelwald, besonders auf lehmigen und auf kalkhaltigen Böden, büschelig und oft scharenweise. Im Berg- und Hügelland Mitteleuropas oft sehr häufig, im Flachland in den Moränengebieten verbreitet, dagegen in den Sand- und Moorgebieten selten oder fehlend.

Synonyme: *Peziza cornucopioides* L. 1753, *Cantharéllus cornucopioides* (L.) Fr. 1821.

Anmerkung: Die Herbst-Trompete ist mit dem Echten Pfifferling (Nr. 138) verwandt, wiewohl äußerlich ihm unähnlich. Weitere Arten der Familie *Cantharelláceae* sind in Bd. III/291–295 dargestellt.

181. Herbst-Trompete, *Cateréllus cornucopioides.* Nat. Gr.

182. Krause Glucke, Fette Henne

Eßbar

Sparássis crispa (WULF. 1781) : FR. 1821

Kennzeichen: großer blumenkohlähnlicher, gelblichweißer Fruchtkörper mit gekräuselten, abgeflachten Ästen. An und unter Nadelhölzern.

Fruchtkörper: anfangs weißlich, dann gelblich gefärbt, im Alter brünlich, täuscht, von weitem gesehen, eine am Kiefernstamm hockende Glucke vor. 5–20 cm hoch, 6–30 cm breit, manchmal auch mehr, kann 2–5 kg schwer werden; in Ausnahmefällen kann es zur Bildung von besonders großen und schweren Fruchtkörpern kommen. Der Strunk wächst meist tief in der Erde (auf einer Kiefernwurzel), ist fleischig und in zahlreiche flachgedrückte, gekröseartig gewundene Äste geteilt, deren Enden abgestutzt, welligkraus oder gelappt sind. Die Fruchtschicht überzieht die flachen Äste.

Fleisch: weiß, wachsartig; Geruch würzig, Geschmack nußartig.

Sporen: farblos, kurz-ellipsoid, 6–7 × 4–5 µm, Staub weißgelblich.

Wert: ein wertvoller, ergiebiger Speisepilz von ausgezeichnetem Geschmack. Ältere bräunliche Pilze sind bitter und können nicht gegessen werden; sie rufen Verdauungsstörungen hervor. Pilze zerkleinern, gut reinigen, dann schmoren oder gut braten und mit gequirltem Ei übergießen. Auch als Suppenpilz ausgezeichnet.

Vorkommen: Juli bis November im Nadelwald am Fuße der Stämme und neben Baumstümpfen, besonders an Kiefer, seltener an Fichte, Tanne und Douglasie. Der Pilz befällt die Wurzeln und unteren Stammteile und verursacht Braunfäule. Der Fruchtkörper entwickelt sich aus einem dicken, von der befallenen Wurzel ausgehenden Strunk (Pseudorhiza), aus dem er nach dem Abschneiden wieder nachwachsen kann. Häufig im Flachland und in den Gebirgen Mitteleuropas, jedoch in Höhenlagen über 1 000 m seltener bis fehlend, in Skandinavien selten und auf die Küstengebiete beschränkt.

Synonyme: *Clavária crispa* WULF. 1781, *Sparássis radicáta* WEIR 1917; vgl. MARTIN & GILBERTSON in Mycologia 68 (1976): 622–639.

Verwechslung: Ähnlich stark verzweigte Fruchtkörper, jedoch mit Röhrenfutter, haben Klapperschwamm, *Grifola frondósa* (DICKS. : FR.) S. F. GRAY und Eichhase, *Polýporus umbellátus* (PERS.) : FR., siehe Bd. II/31–33. Mit Stacheln behangen sind die Stachelbärte (*Hericium*-Arten), siehe Bd. II/96–97. Alle sind eßbar.

183. Kartoffel-Hartbovist, Dickschaliger Kartoffelbovist

Giftig

Sclerodérma citrínum PERS. 1801

Kennzeichen: im Aussehen kartoffelähnlicher Fruchtkörper mit dicker, harter, oft derbwarziger blasser Schale und schwärzlicher Innenmasse.

Fruchtkörper: einer schmutzig weißgelben Kartoffelknolle ähnlich, 3–10 cm lang, aber meist nicht so breit, stiellos, am Grunde mit einem Schopf dicker, wurzelähnlicher, gelblichweißer oder weißlicher Myzelstränge.

Hülle (Peridie): derb, ziemlich hart, erst fleischig, dann lederartig, 2–4 mm dick, fast glatt und nur wenig gefeldert bis fein gekörnt oder grob geschuppt, auch stark rissig gefeldert und braunwarzig.

Innenmasse (Gleba): anfangs gelblichweiß und fleischig, später von der Mitte an allmählich violettschwarz und weißlich geadert, dann trockener und schiefergrau. Bei der Reife zerfällt sie schl. in graugelbliche Flocken und den olivbraunen Sporenstaub, der aus einer sich oben bildenden unregelmäßigen Öffnung ausstäubt oder bei Druck in großen Staub

Fortsetzung Seite 396

182. Krause Glucke, *Sparássis críspa.* 1/4 nat. Gr.

183. Kartoffel-Hartbovist, *Sclerodérma citrínum.* 2/3 nat. Gr.

184. Wetterstern

Ungenießbar

Astraéus hygrométricus (Pers. 1801) Morgan 1889

Kennzeichen: ein brauner, bovistartiger Pilz, der sich bei feuchtem Wetter sternförmig ausbreitet und bei Trockenheit wieder zusammenrollt. Im Jugendstadium ein walnußgroßes, unterirdisches Gebilde mit doppelter Hülle (Exo- und Endoperidie), welche den Innenkörper (Gleba) umschließt.

Außenhülle (Exoperidie): dick, lederartig, trocken hart und zerbrechlich, naß dagegen biegsam. Außen grau und glatt, innen zuerst schmutzig fleischfarben, dann dunkelbraun und rissig zerklüftet; sternförmig aufreißend und bald bis zum Grunde in 7–20 spitze Lappen gespalten, die sehr hygroskopisch sind und Bewegungen ausführen. Befeuchtet, rollen sich die Lappen nach unten und heben dadurch den Pilz über die Erdoberfläche; bei feuchtem Wetter liegen sie flach ausgebreitet auf der Erde, bei trockenem Wetter rollen sie sich wieder zur Kugel zusammen. Durch wiederholtes Öffnen und Schließen spaltet die Außenhülle in immer mehr Zipfel auf. Der ausgebreitete Wetterstern mißt 2,5–10 cm.

Innenhülle (Endoperidie): rundlich, 1–3 cm Durchmesser, ungestielt sitzend, papierdünn, glatt oder netzig, mit unregelmäßig gekerbter Öffnung am Scheitel.

Innenmasse (Gleba): dunkelbraun, staubig, aus Sporen und dickwandigen, fast farblosen Kapilitiumhyphen bestehend. Bei schwachem Druck gegen die Innenhülle entweicht (besonders bei feuchter Luft) eine braune Sporenstaubwolke.

Sporen: kugelig, braun, warzig, 8–12 µm Durchmesser.

Vorkommen: August bis November in lichten, trockenen Eichen- und Kiefernwäldern, in Trockengebüschen (z. B. ein Charakterpilz der bulgarischen Schibljak-Vegetation mit *Cárpinus orientális* und mediterraner Eichenwälder), auf Sandboden, Silikat- und (seltener?) Kalkgestein; gesellig. Sehr häufig in Südeuropa, zerstreut im wärmeren Mitteleuropa bis Südengland, Niederlande, Mittelelbe (um Havelberg, Dessau, Dresden), ČSSR. Sehr selten in der nördlichen DDR (bei Lübz, Rostock) und in Polen, fehlt in Schottland, Fennoskandien, in den baltischen Republiken; in der BRD nur südlich des Mains nachgewiesen.

Synonyme: *Geástrum hygrométricum* Pers. 1801, *G. commúne* Desv. 1809, *G. vulgáre* Cda. 1842, *Astraéus stellátus* (Scop. 1777) E. Fischer 1900.

Anmerkung: Der Wetterstern unterscheidet sich von den ähnlichen und z. T. gleichartige Bewegungen ausführenden Erdsternen (Nr. 187) durch das Fehlen einer Kolumella in der Innenmasse, durch das Fehlen einer definierten Mündung der Innenhülle und durch mehrere mikroskopische Merkmale; er ist eher mit den Hartbovisten verwandt. Ähnlich den Hartbovisten wird er von einem Schmarotzer-Röhrling, *Xerócomus astraeicola* Imazeki, befallen, der jedoch nur in Japan aufgefunden wurde.

184. Wetterstern, *Astraéus hygrométricus.* Nat. Gr..

185. Flaschen-Stäubling

Jung eßbar

Lycopérdon perlátum PERS. 1796 : PERS. 1801

Kennzeichen: ein gestielt-kopfiger (verkehrt flaschenförmiger) weißlicher Fruchtkörper, im oberen Teil mit leicht abwischbaren, kegelförmigen Stacheln bedeckt, deren jeder von kleineren Warzen kreisförmig umgeben ist.

Fruchtkörper: weißlich, bei der Reife graubraun, vielgestaltig, verkehrt-flaschenförmig, im oberen Teil kugelig, unten zylindrisch, 4–8 cm hoch, am Grunde etwas gefaltet mit einem Ansatz von faserigen Myzelsträngen, weichfleischig.

Eine doppelte Hülle umgibt ihn, die äußere ist mit der inneren verwachsen und besteht aus kurzen, zerbrechlichen Stacheln, kleieartigen Wärzchen, die sich leicht abwischen lassen und später von selbst verschwinden. Anfangs ist die Hülle weiß, später gelblich, bei der Reife graubräunlich, papierartig dünn und fast kahl. An dem oft kleingebuckelten Scheitel des Kopfes entsteht endlich eine kleine, rundliche Öffnung, aus der die Sporen entweichen. Das Innere des Fruchtkörpers ist im Stiel anders beschaffen als im Kopf.

Der **Stiel** enthält ein anfangs weißes, zellig-fleischiges, endlich braungraues, schwammiges, unfruchtbares Geflecht. Der Kopf birgt die Fruchtmasse oder Gleba. Sie enthält zahllose, dem bloßen Auge unsichtbare, unregelmäßig geformte Kammern, die mit der die Sporen erzeugenden Fruchthaut ausgekleidet sind.

Fruchtmasse: erst weiß, zart und markig, später gelblich, olivbraun, breiig und naß, bei der Reife endlich trocken und staubig-flockig. Tritt man auf den Pilz oder drückt man ihn zusammen, so pufft aus seiner Scheitelöffnung eine olivbraune Sporenwolke hervor, deshalb der Volksname: „des Teufels Schnupftabakdose". Geruch etwas rettichartig, Geschmack mild.

Sporen: kugelig, punktiert bis feinwarzig, 3,3–4,4 µm Durchmesser. Sporenstaub oliv- bis graubraun.

Wert: jung eßbar, ebenso wie seine zahlreichen Verwandten unter den Stäublingen und Bovisten. In Scheiben geschnitten und in Ei und Semmelmehl gewälzt gebraten, ergibt er eine schmackhafte und eiweißreiche Kost. Er kann sogar, mit etwas Pfeffer und Salz bestreut, gleich roh genossen werden. Der Pilz muß noch am Sammeltage gebraten werden, da er am nächsten Tage gelb und unbrauchbar wird.

Vorkommen: Juli bis November im Laub- und Nadelwald, auch in alpinen Zwergstrauchheiden, auf sauren und auf kalkhaltigen Böden, jedoch nicht in Mooren. Gesellig oder fast büschelig. Allgemein verbreitet.

Synonyme: *Lycopérdon gemmátum* BATSCH 1783, *Lycopérdon hirtum* BULL. 1788, *L. bonordénii* MASSEE 1887, *L. álbidum* VEL. 1922.

Anmerkung: Weitere Stäublinge sind in Bd. II besprochen; besonders häufig ist der von Anfang an braune, büschelig an Stümpfen wachsende Birnen-St., *L. pyrifórme* SCHAEFF.: PERS., welcher leuchtgasartig riecht und ungenießbar ist (Bd. II/49).

186. Schwärzender Bovist, Eier-Bovist

Jung eßbar

Bovísta nigréscens PERS. 1794 : PERS. 1801

Kennzeichen: etwa kugeliger, hühnereigroßer (3–6 cm), weißer Fruchtkörper mit glatter, unbestachelter Außenhülle, darunter mit rot- bis bronzebrauner, pergamentartiger Innen-
Fortsetzung Seite 396

187. Fransen-Erdstern, s. S. 397

185. Flaschen-Stäubling,
Lycopérdon perlátum. 2/3 nat. Gr.

186. Schwärzender Bovist,
Bovísta nigréscens. 2/3 nat. Gr.

187. Fransen-Erdstern, *Geástrum fimbriátum.* 2/3 nat. Gr.

188. Gemeine Stinkmorchel

Jung (im Eistadium) eßbar

Phállus impudícus L. 1753

Fruchtkörper: wächst zunächst unterirdisch, dann als weißliche, weiche, eiförmige Kugel an die Oberfläche kommend. Seine Basis ist durch einen wurzelartigen derben Strang mit dem zugehörigen ausdauernden Myzel verbunden. Im Volksmunde führen diese Gebilde den Namen „Hexeneier" oder „Teufelseier". Ein Längsschnitt durch das innen harte, außen weiche Ei zeigt seine eigenartige Zusammensetzung. Die Eischale (Volva) besteht aus einer äußeren und einer inneren Haut (Peridie) und einer zwischen beiden liegenden dikken, durchsichtigen, bräunlichgelben, schlüpfrigen Gallertschicht. In der Mitte finden sich Hut und Stiel in der Anlage vorgebildet. Die Fruchtmasse ist durch ihre dunkelolivgrüne Farbe kenntlich. Nach Erreichung des Reifestadiums platzt die äußere Hülle an der Spitze auf, und in wenigen Stunden entsteht ein hoher Fruchtkörper aus der im Ei befindlichen Anlage. Dieser besteht aus einem Stiel und einem glockenförmigen Hut.

Stiel: weiß, spindelförmig, 10–20 cm lang, 2–4 cm breit, hohl, löcherig-zellig, schwammigporös, nach oben verjüngt, unten zugespitzt, mit der Basis in der scheidenartigen, wulstigen Eischale sitzend.

Hut: er sitzt auf dem scheibenförmigen Scheitel des Stieles, ist am Scheitel durchlöchert, etwa 3 cm hoch, fingerhutförmig, nur an der Spitze mit dem Stiel verwachsen, frei und glockenförmig herabhängend. Außen ist er mit einer dunkelolivgrünen, schleimigen, die Sporen enthaltenden Fruchtmasse bedeckt, die zunächst dickbreiig ist, dann dünnflüssig wird und langsam herabtropft, so daß zuletzt nur ein weißliches, löcheriges, grubiges Gerippe übrigbleibt. Dabei entströmt dem Schleim ein sehr starker, aasartiger Geruch, der sich im Walde weit verbreitet.

Sporen: farblos, stäbchenförmig, $4 \times 1–2$ µm.

Wert: nicht giftig, doch reif ungenießbar. Die Hexeneier können ohne Haut gekocht und dann in Scheiben geschnitten wie Bratkartoffeln zubereitet werden.

Vorkommen: (Mai bis) Juli bis November, besonders häufig im Hochsommer, im Laub- und Nadelwald, in Anlagen und Gärten, auf Kalk- und Silikatboden, auch an anmoorigen Sandstadorten, jedoch nicht auf Torf, einzeln oder gesellig. Vom Flachland bis in die Kammlagen der Mittelgebirge sehr häufig, fehlt jedoch in Hochgebirgslagen oberhalb 1000 m. Nördlich des 60. Breitengrades nur an wintermilden Küsten.

Synonyme: *Ithyphállus impudícus* (L.) E. Fischer 1886, *Ph. impudícus* var. *vulgáris* E. Ulbrich 1932.

Anmerkung: Die Stinkmorchel ist der häufigste einheimische Vertreter der vorwiegend tropisch-subtropischen Pilzblumen (vgl. Bd. II/139–142 und Schlüssel in Bd. VI). Alle zeigen eine auffallende Entwicklung, die man leicht verfolgen kann, wenn man größere „Hexeneier" in feuchtes Moos unter eine Glasglocke oder in ein Einmachglas legt. Die Streckung des eigentlichen Fruchtkörpers (Rezeptakulum) erfolgt in wenigen Stunden, meist am späten Abend oder frühen Morgen, mit einer Geschwindigkeit von 0,5–2 mm in der Minute (so von A. Möller an *Ph. indusiátus* Vent. : Pers. in Brasilien beobachtet). Man kann also diese Pilze geradezu wachsen sehen und dabei auch ein knisterndes Geräusch hören. Erst nach voller Entfaltung des Fruchtkörpers beginnt die Sporenmasse zu verschleimen und dabei einen starken, aasartigen Geruch auszuströmen, durch welchen zahlreichen Fliegen angelockt werden. Die Fliegen nehmen mit dem Schleim auch die Sporen auf und setzen sie später mit ihrem Kot wieder ab; sie sorgen so für die Verbreitung der Pilzblumen (vgl. Schremmer, Österr. Bot. Z. **110** (1963): 380ff.). Zu den am stärksten, wahrhaft unerträglich riechenden Pilzblumen gehört die tropische Bambus-Rute, *Mutinus bambusinus* (Zoll.) E. Fischer, die manchmal in Gewächshäuser eingeschleppt wird.

188. Gemeine Stinkmorchel, *Phállus impudícus.* 2/3 nat. Gr.

189. Herbst-Lorchel, Krause Lorchel

Eßbar

Helvélla críspa (SCOP. 1772) : FR. 1822

Kennzeichen: weißgelber, zerbrechlicher Fruchtkörper von bizarrer Form, in seinen Maßen recht verschieden, doch meist ziemlich groß, 2–10 (bis 25) cm hoch.

Hut: besteht aus einigen ganz unregelmäßigen, faltigen, sehr dünnfleischigen, krausen, gewellten Lappen, die häufig umgeschlagen und mit den Rändern mehr oder weniger am Stiel angewachsen oder ganz frei und herabgeschlagen sind. Dies ist bei den ausgewachsenen Exemplaren meist der Fall. Gewöhnlich ist der Hut nur 2–3 cm breit und hoch, außen weißlichgelb oder hellgelb, unten weißgelblich bis blaßbräunlich gefärbt und fein behaart. Die Außenseite ist glatt, bräunt sich schwach beim Trocknen und trägt die Fruchtschicht.

Stiel: außen und innen weißlich, gewöhnlich 4–7 cm lang, $1^{1}/_{2}$–$3^{1}/_{2}$ cm breit, mitunter auch sehr kurz, nur 2 cm lang, nach utnen bauchig verdickt, nach oben verjüngt; an der Außenseite mit erhabenen, mehr oder weniger parallelen Rippen besetzt, so daß tiefe Längsfurchen und langgestreckte Gruben entstehen. Rippen hohl, Innenraum des Stieles von länglichen Hohlräumen unregelmäßig durchsetzt, wie aus vielen ungleichen Röhren gebildet.

Fleisch: brüchig, frisch mit nicht unangenehmem Geruch und Geschmack.

Sporen: ellipsoid, 18–21 × 11–11,5 µm, farblos, mit einem großen zentralen Öltropfen.

Wert: eßbar, aber etwas zäh, zweckmäßig abzubrühen, da sonst erdig-dumpfig. Beim Anrichten kleinschneiden und das Innere auf tierische Bewohner, die in die Höhlungen gekrochen sind, untersuchen.

Vorkommen: August bis November im Laub- und (seltener) Nadelwald, besonders auf Kalk- und neutralen Böden, vom Flachland bis ins Hochgebirge meist häufig; fehlt in Nordeuropa nördlich des 62. Breitengrades.

Synonyme: *H. mitra* L. 1753 (non *H. mitra* PERS. 1797), *H. pithyóphila* BOUD. 1887, *H. bulbósa* FONT QUER 1930.

Anmerkung: Die Gruben-Lorchel, *Helvélla lacunósa* AFZ : FR. (Bd. II/214) hat ähnliche Gestalt, ist aber etwas kleiner, der gefaltete Hut ist graubraun bis schwarz, und seine hellgraue Unterseite ist ebenso wie der Stiel kahl (bei der Herbst-Lorchel fein samtig behaart). Die Sporen sind etwas kleiner. Gleichfalls eßbar.

189. Herbst-Lorchel, *Helvélla críspa.* Nat. Gr.

190. Bischofsmütze, Mützen-Lorchel

Eßbar

Gyrómitra infula (SCHAEFF. 1774 : FR. 1822) QUÉL 1886

Kennzeichen: dunkelbrauner, meist in 3 Zipfel ausgezogener Hut, bräunlicher Stiel. Herbstpilz.

Hut: seltsam gestaltet, mützenartig, doch unregelmäßig, mit zwei bis vier aufragenden, tütenförmigen Spitzen, die von den zusammengebogenen Hutlappen gebildet werden; 5–10 cm hoch, etwa 8 cm breit, aus welligen, ziemlich dünnen Lappen bestehend, die umgeschlagen und am Rande mehr oder weniger mit dem Stiel verwachsen sind; Oberfläche zimtbraun bis kastanienbraun, uneben, auch grubig; Innenseite des hohlen, aufgeblasenen Hutes weiß. Die Fruchtschicht überzieht die ganze Außenseite des Hutes und enthält die zylindrischen, achtsporigen Schläuche.

Stiel: außen weißlich oder weißlichgrau, häufig auch weißrötlich, feinfilzig, nie gerunzelt, anfangs mit einer lockeren, markigen Zellmasse gefüllt, später hohl, zylindrisch gerade, mitunter auch etwas gebogen, häufig mehr oder weniger grubig oder faltig, bes. nach dem Grunde hin, 4–10 cm hoch, 1 $^1/_2$–3 cm breit.

Fleisch: wachsartig, zerbrechlich; Geruch und Geschmack angenehm.

Sporen: langellipsoid, 18–24 × 8–9 µm, farblos, mit zwei Öltropfen.

Wert: eßbar und sehr wohlschmeckend, wird bis zu 250 g schwer.

Vorkommen: September, Oktober im Nadelwald, besonders unter Fichte, über Kalk- und Silikatgestein, auch an altem Holz und auf Brandstellen, meist einzeln. Ziemlich häufig in den Alpen, zerstreut im Mittelgebirgsraum bis südliche BRD, Thüringen, Sachsen und Südpolen sowie in ganz Nordeuropa. Selten im Flachland der DDR. Fehlt u. a. im Flachland der BRD und in Dänemark. Zur Verbreitung und Standortkunde vgl. BENEDIX, Česká Myk. **14** (1960): 6–11, und HARMAJA, Karstenia 9 (1969): 13–19.

Synonym: *Helvélla infula* SCHAEFF. 1774 : FR. 1822.

Anmerkung: Neben der hier abgebildeten typischen Form wurde eine „Brandstellenform" mit unregelmäßiger geformtem, mehr hirnartig gefaltetem Hut, *G. infula* f. *gyrósa* BENEDIX 1966, beschrieben. – In Nordeuropa kommt zwischen dem 57. und 70. Breitengrad häufig eine zweite Art, *G. ambigua* HARMAJA 1969, vor. Sie unterscheidet sich von der Bischofsmütze durch violett getönten Hut und Stiel, längere (22–33 µm und mehr), mehr spindelförmige Sporen und den Standort unter Kiefern. Sie ist giftig (HARMAJA, Karstenia **15** (1976): 36–37).

190. Bischofsmütze, *Gyrómitra ínfula*. Nat. Gr.

191. Frühjahrs-Lorchel, Gift-Lorchel

Giftig

Gyrómitra esculénta (PERS. 1818 : FR. 1822) FR. 1849

Kennzeichen: rotbrauner, später kaffeebrauner Hut, hirnartig gewunden; auf Sandboden, in Nadelwäldern und auf Kahlschlägen, Ende März bis Mitte Mai.
Hut: zuerst rotbraun, später kaffeebraun bis schwarzbraun (innen schmutzigweiß), zartfilzig, unregelmäßig gelappt, rundlich oder dreieckig, kraus durch hirnartig gewundene oder wellig verlaufende Wülste und Falten, mit dem Stiel verwachsen, sehr verschieden groß, 2–10 cm.
Stiel: grauweiß bis blaßgelblich, schwach filzig, anfangs markig, später hohl und zellig, ungleichmäßig, faltig, höckerig, grubig, 3–6 cm lang, 1 ¹/₂–3 cm breit.
Fleisch: dünn, wachsartig, sehr zerbrechlich, von angenehmem Geruch und Geschmack.
Sporen: ellipsoid, 18–22 ; 10 µm, farblos, mit zwei kleinen Öltropfen.
Wert: giftig (siehe S. 64), und zwar in manchen Fällen auch nach Abkochen und Weggießen des Kochwassers. Von dem Genuß ist daher generell abzuraten, wiewohl der Pilz schmackhaft ist und in manchen Gebieten (Fläming, NO-Europa) traditionell von der Bevölkerung gesammelt und in großen Mengen gegessen wird. Die Frühjahrs-Lorchel gibt damit toxikologisch ähnliche Rätsel auf wie der Kahle Krempling. Möglicherweise ist die Giftwirkung abhängig von Standort und Witterung, aber auch von der Konstitution des Patienten. Kinder und schwächliche Personen sind besonders gefährdet.
Vorkommen: Ende März bis Mai in Kiefernwäldern auf Sandboden, auch auf Kahlschlägen und in jungen Anpflanzungen, oft unter Reisig versteckt. Häufig in den Sandgebieten des Flachlandes; auch in höheren Gebirgslagen über Silikatgestein.

Synonym: *Helvélla esculénta* PERS.: FR. 1822.

Anmerkung: Eine weißhütige Albinoform ist *G. esculénta* var. *álba* PIL. 1951. Aus Estland wurde eine sehr ähnliche Art mit dunklerem, schwarzbraunem Hut, fleischbräunlichem Stiel und längeren, mehr spindelförmigen Sporen (23–28 µm) beschrieben: *Gyrómitra spléndida* RAITVIIR 1974. Sie wächst dort im Mai im Kiefernwald.

192. Speise-Morchel, Rund-Morchel

Eßbar

Morchélla esculénta (L. 1753) PERS. 1801

Kennzeichen: gelbbräunliche oder mattgraue, rundliche Hüte mit wabenartiger Oberfläche; auf Humusboden, unter Laubbäumen, April–Mai.
Hut: gelbbräunlich, gelblichgrau, mattgrau, rundlich, eiförmig, mit dem Stiel verwachsen, 6–12 cm hoch, 4–8 cm breit, außen mit zellenartigen, am Grunde faltigen Gruben. Die Grubenwände bestehen aus unregelmäßig verlaufenden Rippen. Die gesamte Hutoberfläche ist mit der Fruchtschicht bedeckt, die durch die zahlreichen Längs- und Querstreifen beträchtlich an Fläche gewinnt.
Stiel: weißlich bis hellgelblich, unten verdickt, 4–8 cm hoch, 1–2 cm dick, hohl.
Fleisch: zart, wachsartig, sehr brüchig, von angenehmem Geruch und Geschmack.
Sporen: ellipsoid, 18–20 × 10–12 µm, hellgelb, beinahe farblos, ohne Öltropfen.
Wert: vorzüglicher Speisepilz; nach Genuß großer Mengen (bes. der als D i c k f u ß - M o r c h e l bekannten var. *crássipes* (VENT. : FR.) KREISEL (ined.), vgl. Bd. II/209) wurden jedoch in einigen Fällen leichte Vergiftungserscheinungen, namentlich Schwindelgefühl, beobachtet. Kurzes Abkochen und Weggießen des Kochwassers ist daher anzuraten.

Fortsetzung Seite 397

191. Frühjahrs-Lorchel,
Gyrómitra esculénta. 1/2 nat. Gr.

192. Speise-Morchel,
Morchélla exculénta. 1/2 nat. Gr.

193. Spitz-Morchel, Hohe Morchel

Eßbar

Morchélla eláta Fr. 1822

Kennzeichen: Morchel mit kegelförmigem, spitzem Hut mit fast parallel verlaufenden Längsrippen und kurzen Querrippen.

Hut: graubraun, olivbraun, schwarzbraun, manchmal mit fleischrosa Einschlag oder okkergelb oder samtig schwarz, eiförmig bis kegelförmig, mehr oder weniger spitz, 3–7 cm hoch, 2–4 cm breit, mit kräftigen, nahezu parallel verlaufenden Längsrippen und schwächeren Querrippen, welche etwa quadratische bis rautenförmige Gruben (Waben) umschließen. Hutrand mit dem Stiel verwachsen. Inneres hohl, Innenwände weißlich, mehligkleiig.

Stiel: weiß, mitunter lebhaft fleischrötlich, im Alter gelblich bis bräunlich, zylindrisch, kürzer oder länger als der Hut, glatt oder längsgefurcht, 2–10 cm hoch und 1–2 cm dick, manchmal am Grunde etwas verdickt.

Fleisch: wachsartig, dünn, zerbrechlich, geruchlos, mild.

Sporen: farblos, ellipsoid, glatt, ohne Öltropfen, $18-26 \times 10-16$ μm.

Wert: eßbar, guter Speisepilz von etwas zäher Konsistenz.

Vorkommen: März bis Juni im Nadel- und Laubwald, an Böschungen, buschigen Hängen und Kahlschlägen, auch auf Holzlagerplätzen und Brandstellen, in Gärten. Häufig auf Kalk- und Lehmböden, in Flußauen, vom Flachland bis ins Hochgebirge gebietsweise häufig.

Synonyme: *Morchélla cónica* Pers. 1818, *M. esculénta* var. *cónica* (Pers.) : Fr. 1822, *M. deliciósa* Fr. 1822 (s. auch Bd. II/208), *M. crispa* Krbh. 1834, *M. costáta* Vent. 1798

Anmerkung: Von dieser vielgestaltigen Art werden mehrere Varietäten unterschieden, die z. T. früher sogar als Arten bewertet wurden, aber möglicherweise überhaupt nur alters- und umweltbedingte Formen darstellen. Sie sind durch gleitende Übergänge verbunden (vgl. Bresinsky & Stangl, Z. Pilzk. **27** (1961): 102–110, und Bresinsky, Glaser & Stangl, Ber. Bayer. Bot. Ges. 43 (1972): 127–143). Die wichtigsten Varietäten sind:
Köstliche Morchel, *M. eláta* var. *deliciósa* (Fr.), eine frühzeitig auftretende, kleinere Form mit grauem oder fleischrötlichem Hut (Bd. II/208); Schwarze Morchel, *M. eláta* var. *nigripes* (Mos. 1949) Kreisel mit samtschwarzem Hut und Stiel, auf Brandstellen; Hohe Morchel, *M. eláta* var. *eláta*, bis 30 cm hoch, Stiel länger als der Hut und fast ebenso breit wie dieser, längs gefurcht; *M. eláta* var. *purpuráscens* (Boud. 1897) Kreisel, wie Hohe Morchel, aber Hut und Stiel purpurrosa überlaufen. Unser Bild zeigt die häufigste Varietät, *M. eláta* var. *cónica* (Pers. 1818) Fr. 1822.

193. Spitz-Morchel, *Morchélla eláta*. Nat. Gr.

194. Violetter Kronenbecherling

Roh giftig

Sarcosphaéra coronária (JACQ. 1778) SCHROET. 1908

Kennzeichen: dickfleischiger, großer Becherling, der sternförmig eingerissen ist und eine schöne violette Fruchtscheibe zeigt.
Fruchtkörper: anfangs ganz in den Boden eingesenkt und kugelig geschlossen, hohl, Scheitel zuerst von einer dünnen weißen Haut überzogen. Bricht aus der Erde hervor und reißt vom Scheitel her ungleich sternförmig auf, wobei 5–10 dreieckige Lappen entstehen. Durch das Aufreißen wird das Innere freigelegt.
Innen ist der von der Fruchthaut ausgekleidete Becher zuerst blaßviolett bis lebhaft violett, trocken, im Alter dagegen violettbräunlich bis bräunlich; **außen** ist er weißlich bis blaßrosa, nach unten zu mehr blaßockergelblich, nach oben blaßviolettbräunlich, feinfilzig.
Größe des Fruchtkörpers: 5–12 cm breit und 5 cm hoch. Nach unten ist der Fruchtkörper häufig stielartig ausgezogen.
Fleisch: weiß, knorpelig, zerbrechlich, bis $^1/_2$ cm dick.
Sporen: ellipsoid, 15–20 × 8–9 µm, farblos. Schläuche mit Jod stark blauend.
Wert: eßbar, jedoch sind die Pilze vor dem Genuß 5 Minuten abzukochen. Das Kochwasser ist wegzugießen!
Vorkommen: Mai bis Juli (in Südeuropa schon ab Januar) im Laub- und Nadelwald, aus dem Erdboden hervorbrechend, nur auf reinen Kalkböden. Häufig in den Kalkgebieten (Kalkalpen, Jura, Thüringer Becken, Böhmischer und Mährischer Karst, Gotland), auch auf Kreidefelsen von Rügen und Möen, sonst sehr zerstreut vom Mittelmeergebiet bis England und Mittelschweden.

Synonyme: *Peziza crássa* SANTI 1795, *Sarcosphaéra crássa* (SANTI) POUZ 1972, *Peziza coronáta* PERS. 1801, non BULL., *Sarcosphaéra dargelasii* (GACHET 1829) NANNF. 1953, *S. exímia* (DUR. & LÉV. 1846) MRE. 1917. Zur Nomenklatur vgl. POUZAR in Česká Mykol. **26** (1972): 32–36, zur Verbreitung BUSCHMANN in Mitt. Naturwiss. Ver. Steiermark **88** (1958): 7–22.

195. Eselsohr, Rötlicher Öhrling

Eßbar

Otidea onótica (PERS. 1801 : FR. 1822) FUCK. 1870

Kennzeichen: orangefarbiger bis rötlicher oder ockergelblicher, ohrenförmiger Becherling.
Fruchtkörper: innen orangefarbig, fast fleischrot, auch rötlich-ockergelb, außen heller, mehr gelblich, kahl, becherförmig, doch an einer Seite meist bis zum Grunde gespalten und eingeschlagen; die andere Seite ist stärker ausgebildet und ohrförmig oder löffelförmig ausgezogen, mit eingeschlagenem oder ungeschlagenem Rande, 3–10 cm hoch und 1–5 cm breit.
Stiel: kurz, weißfilzig, glatt oder wenig gerippt.
Fleisch: wachsartig, dünn, zerbrechlich; Geruch angenehm, Geschmack süßlich-mandelartig.
Sporen: ellipsoid, 10–14 × 4–6 µm, farblos.
Wert: eßbar, wohlschmeckend.
Vorkommen: Juli bis November in Wäldern, besonders unter Eichen, zerstreut.

Synonym: *Scodellina onótica* (PERS.: FR.) S. F. GRAY 1821.

Anmerkung: Weniger häufig ist das Hasenohr, *Otidea leporina* (FR.) FUCK., mit kleineren, gelbbraunen bis rostgelben Fruchtkörpern, im Buchen- und Fichtenwald.

194. Violetter Kronenbecherling,
Sarcosphaéra coronária. 1/3 nat. Gr.

195. Eselsohr, *Otídea onótica.* 1/2 nat. Gr.

196. Orangebecherling

Eßbar

Aleúria aurántia (Pers. 1799 : Fr. 1822) Fuck. 1870

Kennzeichen: großer, ungestielter, schüsselförmiger Becherling mit orangeroter Scheibe und unbehaarter Außenseite.

Fruchtkörper: oben (Innenseite) orangerot, scharlachrot, außen weißlich bis blaßrötlich, weißlich mehlig-bereift, auch am Rande nicht behaart, schüsselförmig mit wellig gebogenem oder gelapptem, manchmal eingeschnittenem Rande, 2–10 cm breit, stiellos sitzend.

Fleisch: wachsartig, dünn, sehr brüchig, geruch- und geschmacklos.

Fruchtschicht (Hymenium): überzieht die konkave Innenseite, besteht aus unzähligen Sporenschläuchen (Aszi) und den die roten Farbstoffe (Karotinoide) enthaltenden Hyphen (Paraphysen).

Sporen: länglich-ellipsoid, grob genetzt, 17–24 × 9–11 µm, farblos. Schlauchspitzen durch Jod nicht blau gefärbt.

Vorkommen: Mai bis Oktober (im milden Westeuropa bis Januar) auf nackter, besonders lehmiger Erde in Gärten, auf Wald- und Feldwegen, an Straßenrändern u. dgl., oft neben Stümpfen und lagernden Stämmen. Häufig.

Synonym: *Peziza aurántia* Pers. : Fr. 1822.

Anmerkung: An ähnlichen Standorten tritt namentlich im Winterhalbjahr eine ähnliche Art mit kleineren (1–5 cm), schüssel- oder scheibenförmigen orangeroten Fruchtkörpern auf, deren Außenseite bes. unter dem Rand mit kurzen, braunen, stumpfen Haaren (Lupe!) besetzt ist. Die Sporen sind gleichfalls grob genetzt, aber nur 17–19 µm lang. Es handelt sich um den **Mennigroten Borstling**, *Melastiza cháteri* (W. G. Smith) Boud. (Bd. II/253). Häufig auch mitten in Städten!

197. Kastanienbrauner Becherling

Eßbar

Pezíza bádia Pers. 1799 : Fr. 1822

Kennzeichen: kastanienbraune, schüsselförmige Becher auf feuchterem Boden.

Fruchtkörper: anfangs kugelig geschlossen, dann halbkugelig mit nach innen gebogenem Rande, später schüsselförmig, 3–8 cm breit. Der Rand ist meist gewunden, wellig verbogen und durch Einschnitte gelappt. Die Innenfläche ist dunkelbraun, kastanienbraun, olivbraun. Die Außenseite ist blasser, bräunlich mit rötlichen Tönen, schwach körnig-flockig bereift, schl. schwach grubig. Die Basis ist weißfilzig, zottig, mitunter etwas verschmälert oder ganz kurz gestielt.

Fleisch: sehr brüchig, wachsartig, geruchlos.

Sporen: ellipsoid, unvollständig netzig, mit 1–2 Öltropfen, farblos, 17–20 × 9–12 mµm. Schlauchspitzen durch Jod blau gefärbt.

Vorkommen: Mai bis Oktober im Laub- und Nadelwald, an Wegrändern, Grabenböschungen, besonders auf sauren Lehm- und Sandböden, gesellig. Zerstreut.

Synonyme: *Plicária bádia* (Pers. : Fr.) Fuck. 1870, *Galactinia bádia* (Pers. : Fr.) Boud.

Anmerkung: Ein ähnlich gefärbter und recht großer Becherpilz ist der **Umberbraune Öhrling**, *Otidea bufónia* (Pers.) Boud. *(O. umbrina* [Pers.] Bres.). Seine Fruchtkörper sind dunkelbraun, innen olivlich, und immer einseitig geschlitzt, jedoch nicht ohrförmig ausgezogen. Sporen etwas kleiner und ohne Längsleisten. Auf nackter Erde an Waldwegen, bes. im Gebirge, gesellig im Hochsommer und Herbst. Als Speisepilz bedeutungslos.

196. Orangebecherling, *Aleúria aurántia.* Nat. Gr.

197. Kastanienbrauner Becherling, *Pezíza bádia.* Nat. Gr.

198. Blasenförmiger Becherling

Eßbar

Peziza vesiculósa BULL. 1789 : FR. 1822

Fruchtkörper: je nach dem Standort von verschiedener, doch meist etwas unregelmäßiger Gestalt. Jung ist er kugelig und fast geschlossen, dann napf- oder blasenförmig, wird 2–6 cm, sogar 15 cm breit und ist, da er meist in Büscheln wächst, durch den gegenseitigen Druck verbogen. Der Rand ist schon früh mehr oder weniger verbogen, wellig gekerbt und unregelmäßig gezackt oder tief eingerissen. Die Innenfläche ist schmutzig hellockergelb oder ockerbräunlich, lehmfarbig, dunkelbräunlich und glatt. Die Außenseite ist heller, fast weißlich-blaßgelblich und feinflockig bestäubt oder körnig und unten runzelig. Am Grunde ist der Fruchtkörper stielartig verschmälert, zusammengezogen und sitzt dem Erdboden flach auf.
Fleisch: dick wachsartig, sehr zerbrechlich, in feuchtem Zustande fast durchscheinend.
Sporen: ellipsoid, glatt, 18–24 × 10–14 µm, farblos.
Vorkommen: April bis Sept. in Gärten, auf Äckern, auf Erd-, Schutt-, Dung- und Komposthaufen und auf gedüngtem, fettem, lockerem, humosem Boden, meist gesellig, rasenartig; er tritt auch in Blumentöpfen auf. Häufig.
Synonyme: *Pustulária vesiculósa* (BULL. : FR.) FUCK. 1870, *Plicária vesiculósa* (BULL. : FR.), *Galactinia vesiculósa* (BULL. : FR.) LE GAL.

199. Weißtrüffel, Deutsche Trüffel

Eßbar, Würzpilz

Choirómyces venósus (FR. 1830) TH. FR. 1909

Kennzeichen: eine kartoffelähnliche, grauweiße bis gelblichbraune Knolle mit weißlicher, später weißgrauer Innenmasse.
Fruchtkörper: grauweiß, später hellbraun, dann rötlichbräunlich, zuletzt gelblichbraun, rundlich, kartoffelähnlich, mit größeren Höckern versehen, 4–10 cm breit, 250–500 g schwer, oft mit tiefen Löchern durch Insekten- oder Schneckenfraß. Die Hülle ist lederartig, fest, glatt, nicht warzig, bes. bei feuchtem Wetter infolge raschen Wachsens der Innenmasse oft mit charakteristischen Rissen versehen.
Innenmasse: zählfleischig, zuerst weißlich, später weißgrau, ungekammert, mit mäandrischen, gelbbraunen Bändern, die zu größeren Halbkreisen geformt sind und in palisadenförmiger Anordnung die Sporenschläuche enthalten.
Fleisch: geruchlos, zur Reifezeit stark aromatisch, überständig weich und unangenehm riechend. Von Tieren viel gefressen.
Sporen: kugelig, reif gelblich, 18–22 µm, mit zahlreichen stäbchenförmigen, stark glänzenden Stacheln.
Wert: ausgezeichneter Würzpilz. Man verwendet junge Fruchtkörper, in Scheiben geschnitten und rasch getrocknet.
Vorkommen: Juli bis Oktober im Laub- und Nadelwald, besonders in Auen- und Buchenwäldern, in Fichtenforsten, auf Lehm-, Ton-, Mergelboden, nesterweise dicht unter der Erdoberfläche wachsend oder mit dem Scheitel herausragend. Wärmeliebende Art, zerstreut im Flach- und Hügelland in Süd- und im südlichen Mitteleuropa, einschließlich Bayern, Thüringer Becken, um Dessau, Sachsen und Südpolen, Moskauer Gebiet. Sehr vereinzelt in England, Jütland, bei Wismar, NO-Polen und in den baltischen Republiken.
Synonym: *Choirómyces maeandrifórmis* VITT. 1831.

200. Sommer-Trüffel (Beschreibung s. S. 390)

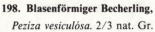
198. Blasenförmiger Becherling,
Peziza vesiculósa. 2/3 nat. Gr.

199. Weißtrüffel,
Choirómyces venósus. 2/3 nat. Gr.

200. Sommer-Trüffel, *Túber aestivum.* 2/3 nat. Gr.

200. Sommer-Trüffel

Eßbar, Würzpilz

Túber aestívum V_ITT. 1831

Kennzeichen: eine unterirdische, schwarzbraune, höckerige Knolle mit anfangs grauweißer, später gelbbräunlicher, marmorierter Innenmasse.

Fruchtmasse: schwarzbraun, knollenförmig, stark höckerig, 3–10 cm breit, fest berindet und mit großen Warzen bedeckt.

Innenmasse: fleischig, anfangs grauweiß, später ockergelblich, endlich gelblichbraun, durch kurzwundene, weißliche, mit der schlauchführenden Fruchtschicht ausgekleidete Adern marmoriert. Nach der Sporenreife wird sie weich und von Insektenlarven, die für die Sporenverbreitung sorgen, verzehrt. Anfangs ist der Pilz geruchlos. Erst bei der Sporenreife verbreitet er einen schwachen, fast juchtenartigen Geruch, der beim Trocknen unangenehm lauchartig wird.

Die Sporenschläuche sind rundlich oder etwas birnförmig und enthalten eine bis sechs mit ihrer Anzahl an Größe abnehmende, regellos gelagerte **Sporen.** Diese sind ellipsoid, gelbbraun bis braun, mit einem weitmaschigen Leistennetz bedeckt, 25–35 × 22–28 μm.

Wert: ein sehr begehrter Gewürzpilz, wenngleich an Wert der Winter-Trüffel, *T. brumále* V_ITT. (Bd. II/292) und anderen südlichen Arten nachstehend.

Vorkommen: August bis Dezember in Laubwäldern (Rotbuche, Eiche), auch unter Kiefern, in Kalk- und Lehmböden 1–2 cm unter der Erdoberfläche. Ziemlich häufig in Südeuropa einschl. Südengland, Frankreich, Pfalz, Ungarn, Südslowakei; sehr vereinzelt in Dänemark (Seeland), östl. Polen (nach 1900 nicht bestätigt), Krim. Verbreitung in der DDR (1977 bei Gotha, G_RÖGER) und BRD ungenügend bekannt. Zur Ökologie und Systematik vgl. G. G_ROSS, Zschr. Pilzkd. **41** (1975): 5–17 und 143–154; dort sind auch Kochrezepte genannt.

---

19. Stadt-Egerling

schüttetem Boden, an Weg- und Straßenrändern, oft in Städten; hebt Straßenpflaster und selbst große Steinplatten hoch

Synonyme: *Psallióta bitórquis* Q_UÉL. 1883, *P. campéstris* subsp. *bitórquis* (Q_UÉL.) K_ONR. & M_AUBL. 1917, *Chitónia pecquinii* B_OUD. 1901, *Psallióta rodmánnii* (P_ECK 1885) K_AUFFM. 1915, *Agáricus edúlis* (V_ITT. 1835) M_OELL. & J. S_CHFF. 1938.

21. Wald-Egerling

Synonyme: *Psallióta silvática* (S_CHAEFF. K_UMM. 1871, *P. sanguinária* (K_ARST. 1883) L_GE. 1926.

Anmerkung: Eine Laubwaldform mit hellerem, etwa rosenholzfarbenem Hut wird von B_RESADOLA 1931, M_OELLER 1950 und E_SSETTE 1964 als *Psallióta haemorrhoidária* S_CHULZER 1874 bezeichnet. Dieser Name ist jedoch zweifelhaft (vgl. Nr. 22).

Verwechslung: Man vergleiche den giftigen Perlhuhn-Egerling (Nr. 28) und Pantherpilz (Nr. 5)! Im Volksmund werden noch andere Pilze als „Waldchampignon" bezeichnet, z. B. der Graue Wulstling (Nr. 6) und der Zigeuner (Nr. 47).

Der Kegelschuppige Schirmling, ungenießbar, hat weiße, häufig gegabelte Blätter (Nr. 31).

24. Rosablättriger Egerling

Blätter: sofort und lange fleischrosa, dann rötlichgrau, zuletzt braunschwärzlich, gedrängt, dünn, frei.
Fleisch: weißgelblich ohne Rot, geruchlos.
Sporen: ellipsoid, glatt, 4–5 × 3 µm, purpurbräunlich.
Vorkommen: Juli bis Oktober im Laubwald und Gebüsch, in feuchten Jahren stellenweise häufig.
Anmerkung: Der Triften-Egerling, *A. cómtulus* Fr. 1838, ist nach Moser (1983) durch die nicht knollige Stielbasis und den Standort auf Weiden verschieden, nach Vasser (1980) jedoch mit Nr. 24 identisch. Vgl. Bd. IV/18!

28a. Rebhuhn-Egerling

Wert: unbekannt, wahrscheinlich giftig.
Vorkommen: Laubwald, Parkanlagen, sehr selten.
Synonyme: *Psallióta phaeolepidóta* Moeller 1952, *Agáricus xanthodérmus* var. *perdicinus* Pil. 1951.
Anmerkung: Allen Giftchampignons (Nr. 27 bis 28a) ist das blitzschnelle Gelbanlaufen beim Durchschneiden der Stielknolle und das Ausbleiben der Schäffer-Reaktion (vgl. Anmerkung zu Nr. 26a) gemeinsam. Perlhuhn- und Rebhuhn-Egerling sind schon in jungen und im Schatten gewachsenen Exemplaren dunkel gefärbt und feinschuppig, während der Karbol-Egerling nur in der Sonne und in älteren Exemplaren bräunlich und felderig-schuppig wird.

43. Graublättriger Schwefelkopf, Rauchblättriger Schwefelkopf

Vorkommen: im Vorfrühling und Spätherbst an Nadelholzstümpfen (besonders Fichte, Kiefer), in dichten Büscheln; häufig vom Flachland bis ins Hochgebirge.
Synonyme: *Naematolóma capnoides* (Fr. : Fr.) Karst. 1879, *Geóphila capnoides* (Fr. : Fr.) Quél. 1886.

55. Aprikosen-Wasserkopf

chem, mildem, angenehmem Geschmack. Exemplare aus Kiefernwäldern riechen und schmecken schwach rettichartig.
Sporen: hellbräunlich, fast ellipsoid, 8–9 × 5–6 µm.
Vorkommen: Juli bis November in Nadelwäldern, bes. ansehnlich und häufig in den Fichtenwäldern der Gebirge.
Synonym: *Hydrócybe armeniaca* (Schaeff. 1774 : Fr. 1821) Wünsche 1879.

63. Lilastieliger Rötelritterling

großen Wiese im Kr. Artern der Ertrag auf 10–15 t geschätzt. Vom Flachland bis in mittlere Gebirgslagen gebietsweise häufig (z. B. Ostseeküstengebiet, Elbauen, Thüringer Bekken).
Synonyme: *Tricholóma personátum* (Fr. : Fr.) Kumm. 1871; *Rhodopaxillus personátus* (Fr. : Fr.) Sing. 1939, *Lepista saéva* (Fr. 1938) Orton 1960.

71. Getropfter Ritterling

Anmerkung: Wenn der Hut nicht die charakteristischen Tropfen zeigt, kann der Getropfte Ritterling leicht mit dem im Buchenwald vorkommenden Brandigen Ritterling, *Tricholóma ustále* (Fr. : Fr.) Kumm. (Bd. III/209) verwechselt werden.
Möglicherweise stellt Bild 71 die letztgenannte Art dar.

76. Erd-Ritterling, Graublättriger Ritterling

Anmerkung: Eine in der Intensität der Hut- und Lamellenfarbe veränderliche Art. Die Reste des Schleiers (Cortina) sind sehr vergänglich und an älteren Exemplaren nicht erkennbar.

95. Grüner Anis-Trichterling

Sporen: ellipsoid, 6–7 × 3–4 µm. Sporenstaub rötlich.
Wert: als Mischpilz brauchbar, eignet sich auch für Pilzwürze.
Der Anisgeruch bleibt nach dem Kochen erhalten und sagt nicht jedem zu.
Vorkommen: August bis November im Laub- und Nadelwald, auf Laub- und Nadelstreu, besonders an feuchten an moorigen Standorten, einzeln oder gesellig. Häufig.

97b. Dunkler Hallimasch, Braunschuppiger Hallimasch

ser rosabraun, graubraun, im ganzen ziemlich dunkel wirkend, trocken, glanzlos, dicht mit 1–2 mm langen schwarzbraunen, haarigen Schüppchen besetzt, im Alter verkahlend, 3 bis 14 cm breit, anfangs kugelig, dann ausgebreitet mit stumpfem Buckel, dünnfleischig; Hutrand anfangs eingebogen, dann herabgebogen bis gerade, scharf, jung weißflockig behangen, mitunter auffallend gestreift bis gerieft. Huthaut $^1/_4$ bis $^3/_4$ abziehbar.
Blätter: cremeweiß, dann rosa- oder graubräunlich, gedrängt, schmal (3–8 mm breit), schwach ausgebuchtet und strichförmig herablaufend; Schneiden gleichfarben, später oft braun werdend, ganzrandig, kahl.
Stiel: fleischrötlich bis hellbraun, alt dunkelbraun, unter dem Ring mehr oder weniger dicht mit umberbraunen, olivbraunen oder grauen groben Schuppen besetzt, mitunter in ganzer Länge genattert, glanzlos, trocken, an der Spitze fein gerippt, schlank keulenförmig, gekrümmt, 5–22 cm lang, 0,5–2,5 cm dick, voll bis ausgestopft; Stielbasen verdickt und kurz ausspitzend, mit angedrücktem grauem, olivgrauem oder olivgelbem Filz überzogen, sehr dicht büschelig wachsend. **Ring** dicht unter der Stielspitze, dicklich, locker, watteartig bis häutig, weiß, am Rande und unterseits mit groben braunen Schuppen besetzt.
Fleisch: weiß, später rosa bis bräunlich durchzogen, unveränderlich, mäßig elastisch, im Stiel faserig und zäh; Geruch undeutlich (manchmal spermatisch oder nach frischem Heu); Geschmack anfangs mild, dann langsam aber anhaltend zusammenziehend.
Sporen: eiförmig, glatt, 8 – 10 × 5 – 6 µm, farblos, nicht amyloid. Sporenstaub weiß. Basidien 4sporig, mit Schnallen, sämtliche Hyphen (z. B. die der Huthaut) jedoch ohne Schnallen.
Wert: wie Honiggelber Hallimasch (Nr. 97a).
Vorkommen: September und Oktober im Laub- und Nadelwald, an Baumstümpfen, Wurzeln, lebenden und toten Stämmen von Fichte, Rotbuche, Eberesche u. a., massenhaft in den Mittel- und Hochgebirgen, zerstreut im Flach- und Hügelland, verbreitet in ganz Mittel- und Nordeuropa. Bedeutender Forstschaderreger. Nadelbäume reagieren auf Hallimaschbefall mit Harzsticken, d. h. Austritt von Harz aus der Rinde.

Synonyme: *Armillariélla obscura* (SCHAEFF.) ROMAGN. 1970, *A. ostóyae* ROMAGN. 1970, *Armillaria ostóyae* (ROMAGN.) HERINK 1973.

Pseudonym: *Armillariélla* cf. *polýmyces* (PERS. 1801) SING. & CLÉMENÇON 1972 sensu H. JAHN 1979; vgl. H. MARXMÜLLER & P. PRINTZ in Svampe 5 (1982): 1–10 und 59–60.

110. Austern-Seitling, Austernpilz

Stiel: weiß, selten bräunlich, am Grunde striegelig-zottig, meist kurz oder nur angedeutet, 1–4 cm lang und 1–3 cm dick, an Basis oft mit anderen knollig oder ästig verwachsen.
Fleisch: weiß, zuerst weich, bald zäh, im Stiel fast korkartig. Geruch und Geschmack jung, nicht unangenehm, im Alter oft muffig.
Sporen: lang und schmal, fast zylindrisch, 8–11 (bis 13) × 3–4µm, etwas klebrig und dadurch leicht anhaftend. Staub leicht lila getönt.
Wert: eßbar und wohlschmeckend, besonders die jungen Hüte, später zäh werdend. Kann vom Liebhaber angebaut werden (siehe S. 105). In der DDR sind die Sorten „Silberauster" und „Sommerauster" im Angebot.
Vorkommen: Mitte Oktober bis Februar im Laubwald, in Anlagen und Gärten, an Stümpfen und toten Stämmen von Rot- und Weißbuche, Pappel, Erle, Weide, Nußbaum und Roßkastanie, auch an lebenden Stämmen, erzeugt Weißfäule. Häufig im Flach- und Hügelland.

131. Brauner Leder-Täubling

Kennzeichen: Mittelgroßer Täubling mit braunem (gelb-, kupfer-, schololade-, purpur-, olivbraunem) Hut, blaß ockerfarbenen Blättern und weißem Stiel. Hutrand oft stark gerieft. Fleisch weiß, im Stiel hart, Hut später ziemlich weich; mild, geruchlos.
Sporen: ellipsoid, stachelig, 8–11 × 7–9 µm. Sporenstaub satt ockergelb.
Vorkommen: Juli bis Oktober im Nadelwald, bes. unter Fichte und Tanne auf Kalkboden, seltener unter Kiefer auf Sand. Häufig vor allem in den Gebirgen. S. auch Bd. V/131.
Synonym: *Rússula polychróma* Sing. 1951 ex Hora 1960.

135. Frost-Schneckling, Gelbblättriger Schneckling

Vorkommen: Ende Oktober bis Anfang Januar im Kiefernwald auf sauren und neutralen Böden, in den Sand- und Sandsteingebieten oft massenhaft. Vom Flachland bis ins Hochgebirge meist häufig.
Synonyme: *Limácium hypothéjum* (Fr. : Fr.) Kumm. 1871, *L. vitéllum* (Alb. & Schw. 1805) Schroet. 1889.

141. Samtfuß-Krempling

Sporen: ellipsoid, glatt, 5–6,5 × 3–4,5 µm. Sporenstaub lehmbraun (siena).
Wert: dumpfig schmeckend, daher nur beschränkt und nach Überbrühen verwertbar. Das Kochwasser färbt sich blau.
Vorkommen: Juli bis Oktober im Nadelwald an modrigen Stümpfen von Kiefer und Fichte, meist einzeln. Überall häufig.

143. Grauer Lärchen-Röhrling

Synonyme: *Bolétus viscidus* Fʀ. & Hök 1835, *Ixócomus viscidus* (Fʀ. & Hök) Quéʟ. 1888, *Bolétus laricinus* Bᴇʀᴋ. 1836, *B. elbénsis* Pᴇᴄᴋ 1872, *B aerugináscens* Sᴇᴄʀ. 1833 (nomen illegit.), *Suillus aerugináscens* („Sᴇᴄʀ.") Sɴᴇʟʟ 1944, *Fuscoboletinus aerugináscens* („Sᴇᴄʀ.") Pᴏᴍᴇʀɪᴇᴀᴜ & A. H. Sᴍɪᴛʜ 1962.

Anmerkung: *S. viscidus* var. *bresádolae* (Quéʟ. in Bʀᴇꜱ. 1888) Mᴏs. 1953, mit gelblichen Poren und gelber Stielspitze, kommt in den Alpen und der Hohen Tatra vor.

146. Schmerling, Körnchen-Röhrling

gen, Dünen, Trockenrasen, in Parkanlagen); nicht in Mooren. Vom Flachland bis ins Hochgebirge meist häufig.

Synonyme: *Bolétus granulátus* L. 1753, *Ixócomus granulátus* (L.) Quéʟ. 1888.

Anmerkung: Nur auf Kalkboden unter Kiefern kommt der Braune Schmerling, *Suillus flúryi* Huɪꜱᴍᴀɴ 1969 (= *S. granulatus* var. *roseóbasis* Bʟᴜᴍ 1965, *S. collinítus* Fʀ. sensu Fʟᴜʀʏ. Mᴏꜱᴇʀ. Pɪʟᴀ́ᴛ) vor. Er hat einen braun geflammten Hut wie der Butterpilz, lebhaft gelbes Fleisch, unberingten Stiel mit zugespitzter rosa Basis; auch das Myzel ist rosa. Gebietsweise häufig in Böhmen, Thüringen, Schwarzwald, Schweiz. Eßbar. (Vgl. Gʀöɢᴇʀ, Mykol. Mitt. 11 (1967): 2–10.)

148. Kuh-Röhrling, Kuhpilz

wendbar, ältere sind meist von Maden zerfressen. Brauchbar zur Bereitung von Pilzextrakt, getrocknet als Pilzmehl sowie als Viehfutter für Schweine und Hühner; auch das Eichhörnchen geht gern an diesen Pilz.

Vorkommen: Juni bis November unter Kiefern und Spirken *(Pínus sylvéstris, P. nígra, P. múgo)* in Wäldern und Mooren, vorwiegend auf saurem Böden, doch auch über Kalk. Verbreitet im Flachland, seltener in den Gebirgen.

Synonyme: *Bolétus bovínus* L. 1753, *Ixócomus bovínus* (L.) Quéʟ. 1888.

Anmerkung: Eine Varietät mit grünlichblau anlaufendem Hutfleisch, *S. bovínus* var. *morávicus* Bᴇɴᴇš 1942 (= *Bolétus bovinus* var. *viridocaeruléscens* Pᴇᴀʀꜱᴏɴ 1950) wurde u. a. in Mähren beobachtet.
Der Kuh-Röhrling wächst oft mit dem Rosenroten Schmierling, *Gomphidius róseus* (Bd. III/289) vergesellschaftet, sogar mit den Stielbasen verwachsen!

150. Filziger Röhrling, Ziegenlippe

Vorkommen: Juli bis Oktober im Laub- und Nadelwald, meist in geringer Anzahl, jedoch verbreitet im Flachland und Gebirge.

Synonym: *Bolétus subtomentósus* L. 1753.

155. Bronze-Röhrling, Schwarzhütiger Steinpilz

kai, Mähren, Thüringer Becken, Main- und Oberrheingebiet, England, doch auch verschiedentlich für Polen angegeben).

Synonyme: *Bolétus edúlis* subsp. *aéreus* (Bᴜʟʟ.: Fʀ.) Kᴏɴʀ. 1932, *B. áeneus* Rᴏꜱᴛᴋ. 1844, *B. sýkorae* Sᴍᴏᴛʟᴀᴄʜᴀ 1935.

Anmerkung: Zur geographischen Verbreitung, Ökologie und Phänologie dieser Art vgl. Lᴀᴢᴇʙɴɪ́ᴄᴇᴋ, Česká Mykol. 21 (1967): 164–176.

161. Pfeffer-Röhrling

Wert: in größeren Mengen ungenießbar! Frische Exemplare können Pilzgerichten und Gemüse als Pfefferersatz beigegeben werden. Getrocknet und pulverisiert verliert sich der pfefferartige Geschmack.

394

Vorkommen: Juli bis November im Nadel- und Laubwald, besonders unter Kiefer, Fichte, Tanne, Rotbuche, auf sauren und auf kalkhaltigen Böden, einzeln oder in kleinen Trupps. Häufig.

Synonyme: *Suillus piperátus* (Bull.: Fr.) O. K. 1898, *Chalciporus piperátus* (Bull.: Fr.) Bataille 1908, *Bolétus amaréllus* Quél. 1882, *B. pierrhuguésii* Boud. 1900, *B. fuligineospérmus* Britz. 1910

Anmerkung: Die var. *amaréllus* (Quél. 1882) Pil. & Dermek 1974 unterscheidet sich durch milden oder bitterlichen, jedoch nicht scharfen Geschmack, etwas kleineren Hut (bis 4 cm) und breitere Sporen (10 bis 13 × 6–8µm nach Pilát). In Südeuropa unter Fichte und Tanne.

166. Semmelpilz, Semmelporling

Vorkommen: August und September in Nadelwäldern, Kiefernheiden (unter Fichte, Kiefer) auf saurem Gestein und Sandboden, zu Rasen zusammenfließend. Häufig in den Gebirgen und Nordeuropa, sehr selten und gebietsweise fehlend im Flach- und Hügelland der DDR, der BRD u. a.

Synonyme: *Polýporus cónfluens* (Alb. & Schw.) : Fr. 1821, *Calóporus cónfluens* (Alb. & Schw. : Fr.) Quél. 1888, *Scútiger cónfluens* (Alb. & Schw.: Fr.) Bond. & Sing. 1941).

168. Leberpilz, Ochsenzunge

nenden Röhren vergrößern. Die Mündungen sind blaßgelblich, nehmen im Alter und bei Druck eine rötliche oder bräunliche Farbe an und sondern manchmal auch rote, säuerlich schmeckende Tropfen ab.

Fleisch: zart, anfangs wäßrig, enthält einen blutroten Saft, der beim Anbrechen austritt. Die Schnittfläche zeigt fleischrote und weißliche Streifen, die strahlenförmig angeordnet sind, wobei oben mehr rote, unten mehr weißliche Streifung überwiegt. Den Streifen entsprechend läßt sich das Fleisch in Fasern zerlegen. Erfrischender, obstartiger Geruch und säuerlicher Geschmack.

Sporen: eiförmig, 4,5–5,5 × 3–3,5 µm, Sporenstaub hellbräunlich.

Wert: jung genießbar. Fleisch wässern, um die Gerbsäure herauszuziehen, als Schnitzel zubereiten oder gut gekocht als Salat in Essig einlegen.

Vorkommen: August bis Oktober in Wäldern an lebenden Stämmen und an Stümpfen von Eiche, Edelkastanie, selten an Rotbuche u. a. Laubhölzern. Ruft dunkelbraune Verfärbung des Kernholzes hervor. Häufig im Flach- und Hügelland, fehlt in höheren Gebirgslagen und in Nordeuropa nördlich der Eichengrenze.

Synonym: *Fistulína buglossídes* Bull. 1789. Eine Nebenfruchtform mit staubiger Konidienbildung wurde als *Ptychogáster hepáticus* (Sacc. 1888) C. G. Lloyd 1909 aus Italien beschrieben.

170. Flacher Lackporling

Anmerkung: In einigen Gegenden (Thüringen, Harz, Westfalen, Bayern, Baden-Württemberg, Oberösterreich, Südschweden u. a.) wird der Flache Lackporling von einer Fliege befallen (*Agathomýia wankowíczi* Schnabl), welche auf der Unterseite der Fruchtkörper zentimeterlange zitzenförmige Gallen hervorruft, in denen sich ihre Larven entwickeln (vgl. Eisfelder & Herschel, Westfäl. Pilzbr. **6** (1966): 5–10, und Rieck, Sydowia **21** (1967): 285–289.

172. Gemeiner Feuerschwamm, Falscher Zunderschwamm

breitet in Ufergebüschen, feuchte Wäldern, Anlagen, Gärten, an Straßenbäumen vom Flachland bis in höhere Gebirgslagen.

Synonyme: *Polýporus igniárius* (L.) Fr. 1821, *Fómes igniárius* (L.) Gill 1878, *Placódes igniárius* (L.) Quél. 1888, *Ochróporus igniárius* (L.) Schroet. 1889, *Phéllinus triviális* (Bres. 1931) Kreisel 1961.

Anmerkung: Die formenreiche Art wird von Niemelä (Ann. Bot. Fennici 12 (1975): 93–122) für Nordeuropa in 4, z. T. wirtsspezifische Varietäten gegliedert. – Weitere Feuerschwamm-Arten und viele weitere Porlinge sind in Bd. II/28–73 dargestellt.

175. Semmel-Stoppelpilz

Vorkommen: Juli bis November im Laub- und Nadelwald, auf Kalk- und Silikatboden, oft in Reihen und Kreisen. Zerstreut; gebietsweise (Mecklenburg) seltener als der kleinere, orangehütige Rotgelbe St., *Hýdnum ruféscens* Fr. (Bd. II/77).

Synonym: *Dentinum repándum* (L.) S. F. Gray 1821.

178. Hahnenkamm

Wert: Speisepilz von mittlerer Güte. Die Zweigspitzen müssen entfernt werden, falls sie bitter sind.

Vorkommen: Juli bis Oktober im Laub- und Nadelwald, besonders unter Rotbuche, auf Kalk- und Silikatboden. Zerstreut.

Synonyme: *Clavária bótrytis* Pers.: Fr. 1821, *Clavariélla bótrytis* (Pers.: Fr.) Schroet. 1888.

183. Kartoffel-Hartbovist, Dickschaliger Kartoffelbovist

wolken herausfliegt. Das Innere des Pilzes riecht widerlich, leuchtgasartig.

Sporen: kugelig, fast undurchsichtig, mit netzmaschiger und stachliger Oberfläche, Durchmesser (ohne Sporenornament) 8–13 μm. Staub schwärzlich.

Wert: giftig, der Genuß größerer Mengen ist gefährlich und kann Ohnmachtsanfälle, Schweißausbruch, Übelkeit und Erbrechen verursachen. In kleinsten Mengen (einige feine Scheiben des schwärzlichen Fruchtkörpers) wird er manchmal als Gewürz zu Soßen und Suppen verwendet. Mitunter findet man ihn auch zwischen getrockneten Trüffeln, die mit ihm gefälscht werden.

Vorkommen: Juli bis November in Laub- und Nadelwäldern, nur auf sauren und moorigen Böden, dort oft massenhaft, mitunter vom Schmarotzer-Röhrling, *Xerócomus parasíticus* (Bull. : Fr.) Quél., befallen (Bd. II/16). Häufig mit Ausnahme der Kalkgebiete, der hohen Gebirgslagen und des hohen Nordens.

Synonyme: *Scleródérma auróntium* (L. 1753) Pers. 1801 sensu Hollós, Pilat et auct. plur., non L. 1753; *S. vulgáre* Hornemann 1829.

186. Schwärzender Bovist, Eier-Bovist

hülle. Fruchtmasse (Gleba) anfangs schneeweiß, weichfleischig, dann oliv, schließlich umber- bis tief purpurbraun, flockig und staubig, ohne sterilen Basisteil.

Sporen: kugelig, punktiert bis feinwarzig, 4,2–6 μm Durchmesser, mit anhängendem 4–9 μm langem, farblosem Stielchen. Sporenstaub dunkelbraun, lilabraun.

Wert: eßbar, solange innen rein weiß.

Vorkommen: Juni bis September auf Bergwiesen, Weiden, alpinen Matten, in Wäldern auf nährstoffreichem Boden, auf sauren und auf kalkhaltigen Böden. Häufig in den Gebirgen, zerstreut im Flachland, fehlt in den trockenwarmen Gebieten (vgl. Karte in Bd. IV).

187. Fransen-Erdstern

Ungenießbar

Geástrum fimbriátum Fʀ. 1829

Kennzeichen: Zuerst eine unterirdische Kugel, die an der Spitze aufplatzt. Die äußere Schale zerreißt in 5–8 Lappen, die sich rückwärts krümmen, so daß eine innere Kugel freiliegt, welche die Sporenmasse enthält. Im frischen Zustande sind die Lappen von einer hellen, marzipanartigen Schicht bedeckt. Das sternförmige Gebilde erfreut durch sein schönes, zierliches Aussehen. Sporen rundlich, 3–4 µm.

Vorkommen: August bis Oktober in Laubwäldern, in Kiefern- und Fichtenanpflanzungen, Anlagen und Gebüschen, auf Kalk- und Sandboden, ziemlich häufig, bes. im Flach- und Hügelland.

Synonym: *Geástrum séssile* (Sow. 1809) Pouz. 1971.

192. Speise-Morchel, Rund-Morchel

Vorkommen: April, Mai in Laubwäldern, Parkanlagen, Obstgärten, auf buschigen Hängen, auf Kalk- und Lehmboden häufiger als auf Sandboden; auch auf Brandstellen. Fehlt in höheren Gebirgslagen.

Synonyme: *Morchélla crássipes* (Vᴇɴᴛ. 1798) : Fʀ. 1823, *M. rotúnda* (Pᴇʀs. 1801) Kʀʙʜ. 1834, ? *M. vulgáris* Pᴇʀs. 1801.

REGISTER

Autoren der Farbbilder in Band I

Emil DOERSTLING †, Königsberg: 42, 48, 54, 54a, 107, 116, 144, 147, 152, 157, 162, 163, 166, 173, 185, 195, 196.

Franz ENGEL †, Dresden: 14 (z. T.), 15, 61.

Gisela FUNK, Potsdam: 162a.

Kurt HERSCHEL †, Holzhausen bei Leipzig: 84 (z. T.), 121, 122, 136, 137, 184.

Albert LACAZE, Lyon: 154, 155.

Ernst MÖRBITZ †, Plauen: 84 (z. T.).

Kurt OESTREICH, Flöha: 7, 113.

Prof. Erich W. RICEK, St. Georgen: 5, 18, 26a, b, 29, 49, 53, 79, 97a, b, 120, 124, 125, 126, 146, 148, 149, 150, 153, 169, 176, 179, 189.

Karlheinz SAALMANN †, Weißenfels: 9, 12, 13, 14 (z. T.), 16, 21, 23, 24, 31, 40, 41, 51, 56, 57, 62, 63, 65, 71 (z. T.), 74, 76, 77, 78, 82, 83, 90 bis 94, 98, 98a, 99, 111, 115, 127, 128, 130, 131, 132, 167, 180, 194.

Julius SCHÄFFER †, Diessen: 3, 17, 19, 20, 22, 25, 27, 28, 28a, 33, 34, 70, 85, 89, 101, 140.

Albin SCHMALFUSS †, Leipzig: 6, 10, 11, 32, 35, 37, 38, 39, 43 bis 47, 55, 58, 59, 64, 69, 80, 81, 86, 88, 95, 100, 102, 105, 108, 109, 110, 112, 114, 117, 118, 133, 134, 138, 139, 141, 142, 145, 160, 165, 168, 175, 178, 181, 182, 183, 186, 187, 188, 190, 191, 192, 197 bis 200.

Gerhard SCHMIDT, Berlin: 170, 171, 172.

Heinrich STEINGRÄBER †, Berlin: 1, 2, 66, 123, 193.

W. VILLINGER †, Offenbach: 60.

Otto WILDE †, Magdeburg: 4, 30, 36, 50, 52, 67, 68, 71 (z. T.), 72, 73, 75, 87, 96, 103, 104, 106, 119, 137 (z. T.), 143, 156, 158, 159, 164.

Vorlagen unbekannter Herkunft: 129, 135, 177.

Verzeichnis der deutschen Pilznamen

Die Zahl hinter dem Pilznamen gibt die Nummer des Bildes und der Pilzbeschreibung an.
Angaben mit * verweisen auf Pilze, die nur erwähnt oder kurz beschrieben, aber nicht abgebildet sind.

Verzeichnis der wissenschaftlichen Pilznamen

Die Zahl hinter dem Pilznamen gibt die Nummer des Bildes und der Pilzbeschreibung an. Pilznamen mit * beziehen sich auf nicht abgebildete Pilze. Gattungsnamen sind fett gedruckt.

abruptibulbus, Ag. 26a
aereus, Bol. 155
aeruginea, Russ. 117
aeruginosa, Stroph. 42
aestivum, Tub. 200
Agaricus 17 – 28a
Albatrellus 165–166
albobrunneum, Trich. 70*
alboviolaceus, Cort. 52*
Aleuria 196
alopecia, Cop. 38*
Amanita 1–14
ambigua, Gyr. 190*
amethystina, Lacc. 99
amianthinum, Cyst. 35
Apiocrea 151*
appendiculatus, Bol. 156*
argyraceum, Trich. 78
armeniacus, Cort. 55
Armillaria 97
armillatus, Cort. 53
arvensis, Ag. 25
asema, Coll. 103*
aspera, Lep. 31
Aspropaxillus 84
astraeicola, Xer. 184*
Astraeus 184
atramentarius, Cop. 38
atricapillus, Plut. 16
atromarginatus, Plut. 16*
atropurpurea, Russ. 128
atrotromentosus, Pax. 141
augeana, Clit. 93
aurantia, Aleuria 196
aurantiaca, Hygr. 139
aurantiacus, Ptych. 167*
aurata, Russ. 127
aurea, Ram. 177*

badia, Pez. 197
badius, Xer. 151

bambusinus, Mut. 188*
batschii, Trich. 70
bernardii, Ag. 17*
bisporus, Ag. 17
bitorquis, Ag. 19
Boletinus 142
Boletus 153–161
botrytis, Ram. 178
bovinus, Suill. 148
Bovista 186
brevipes, Melan. 83
brumale, Tub. 200*
brunneoincarnata, Lep. 33
bufonia, Ot. 197*
bulbosa, Arm. 97a*
butyracea, Coll. 103

Calocybe 79
calopus, Bol. 160
campanella, Xeromph. 109
campestris, Ag. 18
camphoratus, Lact. 115*
candolleana, Psath. 41
Cantharellus 138
caperata, Roz. 47
capnoides, Hyph. 43
Catathelasma 96
cavipes, Boletinus 142
chateri, Melastiza 196*
Choiromyces 199
Chroogomphus 137
chrysenteron, Xer. 149
chrysosperma, Apiocrea 151*
chrysospermum, Sepedonium 151*
cibarius, Canth. 138
cinereus, Cop. 38*
citrina, Am. 4
citrinum, Scler. 183
claroflava, Russ. 121
clavatus, Gomphus 179
clavipes, Clit. 87

Man vergleiche auch das alphabetische Verzeichnis der europäischen Giftpilze, S. 44–51.